本书是国家自然科学基金重点项目"制造企业数字化转型与管理适应性变革研究"（72032009）、"互联网环境下大数据驱动的企业与用户互动创新理论、方法和应用研究"（71832014），国家自然科学基金青年项目"在线互动情境下个体情绪从众效应及其对购买行为影响的研究"（72102044），福建省自然科学基金青年项目"在线互动情境下消费者从众效应的动态识别与刻画及其演化边界条件研究"（2021J05117）的研究成果。

数字经济创新变迁

两化融合、数实融合与人工智能

谢 康 肖静华 廖雪华◎著

Digital Economy Innovation Change:
Convergence between Industrialization and Informatization,
Integration of Digital Economy and
Real Economy, and Artificial Intelligence

经济管理出版社
ECONOMY & MANAGEMENT PUBLISHING HOUSE

图书在版编目（CIP）数据

数字经济创新变迁：两化融合、数实融合与人工智能 / 谢康，肖静华，廖雪华著. -- 北京：经济管理出版社，2024. -- ISBN 978-7-5096-9776-4

Ⅰ．F492

中国国家版本馆 CIP 数据核字第 20247Y8P93 号

组稿编辑：任爱清
责任编辑：任爱清
责任印制：许　艳
责任校对：王淑卿

出版发行：经济管理出版社
　　　　　（北京市海淀区北蜂窝 8 号中雅大厦 A 座 11 层　100038）
网　　址：www. E-mp. com. cn
电　　话：（010）51915602
印　　刷：唐山昊达印刷有限公司
经　　销：新华书店
开　　本：720mm×1000mm/16
印　　张：25
字　　数：504 千字
版　　次：2024 年 9 月第 1 版　　2024 年 9 月第 1 次印刷
书　　号：ISBN 978-7-5096-9776-4
定　　价：158.00 元

总序　基于中国数字经济实践经验的理论探索

如何将中国数字经济的前沿实践经验理论化，形成源头创新的数字经济理论成果，既是当前时代发展的需要和理论研究者的追求，也是当下数字经济理论研究突破的难点。以 2005 年以来我们对中国 28 个省份 760 多家企业的实地调研和访谈近千名企业管理者的积累为基础，对我们在企业信息化与数字化转型、信息化与工业化融合（以下简称两化融合）、数字经济和实体经济融合（以下简称数实融合）等数字经济创新领域研究成果的总结归纳，形成数字经济创新的理论探索三部曲（以下简称三部曲）：《数字经济创新模式：企业与用户互动的适应性创新》《数字经济创新极点：平台创新、竞争与就业》《数字经济创新变迁：两化融合、数实融合与人工智能》。

首先，三部曲是基于中国数字经济前沿实践经验的理论化探索，力图对中国经验进行系统解释。我们知道，发达国家大体沿着机械化、电气化、自动化、信息化、数字化和智能化的近似串行路径发展，中国等发展中国家则在机械化、电气化和自动化尚未完成时面临信息化的挑战，形成信息化与工业化并行发展。在信息化与工业化并行阶段，中国企业主要通过引进、消化、吸收嵌入在企业资源计划（Enterprise Resource Planning，ERP）等管理软件中的管理思想和经验来提升管理水平，经济管理思想和模式总体处于跟跑状态。然而，随着中国信息基础设施快速完善和移动技术应用形成技术跨越，互联网、大数据和人工智能等新一代信息技术涌现加速中国经济数字化转型，中国数字经济实践走到了与欧美国家同一起跑线的前沿，中国经济发展和企业实践总体从利用式学习转变为探索式学习。总结和提炼中国数字经济前沿实践经验，推动本土数字经济与管理理论的前沿探索，这是三部曲的第一个愿望。例如，《数字经济创新极点：平台创新、竞争与就业》就是基于中国平台经济前沿实践经验的理论探索，提出数字经济创新空间取决于平台创新的数字经济创新极点的原创思想，并结合质性研究与量化分析进行阐述和分析。

其次，三部曲是从经济学与管理学交叉视角围绕中国数字经济创新主题的理论化探索，力图将经济学与管理学在数字经济创新领域形成结合。在诸多创新定义中，熊彼特建立新的生产函数及实现生产要素与生产条件新组合的创新定义，是影响力较深远的关于创新的思想，同时也是经济学与管理学理论交叉形成新思想的典范。例如，可将生产函数或新组合分解为引入新产品或提供产品的新质量、采用新的生产方法或开辟新的供应网络、实施新的组织管理模式乃至开辟新市场等。在经济学与管理学交叉中，主流模式是经济学向管理学输出理论与方法。通过总结提炼中国企业管理在数字经济创新领域的前沿实践，是否可能开启管理学向经济学输出思想或理论的方向？这是三部曲探索的第二个愿望。例如，《数字经济创新模式：企业与用户互动的适应性创新》就是数据驱动的企业用户互动创新与生产力、生产关系、生产方式交叉视角的理论探索，提出企业与用户互动的适应性创新构成数字经济创新主流模式的思想，并从产品创新、资产创新、要素配置创新、生产方式创新等维度进行阐述和分析。

最后，三部曲是从产业融合视角刻画数字经济创新演变规律的理论化探索，力图对中国经验进行阐述说明。从经济发展来看，数字经济不是工业经济与信息经济的简单组合，而是一次经济形态的质变跃升过程。例如，企业信息化侧重对物料等运营状况的监控和改善，对市场创新或整体变革乏力，数字化通过解决信息化难以解决的市场创新或整体变革难题形成管理的质变跃升。同理，两化融合侧重于从单一产业层面监控和改善供需协同，以平台创新为核心的数字经济和实体经济深度融合通过解决数据全流程贯通形成质变跃升。通过对中国数字经济创新演变规律的探索，推动数字经济创新理论的系统化，这是三部曲的第三个愿望。例如，《数字经济创新变迁：两化融合、数实融合与人工智能》是在前两项理论探索的基础上，按照过去、现在与未来三个时点从两化融合、数实融合与人工智能三个视角，提出数字经济创新变迁的经济系统协同演化思想，借助实践参照、案例研究与计量分析相结合的混合方法进行阐述和分析。

我们清楚地知道，想法或努力的结果可能并不如人意，预期与结果可能大相径庭，但如果将时间花在思考"旷世之学"而举步不前，忽视中国数字经济实践经验的启迪，有可能辜负时代给予的机会。然而，为抓住机遇而忽视学术探索厚积薄发的知识发现规律，或许有若干成果但缺乏厚度和系统，同样可能辜负时代。我要感谢为尽可能避免出现这两种情况的团队成员，他们的付出和努力有必要在此提及和感谢。诚然，三部曲依然可能存在严谨性问题，如有的结论或观点可能不妥甚至谬误，有的证据可能难以支撑所述结论或观点等，期待得到同行和读者的宝贵意见，以持续完善和探索。

最后，感谢国家自然科学基金委员会管理科学部及其专家、同行学者，以及近20年来接待我们调研和访谈的多位企业家和管理者对我们这项工作的肯定和支持！

谢　康

2024 年 5 月 30 日于中山大学康乐园

前言 构建中国自主知识体系的技术-制度融合理论

　　无论是信息化与工业化融合还是数字经济和实体经济融合，或者人工智能（AI）创新变革，本质都是技术-制度的融合。一方面，包含 AI 在内的信息技术（IT）或数字技术属于技能偏向型的通用目的技术（GPT），技术应用普及与应用主体的禀赋或能力密切相关，使 IT 或数字技术的微观和宏观影响通常具有正面促进与负面抑制的两面性，因而需要与制度紧密结合以最大化地发挥出技术效率。另一方面，从复杂经济视角来看，众多技术集合在一起构建起经济形态，经济成为技术的一种集中表达。在技术构建经济的过程中，制度将技术与经济有机地连接起来，成为技术与经济融合发展中一种更高结构的结合体，因而制度变迁与技术创新和经济发展密切相关。从技术-制度融合变迁视角分析，从两化融合到数实融合，再到 AI 创新变革的演变特征和规律表明，两化融合构成数实融合的内核，数实融合构成 AI 创新变革的内核，三者均为信息经济或数字经济的技术效率在不同发展阶段的不同表现形式，集中体现了数字经济创新变迁的特征和规律。

　　从两化融合到数实融合、从数实融合到 AI 创新变革，构成当代中国经济社会发展的重大理论和实践课题。这个变迁过程可以说是技术-制度融合的过程，反映出中国不同时期转变经济发展方式的国家战略特征之一。这里，技术-制度融合中的技术泛指 IT 或数字技术，或信息化/数字化；制度泛指企业业务、产业/区域、国家条件或情境、管理流程、产业基础、禀赋资源或制度安排等。技术-制度融合是对两化融合、数实融合、AI 创新变革中人与 AI 协同等特征的总体概括。本书的目标是通过提炼两化融合、数实融合、AI 创新的特征和规律，提出中国情境的数字经济创新变迁理论，展开构建中国自主知识体系的技术-制度融合理论的探索。

　　这本书是对我们 1999 年以来在两化融合、数实融合到 AI 创新变革领域理论研究的总结和提炼，是对我们 25 年来探讨该领域理论的一次集成与发展。从

1999 年乌家培和谢康发表《信息技术产业化与经济增长》（《中国工业经济》1999 年第 1 期）算起，到谢康《企业电子商务解决方案与管理融合过程中的障碍与解决模式》[《中外管理导报》（现《管理评论》）2002 年第 10 期]，谢康、吴清津和肖静华《企业知识分享 学习曲线与国家知识优势》（《管理科学学报》2002 年第 2 期），谢康和肖静华《"工业化"新内涵——环境保护中信息技术应用》（《科学决策》2003 年第 2 期），周先波、肖静华和谢康《广东省信息化水平的测算及分析比较》（《情报理论与实践》2004 年第 2 期）延续至今。据不完全统计，我们在该领域发表 *Industrializaiton Supported by Informatization：The Economic Effects of the Internet in China*（Xie Kang, in edited by Jens Damm & Simona Thomas, Chinese Cyberspaces：Technological Changes and Political Effects. Routledge, 2006）等中英文论文超过 80 篇，涉及复杂系统趋同理论，企业、产业/区域、国家层面的技术-制度融合理论等，逐步构建起具有中国自主知识体系特征的技术-制度融合理论。

全书由七章构成，从产业经济、技术经济及管理、企业管理三个学科领域，探讨中国情境的技术-制度融合问题。其中，第一章探讨数字经济创新变迁：趋同与融合，为全书提供基础理论支撑，构建理论逻辑起点。第二章阐述两化融合的路径与发展模式。第三章刻画和阐述两化融合水平与质量，从理论到实证的具体过程和相关特征与规律。第四章剖析两化融合发展模式及影响经济转型与增长的内在机理。第五章论述两化融合如何影响经济高质量发展。第六章分析人工智能驱动的数实融合。第七章归纳和提炼技术-制度融合的中国模式。

由此，全书通过逻辑推演、案例研究、演化博弈、随机前沿分析和固定效应函数模型等多种方法，将经济学的技术效率思想与管理信息系统中的 IT-业务匹配理论结合起来，开展动态环境下两化融合的匹配与协同管理研究，较好地解决了学术界长期以来难以刻画两化融合中随机动态过程的建模难题，再通过微观层面的案例证据，对党的十五大至党的十八大先后提出的两化融合国家信息化战略和政策，党的十九大提出的互联网、大数据、人工智能和实体经济深度融合，党的二十大提出的数实融合战略进行了较全面的理论解释，较充分地阐述了 AI 时代人与 AI 协同及其演化发展的方向。

本书沿着技术效率、信息化跨越或数字跃迁、技术-制度融合的适应性变革三条理论主线，形成三方面重要理论创新，为构建中国自主知识体系的技术-制度融合理论提供了概念体系、基础理论支撑、重要理论观点和结论及国家层面前沿实践的解决方案。具体体现在以下三个方面：

第一，技术效率理论主线。既有研究从数字技术（A）或工业（B）单独影响绩效或经济增长（C），或两者协同系数影响 C 的角度展开，难以刻画 A 与 B

两者交互的动态过程对 C 的影响。针对此，本书从技术效率角度刻画两者交互的随机过程对 C 的影响，较好地解决这一理论研究的难题。通过构建趋同模型刻画技术—制度融合的比较静态与动态特征，借助随机前沿分析与固定效应函数模型等方法对两化融合企业、区域和国家层面的特征进行实证研究，结合经济增长理论探讨其与经济增长、突破中等收入陷阱等问题的关系。具体体现在以下两个方面：

（1）对中国两化融合环境、基础和条件与发达国家的异同进行了分析和讨论，提出两化融合的概念模型。建立完全竞争和不完全竞争条件下的两化融合规范模型，从理论上较好地诠释了党的十六大至党的二十大提出的以信息化带动工业化，以工业化促进信息化，推进两化深度融合，互联网、大数据、人工智能和实体经济深度融合，到促进数字经济和实体经济深度融合的国家战略。在本书的规范理论模型中，对融合交互面、融合速度、融合水平或位置、摩擦成本与路径偏离、协调成本与融合质量等关键概念进行了规范表述，为构建中国自主知识体系的技术—制度融合理论提供了系统性的概念体系。

（2）从技术效率视角定义了两化融合的概念，提出两化融合是工业化过程与信息化过程相互影响、相互作用的叠加演化过程，本质上是两者相互作用和促进以实现技术效率的过程或过程状态。这里，技术效率指在既定的工业化条件下信息化投入成本最小化，或在既定的信息化条件下工业化投入成本最小化。因此，两化融合水平，就是信息化对工业化发展要求的理想状况和其现实状况之间的差距值，与工业化对信息化发展要求的理想状况和其现实状况之间的差距值之间的比值。该比值称为两化融合系数。党的十七大以来，中国学术界主要从构建融合指数角度展开对融合水平的测度研究，该方法难以表达两化融合是一个相互作用的动态过程或过程状态的特征。本书将随机前沿分析方法应用于两化融合领域而提出的融合测度方法，不仅较好地与融合规范模型相契合，而且较好地反映了融合的动态过程和过程状态，为党的十六大至党的二十大提出的两化融合、数实融合国家战略提供了技术—制度融合视角的理论解释，试图为数据作为新生产要素、数字资产入表等中国数实融合的前沿实践，提供中国自主知识体系的基础理论支撑。

第二，信息化跨越或数字跃迁理论主线。这是在技术效率理论主线基础上形成的理论主线，即基于两化融合、数实融合、AI 创新的本质是具有技术效率或技术有效性，融合点是社会交易成本最小化点的基本特征，从技术—制度融合的随机性出发，提出信息化带动工业化融合路径（产业信息化或数字化）具有信息化跨越或数字跃迁的特征，且该特征构成区别于工业化促进信息化融合路径（信息或数字产业化）的关键所在，因而技术—制度融合长期来看具有间断平衡性。在比较静态分析中，数字产业化与产业数字化的两条融合路径具有强对称性，但产业信息化或产业数字化中的信息化跨越或数字跃迁现象，使两条融合路径具有非对称性结构，体现出技术−制度融合的短期常态特征与融合交互曲面带来的融合复杂性。对信息化跨越或数字跃迁的内在机制的进一步分析表明，工业化促进信息化路径的本质是资本深化过程，信息化带动工业化路径是知识深化过程，两条路径中的资本深化与知识深化之间具有互补性，形成"杨格（Allyn Abbott Young）式"的迂回过程。其中，信息化跨越或数字跃迁现象构成两条融合路径具有互补性的基础，但同时技术−制度融合对经济发展具有不确定性影响，最明显地体现在技术−制度融合中具有水坝效应，这里借用水坝建设对蓄水抗洪的调节作用是确定的，但对不同发展阶段、不同流域的收益公平性则是不确定的隐喻，用于刻画某种要素对经济增长效率的影响具有确定性，而对经济增长公平的影响因条件不同而具有不确定性的现象，反映出技术−制度融合影响经济增长机制的复杂性。本书为构建中国自主知识体系的技术−制度融合理论提供了重要的理论观点和结论。

第三，技术−制度融合的适应性变革理论主线。中国为首个将数据列为生产要素的国家，也是首个从国家层面推动数据资产入表的国家，这对中国数字经济创新理论研究提出新要求。本书从企业层面、产业层面、技术经济管理层面构建技术−制度融合的适应性变革理论，围绕信息技术与业务匹配、产业融合或协同等制度创新，探讨技术−制度融合适应性变革的内在机制，提出两化融合、数实融合的中国模式理论。本书认为中国融合模式包含技术−制度融合的适应性变革主线，及国家战略与产业政策的融合、举国体制与市场竞争的融合、创新发展与动态治理的融合三个核心融合领域的内涵，强调两化融合、数实融合不是一项单纯的经济政策或产业政策，而是一项综合性的国家战略的制度创新，因为中国情境决定了政府推进技术−制度融合不会只作为一项经济政策或产业政策，而会从社会交易成本最小化的视角来推动制度创新，将技术−制度融合视为一项实现社会福利最大化、全面提升综合管理能力的国家战略。因此，在国家战略层面，技术−制度融合通常会与可持续发展、收入不平等、劳动力成本上升压力及国家创新体系等领域联系起来，与推动经济发展方式转变、走新型工业化道路等联系起来，形成举国体制与市场竞争融合、创新发展与动态治理融合的演变发展特征。因此，本书侧重从中国情境、中国问题、中国路径、中国模式的视角剖析技术−制度融合的内在机理、实现模式与路径，为构建中国自主知识体系的技术−制度融合理论提供了国家层面前沿实践的解决方案，可为发展中国家和地区推动技术−制度融合的变革实践提供借鉴依据和启示。

本书即将完成交付出版社编审之时，由衷感谢中国信息经济学会创始人——

德高望重的乌家培教授，以及我们在学术领域的长期合作者——聪慧善良的中山大学岭南学院周先波教授，书中的不少内容均是与乌家培教授和周先波教授合作完成的，他们对本书两化融合思想、计量模型、政策分析等方面的重要学术贡献至今深刻影响着我们对AI变革创新等前沿领域的探索。尽管我们在本书相关章节中做了标注，但依然需要指出，没有他们的合作贡献、参与和付出，我们难以形成目前呈现给读者的理论成果。在此，对乌家培教授和周先波教授在本书中的重要贡献和辛勤付出表示衷心感谢！

同时，感谢2005年以来持续开展两化融合、数实融合、AI创新变革相关研究的诸多研究生及合作者。从2005年陈斌开的《中国信息化带动工业化因子实证研究》、陆国威的《中国工业化促进信息化因子的实证研究》开始，到2009年笔者与李礼和谭艾婷合作发表的相关论文，再到2011年李伟的《中国区域工业化与信息化动态融合的实证研究》、2012年周达平的《中国工业化与信息化融合计量方法及应用研究》、2013年陆格的《广东省工业化与信息化融合及其对经济增长的影响》、2015年方程的《工业化和信息化融合与经济规模和结构的交互影响：五个理论命题》、2016年沈嘉舟的《工业化与信息化融合对经济增长影响的研究——基于65个国家和地区面板数据分析》、2017年李韦韦的《工业化与信息化融合对企业效益影响的研究——基于168家上市制造企业面板数据分析》、2018年严炜东的《广东省工业化与信息化融合促进经济增长质量的实证研究——基于21个城市的面板数据分析》、2018年廖雪华的博士论文《"两化"融合对经济增长质量的作用机制研究》、2014年汪鸿昌的博士论文《供应链信息系统的二元治理价值研究》等，近年来与邹波教授，张延林和吴瑶副教授，谢永勤和胡杨颂老师，刘意、罗婷予、夏正豪博士后，以及李晓东、张祎、曹望华、卢鹏、盛君叶、金佳丽、刘帆、孙浩博、张呈昊等同学的合作成果，均被不同程度地纳入本书内容中，包括相关数据与资料采集、数据分析、结果讨论等。在此对上述各位老师和同学对本书内容的贡献表示感谢！

本书整理、增补和撰写的内容，涉及多个期刊发表的相关论文，包括《经济研究》《中国工业经济》《经济学动态》《财经问题研究》《经济经纬》《管理科学学报》《管理评论》《工程管理科技前沿》《科学决策》《北京交通大学学报（社会科学版）》《中山大学学报（社会科学版）》等，在此对这些期刊登载我们的相关论文表示感谢。

本书的撰写和出版得到国家自然科学基金重点项目"制造企业数字化转型与管理适应性变革研究"（72032009）、"互联网环境下大数据驱动的企业与用户互动创新理论、方法和应用研究"（71832014），国家自然科学基金青年项目"在线互动情境下个体情绪从众效应及其对购买行为影响的研究"（72102044），福建省自然科学基金青年项目"在线互动情境下消费者从众效应的动态识别与刻画及其演化边界条件研究"（2021J05117）的资助。在此，对国家自然科学基金的资助，对国家自然科学基金委管理科学部领导的长期支持、管理科学部各位专家的鼓励和帮助，表示诚挚的谢意！

感谢经济管理出版社领导、数字经济创新三部曲的责任编辑任爱清的长期支持和帮助。感谢参与本书资料汇编、参考文献整理、文字与清样校对的福州大学经济与管理学院的胡秀燕、刘露、陈振德、李宗程、孙婷、冼静怡、李燕静、朱品鑫同学。

谢 康

2024 年 5 月 8 日

目　录

第一章　数字经济创新变迁：趋同与融合 ……………………………… 1

第一节　两化融合的研究框架与概念 ……………………………… 2

一、两化融合的研究框架 ……………………………………… 2

二、工业化与信息化 …………………………………………… 4

三、两化融合与融合机制 ……………………………………… 9

第二节　两化融合的中国情境及演进 …………………………… 12

一、中国两化融合的情境特征 ……………………………… 13

二、中国两化融合的环境和基础 …………………………… 15

三、中国两化融合的发展道路 ……………………………… 17

四、中国两化融合情境的发展与演进 ……………………… 19

第三节　系统不确定性与趋同 …………………………………… 26

一、系统与非系统 …………………………………………… 28

二、趋同的动因、分类与多样性 …………………………… 31

三、趋同的证明 ……………………………………………… 32

四、系统优化与非系统优化 ………………………………… 36

第四节　从两化融合到数实融合 ………………………………… 43

一、两化融合的内涵与概念模型 …………………………… 44

二、两化融合的交互面与路径 ……………………………… 53

三、两化融合的动力机制 …………………………………… 54

四、两化融合向数实融合的演化博弈 ……………………… 57

第二章　两化融合路径与发展模式 ……………………………… 62

第一节　两化融合路径的静态分析 ……………………………… 63

一、完全竞争条件下的融合路径 …………………………… 64

二、不完全竞争条件下的融合路径 ………………………… 65

三、静态路径的微观机制：IT-业务匹配 ………………… 69

第二节 两化融合路径的动态分析 ………………………………… 79
　　一、两化融合三阶段路径 ………………………………………… 79
　　二、信息化跨越或数字跃迁 ……………………………………… 87
　　三、融合动态路径的微观机制：以企业市场进入与运营为例 …… 92
第三节 两化融合发展模式的理论基础 …………………………… 104
　　一、发展模式与两化融合模式 ………………………………… 104
　　二、两化融合发展模式的内涵 ………………………………… 105
　　三、融合发展模式与经济增长 ………………………………… 106
第四节 收益递增、协调成本与经济增长 ………………………… 108
　　一、融合的收益递增与协调成本 ……………………………… 108
　　二、知识互补性、协调成本与经济增长 ……………………… 110
　　三、产业结构、数字经济与绿色增长 ………………………… 114

第三章 两化融合水平与质量 …………………………………… 118
第一节 两化融合测度理论与方法 ……………………………… 118
　　一、两化融合的测度理论与框架 ……………………………… 118
　　二、工业化指数与信息化指数 ………………………………… 122
　　三、测度融合的非参数随机前沿模型 ………………………… 126
第二节 数据与测度结果 ………………………………………… 129
　　一、示范数据及处理 …………………………………………… 130
　　二、两化融合测度的结果 ……………………………………… 133
第三节 两化融合水平、路径与质量 …………………………… 137
　　一、两化融合水平与路径 ……………………………………… 138
　　二、数字跃迁与融合过程质量 ………………………………… 142
　　三、两化融合的结果质量 ……………………………………… 146
第四节 融合质量的微观机制：以供应链为例 ………………… 150
　　一、微观机制模型 ……………………………………………… 151
　　二、非竞争与竞争结构的融合质量 …………………………… 154

第四章 两化融合发展模式、经济转型与增长 ………………… 160
第一节 两化融合发展模式的判断与影响 ……………………… 160
　　一、融合发展模式的判定与影响模型 ………………………… 160
　　二、融合的渐进模式与跨越模式 ……………………………… 162
　　三、融合发展模式对经济转型的影响 ………………………… 167
　　四、融合发展模式的影响机制 ………………………………… 172
第二节 融合发展模式的微观机制与路径 ……………………… 173

　　一、融合发展模式的微观模型 ·················· 174

　　二、微观机制实证设计 ····················· 178

　　三、融合发展模式微观机制的实证检验 ············ 185

　　四、融合发展模式的微观特征 ················· 193

第三节　融合发展模式的区域特征 ················ 197

　　一、两化融合空间自相关性理论模型 ············· 197

　　二、两化融合空间自相关性的结果分析 ············ 199

第四节　融合的协调成本与经济增长 ··············· 203

　　一、融合视角的协调成本与增长模型 ············· 204

　　二、融合的协调成本与经济增长的关系 ············ 207

　　三、融合降低协调成本促进经济增长 ············· 212

第五章　两化融合与经济高质量发展 ················ 215

第一节　融合影响高质量的水坝效应 ··············· 215

　　一、融合影响经济增长质量 ·················· 215

　　二、融合影响增长效率与公平的机制 ············· 219

　　三、融合的不完全相悖效应：水坝效应 ············ 224

　　四、水坝效应的抵消性规则 ·················· 227

第二节　两化融合水坝效应的微观机制 ·············· 230

　　一、刻画水坝效应的数字化创新战略 ············· 230

　　二、两化融合影响数字化创新路径 ·············· 238

　　三、水坝效应的微观机制与路径 ··············· 240

第三节　两化融合促进产业转型升级 ··············· 243

　　一、融合影响产业结构模型 ·················· 243

　　二、数实融合影响产业结构的机制 ·············· 246

　　三、产业结构的绿色合理化 ·················· 253

第四节　数据要素促进高质量的微观机制 ············· 257

　　一、数据要素促进高质量的研究模型 ············· 257

　　二、数据要素促进高质量的微观过程 ············· 262

　　三、数据要素促进产业升级的适应性机制 ··········· 269

第六章　人工智能驱动的数实融合 ················· 273

第一节　主体-战略-流程（SSP）分析框架 ············ 274

　　一、AI 的核心创新特征与 SSP 分析框架 ··········· 274

　　二、基于主体结构性变革的融合 ··············· 280

　　三、基于流程变革的融合 ··················· 281

第二节　AI 驱动数实融合的过程机制 ……………………………… 285
　　一、AI 驱动数实融合机制的理论基础 …………………………… 285
　　二、AI 驱动数实融合的方式与路径 ……………………………… 287
　　三、AI 驱动数实融合的适应性机制 ……………………………… 289
第三节　AI 驱动数实融合的用户管理 ……………………………… 292
　　一、参与大模型训练的用户管理模型 …………………………… 294
　　二、激发用户参与平台数字产品创新模型 ……………………… 300
　　三、参与 AI 模型训练的用户管理机制 ………………………… 307

第七章　技术-制度融合的中国模式 ………………………………… 316
第一节　全球两化融合的形成及特征 ……………………………… 316
　　一、全球两化融合兴起的测度与数据 …………………………… 317
　　二、全球两化融合兴起的特征 …………………………………… 323
　　三、融合路径影响经济增长的非对称结构 ……………………… 330
　　四、融合影响全球经济增长的创新机制 ………………………… 335
第二节　两化融合的适应性变革模式 ……………………………… 339
　　一、技术-制度融合的适应性变革 ……………………………… 340
　　二、国家战略与产业政策的融合 ………………………………… 342
　　三、举国体制与市场竞争的融合 ………………………………… 345
　　四、创新发展与动态治理的融合 ………………………………… 348
第三节　中国融合模式与突破双向挤压 …………………………… 349
　　一、中国经济发展的双向挤压态势 ……………………………… 349
　　二、融合路径与水平的竞争性影响 ……………………………… 350
　　三、中国突破双向挤压的融合创新 ……………………………… 353
第四节　技术效率转轨与数字经济动能转换 ……………………… 357
　　一、融合与经济发展阶段的动能转换 …………………………… 357
　　二、中等收入陷阱与技术效率损失 ……………………………… 360
　　三、技术效率转轨与数字经济动能转换 ………………………… 363

参考文献 ……………………………………………………………… 366

第一章　数字经济创新变迁：
趋同与融合

　　区别于发达国家从信息高速公路等基础设施视角确立国家信息化战略，中国是全球第一个从政府层面提出两化融合国家战略与政策的国家，这对中国学术界探讨两化融合理论提出情境化要求。诚然，两化融合问题是涉及产业经济学、区域经济学、微观经济学、管理信息系统、战略管理、运营管理、应用社会学、应用心理学、复杂科学及计算机科学、通信技术、软件工程等跨学科领域的复杂问题，可以从企业、产业或区域层面探讨数实融合（陈雨露，2023），或从制造企业与平台互补性视角阐述数实融合创新机制（吕越等，2023），或从数据作为新生产要素为基础剖析数实融合的本质（洪银兴和任保平，2023），开展理论探索。这些研究无疑丰富和推进了学术界对数实融合的理解和认识。

　　本书从一般化的基础理论视角探讨两化融合或数实融合问题。从数实融合理论研究的变迁来看，数实融合的基础在于两化融合，两化融合规律的基础在于复杂系统的趋同特征。据此，本章从中国两化融合的情境出发，基于复杂系统趋同视角阐述两化融合理论研究的总体框架，剖析两化融合理论模型，以引导全章内容的展开。同时，从技术效率视角阐述两化融合、数实融合和人工智能创新的内涵和本质，为全书研究提供理论起点和分析的逻辑框架。总体来看，中国情境的两化融合、数实融合和人工智能创新发展，是信息化与工业化/数字化并行发展、相互加速融合的跨越式变革模式，这区别于发达国家或地区的先工业化、后信息化、再数字化的渐进式变革模式。但是，无论是发达国家还是发展中国家的两化融合，融合背后均隐含着复杂系统的趋同规律。该规律深刻影响着两化融合、数实融合与人工智能创新的演进特征。

第一节 两化融合的研究框架与概念

广义地理解，两化融合可以体现在工艺技术、产品、设备、流程、管理、企业或组织、产业、区域、国民经济及社会和全球范围等不同领域。因此，后续的数实融合、人工智能创新等概念也可以包含在广义的两化融合内涵中。从技术与制度融合变迁视角来看，两化融合、数实融合与人工智能创新三者之间存在内在递进关系，虽然三者的本质都是技术效率，但三者形成不同侧重的发展演进关系。为聚焦研究目标，本书对两化融合的研究主要是探讨企业、产业或区域及国际三个层面的两化融合机制，阐述两化融合对技术融合、产品融合、商业模式创新、产业或区域经济融合及全球经济的影响。

经过文献梳理和实践观察，我们认为，两化融合机制研究需要回答五个基本问题：①两化融合的构成要素是什么？②两化融合构成要素之间关系是什么？③两化融合构成要素之间相互联系、相互作用的关系形成怎样的功能？④两化融合构成要素之间相互联系、相互作用形成的功能引致怎样的经济结果？⑤选择或使用何种手段或工具来持续推进两化融合，如何评价两化融合的水平和质量？

一、两化融合的研究框架

根据上述两化融合机制理论研究的五个研究问题，将两化融合理论研究的总体框架整合为图1-1的四个部分：①两化融合的关键影响因素研究（以下简称原因）；②两化融合的微观、宏观经济过程或过程状态研究（以下简称过程或状态）；③两化融合的经济结果或影响研究（以下简称结果）；④两化融合的制度创新，包括战略、政策和对策研究（以下简称制度）。

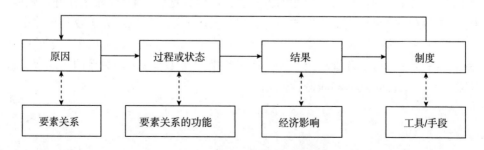

图1-1 两化融合理论研究的总体框架

在图1-1理论研究的总体框架下，根据文献梳理和实践观察，提出如图1-2所示的两化融合研究的总体理论模型。

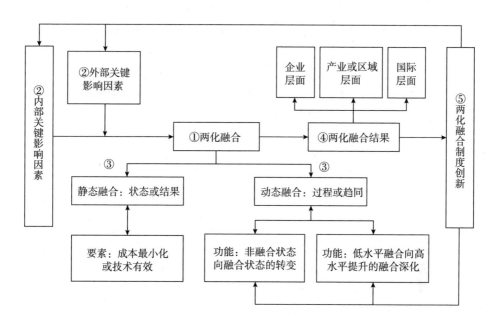

图1-2　两化融合研究的总体理论模型

在图1-2中，内部关键影响因素在外部关键影响因素调节下影响两化融合，两化融合可以分解为状态或结果的静态融合及过程或趋同的动态融合两种形式。从静态视角来看，两化融合表现为信息化与工业化之间的成本最小化或技术有效；从动态视角来看，两化融合体现为非融合状态向融合状态的转变或低水平融合向高水平提升的融合深化过程。从两化融合的结果来看，两化融合的影响集中体现在企业、产业或区域及国际三个层面，最终促进两化融合制度创新。

对比图1-1和图1-2，总体框架为原因—过程或状态—结果—制度四个组成部分，总体理论模型则具体分解为五个部分：①是主要根据两化融合的内涵，将技术效率视为两化融合的关键要素，由此探讨两化融合的关键要素关系。②由两化融合的内部关键影响因素和外部关键影响因素构成。③两化融合关键要素关系形成的主要功能主要体现在以下两个方面：一是促进信息化与工业化两者从非融合向融合状态转变；二是促进两化融合从低水平向高水平深度融合状态提升。④两化融合的结果或经济影响主要体现在企业、产业或区域及国际三个层面上。⑤推动两化融合的制度创新，主要根据两化融合对企业、产业或区域及国际层面影响的预期结果，设定预期经济目标，通过调控两化融合的内外部关键影响因素，进而调控关键要素的主要功能来推动预期经济目标的实现。

二、工业化与信息化

在两化融合理论研究中，工业化和信息化是两个需要明确阐述其内涵的基本概念。

（一）工业化概念及其测度

从世界范围来看，尽管工业化的历史已有 200 多年，但学术界对工业化的含义仍未取得一致的意见。国内外较为典型的认识包括张培刚、库兹涅茨和钱纳里等的观点，大致可分为狭义和广义两派。狭义工业化定义认为，工业化就是工业发展的意思，如《新帕尔格雷夫经济学大辞典》认为，工业化是一个过程。工业化过程的基本特征包括国民收入（或地区收入）中制造业活动和第二产业所占比例提高了，在制造业和第二产业就业的劳动人口的比例也有增加的趋势，且在上述两种比例增加的同时，社会人口的人均收入也增加了。我们看到，虽然学术界对工业化的看法各异，但多数经济学家均认同工业化过程的上述三个主要特征。或者说，工业化通常被定义为工业（特别是制造业）或第二产业产值（或收入）在国民生产总值（或国民收入）中比重不断上升的过程及工业就业人数在总就业人数中比重不断上升的过程（张建华，2022）。广义工业化主要由张培刚（1992）提出，是指国民经济中一系列重要的生产函数连续发生由低级到高级的突破性变化的过程。周宏仁（2008）认为，工业化的含义是产业化，不仅要发展工业，即第二产业的产业化，也要推动发展第一产业和第三产业的产业化。

国内外学者对工业化各种方面，包括变化规律、衡量标准、发展历史、中国的发展现状等作了详细研究，形成许多影响广泛而深远的理论和观点。其中，代表性的理论有六个：①配第—克拉克定理；②恩格尔消费规律；③刘易斯等的二元结构理论；④普雷维什、辛格的贸易条件恶化论；⑤赫尔希曼的联系效应理论；⑥张培刚的农业国工业化理论等。尽管学者们对工业化概念的具体表达方式不一，内容也有所不同，但可以找出一些共性的结论，主要体现在以下四个方面：一是工业化是一个社会经济制度及体制的变革过程；二是工业化也是一个社会生产力不断提高的过程；三是工业化可以看成是一个包含经济增长的持续变化的过程；四是工业化是一个国家或者区域的经济结构进行变革的过程，工业化不仅包括工业的机械化和现代化，还包括农业的机械化和现代化（张建华，2022）。从产业或宏观经济角度探讨两化融合机制，广义的工业化概念似乎更为符合融合理论研究的要求。

关于如何测量工业化的发展水平以及发展阶段，目前国内外有很多方法，主要的测度方法包括霍夫曼工业结构四阶段划分法、库兹涅茨关于工业化的经验性研究、钱纳里关于工业发展阶段的分析以及其他测度方法等。

（1）霍夫曼工业结构四阶段划分法。霍夫曼分析了工业化过程中工业内部的结构变动状况，通过计算霍夫曼比例，揭示了工业部门内部结构演变的一般趋势，该方法将工业化进程划分为四个阶段。霍夫曼的理论揭示了工业化进程中工业部门内部结构演变的一般趋势，因为与消费品工业相比，资本品的工业具有资本、技术密集的特点。同时，工业化程度的加深伴随着资本品的工业比例的增大，即中间产品和最终产品比例扩大。因此，霍夫曼比例越低，说明工业结构乃至整个产业结构高度越高，即资本品的工业规模越发展，消费品的工业比重相应越小。因此，霍夫曼比例反映了工业化的进程和发展水平，该比例越小则工业化水平越高。

（2）库兹涅茨关于工业化的经验性研究。库兹涅茨对产业结构与经济增长之间的关系进行了研究。一方面，考察各个不同国家的人均国民收入指标，并将其进行分组，然后根据不同组别之间就业结构和国民收入两项指标在经济体系中份额的差异来进行分析。另一方面，在一段较长的时期内，选定一组国家，观察在长期的经济增长过程中，这组国家的就业结构与收入结构所发生的变化。库兹涅茨的研究结论显示，通过对比产业结构的变动，可以认为工业化的过程就是产业结构变动最迅速的时期。农业和工业之间二元结构的转化是工业化初期和中期阶段产业结构变化的核心。总体而言，工业在国民经济中的比重将经历一个由上升到下降的倒 U 形变化过程。在工业部门先上升后下降的倒 U 形结构变迁过程中，倒 U 形曲线的前半部分对应着库兹涅茨事实，描述经济发展中的工业化过程，后半部分则对应后工业化事实，描述经济发展过程中工业重要性不断下降、服务业重要性不断上升的过程（徐朝阳，2010）。

（3）钱纳里关于工业发展阶段的分析。钱纳里运用截面数据，对 20 世纪 50 年代不同收入水平的国家的工业结构进行了比较研究。在钱纳里的研究中，工业部门被划分为三类：消费品、中间产品、投资品及其相关产品，收入水平不同，这三类工业在全部工业中所占的比重也不同。从低收入到高收入国家，以全部工业中的产值比重来计算，投资品的比重逐渐增加，消费品的比重逐渐下降，而中间产品的比重没有变动。

为了以时间顺序表明工业部门的发展，钱纳里后来把工业部门分为早期工业、中期工业和晚期工业三类。在早期，工业部门先是快速发展，之后进入缓慢发展期；在中期，工业部门的发展略大于 GNP 总量的增长；在晚期，工业部门发展的速度远高于 GNP 的增长速度，致使这些工业在国民经济中的比重逐渐增加。但当经济发展到一定的高水平时，这些工业发展的速度开始下降，重工业被新兴工业所取代，他将这些工业称为后晚期工业。

（4）其他测度方法。21世纪初以来，国内学术界也对工业化水平的评价展开了诸多讨论，近年来关于工业化及其测度的讨论基本延续早期的研究结论，虽然有些指标更新了，但本质没有发生根本性改变。2012年之前，有关工业化水平评价的讨论多与新型工业化的讨论联系在一起。例如，毛文娟和魏大鹏（2005）从工业的科技水平、经济效益、资源利用和环境、人力资源利用和开发、信息化程度五项指标通过因子分析法找出影响天津工业发展的主要因素；林春艳和姜慧（2008）针对工业化水平和工业化质量构建了新型工业化指标体系，通过因子分析法得出影响山东省工业发展的主要因素，并与北京市、上海市和广东省进行横向比较；马涛和李鹏雁（2009）采用二次相对评价分析方法，将新型工业化看作一个区域经济体的能力，建立了对区域的产业结构进行主观评价的DEA模型，构建了专门针对地区产业结构的新型工业化评价体系，并以黑龙江省为例进行了实证分析；胡艳超（2010）根据湖南省工业化的发展特点，综合考虑传统工业化和新型工业化对工业化进程的影响，从工业化发展水平和工业化效益水平的角度出发，构建了反映湖南省工业化进程的指标体系，并采用因子分析法对这一指标体系进行统计测度和实证分析。

2001年中国加入WTO后，重工业的比较优势情况发生了变化。重工业资本存量所占比重随着劳动密集型部门资本产出弹性的上升而下降，相反，随着资本密集型部门资本产出弹性的上升而上升，重工业资本存量比重与全社会的总产出表现为倒U形关系（邓宏图等，2018）。同时，加速工业化带来对土地需求的迅速增加，土地财政快速增长，土地财政构成中国地方政府的重要激励手段，使中国成功利用比较优势，支撑多年的快速经济增长（蒋震，2014）。2012年之后，国内学术界对工业化及其水平测度的研究主要向绿色工业化、新型工业化等领域扩展，剖析去工业化的条件或困境。有学者提出，在低碳工业化新阶段，传统工业化评价方法与指标存在局限（史丹，2018），与传统工业化相比，新型工业化呈现新的效率源泉、新的生产要素、新的组织形态、新的约束条件等一般性的新特征（中国社会科学院工业经济研究所课题组等，2023），强调数字技术或数字经济对经济长期增长的影响。对于中国是否出现过早去工业化的问题，学术界存在争议（黄群慧和杨虎涛，2022）。总体来看，2012年之后学术界对于工业化水平测度的指标体系或替代指标的认识与2012年之前没有本质改变。

（二）信息化概念及其测度

与工业化及其测度研究不同，信息化及其测度理论的研究历史较为短暂。20世纪60年代，日本学者提出"信息化"（Infomationization）一词。当时，多数学者认为，人类社会是由低级社会向高级社会演进的。有形物质是工业社会的主导力量，而无形信息占据主要社会地位则是信息社会的特征。"信息化"一词是用来代表在整个社会经济结构中，信息产业获得长足发展并逐步取得支配地位的一种社会变革的历史过程。20 世纪 80 年代中期，中国掀起了以信息技术为核心的新技术革命浪潮，国内学者尝试从多个不同的方面对信息化相关问题进行了有意义的研究和讨论。有的从信息技术的推广方面讨论了信息化的应用价值；有的从信息资源的开发利用方面讨论了如何进一步深化信息化的作用；有的则从信息产业的成长和发展方面，讨论了信息化在中国现代化建设中的重要作用。

一般地，广义的信息技术包括计算机技术、互联网技术、通信技术、电视广播等技术。有观点认为，信息化是充分利用信息技术、开发利用信息资源、促进信息交流和知识共享、提高经济增长质量、推动经济社会发展转型的历史进程。本书认为，信息化是指信息技术在国民经济和社会中不断扩散和渗透的过程及过程状态。或者说，信息化既可以看成是信息技术扩散的动态过程，也可以看成是信息技术扩散的一种实现状态。从宏观到微观层面，信息化由国民经济和社会信息化（或区域信息化）、产业或行业信息化以及企业信息化三个层面构成。

由于信息化兴起的时间较晚，相关的研究不像对工业化的研究一样涉及方方面面，关于信息化发展水平测度方法的研究，国内外有五种较为流行的方法：

（1）波拉特法。波拉特法又称 GDP 比重法或就业结构分析法，其核心是从国民经济各部门中识别出信息部门，然后将其分为一级信息部门和二级信息部门，用信息活动产值占国内生产总值的比例大小、信息劳动者人数占总就业人口的比例大小和信息部门就业者收入占国民收入的比例大小来衡量社会信息化程度。这种方法科学性较高、国际通用性较强，测定结果具有国际可比性。

（2）信息化指数法。1965 年，日本经济学家小松畸清介首次提出信息化指数法。该方法选取信息量、信息装备率、通信主体水平、信息系数四个要素来体现社会信息化程度，四个要素具体又细分为 11 个变量，将这些指标与某一基准年相比，得到的就是信息化指数。使用这种方法既可以从时间序列角度研究发展趋势，也可利用截面数据考察不同国家信息化发展的程度差别。与波拉特法相比较，信息化指数法数据相对容易收集，计算简单，具有很好的可操作性和对比性，实用性强。同时，这种方法用量化的方式反映出社会信息化发展进程的相对阶段和相对差距，这样不仅能描述信息及其相关要素的作用，而且还可以对社会经济信息化程度做出趋势预测，在一定程度上揭示了信息化和信息产业在概念上的区别。但这种方法也存在明显的问题和不足，主要表现在以下三个方面：一是仅从邮电、广播等有限的几个方面选取描述信息化的指标，其结果只能反映这几个方面的信息，而另外一些重要的因素（如信息需求和利用程度、规模）在模型中未能体现；二是用算术平均法求信息化指数，未能按实际情况区分出不同变量的权重，难以体现各因素的重要程度；三是该模型的结果是在确定某一基准点前提下的相对比较值，无绝对意义。

（3）国际电信联盟指标体系与信息建设指数。国际电信联盟于1995年提出了一套七国信息化程度的指标体系。该指标体系包括六组指标，分别是电话主线、蜂窝式电话、综合业务数字网、有线电视、计算机、光纤。这一新的指标体系考虑了近年来发达国家发展的新特点，将其作为世界范围内信息化发展的特点来看待，突出了简便和实用的特点，易于掌握各国信息化发展的程度。

（4）国家信息化测评指标体系。2001年7月，信息产业部公布《国家信息化指标构成方案》，并成立国家信息化测评中心。这套指标方案期望结合中国的实际情况，通过对信息化指标的统计分析，定量地衡量全国及各地区的信息化发展程度，使宏观决策部门和行业管理部门可以有效地指导和促进信息化建设，为研究制定信息化经济和社会发展计划提供量化依据。这套指标体系设置了六类，共20个指标，主要用于横向比较地区间的信息化发展水平，并可以拓展到纵向比较。指标的数据绝大部分在现有统计数据中可以获得。国家统计局统计科研所信息化统计评价研究组及杨京英等（2011）提出了一个信息化发展指数的优化方案，认为信息化发展指数包括基础设施、产业技术、应用消费、知识支撑和发展效果，并基于此对中国省份信息化发展指数的内部结构特征进行了分析和讨论。

（5）其他测评方法。1997年，国务院信息化工作领导小组提出国家信息化定义，国内学术界也开展了大量的与信息化测度有关的研究。贾怀京和谢奇志（1997）运用社会信息化指数模型对中国1994年的社会信息化水平进行了测度，并运用回归的方法探讨了信息化指数与经济发展的关系；姜元章和张岐山（2004）应用灰关联度分析方法构建了区域经济信息化程度评价的灰色模型，给出了计算的方法和步骤；郭飞和贾伟（2008）通过研究国内外企业信息化指标体系，结合山西企业信息化发展现状和发展特点，建立了山西省企业信息化评价指标体系。此外，龚小兵和鲁波（2010）针对制造业信息化绩效评价的复杂性及部分评价指标的不确定性，建立了一套完整的制造业信息化绩效评价指标，将模糊集合论引入到信息化绩效的评价问题中，构建了制造业信息化绩效的模糊综合评价模型；赵培云（2009）考虑辽宁信息化发展现状和发展目标及与资源、环境、人口等之间的关系，确立了评价辽宁省信息系统状态的指标集；贺明等（2010）针对中国制造业信息化评价指标体系在贵州省实施过程中存在的不足，根据贵州省制造企业的特点和现状提出了贵州省制造业信息化评价指标体系及评价方法；田上和李春（2010）按照系统综合评价的思路，构建了包括信息管理、基础设施、人力资源、运作环境和企业效益5个一级指标和29个二级指标的企业信息化建设绩效评价指标体系。

2012年后，中国学术界对信息化及其测度的研究，主要从信息基础设施视角开展研究，分析信息与通信技术（Information and Communications Technology，ICT）对中国经济增长的替代效应与渗透效应，其中 ICT 的替代效应体现为 ICT 资本对增长的贡献率（蔡跃洲和张钧南，2015；李坤望等，2015）。研究表明，信息化对中国工业部门技术创新效率产生显著影响，成为推动工业部门技术创新活动发展的新动力源泉，且信息化与技术创新效率之间存在显著的倒 U 形关系（韩先锋等，2014）。在微观层面，探讨以信息技术资本为中心的技术变化方向异性结构及其对全要素生产率的影响机制（左晖和艾丹祥，2021），发现在 2006 ~ 2017 年，中国制造业中工业机器人安装量每增加 1% 导致就业岗位减少 6%（闫雪凌等，2020）。

针对信息化测度的分析，强调对信息化的测度模型和方法，应考虑信息化内涵的动态性，如信息技术基础设施普及只是信息化发展在单一方面的表现，如只关注互联网普及率难以准确衡量区域信息化水平。同时，信息化建设具有持续投入、持续影响的动态性，基于静态评价方法测算的信息化水平可能存在估计结果偏误，为此需要建立多层次的信息化测度体系（张聪颖等，2021）。例如，构建信息基础设施指数、信息技术使用指数、信息知识教育指数及信息效果指数四个层次的 19 个指标构成的信息化指标评价体系，运用均方差权值法测评中国省市信息化发展水平及区域分布状况（李赫龙和王富喜，2015）。或者，从企业和区域两个层面构建测度指标体系，企业层面包括实现信息化企业数（万家）、企业每百人使用计算机数（台）、企业拥有网站数（个）、每百家企业拥有网站数（个）、有电子商务活动企业比（%）5 个指标，区域层面包括域名数（万个）、网站数（万个）、移动互联网用户（万户）、互联网宽带接入用户（万户）4 个指标，测度中国信息化发展水平（李金华，2021）。总体来看，关于信息化水平测度的指标体系或关键替代指标与 2012 年之前相比没有本质性的改变。

三、两化融合与融合机制

为了简单化，在本书中，工业化（Industrialization）是指工业发展过程，信息化（Informatization）是指信息技术在企业、产业、国民经济和社会扩散与渗透的过程（谢康，1999）。融合（Convergence）是指相互结合在一起，或相互匹配。融合在经济学和生物学中称为趋同，在数学中称为收敛。从技术视角来看，融合从根本上改变原有各自独立的产业边界，同时形成新的竞争环境，推动技术与产业的协同成长（Bally，2005）。早期，强调在产品和工艺层面实现信息技术与传统产业融合，依托信息技术发展新兴产业，构成两化融合的两条基本路径（Englmaier and Reisinger，2008）。

因此，两化融合是指信息化与工业化相互作用和相互促进，以实现技术效率的过程或过程状态。通过这个过程或过程状态，实现以工业化促进信息化，以信息化带动工业化。从静态角度来看，两化融合可以看作是一种过程状态或结果。从动态角度来看，两化融合可以看作是一个过程。其中，技术效率指在既定的工业化条件下信息化投入成本最小化，或在既定的信息化条件下工业化投入成本最小化。由于两化融合属于潜变量，本身不可度量，需要借助与之密切相关的显变量来测量，在这里，技术效率构成测度两化融合的显变量。凡实现产出技术效率的信息化与工业化相互作用和相互促进的过程或过程状态，都可以看作是两化融合。否则，属于信息化与工业化非融合。在信息化与工业化非融合过程或过程状态，相对于既定的工业化投入，信息化投入过度或投入不足，而或相对于既定的信息化投入，工业化投入过度或不足。

（1）两化融合机制。"机制"一词源于希腊文，是指有机体的构造、功能及其相互关系，或指机器的构造和工作原理。在生物学和医学领域，机制表示有机体内发生生理或病理变化时各器官之间相互联系、作用和调节的方式。在经济学领域，机制表示一定经济体内各构成要素之间相互联系、相互作用的关系及其功能。两化融合机制是指两化融合的构成要素之间相互联系、相互作用的关系及其功能。

（2）推进两化融合。"推进"一词具有推动、促进、改进、提升、提高、加强等含义，表示促使某个事物向某个方向发展或改进。推进两化融合，是指通过手段或工具促使信息化与工业化从非融合转变为融合，或从低水平融合提升为高水平融合的过程或过程状态。信息化与工业化的低（高）水平融合指低（高）工业化水平与低（高）信息化水平相互作用和相互促进，以实现技术效率的过程或过程状态。两化融合从低水平提升到高水平的过程，构成两化融合的成熟过程。

（3）技术效率与全要素生产率。技术效率研究已经成为宏观经济和应用经济领域的热点之一。Koopmans（1951）最早对技术效率进行定义：如果在不减少其他产出（或增加其他投入）的情况下，技术上不可能增加任何产出（或减少任何投入），这样的投入产出向量称为技术有效。技术效率的所有投入产出向量的集合构成生产前沿面。Farrell（1957）从投入角度定义技术效率，认为技术效率就是在产出规模不变、市场价格不变的条件下，按照既定的要素投入比例所能达到的最小生产成本（或最小投入水平）占实际生产成本（或实际投入水平）的百分比。

Koopmans（1951）和Farrell（1957）主要描述了资源配置的效率，为拓展到行业地区宏观领域和公司企业微观领域的后续研究奠定了理论基础。其中，Farrell（1957）对技术效率的定义被更为广泛的采用和推广。Coelli等（2005）

对技术效率进行了更为详细的阐述和推导。近年来，中国学术界也出现越来越多的相关研究。根据 Coelli 等（2005）的归纳，技术效率的测算主要有以下三种方法：一是标准规模收益不变和规模收益可变的数据包络分析（DEA）模型；二是拓展到成本和配置效率的模型；三是 Malmquist－DEA 方法计算全要素生产率（Total Factor Productivity，TFP）变化。其中，第一种和第三种方法的技术都是DEA，这也是应用最为广泛的测算方法。由于其对数据样本的要求量相对较小，因此，在企业和产业层面的技术效率研究多为 DEA 方法测算而得，但数据样本的低要求也使得其结果的普适性较随机前沿生产函数要弱。

　　（4）全要素生产率也是一个关键概念。技术效率是全要素生产率分解出来的一部分。在技术效率研究中，技术效率通常与全要素生产率分解下的技术进步相联系，这一联系主要源于对技术效率测度的需要。Farrell（1957）对技术效率的测定未妥善处理投入要素的质量差别问题和投入要素闲置问题，该问题在 Jorgenson（2001）对全要素生产率的测算中得到处理。在全要素生产率的测算中，要素投入的质量指数和数量指数就是投入要素的技术进步。对于同一时点，企业与前沿面之间的相对差距反映了技术效率，对于不同时点就需要考虑技术进步的影响。传统的增长核算方法将全要素生产率等同于技术进步，忽视了技术效率对生产率的影响。近年来，对全要素生产率的分解成为国内外学者关注的重要问题之一。Kumbhakar 和 Lovell（2000）提出，全要素生产率可以分解为技术进步、技术效率、规模经济和资源配置效率。在国内学术界，TFP 的研究主要集中在经济增长阶段特征、技术效率变迁测算及全要素分解等领域。

　　2012 年之后，中国学术界主要构建两化融合随机前沿分析模型，对两化融合的水平和质量进行实证研究，探讨两化融合对经济高质量发展的影响（谢康等，2012，2021），以及考察两化融合的协调成本与经济增长，两化融合对中国企业突破双向挤压等方面的机制探讨（谢康等，2016，2018）。同时，关注信息化对中国企业劳动力市场的影响，强调信息化的发展会带来劳动收入占比的普遍下降，但是却未必会导致企业就业吸纳能力的下降（邵文波和盛丹，2017），从内生经济增长理论视角剖析两化融合的内生经济增长机制，认为两化融合的不同耦合程度形成的增值能力促进产业结构升级（杨惠馨和焦勇，2016；焦勇和杨惠馨，2017）。此外，也借助谢康等（2012）建立的两化融合模型，开展了相应的实证研究（杜传忠和杨志坤，2015），认为两化融合存在有界性的特征，在某个界限之下，信息化水平的提高对工业化有带动作用，在该界限之上则对工业化的带动作用不明显（张向宁和孙秋碧，2015）。进一步以制造业两化融合为研究对象发现，中国制造业两化融合水平不仅总体呈现东部高、中西部低的静态阶梯状分布特征，而且东部、中部、西部三大区域内部的时空分异特征也十分明显，中西部地区间的制造业两化融合水平不存在绝对收敛态势，但不同区域最终会以不同的收敛速度趋于各自的稳态水平（张辽和王俊杰，2018）。

此外，陈小磊和郑建明（2012）基于 Feder（1983）提出的两部门模型，以生产函数为理论依据推导出两化融合的计量模型，将经济发展部门划分为信息部门和非信息部门，定义各自的生产方程。汪晓文和杜欣（2014）提出两化融合复合系统协同度模型，基于隶属度的模糊综合评价法分析区域与全国两化融合水平之间的差异。张亚斌等（2012）建立信息化与工业化动态融合环境评价模型，运用主成分分析法对中国省份的区域两化融合环境进行测度和比较。张辽和王俊杰（2018）采用 DEA-Bootstrap 的方法对协调发展系数法进行改进，以测度中国制造业两化融合水平及其空间收敛特征。研究发现，中国不同地区两化融合的水平呈空间正相关特征，尽管信息产业、自主创新及中介服务对区域两化融合水平发挥显著的促进作用，但区域人力资本积累形成两化融合水平提升的瓶颈，其空间滞后效应明显。对中国两化融合试验区与绿色全要素生产率之间的准自然实验研究发现，两化融合显著提升中国城市绿色全要素生产率（李政等，2023）。

总之，相关代表性文献主要从技术、要素、制度等视角，采用逻辑推演分析、案例研究、结构方程或计量经济分析等方法，展开两化融合国家、产业或区域、企业层面的研究，形成了较为丰富的研究成果。这些研究无疑推动了两化融合理论的发展。但既有研究对两化融合的中国情境及其演进变化的特征关注不足，对两化融合的中国情境缺乏必要的探讨。

第二节　两化融合的中国情境及演进[①]

为更好地回应中国为什么要大力推动数实融合、促进数字经济创新这一理论问题，有必要对两化融合的中国情境及其演进进行系统阐述。制度、市场、技术、文化等构成一个国家的主要情境因素（Child，2000；黄群慧，2018）。对于中国两化融合而言，中国情境主要体现在追赶与超越并存、信息化与工业化同步等方面，这样的情境使中国两化融合模式与路径选择与发达国家有明显差异。两化融合是中国经济管理中提出的重大理论和实践问题，是落实科学发展观、转变经济增长方式的要求。

21 世纪以来，经济增长模式和质量成为学者和政府决策者日益关心的问题。

---

① 　根据谢康、肖静华、乌家培《中国工业化与信息化融合的环境、基础和道路》（《经济学动态》2009 年第 2 期）及相关工作文件的内容修改和增补而成。

中国经济高速增长，但质量有待提高，需要通过技术进步、技术应用效率和资源配置效率来提高经济增长的质量。党的十七大提出推进两化融合，揭示信息化与工业化两者关系的发展方向，反映信息化与工业化两者相互渗透、相互作用和相互影响的特征。中国政府的信息化战略与产业政策构成两化融合的一个重要情境特征。

一、中国两化融合的情境特征

经济情境、制度情境、技术情境和文化情境通常被视为四个主要的中国情境因素（蔡莉和单标安，2013）。黄群慧（2018）将改革开放以来中国国家情境因素归纳为以下四个方面：一是快速工业化进程的经济情境；二是改革开放推进的市场化进程的制度情境；三是全球范围以信息化为核心的技术情境；四是独特的文化情境。考虑企业数字化转型的情境从属于国家情境，但由于文化情境对数字化转型的影响目前尚难以观察，因此，这里聚焦于分析中国两化融合的经济情境、制度情境和技术情境因素。

首先，加速工业化构成企业数字化转型的中国经济情境特征。加速工业化主要体现在以下三个方面：一是时间维度的加速，中国用几十年时间走完发达国家几百年走过的工业化历程；二是经济体量增长和产业体系扩张维度的加速，中国成为世界第二大经济体，制造业第一大国，建立起世界最完整的现代工业体系，全球2/3国家和地区的最终消费品和中间品贸易与中国紧密地联系在一起；三是国民收入积累维度的加速，1990~1991年中印两国人均GDP大体相当，但2021年印度人均GDP为2250.2美元，中国人均GDP为12551美元，中国人均GDP约是印度的5.6倍。从企业发展实践来看，上述中国加速工业化情境因素深刻影响企业数字化转型投入产出的短期与长期平衡，一方面加速工业化为企业数字化转型的投入奠定了基础；另一方面加速工业化导致的部分工业化基础不牢又会在一定程度影响数字化转型的产出效果。

其次，持续市场化构成企业数字化转型的中国制度情境特征。持续市场化也主要体现在以下三个方面：一是通过40年的三大阶段市场化改革，中国建立起有别于发达国家的持续动态优化的有效市场与有为政府协同的制度体系；二是2000年加入世界贸易组织实现逐步深入的全球市场化进程，使中国的人力资本得以快速积累，形成产业升级的源泉；三是中国政府在吸引外资、向发达国家学习先进经验及技术引进消化吸收领域的作为独具特色。从企业实践来看，持续市场化的制度情境因素使中国企业在获得大量全球订单的同时，可以稳定消化市场化带来的动荡压力，获得更多成长机会，深刻影响企业数字化转型的能力积累和战略选择。

最后，同步两化融合构成企业数字化转型的中国技术情境特征。全球范围以信息化为核心的技术变革推动全球产业结构转移，通过信息化导入、信息化带动及两化融合到深度融合，持续推动中国产业结构转型升级和经济增长。在全球信息化浪潮下，中国企业信息化从财务管理起步，从生产运营等组织内信息化延伸到跨组织供应链管理信息化，从外资企业信息化外溢到本土企业信息化。如今，进一步地通过数字产业化和产业数字化促进各类产业的转型升级，构成中国企业数字化转型的技术情境因素。两化融合表明信息化与工业化既有互补关系也有替代关系，这种复杂的关系会影响企业数字化转型的路径和模式选择。

因此，在宏观上，两化融合的中国情境可以归纳为加速工业化、持续市场化及同步两化融合三个特征。在这三个特征中，信息化和工业化与企业数字化转型的关系最为密切，需要进一步厘清三者的关系。

企业视角的信息化和工业化与中国情境下所指的信息化和工业化内涵不同，是对宏观层面的微观映射。国内外对企业信息化的定义众多，核心内涵指企业通过应用信息技术，在业务运营、职能管理各环节变革流程和制度，从而促进降本增效，从根本上提高企业竞争力的过程或状态。从企业层面来看，工业化基础通常指标准化、流程化、系统化、精益化等工业体系的基础或水平。与发达国家相比，中国情境的企业信息化有两个差异性特征：一是信息化与机械化、电气化、自动化并行发展，区别于发达国家的串行发展过程；二是发达国家通过长时间工业化积淀形成成熟的管理流程和经验，其信息化过程是通过信息系统对流程和经验进行固化，从而提升管理效率。中国企业由于工业化发展时间较短，其信息化过程是通过应用信息系统学习嵌在其中的管理流程和最佳实践，以促使工业化基础与信息技术的加速匹配。

中国企业信息化的上述两个特征使企业信息化与工业化的关系表现出优劣并存的两面特征。一方面，作为世界人口基数最大的市场，包含的消费者异质性程度高，利用信息技术可以快速通过产品差异化和市场细分化获得竞争优势，因此，多数中国企业的创新集中在功能性应用领域的创新，信息化被视为超越竞争对手的竞争力投资。研究表明，信息化推动企业从以生产为中心的产品战略向以消费者为中心的用户战略转移，在一定程度上有助于促进企业实现跨越式发展。另一方面，信息化与工业化的并行发展导致大量企业呈现出协同不足的问题，即由于信息技术与管理流程、员工能力、工艺水平等存在互补性，因此，企业信息化要发挥好作用，工业化基础必须与之相匹配。研究指出，具有互补性的两种要素如果不能平衡发展的话，某一要素的过度积累会因另一要素的匮乏而降低其边际生产力。本书笔者进行的企业实地调研也表明，由于企业在标准化、精益化、系统化等方面投入不足，导致部分信息化投资没有达到预期的效果。

综上所述，企业信息化与工业化两者关系的优劣两面性，使中国情境下的两化融合模式与路径既存在市场创新和技术变革机会带来的跨越式转型，也存在高质量发展、夯实工业化基础的补课式转型。企业、产业或区域行动主体对两化融合模式与路径的选择需要与情境因素相适应。这就涉及中国两化融合的环境和基础。

二、中国两化融合的环境和基础

中国工业化总体上发展到工业化中期的后阶段，一方面，粗放型增长方式导致了高投入低产出、高污染低效能等现象；另一方面，全球信息通信技术的迅猛发展及其在产业中的扩散和渗透带来的技术创新，为中国转变经济增长方式带来了契机。为此，如何通过信息技术（IT）的应用来转变经济增长方式，提高中国经济增长的质量，实现经济持续、平稳和协调发展，成为中国宏观经济治理亟待解决的主要问题之一。党的十六大提出走新型工业化道路，党的十七大报告提出"大力推进信息化与工业化融合"。然而，中国推进两化融合，难以照搬或照套欧美发达国家的经验，因为中国推进两化融合的总体环境与欧美发达国家不同，这主要表现在以下三个方面：

首先，在社会环境中，发达国家的信息化是在较为发达的城市化基础上发展起来的，企业和社会的管理制度为信息化提供了支撑条件。中国信息化是在城市化没有完成的条件下发展起来的，无论是社会公共管理，还是企业管理都没有形成成熟的流程、制度和行为准则，从而难以为信息化提供有力的支撑条件。

其次，如前文所述，在产业环境中，发达国家的信息化是在成熟的工业化基础上发展起来的，是随着机械化、电气化、自动化、数字化、网络化和智能化的进步而兴起的，呈现出先工业化、后信息化的梯度发展格局。然而，中国信息化是在工业化还没有完成的环境下成长起来的，发达国家的两化融合导致的技术、产品和产业融合直接影响到中国工业化的方向和进程，形成了信息化与工业化并行发展、数字经济与实体经济并行发展的格局。这种格局既给中国推进两化融合、数实融合、人工智能创新发展提供了机遇，也带来了诸多挑战，要求中国等发展中国家通过两化融合、数实融合、人工智能创新发展实现"三步并作两步走"的跨越式发展，同时要求不断夯实管理基础来支撑跨越式发展（见图1-3）。

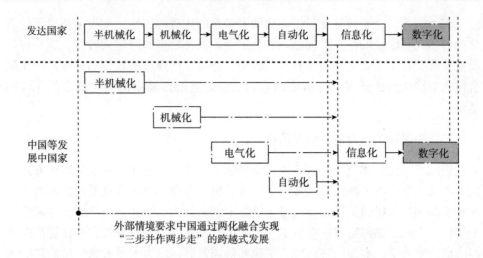

图1-3 中国与发达国家两化融合的宏观情境特征

最后，在企业环境中，发达国家的信息化是在社会公共管理和企业管理理论、方法和工具，乃至研究较为成熟的基础上发展起来的。企业管理思想和实践的发展需要获得信息技术的支持，信息技术自然地成为管理思想的固化工具。或者说，信息技术工具体现了既有的企业管理思想和工业化基础。中国信息化是在缺乏自身管理思想和工业化基础的条件下，在技术上较多地采用拿来主义的方式来实现的，希望通过引入信息技术工具来提升企业现有管理水平，在这一过程中导致了较多的信息化投资效益低或管理不到位现象。这样一来，发达国家的管理思想和工具如何与中国具体国情相适应成为企业信息化实践的焦点问题之一。

在社会、产业和企业层面，中国工业化环境与欧美发达国家存在差异。同时，当代信息技术迅猛发展带来的技术创新和产业结构变革，与欧美发达国家推进工业化向信息化融合的时代存在差异，这就决定了当代中国必须坚持走符合国情的新型工业化道路，坚持走有中国特色的推进两化融合的发展道路。另外，中国是当代世界上最大的发展中国家，在没有完成工业化任务的同时面临信息化的挑战，这在发展中国家中具有代表性。通过推进两化融合，一方面实现工业化向高级化发展；另一方面促进产业升级，转变经济增长方式。尽管早在20世纪60年代欧美国家也曾出现过两化融合的讨论，但当代中国推动两化融合时的社会基础和面临的主要矛盾与欧美发达国家不同。这主要体现在以下四个方面：

第一，欧美发达国家工业化基础雄厚，在两化融合过程中面临的转换成本相对比中国更高。中国的工业化基础较为薄弱，信息化普及和渗透成本相对较小，由此形成当代中国推进两化融合的优势之一，因为在赶超现有技术领先者、以竞争性价格获取先进技术方面，发展中国家更具优势。

第二，作为大规模信息技术应用的发源地，欧美国家在推动信息化初期信息技术尚未成熟，企业和产业界应用信息技术不仅面临较高的所有者总成本（包括投资成本、学习和培训成本、技术转移导致的效率损失等），而且面临较大的技术应用风险（包括技术失败、技术不稳定等）。然而，在中国推动两化融合时，当代信息技术发展迅速且日益成熟，应用信息技术不仅投资成本相对较低，而且信息技术可靠性和通用性高，由此形成当代中国推进两化融合的另外一个优势。

第三，中国推进两化融合的人力资源基础和环境与欧美国家存在差异。欧美国家在工业化发展过程中培养了大批的技术工人和高素质的产业工人，为信息化奠定了良好的人力资源基础。中国社会总体上缺乏成熟的产业工人和技术工人，产业工人多数属于非熟练工人，中国推动信息化时面临人力资源基础相对薄弱问题。由于在两化融合中人力资源基础和行为规则成为融合的关键之一，因此形成中国推进两化融合的劣势之一。

第四，欧美等发达国家推动两化融合的外部动力来自第二次世界大战和"冷战"影响下军事工业发展的要求，内部动力是企业技术工人的频繁罢工导致管理层期望通过自动化替代技术工人，有效降低罢工和个人技术垄断成本。然而，中国推动两化融合的外部动力是全球化和信息技术扩散的要求，内部动力来自企业市场扩张、竞争压力和管理规范化的要求。

由此可见，中国推动两化融合的社会基础与欧美发达国家不同，经济全球化导致欧美发达国家两化融合成果直接影响着中国的工业化和信息化，中国推进两化融合的发展道路必然具有中国特色。

三、中国两化融合的发展道路

推进两化融合的发展道路，需要获得符合中国国情的理论的指导。早在 20 世纪 90 年代，乌家培（1993，1995）提出，中国工业化的任务仍很艰巨，信息化与工业化互补共进是历史的选择，需要走中国式的信息化道路。在当代欧美发达国家中，由于工业化水平成熟，理论界主要关注信息技术对经济增长的贡献（Jorgenson，2001），很少看到讨论两化融合问题及对经济增长的影响研究。中国企业和产业界推动两化融合的环境和基础与欧美发达国家不同，而现有企业和产业管理理论及方法多来自欧美发达国家，如何将发达国家形成的企业和产业管理理论方法与中国的具体实践相结合，成为中国企业和产业管理者面临的实践挑战，也是中国理论界在研究推动两化融合时面临的理论挑战。

一般地，分析两化融合的发展道路，需要明确两化融合的发展方向和发展路径两个关键问题。那么，中国推进两化融合的发展方向是什么？这就涉及如何理解两化融合的问题。如前文所述，两化融合指信息化与工业化相互作用和相互促进，以实现技术效率的过程或过程状态。通过这个过程或过程状态，实现以工业化促进信息化，以信息化带动工业化。从静态角度，可以将两化融合看作是一种过程状态或结果。从动态角度，可以将两化融合看作是一个过程。其中，技术效率指在既定的工业化条件下信息化投入成本最小化，或在既定的信息化条件下工业化投入成本最小化。可以认为，中国推动两化融合的发展方向是提高技术效率。通过提高技术效率来提高全要素生产率中的技术进步、规模经济和资源配置效率，进而形成对企业生产方式转变、产业结构调整和优化，以及经济增长方式转变的影响。

在提高技术效率的发展方向下，中国两化融合的发展路径是什么？根据中国两化融合的环境和基础特征，我们认为，中国两化融合的发展路径有以下三个主要特征：一是信息化与工业化的平衡发展，以工业化促进信息化，以信息化带动工业化；二是综合平衡两化融合过程中带来的对组织和社会变革的挑战，尤其是组织和社会对生产方式和商业模式创新的适应性和承受力；三是工业化进程中工业装备技术资源与信息化进程中信息资源的平衡发展。

首先，20世纪60年代以来欧美等发达国家推动两化融合，是基于工业化基础较为成熟的环境下发展起来的，主要是推动工业化向信息化方向转变。21世纪以来中国推动两化融合，则是基于工业化基础较为薄弱，从欧美发达国家引入成熟的信息技术及管理模式环境下发展起来的。因此，中国既要推动信息化带动工业化，也要推动工业化促进信息化，需要综合考虑信息化与工业化两者在不同产业、不同发展阶段及不同区域之间的平衡。例如，在部分企业和产业中，主要推动工业化向信息化方向融合，形成以信息化带动工业化效应；在部分企业和产业中，主要推动信息化向工业化方向融合，形成以工业化促进信息化效应；在另外一部分企业和产业中，推动信息化与工业化齐头并进，相互融合。同样地，在同一企业或产业的不同发展阶段，在不同经济区域，也需要采取不同的推进两化融合策略。

其次，针对欧美国家面临的工业自动化技术挑战时，Leaver 和 Brown（1946）提出，新工业秩序所面临的真正挑战来自社会，而不是技术。如果社会试图从科学和技术发展中获益，并在这一过程中避免灾难性的后果，那么就必须对传统的工作方式和社会组织形式予以变革。同样地，中国推进两化融合的发展道路，不能仅限于认识信息化与工业化两者的相互关系，关键要梳理清楚推进两化融合的原因或动力、融合的过程或内在联系以及融合导致的结果，而这正是推进两化融合的机制问题。两化融合机制不仅需要考虑宏观经济和产业层面的变革问题，也需要考虑企业层面的变革问题。两化融合推动企业、产业和宏观经济变革形成的新秩序，必然会影响到社会经济发展的秩序和稳定。因此，推进有中国特色的两化融合实践，需要综合平衡融合带来的对组织和社会变革的挑战，尤其平衡好组织和社会对生产方式和商业模式创新的适应性和承受力，在提升技术效率的同时保持经济社会的稳定发展。

最后，在传统的工业化时代，资本、劳动力和技术等投入要素构成工业化发展的核心要素，信息资源仅仅作为辅助要素而存在，影响甚小。随着信息技术在全球企业和产业中迅速扩散和渗透，当代工业化发展过程与信息技术逐步紧密融合，为信息资源发挥要素影响提供了基础和条件，信息资源与资本、劳动力和技术等投入要素共同构成现代工业化发展的核心要素。在这一过程中，欧美发达国家通过信息资源开发利用，提高决策和运行效率，进而提高现代工业化发展中的技术效率。中国工业化发展大量引进和吸收欧美国家成套设备与工业生产体系，欧美国家的两化融合成果直接影响着中国的工业化方向和进程，为中国更好地利用现代工业文明条件下的信息资源要素提供了良好的条件。因此，中国推动两化融合，不仅需要重视对资本、劳动力和技术等要素的投入，而且也需要重视对信息资源要素的投入和利用，尤其是通过开发利用信息资源提高工业化进程中的装备技术效率、组织效率和产业效率，形成跨越式发展。

总之，中国推动两化融合的环境、基础和条件与欧美发达国家不同，这决定了推进两化融合必然具有中国情境和中国特色。中国情境和中国特色的两化融合，与欧美发达国家一样都是以提高技术效率为目标，以信息化与工业化融合发展、技术进步与社会稳定协调，工业装备技术资源与信息资源平衡发展为主要特征，但与欧美发达国家不一样的是，中国两化融合更强调信息化与工业化之间相互促进和带动关系，充分考虑信息化对工业化的跨越式促进作用与对工业化基础的补课式夯实影响，促使产业结构调整和经济增长方式转变，形成新型工业化发展模式。

四、中国两化融合情境的发展与演进

中国融合情境的发展与演进最主要体现在三个方面：①技术发展与演变由信息技术发展为互联网、大数据、人工智能等新一代信息技术，再发展为当代作为通用目的的技术的泛在数字技术，人工智能成为数字技术创新发展的集成化、通用化标志。②从信息化到数字化，不仅限于数字技术自身的进步，而是改变以往经济与管理运行模式的组织变革。例如，在企业层面，从以往以 ERP 为核心的管理惯例发展为以人的行为为核心的管理惯例，从以物料信息为核心的信息技术转变为以组织行动者为核心的数字技术，再发展出以人类智慧与人工智能相互协同的复合主体的组织惯例。③基于数字化与信息化的本质区别，形成从两化融合演变发展为数实融合的经济管理模式变革。在中国，从 20 世纪初期形成的信息产

业化与产业信息化两条发展路径，到国民经济中推动信息化带动工业化（产业信息化）、工业化促进信息化（信息产业），再到当前数实融合中的数字产业化与产业数字化路径，不仅代表信息技术转变为数字技术的技术进步，更反映出国民经济与社会宏观层面及企业与组织行为微观层面的融合情境的发展与演进。

简言之，中国两化融合情境的最大变迁，集中体现在经济制度或组织的社会秩序变革上。为更好地阐述这个观点，下面，以人工智能时代的组织变革为例具体阐述中国融合情境的发展与演进。ChatGPT-3.5发布以来至2024年2月，大模型等人工智能（AI）技术及产业呈爆炸式增长态势。其中，中国的大模型总数就达到238个，尤其是视频生成模型Sora的发布及其迭代，更是引发对大模型等AI技术及产业的新一轮关注和讨论。大模型等AI技术和产业已成为推动社会经济各领域创新的重要手段之一，对各国企业、产业乃至经济的数字化转型产生战略性影响。在AI时代中，我们不仅需要考虑技术实现及其产业化问题，也需要考虑AI带来的组织变革问题，因为根据谢康等（2020）的研究，虽然AI等数字技术可以独立影响组织的最终产出或绩效，但其价值主要依靠组织学习和组织惯例更新等组织变革的路径来实现。其中，如何构建适合AI时代的组织管理的社会秩序，尤其是适合AI时代的行动者规则、权力和行动，成为AI时代的组织变革管理研究的焦点问题之一。

韦伯（Max Weber）提出的科层制（Bureaucracy）管理思想，强调通过公职或职位，而不是通过世袭或个人魅力进行管理的理想组织制度，通过法理权力或结构权力构建组织管理基础。这是大家熟悉的思想。我们知道，泰勒（Frederik Winslow Taylor）的科学管理以及福特和丰田先后建立的汽车生产线和不同的生产模式，体现了工业经济的理性思想。韦伯的科层制理论将这种工业经济的理性思想进行提炼和升华，刻画出大工业需要的几乎所有的组织管理特征，如强调效率优先，追求精确性、持续性和统一性等。谢康等（2020）提出网格制的原创概念，认为网格制是在数字经济环境下形成的、由行动者通过网格化方式进行资源协调和管理运作的组织体制。因此，网格制是数字经济的一种主导性组织制度，而不是通常意义上的社会网格管理概念，其构成经济数字化转型、数字经济创新的制度基础和社会秩序。网格制具有与环境的高适应性和制度的灵活性，分层模块化松耦合结构带来的组织边界模糊性，及前端小团队与后端大平台间柔性协同的多元化创新创业文化三个主要结构特征，即高适应性、边界模糊和多元文化构成数字经济网格制的三个结构特征。概括地说，本书的主要观点是：科层制与网格制的融合构成人工智能时代组织变革的社会秩序基础。

（一）科层制理论难以解释部分企业决策行为

从学理逻辑来看，提出一个新概念需要阐释清楚为什么原有的概念不能有效解释社会出现的新现象，同时需要阐明新概念不仅可以解释社会出现的新现象，而且可以解释原有概念解释的过往现象，且将原有概念的解释作为新概念的一种特例。近年来，个别企业在薪资安排和重要性排序上，出现了头部主播压过高管的现象。这是一个值得我们深思的现象级社会现象，它违反了原有科层制下的管理规则"铁打的营盘，流水的兵"，因为科层制的结构权力或法理型权力特征必然是 CEO 最稀缺，"兵"则相对不稀缺，因而结构权力越高的职位相应的薪酬水平越高，即物以稀为贵。然而，在这场博弈中"兵"让"帅"出局，这在科层制时代有可能吗？我们的回答是不可能的，因为科层制时代个人魅力型权力产生于动乱和危机之中，崩溃于稳定秩序条件下的企业正常运营管理中，因此魅力型权力不构成企业组织管理的常规惯例。然而，部分企业头部主播的重要性高过高管却是在企业日常管理运营中发生了魅力型权力的变革，即法理型权力让位于魅力型权力，这表明人工智能时代需要新的组织变革理论来解释新现象。

在传统的科层制条件下，CEO 或总经理的年薪通常远高于普通员工，因为 CEO 或总经理的岗位稀缺性高，普通员工相对不稀缺，但在互联网情境下，部分企业的普通员工的重要性程度可能高过高管，这对传统组织的科层制理论形成了冲击。人工智能时代的组织变革理论研究不能脱离现实经济中的典型现象。网络头部主播超强的销售业绩究竟是个体能力带来的，还是组织创新带来的？或者是一种数字技术带来的运气？现实中，拥有头部主播特质或能力的员工可能有许多，甚至部分主播或员工的特质或能力比当前成为头部主播的他们还强，但缺乏时运或某个节点大众需要的需求情绪，这种时运或某个发展阶段大众需要的共同情绪寄托，成为"运气"（不确定性）的重要因素。通过对比我们可以发现，在科层制的社会秩序下，个体背后的组织及其资源基础与资源整合能力是关键。然而，人工智能时代互联网带来的机会平等化对科层制的社会秩序结构形成变革冲击。

（二）人工智能时代用户资源整合的网格制

从组织变革的制度角度来看，头部主播现象是人工智能时代组织变革的一种集中体现。吴瑶等（2022）聚焦探讨了这类现象。现有相关代表性文献专注于由企业引领的服务创新，假设用户在价值创造中扮演着辅助性的角色（Sudbury-Riley et al.，2020），然而现实中大量企业要满足越来越细分的市场需求，需要承担更高昂的创新成本与风险，企业在引领创新满足细分市场上显得越来越力不从心。同时，部分企业开始借助与头部主播这样的领先用户合作，由领先用户引领创新，实现了优质的服务绩效。研究发现，领先用户能够引领企业服务创新的核心在于这些用户借助技术具备了整合需求端资源的能力。这种能力显著区别于企业能力，侧重于为同行消费者（Peer Consumer）创造使用价值。其中，吴瑶等（2022）识别出两种发挥这种资源整合能力的角色和六种引领创新的用户行为，提出领先用户通过需求端资源整合以引领企业服务创新的新角色与新行为，即头部主播行为实际上是整合了整个消费者资源的一种组织创新，这种组织创新具有非常高的偶然性，它不是线性的。

如何理解人工智能时代组织创新、个体能力与运气之间的关系？例如，无论在什么时代炒股票赚钱了的个体均会归因为自身的智慧或能力，而亏损多半会归因为环境或市场条件。例如，在 EMBA 课堂上，我们经常做一个现场课堂试验，实际上是模拟股票市场的随机致富场景，博弈游戏的结果一定会有同学是赚钱的，问那些赚钱的同学：你们赚钱了觉得是因为能力还是运气？他们几乎 100% 都认为自己赚钱是因为能力，如"我准确判断了其他同学的选择"等。面对这样的结论，如果说再玩一轮，敢不敢赌一把，这次不是 20 元，是 3000 元，是否愿意参与？结果是几乎 100% 的同学不愿意再参与，因为他们此时意识到上一轮赚钱不是因为能力，而是因为运气。现实中，行动主体通常会将"能力"与"运气"混在一起，这在组织变革管理中是一种很有意思的现象。人工智能时代，组织变革管理中如何处理"能力"与"运气"的关系，变得比工业经济时代更为重要和迫切，因为科层制管理讲究的是"能力"基础，而人工智能时代则通常表现为非线性的不确定性"运气"基础，如小米公司创始人所说的"风口理论"。

泰勒、韦伯代表了科学管理中的理性系统思想，与之相对应的是切斯特·巴纳德和乔治·埃尔顿·梅奥为代表的自然系统思想，西蒙等则通过有限理性的概念整合上述思想构建起新韦伯主义的管理体系，后续在此基础上发展起了交易成本、制度理论等。从学术思想脉络来看，既有研究均侧重于从企业供给视角考察组织的能力和运气问题，缺乏从用户需求视角深入剖析交易过程的双边能力或运气问题。例如，无论在科层制或泰勒制的理性系统中，还是在交易成本或制度理论中，乃至在行为学派视野中，人性均被不同程度的异化，因为所有都要标准化或通过标准化来解构个体行为，行为学派强调的非理性行为对于个体或组织运气的解构依然有待深入，因为行为学派的组织条件依然隐含为科层制的规则、权力和行动。即在科层制条件下组织很难出现能力和运气兼具的"天选之人"。

就目前中国业绩表现较佳的头部主播来说，中国的直播带货队伍中可能不乏能力比他们更强的，但可能是目前的头部主播的运气更好些。为此，某些企业的高管在对企业高管和主播重要性排序中，优先考虑头部主播而不是高管本质上不是董事会的选择，而是市场的选择，是人工智能时代组织创新的结果。因为头部主播有时是时代或组织的运气。部分企业高管重要性下降不是已有科层制理论可以解释的，因为在科层制下，合法性的正式规则支配了组织成员的集体行动，正式规则构成组织的行动章程。在结构权力下，"火车头"规则特别重要。以前我们讲"要想跑得快，全靠车头带"，这是科层制的金字塔特征。然而，人工智能时代互联网基础设施给每个个体带来了新的机会和偶然性，网络结构的平民化使每个参与者都拥有近似相同的机会，类似高铁每节车厢都自带动力，这解释了为什么企业要建立各种阿米巴经营模式，就是想各个小团队自带动力。诚然，阿米巴组织成功率不高是另外一个问题。

（三）科层制与网格制融合的社会秩序

在博弈分析中，我们最应该关注的不是支付，而是博弈的结果，因为结果才是博弈设计者最感兴趣的标的物。同样地，研究组织变革的重点，不是组织结构形式或特征，因为即使是扁平化组织或网络生态组织，无论其结构或层级如何变化，如果都是按科层制的社会秩序运行，对于组织变革而言本质都不变。但是，如果结构或层级没有变化但社会秩序发生本质变革，对于组织变革而言都是革命性的。具体地，科层制的社会秩序变化集中体现在规则、权力和行动三方面。我们看到的科层制是在一定条件下抽象的组织制度，千万别认为它就只有金字塔结构一种形式，扁平化、网络型组织中一样有科层制。同样地，不要认为网络型组织、虚拟组织就不存在科层制，无论何种结构或层级，只要按照科层制的规则、权力和行动来运行，就是科层制。事实上，现代科层制已经大量融入数字技术变革，甚至在大数据平台这样的数字创新组织管理中，也弥漫着浓厚的科层制规则和权力色彩，无论是美国或中国的电商平台、社交平台等数字创新组织中，创始人或实际控制人的个人色彩一样笼罩着组织的规则、权力和行动。因此，数字经济社会秩序中科层制不是被削弱了，而是演化为更为隐蔽、更为多样化、更为基层的结构化特征，因为科层制与网格制高度融合了。

如前文所述，网格制是在数字经济环境下形成的、由行动者通过网格化方式进行资源协调和管理运作的组织体制。网格制表述的是与数字经济相适应的抽象化组织制度，现有虚拟组织、网络组织、项目组织、模块组织、平台组织或生态组织等，均属于不同表现形态的网格制组织。具体而言，网格制强调的是通过数字技术的网格化方式进行资源协调和管理运作的一种组织制度或社会秩序，为了更好地理解科层制与网格制社会秩序的区别，将两者的比较做成表1-1形式。

表1-1 科层制与网格制的社会秩序比较

	规则	权力	行动
科层制	合法性的正式规则支配着组织成员的集体行动，构成组织的行动章程。或者说，那些获得正当性权威的规则形成稳定的共识规则系统，支配着组织的集体行动	权力来自：组织规则，形成政策权力；来自信息非对称，形成信息权力；来自对组织与环境关系的控制，形成结构权力；来自不可替代或难以替代的职业技能和专业技能	权力构成行动者的行动能力，决定组织集体行动的效率和秩序。行动者的行动能力内嵌在组织交换的正式与非正式契约中，形成工具理性等四类典型的社会行动类型

	规则	权力	行动
网格制	具备对环境的高适应性与灵活性；形成多样化的虚拟网络规则，组织边界变得越来越模糊；组织前端可以容纳多个小团队并行发展，后端形成大平台保障资源的集中配置，组织形成多元化创新	政策权力趋向多中心化和去中心化；信息权力主要集中于大数据平台组织和政府部门；结构权力从核心企业转向拥有社会资本的个人和拥有大量用户的平台；个体拥有的专业权力日益降低	行动者的行动以数据为理性基础，组织行动具有高度自适应性和自我调整特征；行动者跨层级转换成本高，抑制价值理性行为或情感理性行为；情感理性行动表现出显著的两极效应
二者差别	科层制强调总部权威决策和一线执行和反馈，网格制强调大数据和AI算法规则与总部决策规则的协同优化。网格制规则本质上是人与数据、AI协同演化的规则，是对组织规则的拓展与创新	科层制强调规则、信息、结构和专业的影响力，网格制强调数字技术对传统影响力的改变，网格制的权力本质上是人与数据、AI共同形成的权力，具有两极放大、高度不确定特征	科层制四类行动之间边界相对清晰，网格制四类行动交互融合，边界模糊化。网格制借助数字技术增强了工具理性等行动影响，使价值理性和情感理性变得多样，但与工具理性的冲突加深

资料来源：谢康，吴瑶，肖静华．数据驱动的组织结构适应性创新——数字经济的创新逻辑（三）[J]．北京交通大学学报（社会科学版），2020，19（3）：6-17.

当前盛行的网络直播，带货直播等不仅形式上是新的，本质上也是新方式。根据表 1-1 的比较分析，网络直播或直播带货与以往电视购物等的本质区别，在于企业与用户、用户与用户之间，乃至企业与企业之间的即时互动性，以往电视卖货的员工不仅缺乏与用户的互动，更缺乏组织行为的自主性，受科层制管理的规则、权力和行动所约束。然而，正如表 1-1 所阐述的，人工智能时代的网格制强调员工组织行为的自主性，强调这种自主性与组织的生成性密切关联，行动规则的变化推动着网格制规则的演进。

当前，随着 ChatGPT 等生成性 AI 的社会化，公众对生成性的概念变得不那么陌生，早期这是一个纯学术概念。生成性在管理信息系统领域是经典概念，它是由平台或数据的分层模块化特征决定的，从技术开发角度来说，生成性是一种灵活组合的多层次模块化结构体系，支撑多主体开发协同，而这种多主体协同开发在以往科层制社会秩序中是难以通过低成本实现的。在网格制下，人与 AI 的协同重构了组织的社会秩序，形成适应性的组织学习。吴小龙等（2023）提出人与 AI 协同的产品创新启发式验证，强调这种验证方式区别于以往研究的经验验证与数据验证。这种适应性组织学习构成组织网格制的组织变革基础。又如，从产品开发方式的变革来看，科层制的社会秩序难以适应即时调整和优化人与 AI 协同场景化开发模式，因为机会识别呈现出生成性，需要构建网格制的社会秩序来适应人与 AI 协同的场景化产品开发机会识别模式（邹波等，2023）。上述讨论再次表明，科层制的创新逻辑以决策逻辑为主，网格制则产生了创生逻辑和适应逻辑两种新的创新逻辑，通过制度变迁，决策逻辑、创生逻辑、适应逻辑三种创新逻辑不断融合，构成数字经济创新的基础，网格制也成为数字经济时代或人工智能时代的制度基础和社会秩序。

诚然，无论从理论上还是实践观察，都发现网格制不能脱离科层制而独立存在，即现有社会形态中无法提供只有网格制的社会基础。这是以往类似组织变革研究所忽视的一点，如强调组织结构虚拟化、网络化、模块化或生态型组织特征，通常隐含了这种组织结构可以独立存在的假设。我们的研究和实践观察一再表明，无论数字技术如何改造组织或推动组织变革，都似乎难以完全替代科层制的社会秩序，因为社会结构决定了这种制度存在的必然性，只是人工智能时代的科层制不再像以往那样显著地决定着行动者的所有行为，与科层制等级结构相背离的平民化特征变得越来越明显，这是科层制与网格制融合的一种社会现象。

科层制与网格制融合形成的平民化社会秩序，就会出现"天选之人"。这里，先验地认为（需要进一步实证研究），是先有科层制与网格制融合的组织变革，才有"天选之人"。这个结论纯粹是从企业案例观察中得到，需要进一步实证验证。为什么呢？因为在数字经济条件下，科层制与网格制的融合使我们的规则、权力和行动为"天选之人"的生存和发展提供了社会基础。如果没有这样的条件，社会很难为"天选之人"提供可能出现的空间。

当前，全球数字经济正在迎来以人工智能和元宇宙等为代表的新一轮创新"风口"。随着全球人工智能时代的发展，"风口"背后的社会基础——科层制与网格制的融合变得越来越紧密，逐步形成了新的社会秩序。这种新的社会秩序将科层制的标准化与网格制的生成性进行相互调适，形成组织的多层次自适应变革。尤其是数据驱动的企业与用户互动的适应性创新，构成数字经济创新的主流模式。我们在《数字经济创新模式：企业与用户互动的适应性创新》一书中对此有详细阐述和讨论。当这两种管理制度的融合时，主播带货、网红经济、赢者通吃、平台经济、零工经济等人工智能时代的新业态、新形态、新模式等就会层出不穷地涌现出来，并迅速占据社会经济发展的主流阵地。究其背后，都可以溯源到科层制与网格制的融合这一点上。

（四）科层制与网格制融合意味着什么？

科层制与网格制的融合，一方面体现在工业经济与数字经济两种社会秩序的融合，另一方面反映了工业经济与数字经济两类社会价值观的调适。组织变革中的冲突与重组，本质上是两种社会秩序的冲突与两类社会价值观的调适关系。对科层制与网格制融合会如何影响组织变革的问题，是一个时代的复杂系统管理问题，需要更多的研究者从管理学、社会学、法学、经济学、心理学，乃至计算机科学等多学科视角开展深入系统的探讨。对人工智能时代科层制与网格制融合过程与实现机制的观察发现，即使是数据平台组织一样盛行科层制，而传统企业数字化转型中也存在网格制变革。因此，人工智能时代的组织变革不是完全抛弃科层制，也不是再造一种完全区别于科层制的社会秩序，人工智能时代的组织变革需要推动科层制与网格制的融合，尤其需要关注企业数字化转型中规则、权力和行动的变革，如刘意等（2023）探讨的企业数字化转型导致的组织冲突与权力转移等问题。

科层制与网格制融合的组织变革意味着什么？我们的回答是，科层制与网格制融合的组织变革意味着社会主体在组织中身份的改变，意味着社会客体在组织中结构的改变。首先，人类不再是唯一的社会主体身份或角色，从行动者网络理论视角来看，人工智能成为新的社会主体，这是社会主体在组织中身份的改变。其次，智能产品、智能制造、智能系统等构成组织中新的结构要素，如前文提到的成长品概念，基于 AI 即时调整和即时反馈形成的成长品，不再是以往的成品特征，智能制造或智能家居等智能系统均在重构组织的学习模式和组织惯例更新的过程，形成社会客体的结构变革。或者说，网格制是科层制演进产生的新型组织制度与社会秩序，既包含科层制的基础结构，又具有新的规则、权力和行动特征，这种继承与发展的特性对数字经济创新的影响具体表现为科层制与网格制融合的不同形式或方式。

总之，从上述科层制与网格制的融合讨论中，可以看到信息化转变为数字化不仅是技术进步本身，而且更反映出制度变革及技术与制度相互影响的变革。这种变革不仅出现在中国，而且也出现在欧美发达国家，乃至东南亚等新兴发展中国家或地区中，当代作为通用目的技术的数字技术使全球经济发展日益趋同。全球数字经济的趋同不仅体现在融合情境和条件上，也体现在融合过程和状态中。因此，有必要从更为基础的理论视角剖析两化融合、数实融合与人工智能的数字经济创新变迁，剖析数字经济创新变迁中技术与制度的融合。

第三节　系统不确定性与趋同[①]

从一般性出发，无论是欧美发达国家的两化融合，还是中国等发展中国家的两化融合，理论上都可以抽象为一种复杂系统的趋同问题。因此，本节重点阐述我们对复杂系统趋同问题的理解。在我们的日常生活和社会经济发展中，存在着

---

① 根据谢康《系统不确定性、趋同与优化——论非系统中的管理科学问题》（《中山大学学报（社会科学版）》2005 年第 2 期）及相关工作文件进行修改和增补而成。

大量的非系统优化集成现象，如青年男女在选择终身伴侣时就会遇到非系统优化问题，潜意识中是更看重对方的感情，还是更看重对方的经济条件，在感情和经济条件之间进行优化平衡本质上就是进行优化集成选择。这种优化集成选择往往出现在三种典型的环境中：一是非系统环境，在没有确定双方关系之前，男女的行为属于非系统环境；二是进化环境，青年男女在确定关系后直到结婚前属于由非系统环境向系统环境演变的进化环境；三是系统环境，结婚之后属于系统环境。

例如，在企业经营管理中，营销、研究与开发、财务、人力资源、物流、信息、企业文化、企业观念和价值观，以及产权、体制和制度等均是一个系统，这一系统内部都存在优化集成的问题。又如，如何对现有软件工具进行优化集成，如何对现有的物流和供应链体系进行优化集成等，但怎样将这些在企业内部处于信息点接触状态或相对离散状态、规模大小不一、有形和无形、物质和意识、技术和制度混杂的系统进行整体的优化集成，使它们在企业内部形成一体化的优化状态，就属于非系统优化集成所研究的问题。再如，中国政府提出以信息化带动工业化，以工业化促进信息化的发展战略，努力走出一条科技含量高、经济效益好、资源消耗低、环境污染少、人力资源优势得到充分发挥的新型工业化路子。这里同样存在一个非系统优化集成的问题，因为科技水平、经济效益、资源消耗、环境污染和人力资源属于不同层次、不同类别、不同性质、不同领域的系统，它们之间存在着信息点的接触，但不属于同一性质的大系统内部的不同子系统。如何在这些不同性质的系统之间进行动态优化集成，就属于非系统优化集成问题，在此基础上逐步形成一套融合各个现有系统特征的新的系统而达到新的稳定状态，则属于由非系统优化集成向系统优化集成进化的问题。

由上述三个例子可以看到，非系统优化集成理论就是研究从非系统优化集成环境，以及由非系统优化集成转变为系统优化集成环境的静态和动态的优化集成问题。它与系统论中一个系统内部的子系统之间的优化如何影响整个系统的优化的问题之间存在着明显区别。对于这个问题的探讨将有助于我们更加深刻地认识和理解现有的系统优化集成问题，如应用运筹学方法和博弈论方法进行的各种优化计算问题。一方面，非系统的优化集成与系统的优化集成之间的相互作用可以解释企业经营管理、社会经济发展、人类社会经济行为、军事发展和生物界活动等多个领域的现象和机制；另一方面，通过对非系统的优化集成及其向系统优化集成的演变的计算机模拟，可以对企业管理中的价值观与文化、管理科学与工程中的复杂性以及宏观经济政策与管理中的多样性等非系统现象进行较好的模拟和解释。

本节通过构造一个简化的非系统优化集成模型来提出非系统优化集成理论的

基本框架和研究目标，在此基础上进行例证和应用的讨论。这些讨论表明，非系统优化集成理论对于现存的自然和社会经济现象具有非常强的解释力和普适性，在企业经营管理、社会经济发展战略，乃至自然科学中将会得到广泛应用和发展。

一、系统与非系统

假设自然和社会由系统、非系统和进化三种环境构成。系统环境指个体或团体之间存在稳定的信息交流的环境，或指同一性质、同一类别、同一层次稳定的信息交流的环境。非系统环境指个体或团体之间的信息处于非固定接触状态的环境，或指不同性质、不同类别、不同层次之间的信息处于不稳定接触状态的环境。进化环境指由非系统环境向系统环境进化或演变的动态过程。假设在每种环境中都存在若干个影响因子或关键变量，这些关键变量影响着甚至控制着系统、非系统和进化的优化过程。优化是指个体或团体的社会或经济预期满意度最高的状态。假设优化一般趋向于集成，集成是指信息紧密结合的高级状态。

假设在自然和社会中，非系统优化集成处于不稳定状态，它总是趋向于进化为系统优化集成。在由非系统优化集成向系统优化集成进化的动态过程中，趋同和变异是两个紧密联系的基本路径。趋同指个体或团体之间的特征平均化或行为一致性的动态过程，变异指个体或团体之间在趋同过程中的自我修正行为和调整意识。这样，可以借助图1-4的形式表达非系统优化集成理论的基本分析框架。

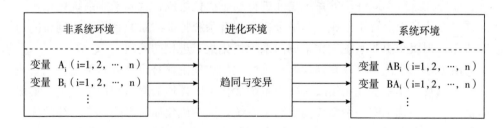

图1-4 非系统优化集成理论分析框架

系统论创始人贝塔朗非将系统定义为相互作用的诸要素的综合体。在系统工程中，系统是指具有特定功能的、相互具有有机联系的许多要素构成的一个整体。系统具有集合性、相关性、阶层性、整体性、目的性和环境适应性等特征。可以认为，无论是一般系统论还是系统工程学，都隐含着一个重要的假设前提，即系统的存在是先验的、既定的。系统的六个主要特征也是如此。推动着一般系统论发展的耗散结构论和协同论等也存在类似的隐含假设条件。然而，在非系统优化集成理论看来，系统及其系统特征的存在不是先验的、既定的，而是有成本的，同时经历着一个或多个动态优化的进化过程，是由非系统的优化集成向系统优化集成的趋同和变异而形成的。

（一）非系统趋同与优化问题

下面以婚姻为例来讨论非系统趋同与优化问题。

（1）非系统环境。假设有一青年男子 A 和一青年女子 B，在双方没有确定关系前处于非系统环境中。又假设 A 和 B 在确定恋爱关系前各存在两种变量：一是感情，用下标 1 表示；二是经济条件，用下标 2 表示。这样，A 和 B 的非系统环境可以表示为：

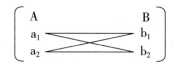

显然，A 与 B 之间的组合可以形成四种类型进化环境，分别是纯感情型的关系（a_1，b_1），纯经济型的关系（a_2，b_2），以及混合型的关系（a_1，b_2）和（a_2，b_1）。其中，（a_1，b_2）为男方看重感情女方看重经济条件的关系，（a_2，b_1）为男方看重经济条件女方看重感情的关系。

（2）进化环境。又假设 A 和 B 都存在共同的一个预期，该预期有两个变量，一是感情因素更加重要或更加不重要，用 c_1 表示；二是经济条件会变得更好或更差，用 c_2 表示。如果需要更进一步分析，可以将正方向的变化如更重要或更好用 $1^\uparrow$ 或 $2^\uparrow$ 表示，将负方向的变化如更不重要或更差用 $1^\downarrow$ 或 $2^\downarrow$ 表示。为简单化，本研究模型假定预期变量是固定的值，或者说，用 1 和 2 表示已经满足模型的假设要求。这样，A 和 B 在确定关系前选择哪种进化环境取决于对预期变量的判断。

（3）系统环境。假设存在两种进化环境，分别是 AB_i 和 BA_i 型。其中，AB_i 为以 A 为主导、B 为随从的进化环境，BA_i 为以 B 为主导、A 为随从的进化环境。结合 c_1 和 c_2 假设，这两种进化的环境会形成八种可能的系统环境。以 AB_i 型进化环境为例，八种可能的系统环境如下：

$$\left\{ \begin{array}{ll} (a_1,\ b_1,\ c_1) & (a_1,\ b_1,\ c_2) \\ (a_2,\ b_2,\ c_1) & (a_2,\ b_2,\ c_2) \\ (a_1,\ b_2,\ c_1) & (a_1,\ b_2,\ c_2) \\ (a_2,\ b_1,\ c_1) & (a_2,\ b_1,\ c_2) \end{array} \right\}$$

同理，可以排列出 BA_i 型八种可能的进化环境：

$$\begin{cases} (b_1, \ a_1, \ c_1) & (b_1, \ a_1, \ c_2) \\ (b_2, \ a_2, \ c_1) & (b_2, \ a_2, \ c_2) \\ (b_1, \ a_2, \ c_1) & (b_1, \ a_2, \ c_2) \\ (b_2, \ a_1, \ c_1) & (b_2, \ a_1, \ c_2) \end{cases}$$

显然，由两种非系统环境进化为系统环境存在十六种可能性，可以认为，由非系统环境向系统环境的趋同与变异过程一般按照几何平方数的形式递增发展。因此，非系统优化集成向系统优化集成的进化过程也呈现为几何平方数的递增形式。

非系统优化集成是一个渐进的进化过程，主要体现为趋同和变异。即使不存在主观意识和推动行动，也会存在优化集成的趋同和变异过程，只是人们没有意识到其存在罢了。以图 1-5 为例，假设 A 在感情和经济条件之间更看重 B 的经济条件（A 位于 a_2 点），而 B 更看重 A 的感情（B 位于 b_1 点），当双方确定恋爱关系后，由于价值观的不同而会出现冲突和矛盾。假设双方在矛盾冲突后会不断将就或容忍对方的行为或价值观，即 A 从 a_2 点向 a_x 点移动，而 B 也从 a_2 点向 b_y 点移动，由此形成不断向两者中点附近趋同的过程。这里，将就和容忍就属于一种变异行为。

图 1-5 非系统优化集成中的趋同与变异

（二）系统不确定性的两个例证

（1）人-车模型。如果将人看成是一个要素，汽车看成是一个要素，那么，当人驾驶汽车时，人与汽车之间可能会形成系统，也可能不会形成系统。不同的人与汽车形成系统的时间和方式是不确定的。有些人很快就使汽车成为其身体的一个有机组成部分，开起车来随心所欲。有些人花很长时间也对开车没有感觉。我们说，前者在人与汽车之间形成了系统，后者还没有形成系统。人从开始学车，经过磨合期到熟练驾驶，再到随心所欲的过程，可以看成是由非系统向系统的进化、最后形成系统的过程。汽车制造商、驾驶培训、交通管理部门可基于对人-车系统形成过程的认识结果来提供产品、服务和管理。

（2）企业信息化模型。企业是否是一个系统是不确定的，企业内部的各个部门仅仅是企业的组织形式。只有当企业内部的运行达到内在的统一，形成能够潜在地影响企业长远发展的企业文化时，企业才形成系统。否则，企业只是一种社会组织的存在形式。在企业信息化中，信息技术是一种属性的要素，管理是另一种属性的要素，要保证企业信息化获得成功，需要将这两个不同属性的要素从非系统状态进化为系统状态。在这个过程中，企业是否能够在信息技术与管理之间进行融合及融合的程度是不确定的，因而系统的存在也是不确定的。目前，国内外企业信息化或信息系统建设的成功率一般不超过30%，可以从一个侧面说明信息技术与管理之间融合的不确定性相当高。

上述两个简单模型说明，系统是不确定的。在经济结构和市场行为中如此，在社会生活中也如此。例如，在国家经济政策中如何将货币政策、财政政策和贸易政策三者进行有机结合，三者之间的最佳结合点在哪里。上述问题中两种属性或多种属性结合的非系统环境形成了多种可能的结合点，这些可能的结合点构成了系统的不确定性。

二、趋同的动因、分类与多样性

如前所述，自然界或社会中多主体互动的过程，使系统不确定性是普遍存在的，但这种普遍存在的现象并不稳定，它总是通过各种方式趋向于形成新的系统。例如，个性行为之间会相互模仿，组织之间竞争也会相互模仿而使系统出现趋同。在趋向于形成新的系统的各种方式中，趋同是最基本的方式之一，如标准化、统一、从众行为和经济均衡等都是趋同的形式。我们将趋同定义为个体或团体之间平均化或一致化的动态过程。

（一）趋同的动因

寻求方向上一致或相对的变异行为是趋同的基础，没有方向一致的变异或方向相对的变异就没有趋同。趋同导致能量高的要素或主体的行为、观念、知识、信息、资源和制度向能量低的要素或主体扩散、移动或转移。从这个意义上来讲，趋同是一种平均化的变异过程。在这个过程中，模仿、学习、交易、投资和人口迁移等行为构成变异的主要路径。对于趋同的动因，可以从两个方面给予解释。从自然界规律来看，高能量总是存在向低能量释放能量的动力。相反，低能量也总是存在吸收高能量的刺激，形成平均化过程。从经济学角度来看，趋同的动因可以由两部分组成：

（1）趋同点的社会交易成本最小化。在这里，社会交易成本主要体现为四个方面：①行为协调成本最小化，代理人之间的行为由非同一状态趋同于同一状态，这在现实中体现为偏好一致或外观一致等；②信息交流成本最小化，代理人之间的信息由非对称状态趋同于对称状态，这在现实中体现为思想或观念的一致性等；③运作成本（或结构成本）最小化，代理人之间的组织结构由非对称状态趋同于对称状态，这在现实中体现为同类组织之间的融合成本小于非同类组织之间的融合成本等；④制度成本最小化，代理人之间的体制或系统由不同状态趋同于同一状态，这在现实中体现为相同体制的企业之间的资源整合成本小于不同体制的企业之间的资源整合成本等。

（2）趋同的收益递增性。这源于消费者收益递增的影响，即消费者在选择某种产品或服务时的预期收益随着选择这种产品或服务的消费者人数的增加而递增。消费者收益递增是消费者网络外部性的一种形式。从更加普遍的意义上分析，随大流或从众行为可以使代理人获得更宽的信息交流面和减少社会对代理人隐蔽行为的指责，或增加社会对代理人行为的认同。在这种趋同行为中，代理人可以借助法不责众的从众行为获得违规的潜在收益，这是一种损害社会公众利益的集体道德风险。在此，假定趋同点为成本最小化的点或是价值的认同点。

（二）趋同的层次与分类

趋同存在不同的层次。首先是习惯、偏好等的行为趋同构成最基本的，也是最常见的趋同层次；其次是思想、观念、知识等信息层面上的趋同；再次是组织结构层面的趋同；最后是制度或体制层面的趋同。

从不同角度可以对趋同作以下五种分类：①根据属性的异同，趋同可以分为同质趋同与异质趋同。同一属性事物内部要素之间或同一属性事物之间的趋同称为同质趋同，非同一属性事物之间的趋同称为异质趋同。②根据要素的可趋同范围，趋同可以分为条件趋同与无条件趋同。条件趋同是指趋同要素的趋同约束在一个既定的范围内，无条件趋同是指趋同要素的趋同范围相对无约束。③根据趋同要素的趋同速度，趋同可以分为对称趋同与非对称趋同。对称趋同是指趋同要素的趋同速度均相等的趋同，非对称趋同是指趋同要素的趋同速度不相等的趋同。在现实中，普遍存在的是非对称趋同。④根据趋同的方向结构，趋同可以分为方向相对的相向趋同与方向一致的一致趋同。例如，社会群体中的随大流、从众心理，服饰上赶时髦的趋同行为的变异方向是一致的，而长期生活在一起的夫妻相貌的趋同，主人与宠物之间的行为趋同或外观趋同的变异方向则是相向的。⑤根据博弈的时间序列，趋同可以分为一重趋同与多重趋同，如单一市场或技术的趋同为一重趋同，在不同群体趋同点之间的二轮或多轮趋同为多重趋同。

三、趋同的证明

（一）一维趋同的证明

假设系统或非系统要素存在变异，并用趋同系数（或变异系数）来表示。又假设要素的趋同速度与该趋同要素与其他要素之间的差异程度成正比。因此，趋同系数的大小可以表示为一个趋同要素在群体中影响程度的大小，即趋同系数越小影响力越大，趋同系数越大影响力越小。假设所有点的趋同系数相等，即影响力相同，由此构成对称趋同环境。此外，模型在使用平均值时，用算术平均值代替加权平均值，这是源于趋同系数相等的假设。当趋同系数不相等、影响力不同而导致权重不等时，则必须使用加权平均值。

（1）一维两点趋同。假设 $\chi_1^0 = a$，$\chi_2^0 = b$；令 a<b。为简单化，令趋同系数 $r_1 = r_2 = r\left(\text{现实一般情况为 } 0<r\leqslant\dfrac{1}{2}\right)$。假设经过一轮趋同后，$\chi_1$，$\chi_2$ 的位置分别为 χ_1^1，χ_2^1。同理，经过 n 轮趋同后，χ_1，χ_2 的位置分别为 χ_1^n，χ_2^n。根据趋同系数的意义，有：

$$\begin{cases} \chi_1^n = \chi_1^{n-1} + r(\chi_2^{n-1} - \chi_1^{n-1}) = r\chi_2^{n-1} + (1-r)\chi_1^{n-1} & (1-1) \\ \chi_2^n = \chi_2^{n-1} - r(\chi_2^{n-1} - \chi_1^{n-1}) = r\chi_1^{n-1} + (1-r)\chi_2^{n-1} & (1-2) \end{cases}$$

要证明趋同，只需证明 $\lim\limits_{n\to\infty}\chi_1^n = \lim\limits_{n\to\infty}\chi_2^n$。由式（1-1）和式（1-2），可以证明 $\lim\limits_{n\to\infty}\chi_1^n = \lim\limits_{n\to\infty}\chi_2^n = \dfrac{1}{2}(a+b)$。原命题得证。

（2）一维多点趋同。假设在多点趋同过程中，任何一个趋同要素的趋同可以看作该趋同要素向其他所有趋同要素的加权平均值进行趋同，而权重由影响力（趋同系数）决定。为简单化，假设 χ_1^0，χ_2^0，$\cdots$，χ_k^0 为各点的初始位置，它们均匀分布于 $\chi_1^0 = a$，$\chi_k^0 = b$ 之间。同理，假设趋同系数 $r_1 = r_2 = \cdots = r_k = r$。假设经过一轮趋同后，$\chi_1^0$，$\chi_2^0$，$\cdots$，$\chi_k^0$ 的位置分别为 χ_1^1，χ_2^1，$\cdots$，χ_k^1。同理，经过 n 轮趋同后，χ_1^0，χ_2^0，$\cdots$，χ_k^0 的位置分别为 χ_1^n，χ_2^n，$\cdots$，χ_k^n。

$$\chi_1^n = \chi_1^{n-1} + r\left(\frac{\chi_2^{n-1} + \chi_3^{n-1} + \cdots + \chi_k^{n-1}}{k-1} - \chi_1^{n-1}\right) = (1-r)\chi_1^{n-1} + \frac{r}{k-1}(\chi_2^{n-1} + \chi_3^{n-1} + \cdots + \chi_k^{n-1})$$

$$\chi_2^n = \chi_2^{n-1} + r\left(\frac{\chi_1^{n-1} + \chi_3^{n-1} + \cdots + \chi_k^{n-1}}{k-1} - \chi_2^{n-1}\right) = (1-r)\chi_2^{n-1} + \frac{r}{k-1}(\chi_1^{n-1} + \chi_3^{n-1} + \cdots + \chi_k^{n-1})$$

$$\vdots$$

$$\chi_k^n = \chi_k^{n-1} + r\left(\frac{\chi_1^{n-1} + \chi_2^{n-1} + \cdots + \chi_{k-1}^{n-1}}{k-1} - \chi_k^{n-1}\right) = (1-r)\chi_k^{n-1} + \frac{r}{k-1}(\chi_1^{n-1} + \chi_2^{n-1} + \cdots + \chi_{k-1}^{n-1})$$

根据定义可得：

$$\lim\chi_1^n = \lim\chi_2^n = \lim\chi_3^n = \cdots = \lim\chi_k^n = \frac{1}{k}(\chi_1^0 + \chi_2^0 + \cdots + \chi_k^0)$$

可以证明，当 n→∞ 时，原命题得证。

（3）一维连续分布趋同。为简单化，假设 x 在 $x_1 = a$，$x_2 = b$ 之间均匀分布。任何点的趋同系数均为 r。对于任意点 $x \in [a, b]$，假设其初始位置为 x^0，经过一轮趋同后，其位置为 x^1。同理，经过 n 轮趋同后，其位置为 x^n。由于任何点的趋同参数相同，根据对称性可知：

$$E(x^0) = E(x^1) = \cdots = E(x^n) = \frac{b+a}{2} = \theta$$

可以证明，对于任意 $x \in [a, b]$，无论其初始位置如何，经过无穷多轮趋同后，最终趋同点都将是 $E(x) = \theta = \frac{b+a}{2}$。

上述数学模型模拟了这样一个过程：当一个趋同要素离其他所有趋同要素的加权平均值越近时，它的趋同速度越慢；反之则越快。这与现实情况吻合无悖。此外，在一维趋同模型中，我们始终假设趋同要素均匀分布。在实际情况中，可以根据具体情况先确认趋同要素的分布，然后利用概率论对模型进行修正。

（二）同质趋同与异质趋同

一维趋同模型讨论的趋同现象为发生在同属性事物之间的趋同，如植物与植物之间、人与人之间、城市与城市之间的趋同等。如前所述，本研究将同属性事物内部或之间的趋同称为同质趋同，将不同属性事物之间的趋同称为异质趋同。

（1）同质趋同。一个现实的存在点往往具有两个或多个属性，要解决这类点的趋同问题需要引入二维或高维趋同模型来描述。对于二维趋同模型，可以利用投影法简化为一维趋同来进行求解（见图1-6）。

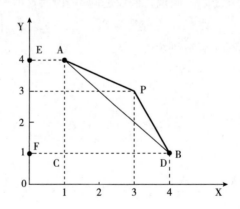

图1-6 男师傅带女徒弟模型

在图1-6表示的男师傅带女徒弟模型中，A和B分别为两个趋同要素，如汽车驾驶培训中的男师傅和女徒弟；X和Y分别表示这两个要素都具备的两种属性，如细心程度和驾驶技能。这样，A与B之间的趋同可以看作是A与B在X轴上的投影C与D之间的趋同，以及在Y轴上的投影E与F之间趋同的综合效果。

为方便讨论，假设A点坐标为（1，4），B点坐标为（4，1）。又假设B在

X 属性（细心程度）方面的影响力较强，是 A 的两倍，即 B 在 X 方面的趋同系数是 A 的 1/2，或者说 D 的趋同系数是 C 的 1/2。另外，A 在 Y 属性方面的影响力较强，是 B 的两倍，即 B 在 Y 属性方面的趋同系数是 A 的 2 倍，或者说 F 的趋同系数是 E 的 2 倍。将这些数据代入一维两点趋同的推导过程中，可得 C 和 D 的趋同结果是（3，0），E 和 F 的趋同结果是（0，3），两者的综合效应为 P（3，3）点。由图 1-6 可以直观地看到，趋同点 P 不落在直线 A 与 B 之间的连线上，这是二维（包括高维）趋同与一维趋同的主要区别之一。

（2）异质趋同。现以人-车模型来讨论该问题。假设存在两种情形：一是新手驾驶法拉利跑车；二是赛车手驾驶老爷车，如图 1-7 中的 a 和 b 两种情形所示。在图 1-7（a）中，新手投影到纵轴上的投影点表示与其现阶段的技能相对应的汽车性能，即对于新手而言所能发挥的汽车性能。法拉利跑车投影到纵轴上的投影点则表示它的实际汽车性能，新手投影到横轴上的投影点表示其实际的驾驶技能，法拉利跑车投影到横轴上的投影点则表示与它的汽车性能相对应的驾驶技能，即能够充分地发挥法拉利跑车性能的驾驶技能。同理，在图 1-7（b）中，赛车手在横轴上的投影表示其实际的驾驶技能，老爷车在横轴上的投影则表示与其现有汽车性能相对应的驾驶技能；赛车手在纵轴上的投影点表示与其技能相对应的汽车性能，即赛车手能充分发挥驾驶技能的汽车性能，老爷车在纵轴上的投影则表示它的实际汽车性能。这样，借助一维趋同模型和图 1-5 的方法可以分别得到它们各自的最终趋同点。图 1-7 中的 P 点表示各自可能的一个趋同点。其中，在图 1-7（a）中，法拉利跑车的性能被新手降低了许多；在图 1-7（b）中，老爷车的性能则被赛车手提高了许多。

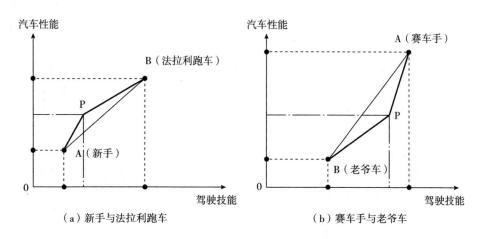

图 1-7　二维两点异质趋同的人-车模型

图 1-7 所阐述的两种情形在异质趋同中非常典型，这种典型情况无论在后面讨论的企业微观层面的 IT-业务匹配中，还是在产业或区域层面的产业数字化与数字产业化两条路径交互影响中都普遍地存在，这里只是从理论上进行抽象分析而已。

四、系统优化与非系统优化

这里，我们讨论的优化仅限于成本优化。在这个条件下，可以将趋同点等价于优化点，即同质趋同点为系统优化点，异质趋同点为非系统优化点。系统优化强调内在的优化选择过程，非系统优化强调外部的优化选择过程。无论是同质趋同还是异质趋同都处于不稳定状态，它们总是进行优化选择，由此形成在同质趋同的系统优化基础上进行异质趋同的非系统优化的前提。一般地，在非系统优化基础上会形成新的系统，这个新的系统又可以作为一个综合要素参与更大范围的非系统优化过程。

现以企业信息化的非系统优化管理为背景具体讨论非系统优化的过程。信息技术生产率悖论与企业信息化成功率低的一个明显原因，是信息技术与业务管理不融合或不匹配。随着信息技术在企业的渗透和扩散，信息技术本身不断得到提升优化，但许多情况下信息技术没有相应地提高企业生产率，这在很大程度上是由于业务管理、教育培训和组织结构等没有形成相应的进步造成的，导致信息技术与业务管理"两张皮"现象。技术与管理不匹配现象导致技术投资的低效率不仅体现在企业信息化领域，而且也体现在各行各业多个领域。抽象地分析，在图 1-8 中，趋同点 P 分别实现 X 属性和 Y 属性内部的趋同，即在 X 属性和 Y 属性内部实现优化配置，但 P 点是否为 X 和 Y 构成的综合环境的最优点呢？为简单化，假设企业信息化的趋同要素由信息技术和管理构成，在图 1-8 中，P_1 和 P_2 分别表示企业生产率，其中，$P_1 < P_2$。假设信息技术与企业管理水平是一种互补关系，直角折线表示当企业管理水平保持不变时，无论如何提高信息技术水平，企业生产率都维持不变；或者在一定的信息技术水平下，无论如何提高企业管理水平，企业生产率都维持不变。又假设信息技术与企业管理各自的趋同点分别是 A 和 B。

根据图 1-8 可知，其现实的趋同点为 Q。在这个点上，信息技术与企业管理内部都实现最优。然而，信息技术与企业管理作为一个整体的资源优化配置点是 M 与 N，而不是 Q。要使企业整体资源得到最有效的配置，A 点对应的有效管理水平为 D，B 点对应的有效信息技术水平为 C。从而 A 将向 C 趋同，B 将向 D 趋同。经过多轮异质趋同过程，最后在 M 与 N 之间的某一点达到非系统优化。在该点上，既实现了技术与管理各自内部的系统优化，也实现了技术与管理之间的非系统优化，为企业整体资源的有效配置点。

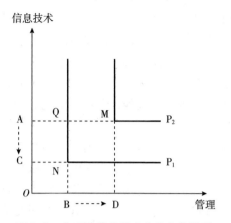

图 1-8　非系统优化的企业信息化模型

　　上述是技术与管理完全互补的模型，可将该模型处理为图 1-9 的一般情形。一般地，信息技术与企业管理之间具有替代性，且遵循边际替代率递减规律，由此可以得到企业生产率无差异曲线族如 P_1 和 P_2，有 $P_1 < P_2$。假设信息技术与企业管理消耗资源的价格不变，可得到预算约束线族如 K_1 和 K_2。生产率无差异曲线族与预算约束线族的切点构成企业生产率拓展曲线 L，这意味着在 L 上的每一点都是技术-管理间的有效配置点。假设信息技术与企业管理各自的趋同点分别为 A 和 B，根据图 1-9 模型可知，其现实趋同点为 Q。在这个点上，信息技术与企业管理内部都实现最优。然而，信息技术与企业管理作为一个整体的资源优化配置点是 M 和 N，而不是 Q，即要使企业整体资源得到最有效的配置，A 点对应的有效管理水平为 D，B 点对应的有效技术水平为 C。从而 A 将向 C 趋同，B 将向 D 趋同。经过多轮异质趋同过程，最后在 M 与 N 之间的 L 上的某一点达到非系统优化。

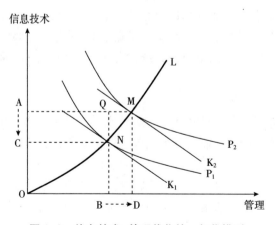

图 1-9　信息技术-管理优化的一般化模型

图 1-9 模拟的情形可以扩展为技术与管理之间乃至多数非系统优化的普遍情况，而不限于企业信息化的范围。此外，需要指出的是，系统优化往往可以自发地完成，或依靠自身动力（或刺激）就可以完成，而非系统优化则通常是在存在外部压力的情况下实现的，如市场竞争导致企业业务流程的重组等。外部压力的存在是对自发优化点的一个修正过程，但具体优化点的形成则根据各自的趋同系数而定。

总之，图 1-8 和图 1-9 直观地解释了为什么管理水平都很高的企业应用同一家著名软件公司的同一种产品会出现成功与失败两种截然不同的结果，因为管理水平高只代表管理内部实现了系统优化，但不代表技术与管理之间实现了非系统优化。又如，该模型也解释了为什么 8 个博士在一起创办企业的效率可能低于 2 个博士、3 个硕士、4 个本科加一个高中生的企业效率问题。

上述人-车模型和企业信息化模型说明，现实中普遍存在同质趋同和异质趋同，基于同质趋同形成系统优化，基于异质趋同形成非系统优化。无论是系统优化还是非系统优化，它们都趋向于通过优化形成新的系统来适应环境变化。现实中的许多难题既可能是同质趋同过程中的不确定性造成的，也可能是异质趋同过程中的不确定性造成的。在某种程度上，后者比前者更具有普遍性。因此，在管理科学与工程中，优化管理既要注重系统优化，也要注重非系统优化，在系统优化与非系统优化之间进行二次优化，有可能解决非系统复杂环境下的资源有效配置问题。非系统管理科学寻求解决这类复杂问题的方法之一，就是将各种不同属性乃至矛盾但相关的事物有机地结合在一起，在不同属性的事物之间建立趋同和优化模型，以此提高管理效率。企业信息化中技术与管理的异质趋同与非系统优化的分析进一步阐明了这个观点。

我们下面通过企业跨部门资源整合来进一步对非系统优化思想进行论述。随着企业规模的扩大，企业内部以及企业与企业之间进行跨部门资源整合的问题日益突出。现以分析企业资源结构为基础，探讨企业跨部门资源整合的基本形式和重点解决的问题，提出以非系统优化思路来解决企业跨部门资源整合的难题。

（一）企业资源结构

企业存在的价值一方面是降低社会交易成本，另一方面是创造社会价值。为了获得这两方面的价值，企业需要组织各种资源来满足社会要求。不仅如此，企业为了在竞争中获得更大的竞争优势，需要在组织各种资源方面比竞争对手具有更高的效率。从这个角度说，考察企业跨部门资源整合的效率可以作为观察企业竞争力的窗口之一。为更清晰地分析企业跨部门资源整合问题，首先需要对企业资源结构有所认识。

按照不同的标准，人们可以将企业资源划分为不同的类别。迈克尔·波特从价值链角度对企业资源结构进行了分析，我们这里拟从企业内部与外部边界角度对企业资源结构进行分析，认为无论是企业内部还是企业外部都由生产资源和服务资源两类资源组成，由此形成如表1-2所示的企业一般资源结构。

表1-2 企业的一般资源结构

	企业内部	企业外部
生产资源	企业内部的生产资源指企业生产增值的对象物、生产工具或价值载体。 举例：土地、原材料、资金、人力、设备、零部件、产品、加工组装、生产线和品牌等	企业外部的生产资源指企业组织外部形成的生产增值的对象物、生产工具或价值载体，也称为生产性服务资源。 举例：能源、资金、人力、通信、物流与供应链、物业与不动产、企业形象、信誉和其他无形资产等
服务资源	企业内部的服务资源指企业组织内部生产增值过程中投入的服务资源。 举例：组织、学习、技术、研发、财务管理、战略管理、市场营销、人力资源、信息管理和企业文化等	企业外部的服务资源指企业组织外部提供服务增值过程中投入的服务资源。 举例：组织、学习、货源渠道、销售渠道、客户关系、广告、市场调查、管理咨询、法律顾问和政府关系等

从企业内部角度来看，企业内部的生产资源指企业生产增值的对象物、生产工具或价值载体，如原材料、土地、资金、人力、设备、零部件、产品、加工组装、生产线，以及企业品牌或产品品牌等。企业内部的服务资源指企业组织内部生产增值过程中投入的服务资源，如组织、学习、技术、研发、财务管理、战略管理、市场营销、人力资源、信息管理和企业文化等。

从企业外部角度来看，企业外部的生产资源指企业组织外部形成的生产增值的对象物、生产工具或价值载体，能源、资金、人力、通信、物流与供应链、物业与不动产、企业形象、信誉和其他无形资产等。企业外部的服务资源是指企业组织外部提供服务增值过程中投入的服务资源，如组织、学习、货源渠道、销售渠道、客户关系、广告、市场调查、管理咨询、法律顾问和政府关系等。在此有必要强调，政府关系是企业极其重要的外部服务资源，既包括政府关系、技术标准、环保标准和法律法规等，也包括政府采购、市场准入、产业政策和竞争政策等内容。在企业发展的不同阶段，乃至在同一阶段中的不同发展时期，影响企业竞争和发展的关键资源因素会发生变化。可以说，处于不同阶段的企业资源结构的侧重点或关键资源是不同的，同时，处于同一发展阶段的不同性质或行业的企业资源结构的侧重点或关键资源也可能不相同。

（二）基于电子商务的跨部门资源整合

随着企业规模的扩大，组织内部的交易成本将不断提高。这时，如果企业继续单纯地通过扩大规模来获取市场份额，而没有适当地对组织内部和外部市场的资源进行有效整合，以此来降低规模扩大带来的更高的交易成本，那么有可能逐步丧失竞争优势。因此，随着企业规模的扩大，企业能否继续获得竞争优势将更加有赖于它能否有效地对企业内部和外部市场的资源进行跨部门整合。电子商务为企业跨部门资源整合提供了两种以往想做而难以做到的途径和手段：一是电子商务为企业乃至社会提供了跨部门资源整合的技术平台和管理基础；二是电子商务为企业乃至社会提供了非系统优化的技术平台和管理基础。

可以从两个角度来讨论企业资源整合结构：一是从企业内部和外部边界角度来看，企业内部资源整合关注的重点是资源调配，外部资源整合关注的重点是成本分摊和收益分享；二是从企业纵向和横向角度来看，企业纵向资源整合关注的重点是成本领先优势，横向资源整合关注的重点是价值创造优势。由此形成表1-3所列的四种典型的跨部门资源整合模式。

表1-3　企业跨部门资源整合关注的重点

	内部整合	外部整合
纵向整合	(1) 内部纵向整合：通过资源调配来降低成本，形成成本领先优势； (2) 代表模式：企业内部垂直一体化	(1) 外部纵向整合：通过成本分摊和收益分享的契约来降低成本，形成成本领先优势； (2) 代表模式：战略联盟、虚拟企业 OEM/ODM
横向整合	(1) 内部横向整合：通过资源调配来创造价值，形成价值链的增值过程； (2) 代表模式：业务流程再造、企业信息化	(1) 外部横向整合：通过成本分摊和收益分享的契约来创造价值，形成价值链的增值过程； (2) 代表模式：外包

电子商务为表1-3所列的四种跨部门资源整合模式提供了一个理想的技术平台和管理基础。在内部纵向整合模式中，电子商务可以为企业提供全过程供应链管理与物流管理的技术平台和管理基础。在外部纵向整合模式中，电子商务可以为企业提供全球范围的大规模协作生产和管理，如基于电子商务可以在美国硅谷、印度班加罗尔和爱尔兰之间实现不间断地开发软件的全球协作。在内部横向整合模式中，电子商务可以为企业业务流程再造和企业信息化提供更大商业范围的技术平台和管理基础。在外部横向整合模式中，电子商务为企业实现与外部服务市场的各种无缝链接提供技术平台和管理基础。

在实际运作中，企业并不是单一地使用上述四种资源整合模式，而往往是将它们混合起来使用。这样，根据表1-3可以归纳出企业跨部门资源整合的所有13种类别，如表1-4所示。

表1-4　企业跨部门资源整合的种类

序号	种类	序号	种类
1	内部纵向整合：企业内部垂直一体化	8	外部纵向、横向整合：战略联盟、外包
2	内部横向整合：业务流程再造	9	内、外部纵向整合加内部横向整合：垂直一体化、业务流程再造、战略联盟
3	外部纵向整合：战略联盟	10	内、外部纵向整合加外部横向整合：垂直一体化、外包、战略联盟
4	外部横向整合：外包	11	内部纵向、横向整合加外部横向整合：垂直一体化、业务流程再造、外包
5	内部、外部纵向整合：垂直一体化、战略联盟	12	外部纵向、横向整合加内部横向整合：业务流程再造、外包、战略联盟
6	内部、外部横向整合：业务流程再造、外包	13	内部纵向、横向整合加外部纵向、横向整合：垂直一体化、业务流程再造、外包、战略联盟
7	内部纵向、横向整合：垂直一体化、业务流程再造		

　　如前所述，不同行业的企业、处于不同发展阶段的企业使用的企业跨部门资源整合模式的侧重点会不相同。例如，制造型企业在初期更多地使用垂直一体化、业务流程再造和企业信息化等模式进行资源整合，在发展较为成熟的阶段则更多地使用战略联盟、OEM/ODM，以及外包等模式进行资源整合。然而，服务型企业在发展初期就有可能非常多地使用战略联盟、外包等模式来进行资源整合。

　　一般地，企业跨部门资源整合模式存在着由低级向高级演化的过程，企业选择哪种资源整合模式的最终决定因素是企业自身的管理水平和市场竞争程度。企业管理水平和市场竞争程度越高，就越有可能形成或创造出高级复杂的企业资源整合模式。

　　（三）基于电子商务的非系统优化

　　在信息技术与电子商务还不发达的时期，企业进行跨部门资源整合遇到较为严重的技术限制和能力限制，难以在企业内部或外部形成有效运作的技术平台和管理平台。随着20世纪末期电子商务的迅速发展，电子商务为企业资源整合提供了一个跨越企业信息化或单一业务流程再造的门户。沿着这个门户走下去，就遇到了一个如何将这些不同部门的资源进行优化整合的问题。我们知道，软件与软件之间可以进行集成，形成所谓软件集成。硬件与硬件也可以进行集成，如将二极管、三极管等硬件集成在一个模板上。管理也可以进行集成，如业务流程再造或进行组织结构调整等。人力资源也可以进行集成，如将不同成员组成不同的销售团队本质上就是进行人力资源的集成。这样，我们将同属性事物内部或之间的优化称为系统优化，如软件与软件之间、团队与团队之间的集成优化等。同时，我们将不同属性事物之间的优化称为非系统优化，如技术与管理之间的集成优化等。

基于电子商务的跨部门资源整合优化有三种基本形式：①聚合优化，如计划购买汽车的消费者通过互联网结成团购小团体后与汽车销售商进行集体谈判而获得更低的折扣；②匹配优化，如招投标网站或拍卖网站将销售者与购买者进行相互匹配形成交易；③同时具有聚合优化和匹配优化功能的复合优化，如在旅游服务市场上旅游者通过互联网结成旅游团队前往某个旅游地，到达后又与志同道合者前往某个旅游点等。

从企业跨部门资源整合结构上来看，企业内部垂直一体化等内部纵向整合的优化模式为聚合优化，业务流程再造和企业信息化等内部横向整合的优化模式为匹配优化，战略联盟和外包等外部整合的优化模式为复合优化，其中，前者属于偏重于聚合的复合优化，后者属于偏重于匹配的复合优化（见表1-5）。

表1-5　企业跨部门资源整合的优化

	内部整合	外部整合
纵向整合	内部纵向整合的优化模式：聚合优化	外部纵向整合的优化模式：偏重于聚合的复合优化
横向整合	内部横向整合的优化模式：匹配优化	外部横向整合的优化模式：偏重于匹配的复合优化

无论是聚合优化、匹配优化还是复合优化，它们中既存在着大量的系统优化问题，也存在着大量的非系统优化问题。从一定程度上说，非系统优化问题更加广泛。

例如，某企业计划购买2辆商务用车，企业购车者在互联网上搜寻计划购买同类商务用车的个人或企业，在某网站上结成团购小团体后，或者另外登录相关的汽车销售商网站进行集体谈判，或者直接在汽车销售商提供的网站上组团谈判以期获得更低的折扣，或者在离线环境中前往汽车专卖店进行团购谈判。汽车销售商给出的折扣不一定体现在价格上，可能体现在各种非价格上或者以各种配件型号和质量为折扣体现物。这时，如果仅仅就单纯的在线谈判机制来讨论系统优化问题就过于简单了，需要进一步引入离线谈判机制等跨部门资源来进行非系统优化的全过程考虑。

又如，以往从纯技术角度考虑，认为通过招投标过程实现更低的价格就获得了优化的结果，经济学家为此做了大量的工作来论证拍卖与招投标过程的价格发现机制。但是，基于电子商务实现的拍卖与招投标过程出现了价格越低未必越好的结果。例如，在某集团企业建立的B2B零部件采购招投标网站上，对于某型号零部件，某厂家的网上报价比正常价格低了不少，按规则招标企业购买了应标企业销售的产品。但是，集团企业的生产部门发现该批次零部件存在着难以发现的质量问题，虽然这种质量问题在一定时期内不会影响集团企业产品的质量，但长远来看可能会损害集团企业的产品在消费者心目中的市场信誉和品质保证。从整体来看，集团企业的市场信誉和品质保证因此而面临的风险水平可能超过为购买该批次零部件而节省的价格差。

上述两个事例告诉我们，基于电子商务的优化不能单纯考虑谈判、招投标、网站速度、供应链与物流体系内部的优化问题，需要从在线与离线两个角度来考虑电子商务运作的全商务过程，既要重视在线谈判、招投标、网站速度、供应链与物流效率等系统优化问题，更要重视整合在线市场与离线市场商务过程的非系统优化问题，关注电子商务使用者的总成本问题。例如，在设备招投标网站上，应当将投标商投标价格与其服务水平、信用等级、技术资质、用户满意度等非价格因素进行跨部门资源整合，建立分布自治、具有自学习自适应功能的非系统优化管理模型来甄别优质供应商，使所有者总成本最小化而不是仅仅满足于在线招投标价格最小化。因此，单纯的计算机系统优化算法难以解决各种非系统优化问题，需要研究基于非系统优化环境的优化算法来解决非系统优化问题。总之，基于电子商务的跨部门资源整合带来的非系统优化问题将成为一个新的热点问题受到人们的关注，因为跨部门资源整合和非系统优化是电子商务真正产生效益的基础，是互联网时代社会进步和经济发展的趋势。

系统不确定性思想本质上是系统思想的一种动态发展，在系统不确定思想的基础上，引入基于趋同的非系统优化思想，为我们建构两化融合理论研究提供了学术思想和研究视角。具体提供两方面的理论支撑：①复杂系统的趋同特征表明，从非系统转变为系统可以从状态与过程两个角度进行刻画；②系统优化与非优化特征表明，技术效率的本质在于资源整合，资源整合形成的趋同更趋于稳定。这两个研究结论对于构建两化融合的概念模型具有重要的基础支撑价值。

第四节　从两化融合到数实融合[①]

从两化融合到数实融合，再到基于人工智能的社会融合，构成数字经济创新变迁的主线之一。因此，本书聚焦从两化融合、数实融合及人工智能推动社会融合的演进视角，阐述数字经济创新的产业经济与制度变迁理论。首先，需要对两化融合进行概念化界定。

---

① 根据谢康、肖静华《工业化与信息化融合：一个理论模型》（《中山大学学报（社会科学版）》2011年第4期），谢康、李礼、谭艾婷《信息化与工业化融合、技术效率与趋同》（《管理评论》2009年第10期）及相关工作文件进行修改和增补而成。

一、两化融合的内涵与概念模型

在工业化和信息化的界定、测度，及工业化和信息化对经济增长的影响等领域，国内外相关研究积累了较丰富的成果，部分研究也直接讨论两化融合的经济效应，或提出两化融合测算体系，但总体上理论界对两化融合研究虽在不断深入却显得零散，探索性理论建构与检验性论证之间相对脱节。出现这种局面的原因是多方面的。其中，主要原因之一在于中国两化融合环境和基础与欧美发达国家不同，两化融合既缺乏国外相关可资借鉴的经验，又无前人经验可以直接使用，表明探索两化融合理论具有重要的理论价值和实践意义。

（一）两化融合研究的三个科学问题

作为一项政策性强的国家发展战略理论研究，两化融合研究需要探讨以下三个科学问题：一是两化融合路径；二是两化融合过程中与理想状态的偏离；三是为校正两化融合偏离而形成的协调成本及协调机制。

首先，对于两化融合的本质与路径问题，学术界认为，两化融合就是新型工业化道路。两化融合的本质，就是在中国实现工业化过程中，做到信息化带动工业化，工业化促进信息化，进而促使经济社会又好又快发展。或者说，中国工业化处于中期阶段，信息化处于起步阶段，工业化和信息化都不是发展的终极目标，而是实现现代化的一个阶段和加快现代化进程的手段，现代化建设应走新型工业化道路。两化融合就是充分利用信息技术和信息资源，将其与工业化生产方式结合起来，加快工业化转型升级，促进工业经济向信息经济转变，这一过程既包括工业生产的信息化，也包括支撑工业生产的农业和服务业信息化，但工业生产信息化是核心，也是当时推进两化融合的重点。在具体生产制造领域，工业工程与信息化集成提升企业竞争力的增效管理创新模式，制造企业面向全生命周期的精益设计是其典型应用之一。同时，实现两化融合的关键是导入工业工程技术，全面、系统地应用工业工程技术规范企业管理流程、标准化作业操作，为实现信息化奠定管理基础，最终实现信息化与工业化的融合。

如前所述，两化融合指信息化与工业化相互作用和促进以实现技术效率的过程或过程状态，通过这个过程或过程状态实现工业化促进信息化和信息化带动工业化。其中，技术效率指在既定的工业化条件下信息化投入成本最小化，或在既定的信息化条件下工业化投入成本最小化（谢康和肖静华等，2009）。因此，推动两化融合的核心是有效，将提高经济效益放在第一位。在对两化融合本质的上述理解基础上，我们从经济趋同现象及其特征视角探讨两化融合理论，基于经济趋同理论建模方法，对信息化带动工业化发展的三阶段演变模式进行了分析，提出两化融合一方面从工业化模式延伸到信息化模式，另一方面从信息化模式向工业化模式延伸的演化博弈模型。上述讨论表明，工业化促进信息化，信息化带动工业化构成两化融合的两条基本路径。

其次，对于两化融合中的路径偏离及影响因素，学术界认为，以工业化促动信息化，以信息化带动工业化互动关系构成两化融合的双向控制模型系统。根据双向控制模型系统理论，信息化带动工业化指以预测工业化发展水平为基础，制定与工业化发展水平相适应的信息化战略为正向控制行为，工业化促进信息化指以信息化发展水平评价或信息化发展预测为基础，制定与信息化发展水平相适应的工业化发展战略为反向控制行为，即对工业化发展提出控制或约束条件为反向控制。在两化融合实践中，正向控制为主，反向控制为辅，形成多级的两化融合双向控制模型体系。

在双向控制模型体系中，信息化与工业化协调系数是一个核心概念，可以应用模糊集合论的概念进行定义。在模糊数学中，表示论域中某一元素 Z 隶属于模糊集 A 的程度的指标是隶属度，它是一个 ［0，1］ 闭区间上的实数。隶属度的变化规律通过隶属函数加以反映，可以建立协调系数指标，表示在既定数值下系统隶属于模糊集的协调程度。这样，信息化与工业化协调系数指工业化或信息化系统与信息化或工业化系统相适应的数值，反映了隶属于"协调"这个模糊集合程度的指标。该指标取值是在闭区间 ［0，1］ 上的任何实数。当协调系数等于 1 时，说明信息化与工业化系统之间完全协调；当协调系数等于 0 时，说明信息化与工业化子系统之间完全不协调（陈小红，2007）。

两化融合过程中存在与理想状态偏离的现象在企业微观层面也可以通过信息传导和管理中存在的偏差现象来反映。万建香（2009）根据知识管理偏差模型（Carlucci & Schiuma，2007），认为两化融合过程中存在七项主要偏差，应以企业微观层面知识管理系统（Knowledge Management System，KMS）作为填补两化融合偏离的有效手段。实证结果也表明两化融合存在偏离现象。例如，信息化对中国工业行业各分行业产出增长速度的贡献存在明显差异，这与中国信息化建设存在过急过快、缺乏协调、质量不高，现行体制信息化非理性投资冲动，尤其是部分大型企业信息化成本计算动机发生扭曲等问题密切相关。同时，信息化与传统产业融合以及信息化对传统产业变革进程的影响等都存在差异，也影响着中国工业行业信息化水平和贡献的差异。

尽管研究视角、理论构建和结论不同，但学术界大多认为两化融合研究可以分为微观企业层面、中观产业层面及宏观区域和社会层面的研究。虽然也有提出两化融合包括产品、生产经营、产业和制度等层面的融合，但本质上均是一致的。因此，对两化融合中产生偏离原因的探讨往往可以从企业、产业、区域和社会四个层面来展开。

王晰巍等（2010）从动力、政策和支撑三个方面分析两化融合关键要素，提出两化融合关键要素系统模型及其五级成熟度模型，认为企业信息化总体发展水平不均衡，缺乏资金，信息化发展环境不完善，缺乏信息化复合型人才，缺乏与信息化配套的服务机构等，构成工业领域关键环节两化融合的主要障碍。同时，思想观念约束，缺乏高效减排技术及管理手段，资金投入不足等，构成节能减排领域两化融合存在偏离的主要影响因素。此外，两化融合存在偏离的原因还包括工业生产增长方式有较大惯性，不利于对高新技术的信息化改造投资的增长，信息化服务获取成本高，中小企业信息化改造能力低，行业整合度差，中西部地区和传统行业两化融合互补能力弱，信息通信技术（ICT）服务行业对工业信息化供给能力差，有效的基础信息资源不足等。

最后，对于两化融合的协调成本及调整，学术界认为，尽管两化融合测度存在不同思路和方法，但计量分析与实证研究对讨论两化融合协调成本及调整类型依然提供有力的支持。俞立平等（2009）基于向量自回归（VAR）模型对信息化与工业化之间关系的表现特征、本质联系及其内在规律进行实证研究，认为信息化是工业化的格兰杰原因，但工业化不是信息化的格兰杰原因。信息化水平与工业化水平存在长期稳定的动态关系，信息化的发展能够带动工业化的发展。信息化波动是影响工业化波动的主要原因，但工业化波动不是影响信息化波动的主要原因。工业化对信息化的影响速度大于信息化对工业化的影响速度，且工业化对信息化的影响更稳定。

信息化是带动度高的现代经济增长方式，信息化水平与产业结构升级、中国劳动生产率存在正向关系。信息化不仅对中国行业经济增长的贡献率存在明显差异，而且对中国国民经济的带动度和对三次产业的影响也存在差别。其中，信息化对工业增长的贡献最大。首先，信息化对工业内部六大行业的带动作用存在明显差异，并非是同步的；其次，信息化带动作用似乎与中国工业化发展阶段相对应，虽然目前纺织业和食品业仍是中国具有比较优势的行业，但由于中国工业化进程整体上已进入以重化工业为中心的阶段，信息化对化学工业和交通运输设备制造业的带动作用已超过上述两大劳动密集型行业。此外，从产品融合和产业融合视角探讨两化融合研究也认为，制造技术与信息技术融合形成的产品融合、信息产业与传统产业融合构成两化融合的主动力。

上述结果表明，中国两化融合进程中的协调任务依然相当艰巨，需要形成一系列产业政策、财政税收政策及人力资源政策等来推进和加强信息化与工业化的协调。茶洪旺和胡江华（2010）认为，两化融合的财政税收政策目标是激励企业参与两化融合，缩小地区间、行业间和企业间的数字鸿沟，从根本上改变工业增长的模式。

（二）两化融合的本质与实现路径

两化融合可以从三个角度来观察：一是从信息化带动工业化角度来考察，由此对应现实中信息化带动工业化的发展路径；二是从工业化促进信息化角度来观察，由此对应现实中工业化促进信息化的发展路径；三是将信息化带动工业化、工业化促进信息化两个角度叠加在一起来综合分析，由此对应现实中信息化与工业化相互影响的融合过程，即对应现实中两化融合的动态过程。

信息化带动工业化发展路径有两个特征：一是信息化对工业化的影响力要大于工业化对信息化的影响力，即信息化向工业化融合的幅度小于工业化向信息化融合的幅度；二是信息化发展水平对现实的工业化水平与信息化对工业化发展要求的理想水平之间差距的敏感度，要大于工业化对信息化理想值与现实值之间差距的敏感度。也就是说，相对于工业化，信息化对工业化理想与现实差距的变化更加敏感。

同理，工业化促进信息化发展路径也有两个特征：一是信息化对工业化的影响力要小于工业化对信息化的影响力，即信息化向工业化融合的幅度大于工业化向信息化融合的幅度；二是信息化发展水平对现实的工业化水平与信息化对工业化发展要求的理想水平之间差距的敏感度，要小于工业化对信息化理想值与现实值之间差距的敏感度。也就是说，相对于工业化，信息化对工业化理想与现实差距的变化更加不敏感。

由于工业化是一个过程，信息化也是一个过程，因而两化融合是工业化过程与信息化过程相互影响、相互作用的叠加演化过程，本质上是一种趋同或收敛现象。根据趋同理论，两化融合过程可以表述为信息化与工业化的趋同过程，是两者相互作用和促进以实现技术效率的过程或过程状态。它既可以看作是一个过程，也可以看作是一种过程状态，是技术效率的表现。这里，技术效率指在既定的工业化条件下信息化投入成本最小化，或在既定的信息化条件下工业化投入成本最小化。

从技术效率角度来看，两化融合发展路径本质上是信息化带动工业化路径，及工业化促进信息化路径两者叠加的结果。因此，判断两化融合水平，实质上就是判断信息化带动工业化路径中，信息化对工业化发展要求的理想状况与其现实状况之间的差距，两者差距越小，信息化带动工业化的水平就越高。同时，判断工业化促进信息化路径中，工业化对信息化发展要求的理想状况与其现实状况之间的差距，两者的差距越小，工业化促进信息化的水平就越高。这样，两化融合水平，就是信息化带动工业化，及工业化促进信息化两条路径叠加在一起的总体水平，即信息化对工业化发展要求的理想状况与其现实状况之间的差距值，与工业化对信息化发展要求的理想状况与其现实状况之间的差距值之间的比值。该比值可以称为两化融合系数，它反映了信息化带动工业化、工业化促进信息化两个单向系统融合之间的差距，差距越小融合系数越接近于1。融合系数等于1表示完全融合，融合系数介于0~1表示未达到完全融合。一般地，当融合系数平均超过0.85时，可以基本上判断进入深度融合阶段。由此，我们可以建立数学模型对两化融合水平进行评价。其中，如何判断信息化对工业化发展要求的理想状况，及工业化对信息化发展要求的理想状况，构成理论研究的关键。

（三）两化融合系统机制的产业概念模型

根据两化融合的技术效率理论，凡实现产出技术效率的信息化与工业化相互作用和促进的过程或过程状态，都可以看作是两化融合。因此，可将工业化状态分为现实的工业化状态和与信息化当期状态最匹配的工业化状态（理想匹配状态）两类，将信息化状态分为现实的信息化状态和与工业化当期状态最匹配的信息化状态（理想匹配状态）两类。

（1）第一组基本概念分别是摩擦成本与路径冲击。根据经济趋同理论，工业化促进信息化意味着信息化向工业化趋同的趋同系数大于工业化向信息化趋同的趋同系数，当信息化向工业化趋同融合时，必然存在一个信息化的理想值，即此时信息化的发展能够完全匹配当期工业化发展的要求。同理，信息化带动工业化意味着工业化向信息化趋同的趋同系数大于信息化向工业化趋同的趋同系数，当工业化向信息化趋同融合时，也必然存在一个理想的工业化水平，此时工业化的发展能够完全匹配信息化发展的要求。因此，两化融合过程实际上是工业化向信息化融合过程以及信息化向工业化融合过程的综合结果。

然而，现实中无论是信息化向工业化趋同融合，还是工业化向信息化趋同融合均会出现偏离与之对应的理想的信息化水平或工业化水平的现象，即工业化或信息化的实际水平与其理想值之间分别存在不同的差距，两化融合过程可以理解为逐步缩小这些差距的过程。在这里，造成工业化或信息化的实际水平与其对应的理想值之间偏差的额外人力、物力、财力和时间等成本的总和，称为两化融合的摩擦成本。摩擦成本的概念源于社会学社会摩擦成本，指因人际关系中的矛盾、冲突、不合作、不协调等因素而额外耗费的人力、物力、时间和精力等的总和。摩擦成本的本质属于交易成本，在企业、产业、区域和社会三个层面中，工业化促进信息化的摩擦成本与信息化带动工业化的摩擦成本可能相同或相似，也有可能不同。一般地，现存的社会经济体制、跨部门协调、组织行为习惯、利益集团及利益调整、思想观念和社会文化范式等构成两化融合中常见的摩擦成本。

目前，中国处于工业化发展的中后期，工业化进程在中国社会经济发展中占有举足轻重地位，工业化对信息化的影响速度大于信息化对工业化的影响速度，且工业化对信息化的影响更为稳定，因此，对工业化促进信息化路径产生冲击的摩擦成本与对信息化带动工业化路径产生冲击的摩擦成本不同，工业化对信息化的偏离与信息化对工业化偏离可能相同也可能完全不同。在这里，我们用冲击的概念表述摩擦成本对两化融合路径的影响。冲击的概念广泛用于微观宏观经济学和国际贸易理论等领域，在不同的研究领域有不同的定义。

（2）第二组基本概念分别是路径偏离与调整成本。摩擦成本对工业化偏离和信息化偏离的冲击是两化融合研究的一个重要理论命题。相对于既定的信息化投入，与信息化既定投入最匹配（或理想）的工业化投入相比工业化投入过度或不足，称为两化融合中的工业化偏离。其中，如果与理想状态工业化水平相比工业化投入不足，称为工业化负向偏离，投入过度则称为工业化正向偏离。另外，相对于既定的工业化投入，与工业化既定投入最匹配（或理想）的信息化投入相比信息化投入过度或投入不足，称为两化融合中的信息化偏离。其中，如果与理想状态信息化水平相比信息化投入不足，称为信息化负向偏离，投入过度则称为信息化正向偏离。一般地，工业化偏离多出现在工业化促进信息化路径中，表明工业化进程对国民经济和社会发展的影响力大于信息化对国民经济和社会发展的影响力。信息化偏离多出现在信息化带动工业化路径中，表明信息化进程对国民经济和社会发展的影响力超过当期工业化进程的影响力。

针对摩擦成本的性质、大小和方向进行调整而支付的成本，构成两化融合的调整成本，即调整成本是为了减少或消除摩擦成本使信息化与工业化相互协调而付出的成本。调整成本的概念源自国际贸易理论，Balassa（1966）指出，由于贸易自由化程度的提高，进出口带来的影响会导致不同部门生产的变动，生产部门的扩大或缩小会引起生产要素在该部门的进入或退出，由此带来的成本属于调整成本的范畴，即当市场不能对于资源供给和需求的变化做出及时反应，这种暂时的无效率就产生了调整成本。借鉴 Balassa 的这一思想，我们认为，随着社会经济发展水平的提高，一方面，摩擦成本产生的冲击使工业化水平过高或过低而导致信息化的发展不能或难以满足工业化发展的要求；另一方面，摩擦成本形成的冲击也使信息化水平过高或过低而导致工业化的发展不能或难以满足信息化发展的要求，缩小工业化偏离或信息化偏离，就需要缓解或消除摩擦成本产生的路径冲击，为此付出的成本就属于调整成本的范畴。

在工业化促进信息化路径中，工业化一方面为信息化提供物质和资金基础、人才储备、信息技术产业化环境和条件，以及管理体制；另一方面工业化从粗放型模式到集约型模式转型过程中出现的产业结构调整、产品更新换代、技术创新、节能减排、产品融合与产业融合等制约条件，产品制造工艺与流程、工业自动化升级改造等投资需求以及各级政府部门追求"短、平、快"政绩工程的冲动，既有可能造成工业化投入超过信息化水平的匹配程度，也有可能由于信息化投入不足无法匹配工业化高速发展的要求而出现工业化偏离现象。因此，在工业化促进信息化路径中，调整成本主要体现在根据现有信息化水平的观察和预测，如何控制工业化投入使信息化与工业化之间协调发展所需要支付的成本。例如，2007年我们在实地调研中了解到，宝钢集团在投入新的生产线时，要求生产单位先建设好信息系统形成高效率信息管理后才允许生产线投产运行，较好地解决了工业化促进信息化的协调问题。

在信息化带动工业化路径中，信息化一方面为工业化带来更高效率的管理体系，形成改造和优化传统产业及其产业结构的动力；另一方面信息技术创新与快速发展变化带来的风险与不确定性，及信息技术和信息系统在国民经济各部门、产业和企业扩散中形成的风险和不确定，均有可能导致信息化投入过度、不足或投资效益低。例如，中国信息化建设中常见的重硬件轻软件投资，重立项轻建设，重投资轻管理等现象，以及技术架构难以满足企业高速扩张的需要等都有可能造成信息化偏离，为协调信息化偏离而需要支付的成本属于调整成本的范畴。近年来，流行的面向服务架构（SOA）、云计算和物联网等技术投入，如软件即服务模式（SAAS）等，都可视为对信息化偏离的调整成本。

（3）第三组基本概念分别是平滑调整与非平滑调整。Balassa（1966）在国际贸易领域第一次提出平滑调整的概念，认为调整成本的大小与贸易结构以及产业内贸易程度的高低有密切的关系，在新增贸易中，产业内贸易水平越高，要素的调整成本越低，即平滑调整假设。该假设认为，由于劳动技术和管理技术在产业内比产业间更加相似，因而相对于产业间的调整成本，产业内贸易带来的产业内调整成本比产业间的调整成本更低。借助Balassa的平滑调整假设，我们认为，两化融合的平滑调整指在同一区域（或同一行业）内，通过一系列政策和措施对两化融合路径偏离进行优化及调整。例如，上海市或广东省对本地区两化融合的激励政策和措施等。非平滑调整指在不同区域（不同行业）间对两化融合的路径偏离进行优化及调整。例如，工业和信息化部对全国若干重点行业两化融合的政策指导等。

根据平滑调整假设，我们认为，区域内（或行业内）两化融合的调整成本会小于区域间（或行业间）两化融合的调整成本。因此，两化融合的调整政策或措施对宏观经济指标造成的影响在区域内（或行业内）与区域间（或行业间）是不同的，可以考虑首先推动区域内或行业内两化融合的调整，而不是首先重点推动全行业，或行业间（区域间）的两化融合调整。

综上所述，提出如图1-10所示的两化融合系统机制的产业概念模型。

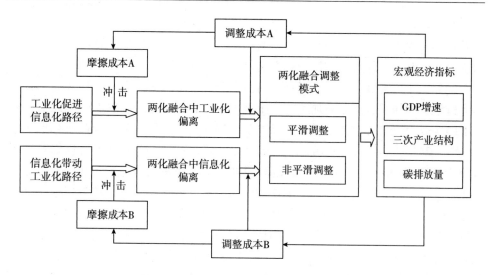

图1-10　两化融合系统机制的产业概念模型

由图1-10可知，首先，可将两化融合理论模型的假设逻辑归纳如下：工业化促进信息化，信息化带动工业化构成两化融合两条基本路径。在企业、产业、区域和社会三个层面，现存的社会经济体制、跨部门协调、组织行为习惯、利益集团及利益调整、思想观念和社会文化范式等构成两化融合的常见摩擦成本，分别对工业化促进信息化、信息化带动工业化形成路径冲击而出现工业化偏离或信息化偏离。例如，在两化融合项目中，出现注重项目申请忽视项目建设，注重硬件投资忽视软件应用创新等偏离现象。这些现象部分导致中国两化融合的联动效应有待发挥，对区域经济社会发展的辐射、渗透作用也未能充分发挥。

为降低两化融合的摩擦成本，或缩小两化融合的路径偏离，或使路径偏离合理化，均需要对两化融合进程进行协调，由此产生两化融合的成本即为协调成本。在中国各级政府实践中，常见的两化融合协调成本有三个：一是建立两化融合创新中心，如2010年以来广东、陕西等省先后成立省级两化融合创新中心；二是加强推进两化融合的分类分层指导，提炼重点行业的典型经验，如上海在推进产业发展和信息化建设中，在钢铁、石化、汽车、装备、航空、船舶等重点产业领域推进两化融合项目；三是建设国家级两化融合试点示范工程，包括推进企业关键环节信息化提升、产业信息化服务平台、电子商务、信息化促进节能减排与安全生产、物流信息化等五类项目。

如前所述，两化融合过程既可能出现工业化或信息化正偏离，也可能出现工业化或信息化的负偏离，即有可能相对于理想的工业化而言信息化投入偏多或偏少，也可能相对于理想的信息化而言工业化投入偏多或偏少，需要对不同地区不同行业乃至不同发展阶段的两化融合状况进行动态评价，掌握融合偏离程度来评估需要投入的协调成本。同时，对于两化融合水平的评估方法需要体现融合偏离的特征，现有指数化的评估模型难以满足这个要求。

例如，2010年5月，工业和信息化部组织完成钢铁、化肥、重型机械、轿车、造纸、棉纺织、肉制品加工等7个重点行业企业两化融合发展水平评估，认为中国企业两化融合整体上仍处于以局部应用为主的阶段，不同行业融合水平差异较大。24.5%的评估企业还处于起步阶段，43%的评估企业处于信息化局部覆盖阶段，22.2%的评估企业处于集成阶段初期或向集成阶段过渡，10.3%的评估企业处于深度创新阶段。其中，钢铁和轿车行业开展集成性应用较为普遍，重型机械和棉纺织行业总体处于由局部覆盖向集成过渡阶段，化肥、造纸和肉制品加工行业基本处于局部覆盖阶段。这项调查将两化融合等级划分为四级的理论和实证研究依据是什么，选择何种研究方法获得等级结论等关键信息并不清晰。同时，评估指标体系中一级指标包括基础、应用和绩效三项缺乏理论依据。在二级指标中，基础指标包括投入、规划组织和制度、信息基础设施，应用指标包括单项业务应用、协同集成和深度应用，绩效指标包括竞争力、经济效益和社会效益。这样，就将影响两化融合的关键因素、两化融合的结果等前后置变量性质的要素与两化融合本身放在一个评价体系内，致使评价指标之间的逻辑不统一。

在不同的调整成本作用下，两化融合形成平滑调整和非平滑调整两种调整类型，最终对GDP增长速度、三次产业结构调整，及碳排放等宏观经济指标产生正向作用①。这样，政策制定与决策部门可根据对宏观经济指标的观察和预测，通过对调整成本的控制来协调两化融合进程及状态，根据图1-10，社会主体推进两化融合的产业机制，指政策制定与决策部门通过观察和预测宏观经济指标来分别控制工业化促进信息化的调整成本和信息化带动工业化的调整成本，进而分别调控两条路径摩擦成本的性质、大小及方向以及对工业化偏离或信息化偏离的冲击力，形成两化融合的平滑调整和非平滑调整，通过再次观察和评估宏观经济指标形成新一轮政策干预。如此循环，推动信息化与工业化持续融合。例如，中国各级政府针对两化融合中的主要问题，既通过行业主管部门和行业协会等机构及组建行业信息化联席会议制度等方式推动区域内、行业内的平滑调整政策，对原材料、装备、消费品工业的两化融合典型经验进行交流和推广等，也通过工业和信息化部等机构推动跨部门、跨行业、跨区域的非平滑调整政策，形成平滑调

---

① 选取GDP增长速度、三次产业结构调整和碳排放量三个指标衡量两化融合对宏观经济变动的影响基于以下考虑：GDP增速代表地区经济总量的变动，三次产业结构比代表地区内部产业结构的合理性，碳排放量代表地区经济增长和两化融合过程的效能。这三个指标从不同侧面反映出地区经济发展情况，能较好地评估两化融合的调整效果。

整与非平滑调整的二元协同的两化融合的政府治理模式。

综上所述，应采取以下五项措施：①可以从信息化带动工业化水平、工业化促进信息化水平及信息化带动与工业化促进两者叠加在一起的综合水平三个角度来理解两化融合。②从融合程度或水平上来看，融合的关键是看工业化发展与信息化发展对彼此要求的理想状况与现实状况之间的差距，差距越大越不融合，差距越小越融合。③工业化发展和信息化发展对彼此理想状况的预期是变化的，现实状况也是变化的，时间上存在随机特征。因此，融合既是一个过程，也是一种过程过程状态。④从融合发展来看，可以划分为初步融合阶段、融合阶段和深度融合阶段三个阶段。⑤信息化对工业化发展要求的理想状况与其现实状况之间存在两种差距：一是信息化投入的现实状况超过工业化对信息化要求的理想状况投入值，这种差距称为信息化正向偏离；二是信息化投入的现实状况小于工业化对信息化要求的理想状况投入值，这种差距称为信息化负向偏离。同理，工业化对信息化发展要求的理想状况与其现实状况之间也存在工业化正偏离和负偏离两种现象。

二、两化融合的交互面与路径

接下来，以形式化方式刻画上述五个研究结论的规范特征，提出研究假设和构建两化融合的趋同模型。假设信息化用 A 表示，工业化用 B 表示，这样，推进 A 与 B 的融合可以表述为 A 与 B 的趋同过程。假设 $X_1^0=a$，$X_1^0=b$，令 a<b。在模型中，假设 A 的趋同系数为 r_1，B 的趋同系数为 r_2，为简单化，令趋同系数 $r_1=r_2=r$（现实中一般情况为 $0<r\leq\frac{1}{2}$）。假设经过一轮趋同后，X_1^0 和 X_2^0 的位置分别为 X_1^1 和 X_2^1。同理，经过 n 轮趋同后，X_1^0 和 X_2^0 的位置分别为 X_1^n 和 X_2^n。根据趋同系数的意义，有：

$$X_1^n=X_1^{n-1}+r(X_2^{n-1}-X_2^{n-1})=rX_2^{n-1}+(1-r)X_1^{n-1} \tag{1-3}$$

$$X_2^n=X_2^{n-1}+r(X_1^{n-1}-X_1^{n-1})=rX_1^{n-1}+(1-r)X_2^{n-1} \tag{1-4}$$

要证明趋同，只需证明 $\lim\limits_{n\to\infty}X_1^n=\lim\limits_{n\to\infty}X_2^n$。由式（1-3）和式（1-4）可知：

$$\begin{bmatrix}X_1^n\\X_2^n\end{bmatrix}=\begin{bmatrix}(1-r)&r\\r&(1-r)\end{bmatrix}\begin{bmatrix}X_1^{n-1}\\X_2^{n-1}\end{bmatrix}=\begin{bmatrix}(1-r)&r\\r&(1-r)\end{bmatrix}^2\begin{bmatrix}X_1^{n-2}\\X_2^{n-2}\end{bmatrix}=\cdots$$

$$=\begin{bmatrix}(1-r)&r\\r&(1-r)\end{bmatrix}^n\begin{bmatrix}X_1^0\\X_2^0\end{bmatrix}$$

令矩阵 $A=\begin{bmatrix}(1-r)&r\\r&(1-r)\end{bmatrix}$，求解 A^n。可以证明 $\lim\limits_{n\to\infty}X_1^n=\lim\limits_{n\to\infty}X_2^n=\frac{1}{2}(a+b)$，

原命题得证。

推进两化融合是中国政府率先提出的一个政策性理论命题，学术界和政策部门主要从实践意义和管理等视角解释为什么要推动两化融合。这里，我们提供一种可供选择的经济学理论解释概念——融合交互面视角的分析。融合交互面这一概念取自宏观经济中的基本面或上市公司基本面的概念。一般地，基本面指对宏观经济、行业和公司基本情况的分析，包括公司经营理念策略、公司报表等。上市公司的基本面包括财务状况、盈利状况、市场占有率、经营管理体制和人才构成等。从行动者网络视角来看，不同行动者之间的连接方式、联接深度和广度，联接网络的中心化程度等，均反映出行动者的交互面。例如，企业数字化转型普及率、人工智能模型的应用范围、移动电话普及率，乃至区域互联网的渗透度、区块链应用的范围、大数据分析能力等，均构成两化融合的交互面。因此，两化融合交互面指工业化系统与信息化系统在社会、区域、产业、企业等不同层面中交互形成的共同特征的作用面。

在两化融合过程中，融合交互面主要体现在两个方面：一是工业化促进信息化的交互面，包括工业的标准化水平、流程化程度、投资规模、产品设计、生产过程、资源配置等，如制造产品和工艺的标准化直接影响数据的标准化、准确性、全面性和及时性，数据缺乏标准化，准确性不高，全面性不足，及时性不够会极大制约制造效率或提高制造成本；二是信息化带动工业化的交互面，包括信息技术设施、软件技术、通信网络与终端设备、企业资源计划（ERP）、面向服务的架构（SOA）及云计算和物联网等，如面向用户行为的软件产品或数字产品适用性直接影响操作人员的使用习惯和接受意愿，数字技术的操作成本又直接影响工业化制造的效率。因此，在两化融合交互面概念的基础上，可以较好刻画两化融合的动力机制特征，从理论上解释为什么经济活动的行动者要大力推动两化融合、数实融合和人工智能创新。

理解两化融合的交互面概念后，接下来的问题是两化融合的交互面是如何形成的，或者说是什么动力促使其形成？要回答这个问题，需要探讨两化融合的动力机制。

三、两化融合的动力机制

根据文献梳理，企业和产业的实践观察，我们将两化融合的动力机制归纳为交易成本视角的动力机制，及收益递增视角的动力机制两类。诚然，不排除还存在其他视角的动力机制。这里仅重点阐述这两类动力机制。

（一）交易成本视角的动力机制

这里的交易成本为广义的概念，泛指两化融合行动者之间的事前、事中和事后的交易成本。假设在工业化进程中，只存在信息化 A 和工业化 B 两种生产力形式，且两者相互融合。这样，A 与 B 融合的社会交易成本分别为 C^A 和 C^B，设初始点为 x_0^A 与 x_0^B。

在融合初始时，A 与 B 融合的总体社会交易成本为 $C_0^A + C_0^B = C_0$，且该成本与 AB 之间的距离（两者的非融合程度）有关，即 $C_0^A(d_0) + C_0^B(d_0) = C_0(d_0)$。设成本函数是距离的单调递增函数，即可以假设 $C(d) = ad$，$a > 0$。

在趋同的过程中，距离的变化为：

$$d_1 = x_1^B - x_1^A$$
$$= \left[x_0^B - r(x_0^B - x_0^A) \right] - \left[x_0^A + r(x_0^B - x_0^A) \right]$$
$$= (1-2r)(x_0^B - x_0^A)$$
$$= (1-2r)d_0$$

$$d_k = x_k^B - x_k^A$$
$$= \left[x_{k-1}^B - r(x_{k-1}^B - x_{k-1}^A) \right] - \left[x_{k-1}^A + r(x_{k-1}^B - x_{k-1}^A) \right]$$
$$= (1-2r)d_{k-1}$$
$$= (1-2r)^k d_0 \qquad\qquad k = 1, 2, \cdots, n$$

其中，$d_i (i = 0, 1, \cdots, n)$ 为不同阶段 A 和 B 之间的距离，$r = r_A = r_B$ 为趋同系数，且假设 A 和 B 的趋同系数相等，且 $0 < r \leqslant \dfrac{1}{2}$。

（1）假设趋同无成本。

$$C_k(d_k) = C_k^A(d_k) + C_k^B(d_k)$$
$$= ad_k$$
$$= a(1-2r)^k d_0, \quad a > 0$$

且 $\lim\limits_{k \to \infty} C_k(d_k) = \lim\limits_{k \to \infty} a(1-2r)^k d_0 = 0$，因此，两化融合的交易成本逐渐减小且在融合点 P 达到最小。

（2）假设趋同有成本。此时，信息化与工业化的融合总成本为交易成本与趋同成本的总和。设交易成本为 $C_k^1(d_k) = a_1 d_k$，$a_1 > 0$，趋同成本为 $C_k^2(d_k) = \sum\limits_{j=1}^{k} a_2 d_k$，$a_2 > 0$。于是有：

$$C_k(d_k) = C_k^1(d_k) + C_k^2(d_k)$$
$$= a_1 d_k + \sum_{j=1}^{k} a_2 d_k$$
$$= a_1(1-2r)^k d_0 + a_2 \sum_{j=1}^{k}(1-2r)^j d_0$$
$$= a_1(1-2r)^k d_0 + a_2 d_0 \frac{1-(1-2r)^k}{2r}$$

$$= \left(a_1 d_0 - \frac{a_2 d_0}{2r} \right) (1 - 2r)^k + \frac{a_2 d_0}{2r}$$

且 $\lim\limits_{k \to \infty} C_k(d_k) = \lim\limits_{k \to \infty} \left[\left(a_1 d_0 - \frac{a_2 d_0}{2r} \right) (1-2r)^k + \frac{a_2 d_0}{2r} \right] = \frac{a_2 d_0}{2r}$，因此，两化融合过程中的交易成本逐渐减小且在融合点 P 达到最小，且融合的社会总成本收敛在融合点 P，值为 $\frac{a_2 d_0}{2r}$。

上述讨论表明，两化融合点是一个社会交易成本最小化点，融合的交互面则是由一系列融合点构成的一个复合曲面，既包含有工业化促进信息化的交互面，也包含有信息化带动工业化的交互面。

（二）收益递增视角的动力机制

假设两化融合的趋同收益为 D，且 D 会随着信息化 A 与工业化 B 的融合而逐渐增加，因为信息化 A 与工业化 B 的融合会使双方信息更加对称和公开，从而提高工业化进程中的社会总效率。因此，设 D 是信息化 A 与工业化 B 距离的单调递减函数 $D = \frac{a_3}{d}$。

第一，在两化融合的初始阶段，社会收益为 $D_0^A + D_0^B = D_0$，且该收益与 AB 之间的距离有关，即 $D_0^A(d_0) + D_0^B(d_0) = D_0(d_0)$，$D = \frac{a_3}{d}$，$a_3 > 0$。

第二，在两化融合的过程中，距离的变化与社会交易成本最小化的推导类似。

（1）假设两化融合无成本，此时收益为 D_k^1。

$$D_k(d_k) = D_k^A(d_k) + D_k^B(d_k)$$

$$= \frac{a_3}{d_k} = \frac{a_3}{(1-2r)^k d_0}, \quad a_3 > 0$$

且 $\lim\limits_{k \to \infty} D_k(d_k) = \lim\limits_{k \to \infty} \frac{a_3}{(1-2r)^k d_0} = \infty$，因此，收益逐渐增加且在融合点 P 达到最大。

（2）假设两化融合有成本，但不考虑竞争。此时，两化融合总收益为无成本时收益与趋同成本之差。于是有：

$$D_k^2(d_k) = D_k^1(d_k) - C_k^2(d_k)$$

$$= \frac{a_3}{d_k} - \sum_{j=1}^{k} a_2 d_k = \frac{a_3}{(1-2r)^k d_0} - a_2 \sum_{j=1}^{k} (1-2r)^j d_0$$

$$= \frac{a_3}{(1-2r)^k d_0} - a_2 d_0 \frac{1-(1-2r)^k}{2r}$$

$$= \frac{a_3}{d_0} \frac{1}{(1-2r)^k} + \frac{a_2 d_0}{2r}(1-2r)^k - \frac{a_2 d_0}{2r}$$

且 $\lim\limits_{k\to\infty} D_k^2(d_k) = \lim\limits_{k\to\infty}\left[\frac{a_3}{d_0}\frac{1}{(1-2r)^k} + \frac{a_2 d_0}{2r}(1-2r)^k - \frac{a_2 d_0}{2r}\right] = \infty$，因此，两化融合的收益逐渐增加且在融合点 P 达到最大。

（3）假设两化融合有成本，考虑竞争因素。随着信息的公开和透明，市场竞争更为激烈，考虑竞争因素影响，设受竞争影响的收益系数为 δ，其应与信息化 A 和工业化 B 之间的距离成正比，设 $\delta_k = a_4 d_k$，则两者融合收益为：

$$D_k^3(d_k) = \delta_k D_k^2(d_k)$$

$$= a_4(1-2r)^k d_0\left(\frac{a_3}{d_0}\frac{1}{(1-2r)^k} + \frac{a_2 d_0}{2r}(1-2r)^k - \frac{a_2 d_0}{2r}\right)$$

$$= a_3 a_4 + \frac{a_2 a_4 d_0^2}{2r}(1-2r)^{2k} - \frac{a_2 a_4 d_0^2}{2r}(1-2r)^k$$

且 $\lim\limits_{k\to\infty} D_k^3(d_k) = \lim\limits_{k\to\infty}\left[a_3 a_4 + \frac{a_2 a_4 d_0^2}{2r}(1-2r)^{2k} - \frac{a_2 a_4 d_0^2}{2r}(1-2r)^k\right] = a_3 a_4$，因此，两化融合收益收敛于融合点 P。

上述讨论表明，两化融合点不仅是社会交易成本最小化，也是收益递增点，因此，推动两化融合存在内在的动力机制，因为推动融合可以实现全社会交易成本最小化，并形成社会收益递增效应。因此，理论上，两化融合的交互面是由一系列融合点构成的社会交易成本最小化、收益递增的动态曲面。

四、两化融合向数实融合的演化博弈

在两化融合过程中，实现两化融合是有条件的。具体地，两化融合不仅取决于工业化对信息化的推动作用，也取决于信息化对工业化的带动作用，以及两者的协同效果。对于信息化与工业化之间的协同条件及协同过程，既有论述较少，在此给予探讨。

假设两化融合程度为 x，企业、产业或经济区域推进两化融合获得的预期效益为 $y = f(x)$。假设使两化融合，企业、产业或经济区域主体需要支付投资、培训及构建跨平台的成本为 $s(y)$。此外，两化融合需要信息化部门与工业化部门之间相互协同配合，因此，对于信息化和工业化部门而言，使融合程度达到 x 必然需要耗费学习和跨部门沟通等成本，记为 $c(x)$。为推进企业、产业或经济区域两化融合，必须满足以下条件：$s[f(x)] - c(x) \geq \overline{u}$，且 $\max\limits_{x} f(x) - s[f(x)]$。也

就是说，企业、产业或经济区域获得的预期收益必须大于投资或从事其他项目或工作获得的收益（$\bar{u}$），由此构成企业、产业或经济区域推进两化融合的参与约束，且企业、产业或经济区域期望最大化其收益，即可得到同时满足上述条件的 x^*。同时，企业、产业或经济区域期望通过选择 x^* 达到大于或至少等于选择其他可供选择的 x 所获得的效用，由此构成推进两化融合的激励相容约束。对于所有的 x，有：

$$s[f(x^*)]-c(x^*) \geqslant s[f(x)]-c(x)$$

由此可知，企业、产业或经济区域推进两化融合，不仅是企业、产业或经济区域社会的综合成本最小化和效益最大化的驱动，而且也需要得到工业化部门和信息化部门协同配合，提高两类部门的协同收益。

在两化融合发展的初始阶段，工业化的进程和方向决定了信息化的进程和方向，信息技术主要是为了解决工业化发展中的关键技术和管理问题，如早期的财务电算化主要是解决财务管理人员手工处理数据的问题，这个阶段的两化融合的主导者是工业化流程和制度。在两化融合发展的中级阶段，信息技术的发展在不同领域改变着工业化流程乃至商业模式，成为推动工业化商业变革的力量之一。在两化融合发展的高级阶段，信息技术与业务流程之间的协同效率构成两化融合发展的核心力量。因此，可以认为，两化融合的关键指标是技术效率，而形成技术效率的内在基础是信息化与工业化两者之间的协同效率。我们为此构造一个演化博弈模型来分析两化融合是工业化发展的必然结果之一。

假设在一个处于现代工业化发展进程的国家中，工业化水平为 B，信息化水平为 T。企业、产业界或政府推进两化融合存在两种策略选择：一是信息化与工业化与融合（记为 Y）；二是信息化与工业化不融合（记为 N）。这样，两个博弈群体的策略空间为 $S_M = \{s_y,\ s_n\}$ 和 $S_E = \{s_y,\ s_n\}$。由此构造出博弈矩阵（见图 1-11）。

信息化T

		Y	N
工业化 B	Y	b, C	-a, 0
	N	0, -a	0, 0

图 1-11　国家推进两化融合的演化博弈

该矩阵的所有支付项都表示信息化和工业化不同融合行为的收益。为简化模型，当博弈双方都不采取融合的行动时，假设支付为0；当博弈双方其中一方行动而另一方不行动时，行动的一方由于融合成本而产生了负效益-a；当信息化和工业化同时采取融合的行动时，双方都获益。

求解工业化进程国家内生制度时多采用合作博弈，因为分析现实情况发现，在工业化进程国家内部大部分情况下博弈双方是合作的，两化融合的演化博弈模型不宜采用非合作博弈来求解。此外，一个制度的设定是一个动态演进的过程又要关心其发展的历史，因此，两化融合的演化博弈模型拟采用非对称复制动态进化博弈求解。

首先，假设在博弈的初始阶段，工业化选择 s_y 的比例为p，选择 s_n 的比例为1-p；信息化选择 s_y 的比例为q，选择 s_n 的比例为1-q。那么，工业化选择 s_y 的期望收益 U_{By}、选择 s_n 的期望收益 U_{Bn}，以及工业化的平均收益 $\overline{U}_B$，分别为：

$$U_{By} = b \times q + 0 \times (1-q) = bq$$

$$U_{Bn} = 0 \times q + a \times (1-q) = a(1-q)$$

$$\overline{U}_B = p \times U_{By} + (1-p) \times U_{Bn} = pq(a+b) + a(1-p-q)$$

构造工业化的复制动态方程：

$$F(p) = \frac{dp}{dt} = p(U_{By} - \overline{U}_B)$$
$$= p[bq - pq(a+b) - a(1-p-q)]$$
$$= p(1-p)[(a+b)q - a]$$

复制动态方程反映了博弈方学习的速度和方向，当其为0时，则表明学习的速度为0，即此时该博弈已达到一种相对稳定的均衡状态。

于是，令 $F(p) = 0$，有：

（1）当 $q > \dfrac{a}{a+b}$ 时，p=0 和 p=1 是 p 的两个稳定状态；

（2）当 $q < \dfrac{a}{a+b}$ 时，p=0 和 p=1 仍然是 p 的两个稳定状态；

（3）当 $q = \dfrac{a}{a+b}$ 时，无意义。

以上稳定状态并不都是进化稳定策略（ESS）。ESS 要求一个稳定的状态必须具有抗扰动的功能，从数学角度，就是 $F'(p)$ 必须小于0。于是对上式求导，有：

$$F'(p) = (1-2p)[(a+b)q - a]$$

得到：

（1）当 $q > \dfrac{a}{a+b}$ 时，需要 $p > \dfrac{1}{2}$，即 $p^* = 1$ 是 ESS；

（2）当 $q<\dfrac{a}{a+b}$ 时，需要 $p<\dfrac{1}{2}$，即 $p^*=0$ 是 ESS。

对信息化采用上述方法求得进化稳定策略为：

（1）当 $p>\dfrac{a}{a+c}$ 时，需要 $q>\dfrac{1}{2}$，即 $q^*=1$ 是 ESS；

（2）当 $p<\dfrac{a}{a+c}$ 时，需要 $q<\dfrac{1}{2}$，即 $q^*=0$ 是 ESS。

将以上情形用平面坐标表示，即得图1-12。在图1-12的非对称复制动态进化博弈中，初期由于信息化水平相对较低，难以实现向工业化的融合，于是进化博弈初始位于 A 区域。这里，A 区域既可以表示为两化融合的深度融合区域，也可以表示为数实融合区域，甚至可以表示为人工智能驱动的社会融合区域。具体地，随着信息技术演变为新一代新信息技术，再演变为当代具有通用目技术特征的泛数字技术，同时伴随着企业规模的扩大、管理者素质的提高、企业经营环境的变化、政府政策倡导等因素的影响，越来越多的企业和组织认识到信息化对工业化未来发展的重要性，两化融合、数实融合、人工智能驱动的社会融合形成更普遍的社会共识。这时，信息化与工业化两者向着稳定策略（ESS）$p^*=1$ 和 $q^*=1$ 趋近。这就意味着信息化与工业化两者最终将走向融合。在多轮演化中，形成从两化融合到数实融合的演化，再到人工智能时代的社会融合。因此，在信息化条件下的工业化发展进程中，推进两化融合、数实融合，人工智能创新是一个必然的经济结果和政策选择。

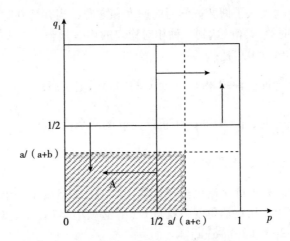

图1-12 由两化融合向数实融合演化的 ESS

其次，由两化融合机制的技术效率模型和演化博弈分析的讨论可知，推进两化融合，不能仅仅依靠信息技术改造传统产业，或传统产业大力投资信息化，实现信息化改造等一条途径来实现，还需要大力推动高新技术产业尤其是信息技术企业通过投资和经营传统产业等另一条途径来实现。通俗地说，就是不仅需要"水泥+鼠标"的模式，而且也需要"鼠标+水泥"的模式，通过两种方式协同才有可能高效推进两化融合。实践中不乏这样的案例，如携程网投资者通过投资如家快捷进入传统酒店业，揭开中国经济型连锁酒店的序幕，通过在美国纳斯达克股票市场上市，提升和改造了中国传统酒店业的产业结构。又如，索菲亚等定制家居企业通过三维虚拟现实技术、计算机辅助设计（CAD）和数控机床集成系统等技术，较好地解决了业务新居装修设计的个性化与装修材料标准化大规模生产之间的矛盾，使传统的装修设计与现代信息技术创新紧密结合起来，实现了两化有机融合，成为中国信息技术企业投资和经营传统行业，通过发挥信息技术优势来提升传统产业的企业代表。这些事例表明，推进两化融合，在实践中也确实存在着传统产业投资信息技术提升产业结构、信息技术企业投资传统产业提升产业结构两种途径。石喜爱等（2017）通过演化博弈分析认为，知识吸收能力、意识水平、市场风险和企业资产等因素对两化融合有直接影响。其中，知识吸收能力和意识水平促进两化融合，市场风险对两化融合存在抑制作用，企业资产对于两化融合作用需要根据其他影响因素之间关系进行判别。

　　综上所述，趋同模型和信息化带动工业化模型为本书的研究提供了理论和方法论基础，本书借助技术效率的概念提出，两化融合指信息化与工业化相互作用和相互促进，以实现技术效率的过程或过程状态。通过这个过程或过程状态，实现以工业化促进信息化，以信息化带动工业化。我们认为，两化融合、数实融合，乃至人工智能驱动的社会融合，本质上都是一种技术效率的表现，其使社会综合成本最小化和收益递增，构成企业、产业或区域，乃至国际间推进两化融合的两大机制动力。传统工业的信息化改造与信息技术企业投资和经营传统产业，构成推进企业、产业和经济区域推进两化融合的两个主要途径。

　　上述研究结论的政策含义为：推动两化融合、数实融合，人工智能产业融合等，既要研究和制定信息化改造和提升传统产业的激励政策和措施，如传统产业信息技术投资减免税收等，也要研究和制定信息技术产业投资和经营传统产业的激励政策和措施，如信息技术企业的投资便利性、市场准入等。目前，中国各级政府对后一类政策的研究和考虑甚少，推动两化融合的政策和措施多属于前一类。

第二章　两化融合路径与发展模式

从世界范围来看，工业化始于 18 世纪 60 年代的英国，标志是机器制造业的出现和机械化生产的普及。信息化是在 20 世纪 50 年代从美国开始的，标志是电子计算机与电信相结合的信息网络的普及，及信息产业的发展。20 世纪 60 年代以来，信息化与工业化的发展交互影响，推动经济社会发展。21 世纪初以来，信息技术演变为数字技术或新一代信息技术，数字产业化与产业数字化构成数实融合的基本路径，但其基础依然是 21 世纪初以来全球经济发展形成的工业化促进信息化的信息产业化路径，以及信息化带动工业化的产业信息化路径，前者在当代表现为平台经济、人工智能产业、区块链产业、云计算与大数据产业等新兴产业或业态，后者在当代表现为企业、产业或区域数字化转型等数字经济创新活动。

早在 1995 年，乌家培教授在《中外科技政策与管理》第 5 期提出，信息产业化与产业信息化是发展信息经济的两大途径。具体地，推进中国经济信息化，一方面依靠信息技术和信息生产的产业化，另一方面依靠农业、加工制造业和建筑业等传统产业的信息化。所谓信息产业化，首先是指信息技术的产业化，包括微电子技术、光电子技术、通信技术、计算机和软件技术在内的信息技术产业化，将为传统产业的改造和第三产业的发展提供技术基础。其次是指信息生产或服务的产业化。信息生产必将产生一系列新的信息服务业，把传统信息服务改造为以智力生产为特征的新产业。所谓产业信息化，是指在传统产业的生产、管理和设计等环节中，广泛应用信息技术的过程。以信息技术改造传统产业，不仅使这些产业降低消耗、增加效益，从根本上改变面貌，还会推动信息产业发展，使信息经济迅速成熟[1]。

在中国长达 30 多年的两化融合学术思想中，信息产业化与产业信息化被视为信息经济的两个基本路径，而不是以此涵盖信息经济的丰富内涵。本书也继承

---

[1]　参见《乌家培文库》（第六册），中国计划出版社 2010 年版，第 485-494 页。

该学术传统或习惯，将信息产业化与产业信息化，或数字产业化与产业数字化视为信息经济或数字经济发展与创新变迁的两条基本路径，以此展开一般化分析。

第一节 两化融合路径的静态分析[①]

根据第一章系统与非系统优化的研究假设与趋同模型，两化融合过程可以表述为信息化与工业化的趋同过程，是两者相互作用和相互促进，以实现技术效率的过程或过程状态。因此，两化融合既可以看作是一个过程（用融合系数 r 表示），也可以看作是一种过程状态（用融合水平或融合位置 X 表示），是技术效率的具体表现。在这里，技术效率指在既定的工业化条件下信息化投入成本最小化，或在既定的信息化条件下工业化投入成本最小化。第一章的分析还表明，两化融合点是融合过程中的总成本最小化点，或收益递增的最高点。据此，对两化融合的路径进行一般化分析。

设两化融合状态 X_i^j 表示信息化（i=1）或工业化（i=2）在 j 阶段末所处的位置或水平，在初始水平位置上 $X_1^0 = a$，$X_2^0 = b$，且在融合的初始水平上信息化发展程度一般低于工业化发展程度，令 a<b。两化融合由工业化促进信息化、信息化带动工业化两条路径构成。在现实中，工业化促进信息化的标志之一是传统工业信息化改造而产生促进信息化的需求，信息化带动工业化的标志之一是信息技术企业投资、经营和提升传统产业。据谢康（2005）趋同模型及其假设，在两个趋同系统之间，影响力越大的系统向影响力小的系统的趋同速度越小。假设信息化向工业化融合的融合系数为 r_1，刻画工业化促进信息化的融合速度；又设工业化向信息化融合的融合系数为 r_2，刻画信息化带动工业化的融合速度。在工业化促进信息化路径中，信息化与工业化的关系表现为信息化受工业化牵引，工业化发展的方向和重点决定信息化发展的方向和重点。从融合的角度来看，此时信息化更积极地与工业化的实际水平相匹配，更主动地去适应工业化的发展，这意味着工业化促进信息化的融合系数小于信息化带动工业化的融合系数，即融合系数 $r_1 < r_2$（现实中一般情况为 $0 < r_1 + r_2 \leq 1$）。相反，在信息化带动工业化的路径中，信息化与工业化的关系表现为工业化受信息化牵引，信息化为工业化发展创造新的空间和机会，创造新的商业模式，如在线销售、虚拟企业、基于 Web 2.0 的全

---

① 以谢康、肖静华、周先波、乌家培《中国工业化与信息化融合质量：理论与实证》（《经济研究》2012 年第 1 期），肖静华、谢康、张延林《应用视角的 IT 与业务融合特征及规律》（《管理评论》2012 年第 2 期），及相关工作文件为基础进行重新撰写、修改和增补。

球协同研发等。从融合的角度来看，此时工业化更积极地与信息化的实际水平相匹配，更主动地去适应信息化的发展，这意味着工业化促进信息化的融合系数大于信息化带动工业化的融合系数，即融合系数 $r_1 > r_2$（现实中一般情况为 $0 < r_1 + r_2 \leq 1$）。

现实中社会经济体制、跨部门协调、组织行为习惯、利益集团及利益调整、思想观念和社会文化范式等构成两化融合的摩擦成本 C，分别对工业化促进信息化、信息化带动工业化路径形成冲击而出现工业化偏离或信息化偏离。其中，相对于既定的工业化投入，信息化投入过度或投入不足称为信息化偏离。同理，相对于既定的信息化投入，工业化投入过度或不足称为工业化偏离。在推进两化融合过程中投入的资源、手段或工具等干预行为，构成两化融合的协调成本，即协调成本是为降低摩擦成本需要对融合进程进行协调而产生的成本。为推进该理论模型，这里以完全竞争条件下的两化融合路径代表融合的理想状态，以不完全竞争条件下的融合路径代表融合的现实状态，在下文中分别讨论。

一、完全竞争条件下的融合路径

（一）工业化促进信息化的融合路径

基于第一章的系统与非系统优化趋同理论，探讨信息化带动工业化发展模式。肖静华等（2006，2007）的研究为两化融合实现路径建模提供了具体思路，工业化促进信息化的融合路径本质上是信息产业化实现路径。假设完全竞争条件下两化融合不存在摩擦成本，因此，完全竞争条件下的融合属于理想状态的融合。假设经过第一轮融合后，融合的初始水平 X_1^0 和 X_2^0 的位置分别变化为 X_1^1 和 X_2^1。同理，经过 n 轮融合后，初始水平 X_1^0 和 X_2^0 的位置分别改变为 X_1^n 和 X_2^n。根据融合系数的意义，工业化促进信息化意味着融合系数 $r_1 < r_2$（现实中一般情况为 $0 < r_1 + r_2 \leq 1$），n 阶段末信息化和工业化所处的水平状态可分别表示为：

$$X_1^n = X_1^{n-1} + r_1(X_2^{n-1} - X_1^{n-1}) = (1 - r_1)X_1^{n-1} + r_1 X_2^{n-1} \tag{2-1}$$

$$X_2^n = X_2^{n-1} + r_2(X_1^{n-1} - X_2^{n-1}) = (1 - r_2)X_2^{n-1} + r_2 X_1^{n-1} \tag{2-2}$$

式（2-1）和式（2-2）表明，两化融合既是一个过程，也是一种过程状态，在不存在摩擦成本冲击的完全竞争条件下，工业化（信息化）每一次融合的变化量为信息化（工业化）上一阶段与工业化（信息化）之差与其融合系数的乘积，即 $r_1(X_2^{n-1} - X_1^{n-1})$ 和 $r_2(X_1^{n-1} - X_2^{n-1})$。其中，融合系数反映融合的过程，位置或差距反映融合的过程状态。

我们将式（2-1）和式（2-2）定义为完全竞争条件下工业化促进信息化的进化方程。要证明融合，只需证明 $\lim_{n \to \infty} X_1^n = \lim_{n \to \infty} X_2^n$。由式（2-1）和式（2-2）有：

$$\begin{bmatrix} X_{n_1} \\ X_2^n \end{bmatrix} = \begin{bmatrix} (1-r_1) & r_1 \\ r_2 & (1-r_2) \end{bmatrix} \begin{bmatrix} X_1^{n-1} \\ X_2^{n-1} \end{bmatrix} = \begin{bmatrix} (1-r_1) & r_1 \\ r_2 & (1-r_2) \end{bmatrix}^2 \begin{bmatrix} X_1^{n-2} \\ X_2^{n-2} \end{bmatrix} = \cdots$$

$$= \begin{bmatrix} (1-r_1) & r_1 \\ r_2 & (1-r_2) \end{bmatrix}^n \begin{bmatrix} X_1^0 \\ X_2^0 \end{bmatrix}$$

令矩阵 $A = \begin{bmatrix} (1-r_1) & r_1 \\ r_2 & (1-r_2) \end{bmatrix}$，求解 A^n。可以证明 $\lim\limits_{n \to \infty} X_1^n = \lim\limits_{n \to \infty} X_2^n = \dfrac{r_2}{r_1+r_2}a +$

$\dfrac{r_1}{r_1+r_2}b$，原命题得证。

（二）信息化带动工业化的融合路径

信息化带动工业化的融合路径本质上是产业信息化实现路径。与上述讨论类似，根据假设，信息化带动工业化意味着融合系数 $r_1 > r_2$（现实中一般情况为 $0 < r_1 + r_2 \leqslant 1$）。与上述工业化促进信息化的讨论同理，完全竞争条件下信息化带动工业化融合路径可用以下进化方程表示：

$$X_1^n = X_1^{n-1} + r_1(X_2^{n-1} - X_1^{n-1}) \tag{2-3}$$
$$X_2^n = X_2^{n-1} + r_2(X_1^{n-1} - X_2^{n-1}) \tag{2-4}$$

如上所述，完全竞争条件下的两化融合路径，无论是工业化促进信息化的融合路径（信息产业化），还是信息化带动工业化的融合路径（产业信息化），都隐含地强调融合交互面的完备信息特征，这个隐含的假设条件与瓦尔拉斯一般均衡假设一致。因此，完全竞争条件下的两化融合路径是一种理论的理想模型，通过对其放松假设条件，可以剖析不完全竞争条件下的两化融合路径，为更加逼近现实的两化融合路径分析提供理论基础。

二、不完全竞争条件下的融合路径

（一）工业化促进信息化的融合路径

工业化系统与信息化系统之间存在不可消除的摩擦成本或协调成本，构成不完全竞争条件下两化融合路径偏离的关键成因，而且随着两个系统之间融合交互面的扩大，摩擦成本或协调成本对融合路径的冲击越大。假设不完全竞争条件下的融合路径存在摩擦成本以及为抵消摩擦成本而产生的协调成本。由于摩擦成本属于社会交易成本范畴，信息化与工业化偏离程度（即两者距离 $d_n = |X_1^n - X_2^n|$）与摩擦成本正相关。由于第 $n-1$ 阶段的偏离程度会影响第 n 阶段的融合，假设第 n 阶段工业化面临的摩擦成本为 $C_A^n(d_{n-1}) = k_A d_{n-1}$，$k_A$ 表示交易成本系数，$k_A > 0$；两化融合的偏离程度随交易成本系数的减小而减少，设 $k_A = k_a(X_2^{n-1} - X_1^{n-1})$，$k_a$ 表

示常数[①]。又假设信息化面临的摩擦成本为 $C_B^n(d_{n-1})=k_B d_{n-1}$，$k_B$ 为交易成本系数，$k_B>0$；偏离程度随交易成本系数的减小而减少，设 $k_B=k_a(X_1^{n-1}-X_2^{n-1})$，$k_b$ 为常数。在融合中，第 n-1（n=1, 2, …, m）个融合阶段末的信息化与工业化之间的距离可表示为 $d_{n-1}=|X_1^{n-1}-X_2^{n-1}|$，因此，第 n 阶段工业化面临的摩擦成本为 $C_A^n=k_A|X_1^{n-1}-X_2^{n-1}|$。此时，摩擦成本对工业化进程构成的冲击可表示为：

$$X_1^n=X_1^{n-1}+r_1(X_2^{n-1}-X_1^{n-1})-k_a(X_2^{n-1}-X_1^{n-1})^2$$

$$X_1^n=X_1^{n-1}+r_1(X_2^{n-1}-X_1^{n-1})-C_A^n=X_1^{n-1}+r_1(X_2^{n-1}-X_1^{n-1})-k_A|X_1^{n-1}-X_2^{n-1}|$$

由于前面假设信息化与工业化状态的初始值关系为 a<b，因此有：

$$X_1^n=X_1^{n-1}+r_1(X_2^{n-1}-X_1^{n-1})-C_A^n=X_1^{n-1}+(r_1-k_A)(X_2^{n-1}-X_1^{n-1})$$

同理，对于信息化有以下方程：

$$X_2^n=X_2^{n-1}+r_2(X_1^{n-1}-X_2^{n-1})-C_B^n=X_2^{n-1}+(r_2-k_b)(X_1^{n-1}-X_2^{n-1})$$

令 $\Delta r_1=-k_a(X_2^{n-1}-X_1^{n-1})$，$\Delta r_2=-k_b(X_1^{n-1}-X_2^{n-1})$，于是，摩擦成本的冲击对融合路径的影响在于对其融合系数的影响。其中，Δr_1 和 Δr_2 都为绝对值小于 1 的合理负数。我们称 Δr_1 和 Δr_2 分别为工业化和信息化进程中存在的摩擦成本系数，其绝对值与工业化信息化融合水平呈反向关系。

由于摩擦成本对融合进程构成冲击，受到摩擦成本冲击的工业化促进信息化的进化方程为：

$$X_1^n=X_1^{n-1}+(r_1+\Delta r_1)(X_2^{n-1}-X_1^{n-1})，\quad X_2^n=X_2^{n-1}+(r_2+\Delta r_2)(X_1^{n-1}-X_2^{n-1})$$

此时，虽然融合受摩擦成本的影响，但只要在摩擦成本不是太高的情况下，即 Δr_1 和 Δr_2 在合理负数内，$\lim\limits_{n\to\infty}X_n^1=\lim\limits_{n\to\infty}X_2^n$ 依然成立。这样，通过持续不断的多轮融合过程，信息化与工业化仍然可能最终实现融合。然而，该融合路径与没有摩擦成本的融合路径存在明显偏离，我们用 $\Delta r_1(X_2^{n-1}-X_1^{n-1})$ 和 $\Delta r_2(X_1^{n-1}-X_2^{n-1})$ 分别表示工业化促进信息化路径中的工业化偏离和信息化偏离，以此刻画工业化促进信息化路径的过程质量。

对于与完全竞争条件下的融合路径相同初始值（a<b）的具有摩擦成本的发展路径，有：

$$X_1^{n-1}+(r_1+\Delta r_1)(X_2^{n-1}-X_1^{n-1})<X_1^{n-1}+r_1(X_2^{n-1}-X_1^{n-1})$$

$$X_2^{n-1}+(r_2+\Delta r_2)(X_1^{n-1}-X_2^{n-1})>X_2^{n-1}+r_2(X_1^{n-1}-X_2^{n-1})$$

由此可知，该路径每一轮融合的程度降低了，即完全竞争条件下融合路

[①] 假定 k_a 为常数是基于对融合过程的一种简化讨论，以得到对融合过程较直观的理解。模型中 X 代表工业化或信息化融合状态，而不是代表工业化或信息化发展水平，因而融合速度应与工业化信息化融合程度相关。如果考虑工业化或信息化发展水平，融合系数和交易成本系数应随工业化和信息化水平，以及水平之间差距的不同而不同，融合过程有可能呈现倒 U 形或 U 形。

径中的 $|\Delta X_1^n| = |r_1(X_2^{n-1}-X_1^{n-1})|$ 大于具有摩擦成本路径中的 $|\Delta X_1^n| = |(r_1+\Delta r_1)(X_2^{n-1}-X_1^{n-1})|$，完全竞争条件下融合路径中的 $|\Delta v X_2^n| = |r_2(X_1^{n-1}-X_2^{n-1})|$ 大于具有摩擦成本路径中的 $|\Delta X_2^n| = |(r_2+\Delta r_2)(X_1^{n-1}-X_2^{n-1})|$。该结果显示，与完全竞争条件相比，不完全竞争条件下两化融合的时间变得更长，成本也变得更高。

为更好地实现两化融合，针对摩擦成本的性质、大小和方向进行的干预构成协调成本。设第 n 阶段融合的协调成本与 n-1 阶段的偏离程度（$|X_1^{n-1}-X_2^{n-1}|$）成正比，第 n 阶段工业化的协调成本为 $T_A^n(d_{n-1}) = t_1 d_{n-1}$（$t_1$ 为定值，$t_1>0$），信息化的协调成本为 $T_B^n(d_{n-1}) = t_2 d_{n-1}$（$t_2$ 为定值，$t_2>0$），有：

$$T_A^n(d_{n-1}) = t_1 d_{n-1} = t_1|X_1^{n-1}-X_2^{n-1}|, \quad T_B^n(d_{n-1}) = t_2 d_{n-1} = t_2|X_1^{n-1}-X_2^{n-1}|$$

对于工业化促进信息化融合路径，$r_1<r_2$。此时，受协调成本影响的工业化促进信息化的进化方程为：

$$X_1^n = X_1^{n-1} + (r_1+\Delta r_1)(X_2^{n-1}-X_1^{n-1}) + T_A^n$$
$$X_2^n = X_2^{n-1} + (r_2+\Delta r_2)(X_1^{n-1}-X_2^{n-1}) + T_B^n$$

由此，得到不完全竞争条件下工业化促进信息化融合的总进化方程

$$X_1^n = X_1^{n-1} + (r_1+\Delta r_1+t_1)(X_2^{n-1}-X_1^{n-1}) \tag{2-5}$$
$$X_2^n = X_2^{n-1} + (r_2+\Delta r_2+t_2)(X_1^{n-1}-X_2^{n-1}) \tag{2-6}$$

其中，t_1 和 t_2 分别表示对工业化和信息化摩擦成本和路径偏离进行干预的协调成本系数，且 t_1 和 t_2 均为绝对值分别小于 Δr_1 和 Δr_2 的合理正数。

上述结果的数值模拟如下：设信息化与工业化初始值为 $a=10$，$b=30$，工业化促进信息化的融合系数 $r_1=0.1$，信息化带动工业化的融合系数 $r_2=0.2$，两化融合的摩擦成本分别为 $\Delta r_1=-0.05$，$\Delta r_2=-0.1$，协调成本分别为 $t_1=0.03$ 和 $t_2=0.06$，由此可知，工业化促进信息化融合路径数值模拟图〔见图 2-1（a）〕。在图 2-1（a）中，由于完全竞争条件下的工业化促进信息化在融合交互面上不存在摩擦成本和协调成本，因而收敛速度快。诚然，这种融合状态是一种理论状态，现实中必然存在各种摩擦成本或协调成本。

（二）信息化带动工业化的融合路径

与工业化促进信息化的融合路径同理，当 $r_1>r_2$ 时，受到摩擦成本冲击的信息化带动工业化融合的进化方程为：

$$X_1^n = X_1^{n-1} + (r_1+\Delta r_1)(X_2^{n-1}-X_1^{n-1}), \quad X_2^n = X_2^{n-1} + (r_2+\Delta r_2)(X_1^{n-1}-X_2^{n-1})$$

此时，只要在摩擦成本不是太高（即前述 Δr_1 和 Δr_2 取合理负数）的条件下，通过持续不断的融合过程，信息化与工业化仍然可能达到融合。但是，该路径与完全竞争条件下的路径发生偏离，设 $\Delta r_1(X_2^{n-1}-X_1^{n-1})$ 和 $\Delta r_2(X_1^{n-1}-X_2^{n-1})$ 分别表示信息化带动工业化融合中的工业化偏离和信息化偏离，以此刻画信息化带动工业化路径的过程质量。

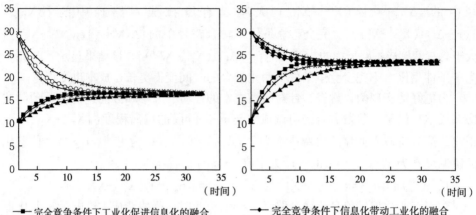

图 2-1　两化融合路径数值模拟

同理，对于与完全竞争路径相同初始值（a<b）的具有摩擦成本的融合路径，有：

$$X_1^{n-1}+(r_1+\Delta r_1)(X_2^{n-1}-X_1^{n-1})<X_1^{n-1}+r_1(X_2^{n-1}-X_1^{n-1})$$

$$X_2^{n-1}+(r_2+\Delta r_2)(X_1^{n-1}-X_2^{n-1})>X_2^{n-1}+r_2(X_1^{n-1}-X_2^{n-1})$$

由此可知，不完全竞争条件下每一轮两化融合的程度降低了。信息化带动工业化融合的总进化方程为：

$$X_1^n=X_1^{n-1}+(r_1+\Delta r_1+t_1)(X_2^{n-1}-X_1^{n-1}) \tag{2-7}$$

$$X_2^n=X_2^{n-1}+(r_2+\Delta r_2+t_2)(X_1^{n-1}-X_2^{n-1}) \tag{2-8}$$

上述结果的数值模拟如下：设信息化与工业化初始值为 a=10，b=30，工业化促进信息化的融合系数 $r_1=0.2$，信息化带动工业化的融合系数 $r_2=0.1$，信息化与工业化的摩擦成本分别为 $\Delta r_1=-0.1$，$\Delta r_2=-0.05$，协调成本分别为 $t_1=0.06$ 和 $t_2=0.03$，由此可得信息化带动工业化融合过程的数值模拟图［见图 2-1（b）］，图形含义与图 2-1（a）相同。

综上所述，$X_1^n=X_1^{n-1}+r_1(X_2^{n-1}-X_1^{n-1})$，$X_2^n=X_2^{n-1}+r_2(X_1^{n-1}-X_2^{n-1})$ 描述了完全竞争条件下两化融合的理想路径。在不完全竞争条件下，摩擦成本 Δr_1 和 Δr_2（$\Delta r_1=-k_A$，$\Delta r_2=-k_B$，k_A，k_B 为交易成本系数）降低了两化融合的速度。可以通过协调成本 t_1 和 t_2 来降低或消除摩擦成本的影响，从而逼近两化融合的理想路径，其总的进化方程为：

$$X_1^n=X_1^{n-1}+(r_1+\Delta r_1+t_1)(X_2^{n-1}-X_1^{n-1}) \tag{2-9}$$

$$X_2^n=X_2^{n-1}+(r_2+\Delta r_2+t_2)(X_1^{n-1}-X_2^{n-1}) \tag{2-10}$$

在理想状态下，随着两化融合过程的推移，两者融合的摩擦成本逐步减少，融合路径的偏离度 $|\Delta r_1(X_2^{n-1}-X_1^{n-1})|$ 和 $|\Delta r_2(X_1^{n-1}-X_2^{n-1})|$ 也在缩小，为实现同样水平的融合程度，需要的协调成本 $t_1(X_2^{n-1}-X_1^{n-1})$ 和 $t_2(X_1^{n-1}-X_2^{n-1})$ 也越来越小。

由上述对工业化促进信息化的融合路径（信息产业化）与信息化带动工业化的融合路径（产业信息化）的一般分析，可以认为，工业化系统或信息化系统之间的异质系统摩擦成本或协调成本，必然会导致两者对最优状态的偏离，融合路径中的偏离度刻画了两者融合的质量。反映在现实中，企业、产业或区域层面存在的"不敢转型""不愿转型"等个体心理或组织行为，均属于摩擦成本的具体表现。因此，理论上判断两化融合或数实融合的质量，可以从两化融合或数实融合的过程质量与结果质量两个方面来考察。一方面，可以从融合过程中偏离度是否缩小来观察两化融合或数实融合的质量，这本质上是一个考察信息化系统与工业化系统的技术效率问题，或者数字经济体系与实体经济体系的技术效率问题。另一方面，可以从两化融合影响宏观经济发展的绩效来考察两化融合的质量。

三、静态路径的微观机制：IT-业务匹配

产业或区域层面的两化融合静态路径，反映在企业微观层面主要体现为IT-业务匹配问题，或者说是IT与业务管理的融合问题。现有IT与业务的融合测度研究主要从结构视角和影响视角展开，结构视角的IT与业务融合主要探讨业务战略、IT战略、业务结构与IT结构四者之间的相互适应与整合，对IT与业务的融合进行了清晰的结构划分；影响视角的IT与业务融合主要探讨沟通、协作、治理、技能、价值评估和基础设施等影响融合的主要因素，对IT与业务融合的影响因素进行了总结归纳。从企业信息化或企业数字化转型实践来看，企业的IT应用是IT与业务融合的具体体现，IT应用视角的研究能够透过IT应用水平的提升过程归纳出IT与业务融合的规律，深化对企业IT与业务融合的认识，推进企业层面两化融合理论研究。据此，下面基于IT与业务融合测度，及IT应用阶段与等级分析，阐述两化融合静态路径的微观机制。

（一）研究模型与数据

考察企业信息化水平或企业数字化转型状态寻找测度的替代变量非常重要。研究设计分为两部分：一是在企业IT应用水平测度模型和等级模型基础上，通过实证数据利用IT应用水平的等级提升探讨IT与业务的融合规律；二是根据实地调查获取的一手材料，归纳不同等级企业IT应用面临的主要障碍及应用重点，分析其变化趋势，以验证第一部分结论。

根据肖静华（2010）的研究，企业IT应用水平测度由技术质量、数据质量、

业务运营质量、职能管理质量、战略支持和人机协同六个维度组成。其中，技术质量主要测度信息系统的质量，指标包括先进性、完备性、扩展性、开放性和安全性；数据质量主要测度数据的质量，指标包括标准化、准确性、完整性、及时性和有用性；业务运营质量和职能管理质量主要测度运营层面信息系统的应用质量，指标主要包括管理质量、监控质量和智能化水平；战略支持主要测度信息系统应用对企业战略的支持程度，指标主要包括 IT 部门的战略地位、IT 战略对企业战略的支持程度和系统集成程度；人机协同主要测度用户对信息系统的满意程度，指标主要包括系统的易用性、有用性和灵活性。由于信息系统的应用过程就是 IT 与业务不断融合的过程，因此，用 IT 应用水平测度模型可以有效对 IT 与业务的融合进行分析。企业 IT 与业务的融合体现在三个层面：基础层面、运营层面和战略层面。其中，技术质量和数据质量反映的是 IT 与业务在基础层面的融合，业务运营质量和职能管理质量反映的是 IT 与业务在运营层面的融合，战略支持反映的是 IT 与业务在战略层面的融合，人机协同则同时反映三个层面的融合（见图 2-2）。

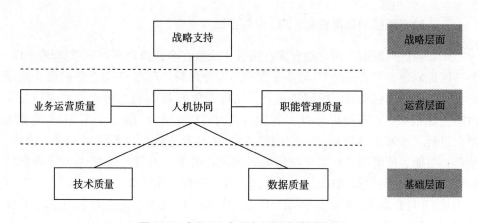

图 2-2　企业 IT 应用水平测度模型结构

图 2-2 模型中人机协同在数字经济的不同发展阶段有不同内涵。在企业信息化发展阶段，人机协同更多地体现在 ERP 等管理软件系统与操作主体之间的协同上。在企业数字化转型发展阶段，人机协同则更多地体现为组织行为主体与数字化体系之间的协同上。在人工智能创新发展阶段，人机协同则主要体现为人类智能与机器智能的协同上。因此，图 2-2 模型具有较好的普遍适用性。

根据研究的需要，设定样本企业的选取标准：一是企业成立时间需在 3 年以上；二是企业应用信息系统的时间需在 1 年以上。为了能深入了解企业 IT 应用的实际情况，获取一手材料，确保数据的准确性，采取实地调查和深度访谈的方式进行，对每个样本企业的相关管理人员进行半结构化的深度访谈，并当场填写调查问卷。为对不同 IT 应用水平的企业进行有效分析，对样本企业的选择进行一定控制，保证样本企业涵盖 IT 应用水平的不同等级。实地调查分布于中国 24 个省份的 185 家企业，企业统计特征如下：从企业性质来看，国有及国有控股企业占 39%，民营企业占 30%，外资和合资企业占 31%；从企业规模来看，样本企业年销售收入大部分集中在 1 亿元至 500 亿元人民币，员工人数大部分在 1000 人以上，以大中型企业为主（见表 2-1）；从行业分布来看，制造业主要集中在电子、汽车、快速消费品、机械、家电和石化等行业，服务业主要集中在批发零售、IT 服务、金融、通信和房地产等行业（见表 2-2）；从信息系统应用时间来看，48% 的样本企业应用信息系统超过 10 年，86% 的样本企业超过 5 年，符合研究需要。

表 2-1 样本企业的规模分布

销售收入（亿元）	数量（家）	比例（%）	员工人数（人）	数量（家）	比例（%）
>500	22	12	10000 以上	37	20
100~500	25	13.5	5000~10000	26	14
10~100	68	37	2000~5000	37	20
1~10	49	26.5	1000~2000	39	21
<1	10	5	100~1000	34	18.5
未提供数据	11	6	1~100	12	6.5
合计	185	100	合计	185	100

表 2-2 样本企业的行业分布

	行业	数量（家）	比例（%）		行业	数量（家）	比例（%）
制造业	1 电子	20	11	服务业	1 批发零售	14	7.5
	2 汽车	15	8		2 IT 服务	9	5
	3 快速消费品*	14	7.5		3 金融	7	4
	4 机械	14	7.5		4 通信	6	3
	5 家电	10	5		5 房地产	6	3
	6 石化	9	5		6 商旅	5	3
	7 钢铁	6	3		7 传媒出版	5	3
	8 其他**	29	16		8 其他***	16	8.5
	小计	117	63		小计	68	37

注：* 包括日化、食品、烟草等行业；** 包括制药、纺织服装、五金、农产品等行业；*** 包括物流、建筑设计、多元化服务等。

根据访谈的需要，我们设定了受访者的两个选取条件：一是工龄至少为 3 年，以保证其有一定的实践经验；二是司龄至少为 1 年，以保证其对所在企业有较全面的了解。共对 185 家企业的 355 位管理者进行了深度访谈。其中，高层管理人员 91 人，中层管理人员 213 人，基层管理人员 51 人。在中层管理人员中，IT 部门负责人 132 人，业务和其他职能部门负责人员 81 人。整体而言，受访者都具有相当长的工作经验，大部分工龄为 7~15 年，最长的 38 年，最短的 4 年；司龄大部分为 4~10 年，最长的 22 年，最短的 2 年。访谈时间平均每次为 3.6 小时，最长为 12 小时，最短为 2.5 小时。

（二）企业 IT 应用水平的等级（两化融合的微观水平）

在企业 IT 应用水平五等级概念模型的基础上，根据 IT 应用水平六个维度的分值，采用层次聚类分析方法（HCP）对 185 个样本企业进行 Q 型聚类。聚类的数据均为标准化数据，选择将样本从分为 2 类到 13 类共 12 种分类方法进行聚类分析。随着分类种数的增加，类间最小距离逐渐变小，拐点出现在 4~7 种分类之间。从 4~7 种分类结果的比较来看，采用 4 种分类较为合适。对 4 种分类的结果分析发现，其中 2、3、4 三组企业与五等级模型中的三级、二级和一级等级特征相对应，但第四和第五两个等级则包含在第 1 组企业中未能区分开来。为了更好地进行等级分析，我们根据实地调查获取的数据和材料将吻合第五级特征的 5 家企业从第 1 组 30 家企业中挑选出来作为第五级样本。由此构成的 5 组企业 IT 应用水平的描述性统计如表 2-3 所示。

表 2-3　5 组企业 IT 应用水平的描述性统计

组别	样本数（家）	最小值	最大值	均值	标准差	等级
1	5	92	96	93	1.06	第五级
2	25	79	91	86	3.56	第四级
3	46	67	78	72	2.59	第三级
4	73	52	68	60	4.30	第二级
5	36	26	52	43	5.69	第一级

表 2-3 显示，5 组企业代表着不同等级的 IT 应用水平。其中，第 1 组样本有 5 家企业，均是大型跨国公司，全球销售规模均在 5000 亿元以上，应用系统时间超过 30 年，IT 应用水平均值为 93 分，对应第五级。第 2 组样本有 25 家企业，20 家为大型跨国公司，5 家为大型本土企业，销售规模大部分在 500 亿元以上，应用系统时间大多超过 20 年，IT 应用水平均值为 86 分，对应第四级。第 3 组样本有 46 家企业，以本土大中型制造企业和 IT 服务、金融、通信等服务企业为主，销售规模大部分在 50 亿元以上，应用系统时间大多超过 10 年，IT 应用水平均值为 72 分，对应第三级。第 4 组样本有 73 家，既有本土企业，也有部分港台和小型外资企业，规模大部分在 50 亿元以下，应用系统时间大多为 5~10 年，IT 应用水平均值为 60 分，对应第二级。第 5 组样本有 36 家企业，均为本土企业，规模大部分在 50 亿元以下，行业以房地产、建筑工程、贸易、旅游及小型制造

企业为主，应用系统时间大多为 4~8 年，IT 应用水平均值为 43 分，对应第一级。

调查问卷和深度访谈结果显示，不同等级企业的 IT 应用水平具有不同的特征。第一级企业仅有部分业务部门和环节通过系统来辅助或替代人工，提高工作效率，减少错误，IT 应用范围较窄。第二级企业核心业务均应用了系统，但在职能管理领域仅初步应用系统，IT 应用的广度和深度尚不足。第三级企业核心业务系统实现了集成，应用广度和深度有所发展，流程得到改进，但在智能化和灵活性方面还较弱。第四级企业 IT 应用渗透到所有业务和管理环节，基本实现了上下游供应链的协同，能对管理优化和各类决策提供有效支持。第五级企业 IT 成为驱动战略变革和业务创新的重要力量之一。

为进一步验证 5 组企业 IT 应用水平的等级差异，采用方差分析的方法对 5 组样本数据进行均值多重比较，结果显示 5 组样本均值在 0.01 的水平上有显著差异，并呈现出明显的等级特征（见表 2-4）。

表 2-4　5 组企业 IT 应用水平均值差异的多重比较

比较组别		均值差异	标准误差
1 组	2 组	7.1940 **	0.8548
	3 组	21.2149 **	0.6075
	4 组	32.3566 **	0.6943
	5 组	49.0217 **	1.0508
2 组	3 组	14.0209 **	0.8059
	4 组	25.1626 **	0.8733
	5 组	41.8277 **	1.1767
3 组	4 组	11.1416 **	0.6332
	5 组	27.8068 **	1.0115
4 组	5 组	16.6651 **	1.0659

注：** 表示 $p < 0.01$。

（三）企业 IT-业务匹配特征（两化融合静态路径的微观特征）

在不同等级企业 IT 应用水平及特征讨论的基础上，我们分别从六维度分值排序的变化、分值提升的变化及收敛程度的变化三个角度探讨企业 IT 与业务的融合规律，以此反映企业层面信息化与工业化融合的规律。随着企业 IT 应用水平的提升，不同等级六个维度的分值排序呈现出一定的规律（见图 2-3）。

从图 2-3 可以看出，首先是第一、第二级企业分值最高的技术质量，其次是数据质量；第三级企业分值最高的是数据质量，然后是技术质量；第四级企业分值最高的是数据质量，然后是业务运营质量；第五级企业分值最高的依然是数据质量，然后是战略支持。

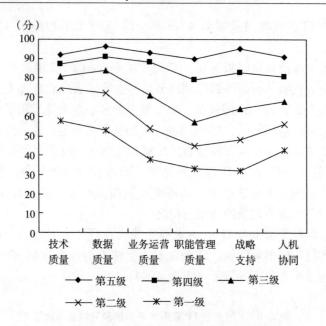

图 2-3 企业 IT 应用水平五等级的特征趋势

五等级六维度分值排序的变化是从绝对值角度反映企业 IT 应用的提升规律，企业 IT 应用的侧重点从技术到数据，再到业务运营，最后到战略支持的转变，这意味着企业 IT 与业务的融合呈现出从基础层面到业务层面，再到战略层面的融合路径。企业在不同的 IT 应用水平等级上，六个维度的分值提升也呈现出相似的规律。由表 2-5 可知，①从第一级到第二级，分值提升最高的是数据质量；②技术质量，从第二级到第三级；③分值提升最高的是业务运营质量；④战略支持，从第三级到第四级；⑤分值提升最高的是职能管理质量；⑥战略支持，从第四级到第五级，分值提升最高的是战略支持，然后是职能管理质量。

表 2-5 企业两化 IT-业务匹配的不同等级提升分值

维度 等级	技术质量	数据质量	业务运营质量	职能管理质量	战略支持	人机协同
第四级至第五级	5	5	5	11	12	10
第三级至第四级	6	7	17	22	19	13
第二级至第三级	6	12	17	12	16	7
第一级至第二级	17	19	16	12	16	13

每个等级六维度分值提升的变化从相对值的角度同样反映了企业 IT 应用的提升规律，即提升的重点从数据质量转变为业务运营质量，再到职能管理质量，最后转变为战略支持。这同样表明了 IT 与业务随层面不断深入的融合路径。

下面，用标准差系数（变异系数）作为衡量五等级六个维度之间收敛程度的指标，先求出每个等级六个维度的均值，再根据这些均值计算出每一等级六个维度的标准差及标准差系数（见表2-6）。

表2-6　企业IT-业务匹配五等级分值、标准差及标准差系数

维度 等级	技术质量	数据质量	业务运营 质量	职能管理 质量	战略支持	人机协同	六维度 标准差	标准差 系数
第五级	92	96	93	90	95	91	2.32	0.02
第四级	87	91	88	79	83	81	4.58	0.05
第三级	81	84	71	57	64	68	10.23	0.14
第二级	75	72	54	45	48	56	12.44	0.21
第一级	58	53	38	33	32	43	10.68	0.25

　　作为相对指标，标准差系数能够反映出不同水平样本整体的离散程度。标准差系数越大，表示离散程度越高，收敛程度越低，五个等级企业IT应用水平或IT-业务匹配程度的收敛趋势如图2-4所示。

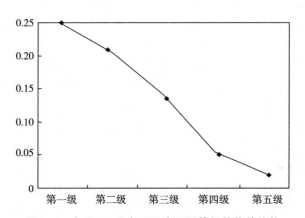

图2-4　企业IT-业务匹配在不同等级的收敛趋势

　　由表2-6和图2-4可以看出，从第一级到第五级，企业IT应用水平的六个维度呈现出不断收敛的趋势。具体而言，第一级企业IT应用处于起步阶段，需要打基础，因此，重点关注的是技术质量和数据质量，其他维度相当薄弱；第二级企业IT应用在业务领域开始部分集成，因此，加强了对技术质量、数据质量和业务运营质量的关注，但在职能管理质量和战略支持方面依然薄弱；第三级企业在技术质量、数据质量和业务运营质量方面继续提升的同时，在战略支持和人机协同方面也开始加强，但由于缺乏在职能管理方面的深度应用，这一维度分值还是较低；第四级和第五级企业，随着IT应用的不断深入，在战略支持、人机

协同和职能管理方面进一步提升，六个维度间的差异逐步缩小。

五个等级维度之间收敛程度的变化趋势充分显示了企业 IT 应用从不均衡到逐步均衡的演进过程，同时也体现出 IT 与业务不断融合的过程。用最小二乘法对企业 IT 应用水平的收敛程度进行回归，可得下列方程：

$$Y = 0.320 - 0.062X$$

其中，Y 表示收敛系数，X 表示 IT 应用等级，-0.062 表示斜率，即当企业 IT 应用水平提升一个等级时，其离散程度降低 0.062，这里我们将之视为企业 IT 与业务融合的常数，如取不同的样本，可以计算出不同的斜率。

上述分析表明，企业 IT 与业务的融合呈现出两个规律：①从具体维度的变化趋势来看，企业 IT 与业务的融合呈现出从基础层面到业务层面，再到战略层面的融合路径；②从六个维度的综合变化趋势来看，企业 IT 与业务融合呈现出从不平衡到逐步平衡的收敛趋势，这在宏观上体现为图 2-1 中的收敛过程。

（四）企业 IT-业务匹配的摩擦成本或协调成本

在量化分析的基础上，根据实地调查和深度访谈获得的材料，进一步讨论不同等级企业在 IT 应用中面临障碍和应用重点的变化，通过对这些变化的分析阐述企业 IT-业务融合过程中的摩擦成本或协调成本的微观特征。

首先，分析不同等级企业 IT-业务匹配过程面临的管理障碍。在调查问卷中，我们列举了企业在 IT 应用中面临的各种障碍，企业根据严重程度按 5 点尺度进行选择。同时，在深度访谈中，我们请受访者用具体实例来描述其面临的障碍，从而对这些障碍及其严重程度进行较为准确的判断。通过对调查问卷和访谈资料的整理，我们归纳出不同等级企业在 IT 应用中面临的主要障碍，表 2-7 列出了每个等级排在前 5 位的障碍。

表 2-7　不同等级企业面临的主要摩擦成本或协调成本

序号	第一级	第二级	第三级	第四级	第五级
1	软硬件基础较弱	原有工作方式的惯性	原有工作方式的惯性	上下游供应链的协同管理	IT 对企业战略调整的适应性
2	数据缺乏标准化和准确性	数据缺乏标准化和准确性	缺乏合适的 IT 领导	IT 外包管理	IT 治理
3	缺乏对 IT 的了解和把握	缺乏合适的 IT 领导	缺乏有效的信息化规划	IT 对企业战略调整的适应性	IT 转型
4	员工应用 IT 的能力不足	缺乏有效的流程管理	部门间存在责权利的冲突	IT 风险管理	
5	员工担心失去原有价值	缺乏有效的信息化规划	缺乏有效的流程管理	IT 成本控制	

从表 2-7 可以看出，不同等级企业在 IT 应用中面临的主要障碍呈现出较大

的差异。第一级企业的 IT 应用仅局限于财务、库存等某些部门内部，面临的障碍主要体现在基础层面。其中，软硬件基础薄弱、数据质量较低是这类企业面临的最严重障碍。同时，对 IT 的商业价值缺乏了解，也严重影响到企业对 IT 的投资和应用决策。此外，由于员工应用 IT 能力的不足以及对 IT 替代效应的担心，使其对 IT 应用存在畏惧心理，也成为不容忽视的障碍。总体而言，第一级企业 IT 与业务之间缺乏相互的融合。

第二级和第三级企业的 IT 开始集成应用。这两级企业面临的主要障碍具有相似性，但重点问题和障碍的严重程度存在一定的差异。首先，由于集成应用涉及大量业务流程变革，因此，原有工作方式的惯性和部门间责权利的冲突构成主要阻力；其次，集成应用给企业的 IT 领导提出了较高的要求，IT 领导需要对业务有深入了解，确保 IT 对业务运作的有效支持，并要协调好各部门的关系，达到集成应用的效果，因此，能胜任的 IT 领导成为稀缺资源；再次，系统的集成应用需要企业制定有效的信息化规划，对系统架构、组织运作、流程管理等进行综合、细致的设计，大部分受访企业反映它们的信息化规划缺乏实际指导意义，导致在应用过程中出现大量问题和矛盾；最后，大规模的系统集成应用需要对流程进行梳理和优化，受访企业反映它们缺乏流程管理方面的经验和方法，从而使 IT 应用难以达到预期的效果。这两级企业 IT 与业务开始有基础的融合，但大量的问题显示出融合的不足。

第四级企业不仅内部实现了集成，而且与上下游供应链也实现了协同，其面临的主要障碍体现在 IT 更广、更深的应用方面。首先，如何有效利用信息系统开展供应链的协同管理，成为企业面临的最严重的障碍；其次，为了更好地控制成本，增强对环境变化的灵活适应，企业不断将 IT 外包，因此，如何有效地进行外包管理也成为主要障碍之一；再次，由于企业需随环境变化适时进行战略调整，IT 如何能保持对战略调整的适应性构成重要挑战；又次，由于企业的业务完全基于信息系统来开展，对 IT 的风险管理逐渐成为具有战略意义的管理内容，因此，如何平衡系统安全性与灵活性之间的矛盾，成为企业面临的重要考验；最后，面对日益庞大的 IT 支出，在保证运营的前提下对 IT 成本进行有效控制，也成为许多企业需要解决的一道难题。这一级企业 IT 与业务的融合从内部业务拓展到外部业务，更加广泛和深入。

第五级企业是样本企业中 IT 应用水平最高的企业，尽管这些企业在 IT 应用的广度和深度方面都已相当完善，但依然面临不少障碍。首先，IT 如何能对企业转型、并购或分拆等战略调整保持灵活适应，构成其面临的第一个挑战；其次，由于企业规模庞大，地域分布于全球，如何进行有效的 IT 治理构成其面临的第二个挑战；最后，由于 IT 与业务已高度融合，IT 部门面临着角色转型的问题，如何顺利实现转型构成其面临的第三个挑战。

其次，分析不同等级企业 IT 应用的重点。针对企业 IT-业务匹配中面临摩擦成本或协调成本，我们在调查问卷中列举了重点方向，被调查者根据重要程度按 5 点尺度进行选择。在深度访谈中，邀请受访者阐述他们将采取哪些措施来实现目标。通过对调查问卷和访谈资料的整理，归纳出不同等级企业 IT-业务匹配的方向，表 2-8 列出了每个等级位于前 5 位的降低摩擦成本或协调成本的重点内容。

表 2-8　不同等级企业 IT-业务匹配中降低摩擦成本或协调成本的方向

序号	第一级	第二级	第三级	第四级	第五级
1	加强 IT 基础设施建设	加强数据标准化工作	规范和优化流程管理	有效支持企业战略管理	有效的 IT 治理
2	投资各类信息系统	规范流程管理	修订信息化规划	提升知识管理能力	利用最新技术为企业战略寻求突破
3	加强数据标准化工作	技术升级与系统集成	提升决策支持水平	加强与上下游的协同	有效进行 IT 转型
4	加强业务系统的集成	制定信息化规划	开展数据挖掘和客户关系管理	加强 IT 的外包管理	
5	加强员工的 IT 应用培训	加强管理人员的相关培训	加强 IT 管理的制度建设	保障 IT 的安全管理	

从表 2-8 可以看出，不同等级企业 IT-业务匹配重点与其面临的摩擦成本或协调成本特征密切相关。第一级企业的应用重点在于软硬件基础的建设、加强数据的标准化以及对员工进行培训。第二级企业的应用重点首先在于加强数据的标准化，对流程进行梳理和规范；其次是在更广的范围进行系统的集成应用，并制定有效的信息化规划；最后通过加强对管理人员的培训，增强其对 IT 的认识，改变原有工作习惯的阻力，使各部门更理解协同的重要性。第三级企业的应用重点首先体现在优化业务流程和修订信息化规划，以适应系统的全面集成应用；其次伴随 IT 在业务领域的深入应用，通过数据挖掘来有效支持企业决策，开展客户关系管理；最后作为系统集成应用的保障，需要加强 IT 管理的制度建设。第四级企业的应用重点进一步体现出 IT 与业务融合的广度和深度，包括有效支持企业的战略管理、提升知识管理能力、加强供应链的协同以及加强 IT 的外包管理等。第五级企业的应用重点主要体现在有效的 IT 治理、利用 IT 领域的技术创新为企业战略寻求新的突破，以及有效进行 IT 转型三个方面。

综上所述，企业 IT-业务匹配的收敛特征和规律，从微观层面较好体现了两化融合静态实现路径过程的特征和规律。尤其是针对企业 IT-业务匹配中面临的主要障碍及其解决方向的调查和分析，具体揭示了微观层面两化融合偏离理想路径的摩擦成本或协调成本的具体形式和内容，使产业层面与企业层面的研究结论得到较好的相互印证。两化融合静态路径的微观机制表明，随着企业 IT-业务匹配水平等级的提升，企业面临的主要障碍和应用重点逐步从基础层面转向运营层面，最后转向战略层面。这种转变趋势反映了企业 IT-业务匹配由浅到深、由冲突到一致的两化融合特征和规律。

第二节　两化融合路径的动态分析[①]

现实中，两化融合并非是简单的要么工业化促进信息化的融合路径，要么是信息化带动工业化的融合路径，更为实际的是这两条路径存在着相互转换的随机动态过程，某个时期以工业化促进信息化融合路径为主，以信息化带动工业化融合路径为辅，某个时期则相反。或者，某个时期融合的两条路径均较为明显或均较不明显。因此，需要从动态视角考察两化融合路径的特征和规律。

一、两化融合三阶段路径

下面，通过建立两化融合的三阶段动态模型来分析融合过程的随机性特征。为简单化，假设两化融合由三个阶段构成：第一阶段为工业化促进信息化阶段（用 I 表示），第二阶段为信息化与工业化的相持阶段（用 II 表示），第三阶段为信息化带动工业化阶段（用 III 表示），两化融合发展的历史过程是这三个阶段螺旋式上升的动态过程。需要说明的是，该假设不认为信息化带动工业化阶段就不存在工业化促进信息化的力量；反之亦然，而是为了突出信息化与工业化二者在某个发展时期的影响特征。

假设在两化融合初期阶段，工业化属于主导力量，信息化处于被推动的地位。信息技术的发展方向、技术选择、开发工具和服务平台等均受制于工业化发展的选择，形成了诸如计算机辅助会计管理或会计电算化、计算机辅助设计（CAD）、计算机辅助制造（CAM）等管理技术。在这个阶段，由于工业化的影响力大于信息化的影响力，工业化的技术选择决定了信息化的技术路径。根据第一章提出的条件趋同理论，该阶段信息化与工业化之间的趋同属于工业化主导发展路径（工业化促进信息化）的条件趋同。假设工业化和信息化的趋同系数分

---

① 以肖静华、谢康、周先波、乌家培《信息化带动工业化的发展模式》（《中山大学学报》2006 年第 1 期），谢康、肖静华、李礼《电子商务经济学》（高等教育出版社，2010 年）第 97-10 页，及相关工作文件为基础进行重新撰写、修改和增补。

别为 γ_1 和 γ_2，有 $\gamma_1<\gamma_2$，设 $[a, c]$ 为工业化发展的主导范围，$[a, b]$ 为信息化的影响范围。由于工业化处于主导地位，故 $c\leqslant b$（见图2-5）。

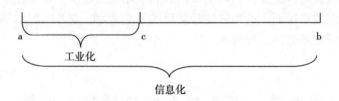

图2-5　一维两点的条件趋同

这里，工业化或信息化影响力的大小与其主导范围成反比。或者说，工业化或信息化的影响力与其可退让或被影响的范围成反比。如果$[a, b]=[a, c]$，说明工业化与信息化两者的影响范围相同，那么，两者之间的趋同称为无条件趋同。对于无条件趋同，可以证明：

$$趋同点 \quad y=\frac{\dfrac{a}{\gamma_1}+\dfrac{b}{\gamma_2}}{\dfrac{1}{\gamma_1}+\dfrac{1}{\gamma_2}}=\frac{b\gamma_1+a\gamma_2}{\gamma_1+\gamma_2} \qquad (2-11)$$

相对地，对于工业化影响力大于信息化影响力的情形，应属于条件趋同，故 $c<b$。由此，可根据该模型对信息化与工业化发展的三个阶段进行分析。或者说，工业化促进信息化，信息化带动工业化，可以看成是融合过程中信息化与工业化之间相互由条件趋同到无条件趋同的变化过程。可以认为，信息化与工业化不是两个截然分开的前后发展阶段，也不是两个可以截然划分的并行阶段，而是在工业化进程中存在的两种不同类型的生产管理技术及资源配置模式。

基于文献梳理和企业实践观察，我们将两化融合的动态路径划分为三个阶段，由工业化促进信息化（信息产业化）阶段、信息化与工业化相持阶段、信息化带动工业化（产业信息化）阶段组成。具体分析如下：

第一阶段为工业化促进信息化阶段，形成信息产业化路径。工业化是信息化的基础。工业化主要从五个方面促进信息化的发展：①工业化为信息化提供物质基础；②工业化为信息化发展提供资金积累；③工业化促进社会对信息化的需求，为信息化扩大了市场容量；④工业化促进人力资源从传统部门向新兴部门转移，为信息化输送不可或缺的人才；⑤工业化为信息技术的扩散和信息资源的有效利用提供发展机遇。在工业化促进信息化阶段，信息技术及其管理工具主要围绕着工业化发展中出现的关键问题来发展，如通过模拟工业化的流程和特征来开发和应用信息技术。因此，根据第一章分析，可将工业化促进信息化的过程看成是信息化向工业化无条件趋同、工业化向信息化有条件趋同的动态收敛过程，并用图2-6的形式表示该趋同过程。

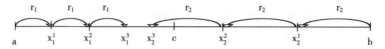

图2-6 工业化促进信息化（信息产业化）的趋同过程

令 $X_1^0=a$　$X_2^0=b$，这样，工业化趋同序列和信息化趋同序列对应为：

$X_1^1=X_1^0+\gamma_1(c-X_1^0)$　　　$X_2^1=X_2^0+\gamma_2(a-X_2^0)$

$X_1^2=X_1^1+\gamma_1(c-X_1^1)$　　　$X_2^2=X_2^1+\gamma_2(a-X_2^1)$

$X_1^3=X_1^2+\gamma_1(c-X_1^2)$　　　$X_2^3=X_2^2+\gamma_2(a-X_2^2)$

$$\vdots$$

$X_1^n=X_1^{n-1}+\gamma_1(c-X_1^{n-1})$　　$X_2^n=X_2^{n-1}+\gamma_2(a-X_2^{n-1})$

递归地，可以得到：

$$X_1^n=c+(a-c)(1-\gamma_1)^n \qquad X_2^n=a+(b-a)(1-\gamma_2)^n \tag{2-12}$$

假设 m_0 是一个数，使 $X_2^{m_0}=c$，即 $a+(b-a)(1-\gamma_2)^{m_0}=c\Rightarrow$

$$(1-\gamma_2)^{m_0}=\frac{c-a}{b-a}$$

或

$$m_0=\frac{\ln\dfrac{c-a}{b-a}}{\ln(1-\gamma_2)} \tag{2-13}$$

设 m 是使 $X_2^m<c<X_2^{m-1}$ 的一个整数，则 m 满足：

$a+(b-a)(1-\gamma_2)^m<c<a+(b-a)(1-\gamma_2)^{m-1}$

$$\Rightarrow\frac{\ln\dfrac{c-a}{b-a}}{\ln(1-\gamma_2)}<m<\frac{\ln\dfrac{c-a}{b-a}}{\ln(1-\gamma_2)}+1 \tag{2-14}$$

由式（2-13）$\Rightarrow m_0<m<m_0+1$，故：

$m=\{m_0\}+1$

其中，$\{m_0\}$ 是数 m_0 的整数截断部分。例如，如果 $m_0=3.7$，那么，$\{m_0\}=3$。又如，当 $3.2<m<4.2$，或 $m_0=3.2$ 时，$m=\{m_0\}+1=4$，如 $0.3<m<1.3$，则 $m=\{m_0\}+1=\{0.3\}+1=0+1=1$。

注意，此处 m 的意义为：信息化在第 $m-1$ 次趋同后的结果仍大于 C，第 m 次趋同后跨过了 C，则进入工业化的影响区域 $[a,c]$（见图2-7）。这是信息化与工业化存在趋同的一个必要条件，即式（2-14）。

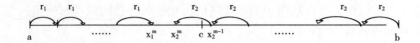

图 2-7　信息化与工业化趋同的一个必要条件

另外，当信息化趋同 m 次进入工业化影响区域后，它与工业化的作用进入一种相持阶段。诚然，这种相持阶段是信息化和工业化在趋同过程中的博弈结果，其中要求 $X_1^m \leqslant X_2^m$。

第二阶段为信息化与工业化相持阶段，形成信息产业化与产业信息化均衡路径。在工业化促进信息化与信息化带动工业化阶段之间，存在着一个信息化与工业化相互促进，彼此难以区分谁主导谁的相持发展阶段，该阶段表现为两化融合过程中的路径转换点。在这个阶段中，有时工业化促进作用大于信息化的带动作用，此时信息化带动路径转换为工业化促进路径；有时信息化的带动作用大于工业化的促进作用，此时工业化促进路径转换为信息化带动路径。由第一章的分析可知，进入到信息化与工业化相持阶段的一个必要条件是 $X_1^m \leqslant X_2^m$，即

$$c+(a-c)(1-\gamma_1)^m \leqslant a+(b-a)(1-\gamma_2)^m$$

$$\Rightarrow \frac{c-a}{b-a} \leqslant \frac{(1-\gamma_2)^m}{1-(1-\gamma_1)^m} \tag{2-15}$$

$$或 \frac{c-a}{b-a}[1-(1-\gamma_1)^m] \leqslant (1-\gamma_2)^m$$

这个必要条件说明了当信息化趋同系数 γ_2 给定后工业化趋同系数 γ_1 应该满足的界限，即一个上界。具体地，当 γ_2 越大时，$(1-\gamma_2)^m$ 就越小，上式左端的上界就越小，从而决定了 γ_1 不能过大，即 γ_1 较小，工业化的影响力则较大，这与影响力与趋同系数之间关系的讨论是一致的。

结合第一阶段中的必要条件式（2-14）和第二阶段的必要条件式（2-15）可知，信息化与工业化趋同的必要条件是 $X_1^m \leqslant X_2^m < c < X_2^{m-1}$，即趋同次数 m 满足：

$$\begin{cases} m_o < m < m_o+1 \\ \dfrac{c-a}{b-a}(1-(1-\gamma_1)^m) \leqslant (1-\gamma_2)^m \end{cases}$$

即初始位置与趋同系数之间应满足的条件为

$$(1-\gamma_2)m \leqslant \frac{c-a}{b-a} \leqslant \min\left\{\frac{(1-\gamma_2)^m}{1-(1-\gamma_1)^m}, \frac{(1-\gamma_2)^m}{1-\gamma_2}\right\} \tag{2-16}$$

其中，$m=\{m_o\}+1$。

例如，如果 $\gamma_2 > (1-\gamma_1)^m$，即信息化的趋同参数 γ_2 比工业化的非趋同参数

$1-\gamma_1$ 的 m 次幂大时，有：

$$(1-\gamma_2)^m \leqslant \frac{c-a}{b-a} \leqslant \frac{(1-\gamma_2)^m}{1-(1-\gamma_1)^m}$$

此时，两者的相对位置 $\frac{c-a}{b-a}$ 与双方的趋同参数 γ_1 和 γ_2 均有关。如果 $\gamma_2 < (1-\gamma_1)^m$，那么

$$(1-\gamma_2)^m \leqslant \frac{c-a}{b-a} \leqslant (1-\gamma_2)^{m-1}$$

此时，两者的相对位置仅与信息化的趋同系数 γ_2 有关，即取决于信息化影响力的强弱，而与工业化无直接关系。可见，在这种情况下，信息化的发展对第一阶段和第二阶段的路径选择和整体发展均起决定作用。

下面的讨论都假定必要条件式（2-16）成立，以此计算信息化与工业化相持阶段的趋同结果。由于信息化进入工业化影响范围后，两者处于一维两点的趋同状态，它们的影响范围都是 $[X_1^m, X_2^m]$。由一维两点趋同的结果公式，得到此时的趋同为：

$$y = \lim_{n \to \infty} y_1^n = \lim_{n \to \infty} y_2^n = \frac{\dfrac{X_1^m}{\gamma_1} + \dfrac{X_2^m}{\gamma_2}}{\dfrac{1}{\gamma_1} + \dfrac{1}{\gamma_2}} = \frac{\gamma_1 X_1^m + \gamma_1 X_2^m}{\gamma_1 + \gamma_2}$$

这一过程可以用图 2-8 表示。在现实中，该过程表现为在工业化和信息化均有影响的领域中形成两者的随机趋同现象。例如，在软件开发中，究竟是依据技术路线图开发还是依据产品个性需求开发，有时使决策者难以决策。这种情形就属于图 2-8 表达的情形。

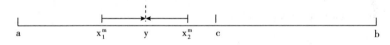

图 2-8　一维两点趋同

化简整理上式，得：

$$y = \frac{\gamma_1 X_2^m + \gamma_2 X_1^m}{\gamma_1 + \gamma_2} = \frac{\gamma_1 [a + (b-a)(1-\gamma_2)^m] + \gamma_2 [c + (a-c)(1-\gamma_1)^m]}{\gamma_1 + \gamma_2}$$

$$= \frac{\gamma_1 b + \gamma_2 a}{\gamma_1 + \gamma_2} + \frac{\gamma_2 (c-a)[1-(1-\gamma_1)^m] - \gamma_1 (b-a)[1-(1-\gamma_2)^m]}{\gamma_1 + \gamma_2} \qquad (2-17)$$

当 b=c 时，即工业化和信息化的影响范围相同时，两者趋同属于一维两点的无条件趋同，故有：

$$\frac{c-a}{b-a}=1 \Rightarrow m_o=\frac{\ln\dfrac{c-a}{b-a}}{\ln(1-\gamma_2)}=0, \quad m=1$$

此时，$y=\lim\limits_{n\to\infty}y_1^n=\lim\limits_{n\to\infty}y_2^n=\dfrac{\gamma_1 b+\gamma_2 a}{\gamma_1+\gamma_2}+0=\dfrac{\gamma_1 b+\gamma_2 a}{\gamma_1+\gamma_2}$。所以，条件趋同（即 $b\neq c$）是无条件趋同（即 $b=c$）的推广，我们称式（2-17）中的第 2 项为无条件趋同结果 $\dfrac{\gamma_1 b+\gamma_2 a}{\gamma_1+\gamma_2}$ 的修正项。为便于分析，可将修正项进行以下变形：

$$修正项=\frac{(c-a)\dfrac{1-(1-\gamma_1)^m}{\gamma_1}-(b-a)\dfrac{1-(1-\gamma_2)^m}{\gamma_2}}{\dfrac{1}{\gamma_1}+\dfrac{1}{\gamma_2}}$$

$$=\left(\frac{c-a}{b-a}-\frac{f(\gamma_2)}{f(\gamma_1)}\right)\frac{\gamma_1\gamma_2(b-a)f(\gamma_1)}{\gamma_1+\gamma_2}$$

其中，

$f(\gamma)=\dfrac{1-(1-\gamma)^m}{\gamma}$，$\dfrac{c-a}{b-a}=(1-\gamma_2)^{m_o}$。所以，修正项的正负取决于 $(1-\gamma_2)^{m_o}$ 与 $\dfrac{f(\gamma_2)}{f(\gamma_1)}$ 的大小。事实上，$\dfrac{c-a}{b-a}$ 和 $\dfrac{f(\gamma_2)}{f(\gamma_1)}$ 都是小于 1 大于 0 的数。

显然，前者 $\dfrac{c-a}{b-a}<1$；后者 $\dfrac{f(\gamma_2)}{f(\gamma_1)}<1$，可由以下推导看出：

$\because f'(\gamma)=\dfrac{1}{\gamma^2}\left[(1-\gamma)^{m-1}(1+(m-1)\gamma)-1\right]$，而 $(1-\gamma)^{m-1}\left[1+(m-1)\gamma\right]<1$

$$(2-18)$$

$\therefore f'(\gamma)<0$ 即 $f(\gamma)$ 单调递减

$\therefore f(\gamma_2)<f(\gamma_1)$ 即 $\dfrac{f(\gamma_2)}{f(\gamma_1)}<1$

以下需证明式（2-18）成立，为此，式（2-18）左端对 γ 求一阶导数，得：

$\left\{(1-\gamma)^{m-1}\left[1+(m-1)\gamma\right]\right\}'=-(m-1)(1-\gamma)^{m-2}\left[1+(m-1)\gamma\right]+(m-1)(1-\gamma)^{m-1}=-m(m-1)\gamma(1-\gamma)^{m-2}<0$

$\therefore f_1(\gamma)\underset{=}{\Delta}(1-\gamma)^{m-1}\left[1+(m-1)\gamma\right]$ 单调递减

$\therefore f_1(\gamma)<f_1(0)$，即 $f_1(\gamma)<1$

因此式（2-18）成立。

因为修正项正负号取决于 $(1-\gamma_2)^m$ 和 $\dfrac{f(\gamma_2)}{f(\gamma_1)}$ 的大小，而两者之值均在 $[0, 1]$

之间，所以，有以下分析：

（1）如果$(1-\gamma_2)^m > \dfrac{f(\gamma_2)}{f(\gamma_1)}$，即信息化非趋同系数的 m 次幂大于$\dfrac{f(\gamma_2)}{f(\gamma_1)}$，则修正项为正，此时表现为与无条件趋同相对应的信息化带动工业化的发展路径；

（2）如果$(1-\gamma_2)^{m-1} < \dfrac{f(\gamma_2)}{f(\gamma_1)}$，那么修正项为负，此时表现为工业化促进信息化的发展路径；

（3）如果$(1-\gamma_2)^m < \dfrac{f(\gamma_2)}{f(\gamma_1)} < (1-\gamma_2)^{m-1}$，那么修正项的正、负号不能确定，有可能形成信息化带动工业化路径，也有可能是工业化促进信息化路径。这种不确定在现实中表现为某个区域或产业在一个阶段主要表现为信息化带动工业化路径，在另一个阶段主要表现为工业化促进信息化路径，甚至可能出现两条路径短时间内相互频繁转换的发展特征。

由以上分析可知，当两化融合完成第一阶段后，两者最终的趋同结果相对于无条件趋同情形来说是不确定的，即趋同修正项的正负号不能确定。因此，两者发展处于相持阶段，最终结果究竟是工业化促进信息化还是信息化带动工业化，取决于它们相对影响力的博弈过程（摩擦成本的大小）和路径偏离的程度，以及人们对这种影响力的干预程度（支付协调成本的大小）。

第三阶段为信息化带动工业化阶段，形成产业信息化路径。如前所述，信息化带动工业化是指信息技术在工业化进程中的扩散和渗透而导致技术进步、管理革新、组织变革和产业结构优化升级以及信息资源（包括信息和知识）的开发和利用而导致国民经济和社会各部门的素质和水平提高、效率和效益增进。信息化带动工业化也可以称为信息化的技术外溢效应。信息化带动工业化的机制是信息化形成网络外部性而出现信息化的外溢效应，这种外溢效应提高了传统工业的生产效率，或给新兴工业内部的组织与生产带来新的生产率变化。

随着信息技术在社会产业部门中的扩散和渗透，产生了以下四方面的重要结果：①产业生产与组织流程变得更加敏捷和流畅，使产业内部的稀缺资源得到了更为有效的配置，并带来企业组织形式的变革；②产业内或产业间交易成本不断下降，形成了产业内或产业间交易的边际成本的总体下降趋势；③增加了产业内或产业间的商业机会，不断流动的信息形成了各种新的商业机会，提高了产业内或产业间贸易的效率；④形成了新的商业模式，各种随着信息技术应运而生的商业方式提高了产业内企业的知识处理与分配效率，形成了产业知识优势。

在信息化带动工业化阶段，工业化水平因信息技术及其管理工具的进步而得到提升。当信息化和工业化发展达到非条件趋同状态后，由于人们增强了对信息化的主观投入力度，促使信息化成为影响力较大的国民经济和社会发展要素。这样，信息化发展速度加快，从而促使信息化起到带动工业化发展的积极作用，因为工业化和信息化发展进入相持阶段后，信息化的发展达到了一定的高速发展饱和状态，其边际发展速度减慢，而工业化的发展速度正在加快。此时，两者影响力的位置关系恰好与第一阶段工业化促进信息化相反，这可以从以下分阶段趋势（见图2-9）中清楚地看到：

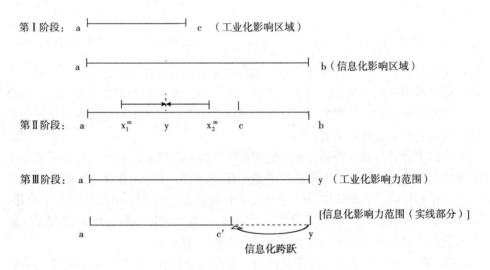

图2-9 信息化与工业化发展的分阶段趋势

在第Ⅲ阶段初期或第Ⅱ阶段的末期，由于人们加大对信息化的投入力度和扩大对信息化投资的领域，以及信息技术本身的技术进步性和信息化管理水平的提高，促使信息化产生了对国民经济和社会发展影响重大的"信息化跨越"现象，即信息化的影响力范围由y跳到c'点。当信息化的影响增强时，其趋同系数相对于工业化趋同系数来说就变小了，从而使工业化和信息化在第Ⅲ阶段的位置关系恰好与第一阶段的位置关系倒置过来（见图2-10）。这样，在第Ⅲ阶段中，信息化带动工业化快速发展。

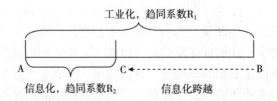

图2-10 信息化带动工业化（产业信息化）路径中的信息化跨越

与第Ⅱ阶段的推导步骤相同，可得到信息化与工业化在新的相持阶段的趋同点为

$$Y=\frac{R_1B+R_2A}{R_1+R_2}+\frac{R_2(C-A)[1-(1-R_1)^M]-R_1(B-A)[1-(1-R_2)^M]}{R_1+R_2}$$

当达到新的趋同点 Y 后，信息化的发展又处于较缓发展阶段，其技术发展完成了其自身的毁灭过程，但使工业化得到了较为快速而持续的发展。与此同时，工业化的发展迫切需要信息化的创新来带动，创新后形成形如前述的新的第一阶段，即工业化促进信息化发展，再到第二阶段形成趋同点，最后再进入第三阶段，信息化又重新起到带动工业化发展的作用。总之，这一过程多次反复，不断形成螺旋式发展的三阶段模式，促使两化融合从初步融合、融合再到深度融合不断发展。

对于不同经济发展水平的国家和地区，是信息化带动工业化的问题表现为不同的紧迫性，信息化与工业化发展的螺旋式轨迹和速度也不相同。对于发达国家，信息化是工业化发展的一个高级阶段，是工业化发展与信息技术密切结合的内在、自然的逻辑结果。对于发展中国家来说，信息化则是产业优化升级和实现工业化、现代化的关键环节，是实现产业结构跨越式发展的一个重要手段。或者说，信息化带动工业化、工业化促进信息化最主要的表现在于使发展中国家和地区的产业结构实现跨越式发展，肖静华等（2006）最早提出的如图 2-10 所示的信息化跨越概念，较好地模拟了这个过程。

信息化跨越这个过程同样出现在企业或组织层面，是指企业或组织信息化发展或数字化转型过程中在产品工艺、运营系统、商业模式等多个层面实现更高的全要素生产率，形成以往难以突破的创新跃迁。从经济系统趋同理论来看，信息化跨越是信息化带动工业化（产业信息化）融合路径区别于工业化促进信息化（信息产业化）融合路径的根本区别之一。信息化与工业化之间的趋同过程表明，无论是在两化融合发展的哪个阶段中，两化融合过程中相互促进和带动作用都是存在的，只是存在影响力大小的问题，或者说，只是在某个时期或阶段中究竟谁的影响力更强的问题。本节模型通过变换假设条件和内涵，可用于分析企业层面的信息技术与业务流程匹配的动态过程。

二、信息化跨越或数字跃迁

图 2-10 刻画的信息化带动工业化（产业信息化）路径中的信息化跨越，也称为数字跃迁（Digital Quantum Leap），类似于量子理论中量子跳跃（Quantum Jump）中粒子有可能在有限概率下发生穿隧效应（Tunneleffect）而穿透不可渗透的障碍物那样，信息化或数字化使传统企业或产业在产品工艺、运营系统、商

业模式等多个层面实现更高的全要素生产率，形成以往难以突破的创新跃迁。Raz Heiferman 等《数字跃迁：数字化变革的战略与战术》从思维、理论、实践三个方面对企业如何实现信息化跳跃的战略和战术做了探索分析①。在企业或组织层面，危机情境下组织能力升级表现出的数字跳升，是指组织利用危机产生的压力，将数字化视为能力升级的跳板，重塑经营管理场景和运营模式，在有限的时间内使组织能力实现由低阶到高阶的跃迁（单宇等，2021）。从企业或商业生态视角来看，形成供应链金融使能的数字商业生态跃迁（宋华等，2022），通过价值共创和商业群落生成两个阶段形成数字赋能企业商业生态系统跃迁（郭建峰等，2022）。

上述相关研究主要从案例研究或企业管理实践视角出发，为上一节信息化跨越的规范理论分析提供了具体的案例解释。规范理论分析和案例证据表明，在企业或产业层面，信息化或数字化转型中的信息化跨越具有以下三方面特征：

首先，信息化跨越反映出两化融合交互面具有曲面的复杂性。现实中两化融合并不是由某个单一系统构成的，在区域、产业和企业三个层面，在国民经济和社会各个部门之间，都会出现两化融合点。将这些点连接起来构成的曲面形成两化融合的交互面。两化融合的交互面是由工业化促进信息化融合交互面与信息化带动工业化交互面叠加在一起形成的动态复合曲面（见图2-11）。图2-11中的跳跃特征反映了两化融合复杂性。由于无论是工业化促进信息化还是信息化带动工业化路径中都存在摩擦成本的冲击效应，且两条路径中都彼此存在对方的影响因素，因此，融合最终究竟是呈现出工业化促进路径还是信息化带动路径，或两者短时间内频繁转换路径，与摩擦成本的大小及其冲击的影响相关，导致两化融合过程中存在间断平衡特征。同时，这种间断平衡性也与政策部门实施的协调成本相关。推进两化融合，目标是通过提升融合质量来达到实现新型工业化发展道路。在这里，融合质量主要体现为过程质量和结果质量。

两化融合路径中的信息化跨越，在产业发展与演化过程中使两化融合具有间断平衡特征。具体地，相对于工业化促进信息化阶段和信息化带动工业化阶段，信息化与工业化相持阶段是极其短暂的、不稳定的，但这个阶段是必不可少和重要的，相持阶段中的路径选择会对第Ⅲ阶段的发展产生路径依赖的影响。依据该结果可以认为，两化融合发展中存在间断平衡性，即在一段时间内可能以工业化促进信息化路径为主，在另一段时间内可能转换为以信息化带动工业化路径为主。在短期内，虽然两化融合具有高度随机性，交互面具有动态复杂性，但从长期来看，两化融合路径总体上是沿着先工业化促进信息化，再两化融合均衡，最

---

① ［以］拉兹·海飞门（Raz Heiferman），［以］习移山，张晓泉. 数字跃迁：数字化变革的战略与战术［M］. 北京：机械工业出版社，2021.

后实现信息化带动工业化的螺旋式上升发展。由于理论上两化融合均衡点具有高度不稳定性，因此，现实中只有工业化促进信息化和信息化带动工业化两条融合路径。同时，现实中一个时期内工业化发展水平与其理想水平主要呈现出正偏离或负偏离，不会呈现高度随机性。信息化发展水平与其理想水平的偏离也如此，该特征称为两化融合的间断平衡性。一般地，在局部中或短期内，融合可能会随机出现正偏离或负偏离现象，但总体上和在长期内，融合则具有间断平衡特征。间断平衡性反映了两化融合的长期发展特征。

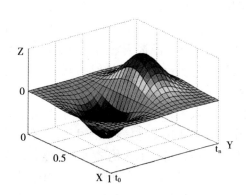

图 2-11 两化融合的动态模拟曲面图

注：纵轴 Z 表示融合偏离程度，0 表示完全融合的随机前沿面，正值表示正偏离，负值表示负偏离；横轴 X 表示不同层面、不同行业和企业的工业化促进信息化路径或信息化带动工业化路径；横轴 Y 表示时间。

协调成本是针对摩擦成本产生冲击的一种博弈反应。中国与欧美发达国家推进两化融合的摩擦成本与协调成本是不同的。由于中国工业化发展的环境、基础和条件与欧美发达国家工业化发展的不同，两条路径的间断平衡性也不相同。对发达国家而言，信息化跨越主要是以信息技术创新为主导的创新式跨越，如亚马逊的商业模式创新、苹果智能手机创新等；对发展中国家而言，信息化跨越是以信息技术消化、吸收为主导的应用式跨越，如中国大量企业使用 SAP、Oracle 等成熟商业软件，少走发达国家信息化发展中的弯路。因此，发展中国家和地区有可能通过信息化实现跨越式发展，形成对发达国家和地区的追赶效应。根据该结果可认为，两化融合水平的高低未必与经济发展水平正相关，经济发展水平相对落后的地区只要协调好信息化与工业化的关系，两者的融合程度有可能高于经济发达的地区。同时，经济发展水平相对落后的地区通过促进两化融合水平的提高，在理论上可以通过信息化跨越效应实现对发达经济地区的追赶效应，即信息化跨越为发展中国家提供了赶超工业化发达国家的机会。或者说，欧美发达国家在前期可能主要呈现出工业化促进信息化发展路径，在后期主要呈现出信息化带动工业化发展路径。中国则有可能出现较为短暂的两条路径转换特征，即一段时间以工业化促进信息化路径为主，在短时间内又转换为信息化带动工业化路径。或者，中国各省份之间两条路径均较为普遍地存在，且不稳定。

其次，两化融合路径中的信息化跨越，使路径的形成或选择具有随机性。如前所述，两化融合的本质是技术效率或技术有效性，融合点是社会交易成本最小化点，同时是收益递增点，因此，融合反映了信息化与工业化交互作用过程中的技术效率。在融合过程中，由于政治体制、经济结构、管理模式和行为习惯等摩擦成本的冲击而出现融合偏离，或者是正偏离或是负偏离，组织为纠正偏离而支付协调成本，因此，融合点会随着摩擦成本的大小及方向，协调成本的大小及其作用方向而呈现出随机性。随机性体现了两化融合的短期常态特征。信息化带动工业化不能简单地理解为单纯带动工业部门，或者只是利用信息技术改造传统产业，也不能片面地理解为仅仅大力发展信息产业。信息化带动工业化阶段存在工业化对信息化的促进作用，工业化促进信息化阶段也存在信息化对工业化的带动作用，信息化带动工业化是信息化与工业化之间多维度、跨部门和双向互动的动态过程。因此，这个过程是不确定的，存在随机性特征。由此我们认为，在两化融合过程中，出现工业化和信息化正偏离或负偏离，或者出现两者均为正偏离或两者均为负偏离的现象是一种常态，完全无偏离的工业化或信息化状态是一种短暂的、不稳定的状态，现实中往往是难以观察到的。推进两化融合，目标是提升两者融合的过程质量和结果质量，一定程度的工业化或信息化偏离有可能带来更好的过程质量和结果质量。

最后，两化融合路径中的信息化跨越，是路径的形成或选择具有结构的动态非对称性。在比较静态分析中，工业化促进信息化和信息化带动工业化两条融合路径具有强对称性，两者之间的差异在于融合系数的大小。在工业化促进信息化路径中，工业化促进信息化的融合系数 r_1 小于信息化带动工业化的融合系数 r_2，即融合系数 $r_1<r_2$；在信息化带动工业化路径中，工业化促进信息化的融合系数 r_1 大于信息化带动工业化的融合系数 r_2，即融合系数 $r_1>r_2$。由于对称性，两者之间的差异主要由融合系数的意义来体现。在两化融合的动态分析中，工业化促进信息化路径与信息化带动工业化路径是不对称的，因为信息化带动工业化路径中存在信息化跨越现象，这是工业化促进信息化路径中没有的特征。或者说，虽然在形式上信息化带动工业化是工业化促进信息化阶段信息化与工业化两种趋同过程的重复，但这两个阶段存在本质上的区别，信息化跨越是这种区别的一个突出特征。或者可以说，如果两化融合中不存在信息化跨越，数字化转型中不存在数字跃迁，就不会出现真正意义的信息化或数字化转型。因此，信息化跨越或数字跃迁，是信息化发展或数字化转型的必然现象。

综上所述，信息化跨越或数字跃迁三个理论分析结论表明：实现信息化跨越或数字跃迁最主要的是趋同规则和信息化趋同方向，趋同规则本质上是逻辑规则，通过一定的参数控制信息化趋同方向的动态演化，信息化趋同方向则是信息化跨越或数字跃迁动态演化的表现形式（见图2-12）。

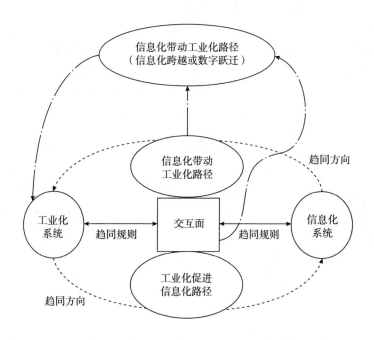

图2-12　信息化跨越或数字跃迁的表现形式

在图2-12中，信息化跨越或数字跃迁主要存在两种基本类型：①信息化或数字化后企业或产业的信息化趋同方向并没有发生本质改变的跨越或跃迁，但信息化趋同速度或趋同频率发生明显改变，进而使信息化或数字化在一个时期后发生跨越或跃迁。因此，该类型的信息化跨越或数字跃迁属于一种隐性的动态演化模型；②信息化或数字化后企业或产业的信息化趋同方向发生改变，产生了与原有趋同预期或目标不一致或不完全一致的跨越或跃迁，甚至可能改变原有趋同规则中的参数，使趋同规则的执行或演化更加具有动态性和随机性。因此，该类型的信息化跨越或数字跃迁属于一种显性的动态演化模型，研究中通过选择合适的趋同方向关键影响因素作为趋同规则的控制参数，可以较好地模拟出该类型信息化跨越或数字跃迁的易变性、随机性、灵活性和动态性特征。例如，传统企业是否进入新兴的电商市场，或既有电商平台的运营决策，均包含有图2-12的信息化跨越或数字跃迁的趋同规则或演化逻辑。

三、融合动态路径的微观机制：以企业市场进入与运营为例①

从企业进入电商市场（或数字化转型）、电商运营（或数字化运营）两个方面，剖析两化融合动态路径的微观机制。

（一）信息化带动工业化的融合路径

以传统企业进入新兴的电商市场或实施数字化转型决策，刻画信息化带动工业化融合路径（产业信息化或数字化转型）实现机制。假设传统企业进入电商市场可以带来的商品销售总量为 Q_e。Q_e 是一次电商市场建设至下次对电商市场进行开发时间段内电商市场带来的销售数量总和。设企业单位商品的利润为 γ，企业利润为 π，则电商市场带来的利润表示为 $\pi = Q_e \times \gamma$。又假设电商市场的基础技术成本为 C_e。C_e 和 Q_e 对应，表示为达成 Q_e 效果的电商市场，信息技术本身的投资成本为 C_e。C_e 主要受信息技术的发展水平和行业特征的影响。假设企业的要素禀赋由技术禀赋和运作禀赋构成。其中，企业的技术禀赋为 E_e。技术禀赋表征一个企业应用信息技术的能力及企业关键人员对于电商价值的理解能力。例如，企业领导人是否具备电商领先意识，企业是否拥有相应的技术狂热者等。企业的战略禀赋为 E_s，反映一个企业战略的制定能力和执行能力。假设企业电商市场建设成本为 EC，代表电商系统建设过程中的所有技术和人力投资。这样，由于技术禀赋和战略禀赋直接影响企业电商市场建设，员工技术知识的缺失和执行力的不足都会耗费企业更多的资源和成本，因此，将 EC 设定为 $EC = \dfrac{C_e}{E_e \times E_s}$。显然，在一个传统企业决策是否进入新兴电商市场时，主要就是比较 π 和 EC 的关系。

图 2-13 和图 2-14 分别展示了技术禀赋和战略禀赋对企业进入电商市场总成本的影响，以及基础技术成本对企业进入电商市场总成本的影响。在图 2-13 中，当 $\pi = EC$ 时，即 $Q_e \times \gamma = \dfrac{C_e}{E_e \times E_S}$ 时，企业具备进入电商市场采纳的临界状态；当 C_e 固定时，$E_e E_s$ 的临界值 $(E_e E_s) \times$ 满足 $(E_e E_s) \times = \dfrac{Q_e \times \gamma}{C_e}$；当 $E_e E_s > \dfrac{Q_e \times \gamma}{C_e}$ 时，$EC < \pi$，传统企业倾向进入电商市场；当 $E_e E_s < \dfrac{Q_e \times \gamma}{C_e}$ 时，$EC > \pi$，传统企业倾向不进入电商市场而继续经营传统市场。该结论解释了为什么部分企业尤其是大量的

---

① 以谢康、肖静华、汪鸿昌《企业电子商务市场选择与博弈：要素禀赋分析》（《经济经纬》2011年第 5 期）为基础重新撰写、修改和增补。

中小企业滞后进入电商市场的现象。

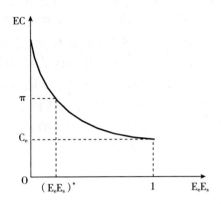

图 2-13 技术禀赋和战略禀赋对电商市场影响

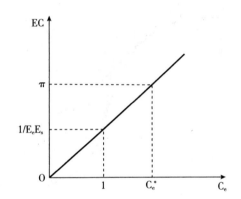

图 2-14 基础技术成本对电商市场总成本的影响

由模型分析可见，技术禀赋和战略禀赋都对电商市场进入决策发挥重要作用，当技术禀赋和战略禀赋高时，企业更有可能进入电商市场。该结论解释了为什么部分高新技术企业和具有锐意进取文化的企业会较早进入电商市场的现象。

在图 2-14 中，当 $E_e E_s$ 固定时，C_e 的临界值 C_e^* 满足 $C_e^* = \dfrac{Q_e \times \gamma}{E_e E_s}$；当 $C_e > \dfrac{Q_e \times \gamma}{E_e E_s}$ 时，$EC > \pi$，企业倾向不进入电商市场；当 $C_e < \dfrac{Q_e \times \gamma}{E_e E_s}$ 时，$EC < \pi$，企业倾向进入电商市场。由模型分析可见，基础技术成本正向影响电商市场建设总成本，进而影响企业采纳决策。基础技术成本越高，企业越不倾向进入电商市场。该结论解释了同样是图书出版业，为什么亚马逊、当当网、电子港湾等企业先进入电

商市场，而新华书店、出版社等企业后进入电商市场，其中的原因之一是信息技术本身进步促成的，也解释了不同行业整体进入电商市场的现象。

上述讨论可借助图形分析：假设传统企业拥有两种资源：一是拓展传统市场的资源；二是拓展电商市场的资源，这两种资源对传统企业形成的效用不同，分别用 U_1 和 U_2 表示（见图2-15）。图2-15中曲线Z表示传统企业开展业务的生产可能性边界，表示企业在电商市场和传统市场上所能形成的销售总量。对于传统企业的自身生产能力而言，选择在A点生产能达到最高的效用 U_1，因此，企业的业务模式仅限在传统业务中，没有进入电商市场。此时，A点表现为生产成本比例线G与生产可能性边界Z的交点。

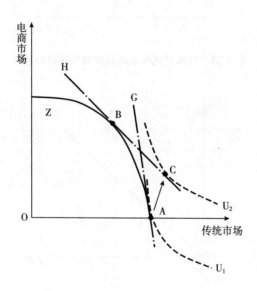

图2-15　传统企业进入电商市场的决策

如果传统企业拥有了开展电商的人才，组建企业电商团队，或者企业有能力并购有电商市场优势的企业后，生产成本比例线由G转变为H。由于并购了具有技术优势的电商团队，企业原有部门（相对于并购了电商团队而言）选择的B点表现为生产成本比例线H与生产可能性边界Z的交点，传统企业原部门开始选择在B点生产。同时，由于并购电商业务，实际总生产点在C，效用达到 U_2。比较企业从传统市场延伸到电商市场的经济效益，企业效用从 U_1 提升到了 U_2，企业电商创新模式的改变有利于其效用的增长，传统企业由此会选择进入新兴的电商市场。

尽管越来越多的传统企业进入电商市场，但仍有许多行业中的不少企业坚持在传统市场上发展，并未开展电商业务，这如何解释呢？在图2-15的基础上，技术优势差异的改变将使企业维持传统业务（见图2-16）。

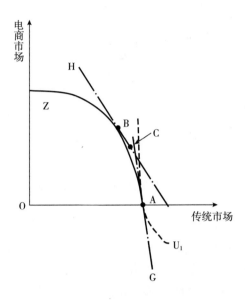

图2-16 企业维持纯传统业务的决策

在图2-16中，对于传统企业的自身生产能力而言，选择在A点生产能达到最高的效用U_1，假设传统企业计划组建在线业务团队，生产成本比例线由G转变为H。传统企业并购电商团队或企业，由此带来的实际总生产点在C，效用达到U_2。但是，传统企业维持传统市场的经济效益A点仍然高于C点效用。因此，与进入新兴的电商市场相比，传统企业维持传统业务不变更能保持高效益，表明即使传统企业有机会开展电商，由于禀赋或所具备的条件限制，开展电商与不开展电商相比不具有优势，因此，部分传统企业仍然会不涉及在线业务。这也可以解释为什么即使政府大力倡导，依然会有不少企业没有开展电商而是继续维持传统业务状态的现象。

（二）工业化促进信息化的融合路径

以纯电商企业（或原生数字化平台）维持纯电商市场为例，阐述工业化促进信息化的融合（信息产业化）的微观机制。对于电子港湾（eBay）、淘宝网等企业或业态坚持在电商市场发展而没有开拓传统市场的现象，也可以用图形进一步分析。在图2-15的基础上，禀赋差异的改变将使电商企业倾向于开展纯电商模式或着力推动纯线上数字化业务（见图2-17）。

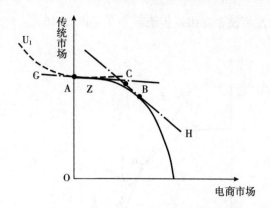

图 2-17　纯电商企业的信息产业化决策

在图 2-17 中，对于电商企业或平台的自身生产能力而言，选择在 A 点生产能达到最高的效用 U_1，假设电商企业计划组建传统业务团队，生产成本比例线由 G 转变为 H。通过并购传统业务团队带来的实际总生产点在 C，效用达到 U_2。但是，比较企业纯电商模式下的经济效益，A 点效用仍然高于 C 点效用，因此，电商企业倾向于维持在电商市场获取更高经济效益，这表明对于部分电商企业或平台而言，即使有机会开拓传统业务市场，它们也不会涉及传统业务领域的活动。

（三）信息化与工业化相持的融合路径

以电商环境中新进入企业的选择，刻画两化相持阶段的微观机制。假设在同样的电商环境中，新进入企业建立电商市场的性价比为 $\dfrac{\pi}{EC}=\dfrac{Q_e\times\gamma}{\dfrac{C_e}{E_eE_S}}=E_eE_s\times\dfrac{Q_e}{C_e}\times\gamma$，

建立传统市场的性价比为 $\dfrac{\pi}{TC}=\dfrac{Q_t\times\gamma}{\dfrac{C_t}{E_tE_S}}=E_tE_s\times\dfrac{Q_t}{C_t}\times\gamma$，则 $\dfrac{\dfrac{\pi}{EC}}{\dfrac{\pi}{TC}}=\dfrac{E_e}{E_t}\times\left(\dfrac{Q_e}{C_e}\Big/\dfrac{Q_t}{C_t}\right)$。由此等式

可见，在同样的电商环境中，新进入企业是选择电商市场还是选择传统市场，最重要的有两个因素：一是企业的技术禀赋和运作禀赋的比较，二是企业所处的行业环境特征。当新进入企业的技术禀赋比运作禀赋更强时，企业会更倾向选择电商市场模式，如京东商城等；当新进入企业的运作禀赋比技术禀赋更强时，企业会更倾向传统市场模式，如国美电器和苏宁电器等。此外，从每一单位成本带来的销售数量的增加角度分析，如果电商市场比传统市场在同样单位成本下带来更多的销售，则电商市场对新进入企业更有吸引力，相反，企业更愿意选择进入传

统市场。

上述讨论表明，在同样的电商环境中，新进入企业的禀赋特征影响企业市场模式或渠道的选择，技术禀赋高的企业更倾向于选择电商市场。该结论解释了为什么京东商城等新进入企业选择电商市场，而国美电器和苏宁电器等企业则选择进入传统市场的现象。同时，也解释了为什么高层管理团队中计算机、电气机械、经济管理教育背景多的企业更倾向于进入电商市场的现象。

此外，不同行业对电商市场和传统市场要求的技术禀赋和运作禀赋不同。相对地，图书、礼品、电子音像品、笔记本电脑等行业的标准化程度高，在同样的技术禀赋条件下，新进入企业首先选择标准化程度高的行业开展电商，因为标准化程度与企业技术禀赋之间的互补性为新进入企业带来更低的运作成本。随着花生、小麦、大豆、苹果等农产品交易标准化水平的提高，在这些农产品产区，新进入企业通过提高产品标准化水平来降低市场对企业技术禀赋的要求而又可能开展电商。

（四）两化深度融合的微观机制

下面，阿里巴巴等电商平台进入传统市场的决策，刻画两化深度融合的微观机制。假设电商平台向传统市场延伸可以带来的商品销售总数为 Q_t。Q_t 是电商平台向传统市场扩展新增的销售总量。假设企业单位商品的利润为 γ，企业利润为 π，开拓传统市场带来的利润可以表示为 $\pi = Q_t \times \gamma$；又假设向传统市场延伸的运作成本为 C_t。C_t 和 Q_t 对应，表示为实现增加销售 Q_t 带来的运作投资等成本；假设企业的运作禀赋为 E_t，反映电商平台的业务运作能力，这里主要指扩展传统市场的运作能力；企业的战略禀赋为 E_s，反映电商平台的战略制定能力和执行能力；企业进入传统市场的建设成本为 TC，代表向传统市场扩展过程中的总投资。这样，由于运作禀赋和战略禀赋直接影响电商平台向传统市场扩展。同样地，员工业务运作能力的缺失和执行力的不足都会使电商平台付出更多的资源和成本。因此，将 TC 设定为 $TC = \dfrac{C_t}{E_t \times E_s}$。显然，电商平台决策是否向传统市场拓展，主要就是比较 π 和 TC 的关系。

与传统企业进入电商市场的决策同理。在图 2-13 中，当 C_t 固定时，$E_t E_s$ 的临界值 $(E_t E_s)^*$ 满足 $(E_t E_s)^* = \dfrac{Q_t \times \gamma}{C_t}$；当 $E_t E_s > \dfrac{Q_t \times \gamma}{C_t}$ 时，$TC < \pi$，电商平台倾向拓展传统市场；当 $E_t E_s < \dfrac{Q_t \times \gamma}{C_t}$ 时，$TC > \pi$，平台倾向不扩展传统市场，而将资源专注投入电商市场，形成在电商市场上的价值链，如从 B2B 市场向 B2C 市场拓展，从在线支付到在线金融保险拓展等。

上述分析表明，运作禀赋和战略禀赋都对电商平台是否扩展传统市场决策发挥重要影响作用，当运作禀赋和战略禀赋高时，电商平台更有可能扩展传统市场。该结论解释了为什么阿里巴巴等平台建立电子市场渠道后又投资开拓传统市场。一般地，如果没有传统市场运作资金和经验的积累，企业运作禀赋不会太高，这时，电商平台高层管理团队的经验和成功历史在其中会发挥重要作用。

当 $E_t E_s$ 固定时，C_t 的临界值 C_t^* 满足 $C_t^* = \dfrac{Q_t \times \gamma}{E_t E_s}$；当 $C_t > \dfrac{Q_t \times \gamma}{E_t E_s}$ 时，$TC > \pi$，电商平台倾向不扩展传统市场；当 $C_t < \dfrac{Q_t \times \gamma}{E_t E_s}$ 时，$TC < \pi$，电商平台倾向于扩展传统市场。因此，电商平台的运作成本正向影响其向传统市场扩展的总成本，进而影响平台是否向传统市场扩展的决策。电商平台基础运作成本越高，就越不倾向于扩展传统市场。该结论解释了阿里巴巴、腾讯等平台先集中资源开拓电商市场，从 B2B 到 B2C，然后再推出新零售等赋能模式向传统市场延伸，重要原因是平台发展初期产品或服务在传统市场中的销售单位成本高于在线网络市场（见图 2-18）。

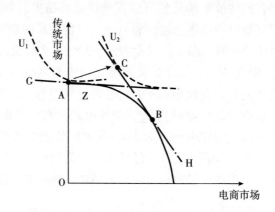

图 2-18　电商平台进入传统市场的决策

在图 2-18 中，曲线 Z 表示电商平台的生产可能性边界，表明平台在电商市场和传统市场上所能形成的销售总量。由于对于电商平台的自身生产能力而言，选择在 B 点生产能达到最高的效用 U_1，因此，平台的业务模式仅限于电商业务，并未开展传统业务。此时，A 点表现为生产成本比例线 G 与生产可能性边界 Z 的交点。在市场竞争压力下，为建立更高效率、更低成本的垂直一体化价值链，电商平台通过建立新的传统业务团队，或者并购有传统业务优势企业，其生产成本比例线由 G 转变为 H。由于具备了开展传统业务的技术禀赋和运作禀赋，相对于并购传统业务或建立传统市场团队而言，电商平台原部门选择的 B 点表现为生产成本比例线 H 与生产可能性边界 Z 的交点，电商平台原部门开始选择在 B 点生产。同时，并购传统业务或建立传统业务运营团队的实际总生产点在 C，效用达到 U_2。在这里，业务优势是指平台在发展电商市场与传统市场时由于企业资源禀赋差异而形成在传统业务市场上的优势。比较平台企业从电商延伸到传统市场的经济效益，不难发现，企业效用从 U_1 提升到了 U_2。因此，电商平台倾向于将业务延伸到传统市场，形成所谓新零售、新制造等两化深度融合业态。

（五）两化融合路径演化的微观机制

本部分聚焦讨论什么因素导致企业暂停已经发展的电商市场，什么因素使企业加快推进电商市场开拓，竞争压力和电子市场外部性如何在其中发挥作用，企业要素禀赋在其中如何影响。

1. 考虑竞争条件下企业电商市场进入博弈

在传统企业进入电商决策模型基础上，以非合作静态博弈框架分析竞争条件下企业电商市场进入博弈。在上述基本假设基础上，针对存在竞争的市场结构（完全竞争、垄断竞争和寡头垄断市场），且市场中没有合谋和卡特尔等价格控制机制。这样，在竞争环境下，企业进入电商市场就会产生外部性，即使 Q_e 的销售增加一部分来自潜在消费者的扩展，另一部分来自其他同质企业销售量的削减，即电商市场会争夺现有传统市场的客户，两者或多或少存在替代关系，这是三种存在竞争的市场结构下的共同特点。针对这一共同特点，假设电商市场的负外部性系数为 ρ，ρ 表示企业电商市场的销售增量来自传统市场的比例，显然 $\rho \in [0, 1]$。因此，对于市场竞争环境下的企业，可用双方博弈来分析全行业的电商市场进入博弈的策略。此时，ρ 的代表性更加灵活，甚至包含进入电商市场的企业的个数信息，进入电商市场的企业越多，对于另外的企业而言，传统市场受到的侵蚀就越多。所以，双方博弈的结果完全可以代表整体博弈的基本逻辑和预测结果。

如果企业 A 进入电商市场，企业 B 没有进入电商市场，企业 A 的纯收益为：

$$U(1, 0) = \pi - EC = Q_e \times \gamma - \frac{C_e}{E_e \times E_S}。$$

如果企业 A 不进入电商市场，企业 B 进入电商市场，企业 A 的纯收益为：

$$U(0, 1) = -\rho \times Q_e \times \gamma。$$

如果企业 A 和企业 B 都进入电商市场，那么，可以视为电商市场的效果都会有所削弱，则企业 A 的纯收益为：

$$U(1, 1) = (1 - \rho) \times Q_e \times \gamma - \frac{C_e}{E_e \times E_S}。$$

由于企业 A 和企业 B 处于对称位置，因此企业 A 的收益和企业 B 是对称一致的。假设两个企业在要素禀赋上存在差异，则可以列出双方博弈的支付矩阵（见表 2-9）。

表 2-9 竞争条件下企业进入电商市场的非合作静态博弈

企业 A ＼ 企业 B	进入	不进入
进入	$\left((1-\rho)\times Q_e\times\gamma-\dfrac{C_e}{E_{e1}\times E_{S1}},\ (1-\rho)\times Q_e\times\gamma-\dfrac{C_e}{E_{e2}\times E_{S2}} \right)$	$\left(-\rho\times Q_e\times\gamma,\ Q_e\times\gamma-\dfrac{C_e}{E_{e2}\times E_{S2}} \right)$
不进入	$\left(Q_e\times\gamma-\dfrac{C_e}{E_{e1}\times E_{S1}},\ -\rho\times Q_e\times\gamma \right)$	$(0,\ 0)$

注：表中企业 A 支付在前，企业 B 支付在后；γ 在完全竞争市场表示自然利润，相当于期望的资本和企业家工作的回报。

对于一个要素禀赋不佳的企业 A 而言，据传统企业进入电商市场的决策分析，如果 $Q_e\times\gamma-\dfrac{C_e}{E_{e1}\times E_{S1}}<0$，即要素禀赋没有达到市场进入临界值，企业 A 不会进入电商市场。然而，在竞争环境下，如果企业 A 不进入电商市场，企业 B 进入电商市场，那么，由于销售量的缩减，企业 A 会遭受损失。因此，在竞争环境下，是否进入电商市场的参与约束条件发生改变，由 0 变成 $-\rho\times Q_e\times\gamma$。

考虑到可能的销售缩减，这意味着企业 A 没有企业 B 的完全信息，在企业 A 行动前并不了解企业 B 的要素禀赋类型和 B 的行为结果，因此企业 A 根据自身情况决策，如果

$$Q_e\times\gamma-\dfrac{C_e}{E_{e1}\times E_{S1}}<-\rho\times Q_e\times\gamma$$

那么企业 A 仍然不会进入电商市场，而是忍受市场销售的减少；如果

$$Q_e\times\gamma-\dfrac{C_e}{E_{e1}\times E_{S1}}>-\rho\times Q_e\times\gamma,$$

那么企业 A 会转而进入电商市场，以此削弱企业 B 进入电商市场形成的销售冲击。

如前所述，两方博弈的讨论中包含多方博弈的逻辑。如果市场上进入电商市场的企业规模越大，对于单个企业而言 ρ 也越大，为抵消电商市场负的外部性，传统企业更倾向于进入电商市场。这时，传统企业是否进入电商市场，往往是市场外部性压力、企业要素禀赋与预期收益之间的选择。如果传统企业要素禀赋非常弱，即使市场外部性压力增强，企业也需要在提升要素禀赋的成本与进入电商市场预期收益之间进行比较，前者低时企业倾向于不进入电商市场，后者高时企

业倾向于进入。如果传统企业要素禀赋强，当市场外部压力增强时，企业提升要素禀赋的成本低，因而往往选择进入电商市场。

这样，考虑到竞争市场下电商市场存在负的外部性，电商市场的发展会影响其他企业在传统市场上的收益。因此，如果企业进入电商市场能部分抵消其他企业进入电商市场带来的冲击，那么，企业会转而进入电商市场。这样，行业内进入电商市场的企业越多，没有进入电商市场的企业就越有压力和动力进入电商市场。该结论解释了为什么部分企业刚开始不进入电商市场，但随着竞争者的出现也纷纷进入电商市场的现象。同时，解释了为什么各个行业的电商市场越来越普遍，且经常呈现"滚雪球"的发展态势的现象。

2. 考虑竞争条件下电商市场的动态发展

随着越来越多的传统企业进入电商市场，那么，不断增多的企业发展电商市场的最终稳定状态是怎样的？或者说，企业进入电商市场的特点和决策机制是什么？这里借助动态两阶段博弈框架来分析该问题。

基于企业进入电商选择的假设和非合作静态博弈假设，存在两种静态博弈。企业 A 原本不愿意进入电商市场，但在市场竞争环境下则有可能维持，也有可能改变进入决策。当企业 A 决定进入电商市场时，它也知道企业 B 的策略。如果企业 B 没有进入电商市场，那么，博弈行为是（进入，不进入），博弈支付为

$$\left(Q_e \times \gamma - \frac{C_e}{E_{e1} \times E_{S1}}, \ -\rho \times Q_e \times \gamma \right),$$ 显然，由于 $Q_e \times \gamma - \frac{C_e}{E_{e1} \times E_{S1}} < 0$（企业 A 原本不愿意

进入电商市场），这时，企业 A 会放弃针对电商市场的进一步拓展和投资，那么，博弈行为转变为（不进入，不进入），博弈支付转变为（0，0），企业 B 的支付也有所提升，进而形成纳什均衡。

另外，如果企业 B 也进入电商市场，那么，博弈行为是（进入，进入），博

弈支付为 $\left((1-\rho) \times Q_e \times \gamma - \frac{C_e}{E_{e1} \times E_{S1}}, \ (1-\rho) \times Q_e \times \gamma - \frac{C_e}{E_{e2} \times E_{S2}} \right)$，如果企业 B 原本不期

望进入电商市场，而是担心竞争企业的冲击才进入，此时，企业 A 和企业 B 都会暂停电商市场的建设，在获得对方的完全信息后，达成（不进入，不进入）这一纳什均衡。如果企业 B 是原本就想进入电商市场的企业，那么，企业 A 在获得完全信息后，比较可选策略（进入，不进入），由于

$$(1-\rho) \times Q_e \times \gamma - \frac{C_e}{E_{e1} \times E_{S1}} < -\rho \times Q_e \times \gamma,$$

那么企业 A 会暂时停止推进电商市场的建设。

以上分析完全针对低要素禀赋的企业 A，其原本情况是不愿意进入电商市场。现假设企业 A 拥有较高的技术禀赋和运作禀赋，且具有进入电商市场的意愿

和目标，那么，与上述分析类似。如果企业 B 的要素禀赋低，企业 A 长期持续进入电商市场。如果企业 B 的要素禀赋也高，那么，两者的首次选择都是进入电商市场。如果企业 A 和企业 B 两者的禀赋都足够高，设算例如下：企业进入电商市场收益为 3，电商市场的冲击为 2，则博弈矩阵如表 2-10 所示。如果企业 A 和企业 B 两者的要素禀赋都是中等水平，设算例如下：企业进入电商市场的收益为 1，电商市场的冲击为 2，则博弈矩阵如表 2-11 所示。

表 2-10　高水平禀赋下博弈矩阵

A＼B	进入	不进入
进入	(1, 1)	(-2, 3)
不进入	(3, -2)	(0, 0)

表 2-11　中水平禀赋下博弈矩阵

A＼B	进入	不进入
进入	(-1, -1)	(-2, 1)
不进入	(1, -2)	(0, 0)

在表 2-10 和表 2-11 中，（进入，进入）都是纳什均衡，但表 2-10 中的纳什均衡是一个帕累托最优的均衡，而表 2-11 中的纳什均衡是一个囚徒困境均衡。这样，竞争条件下企业电商市场的动态进入发展可用博弈树表示（见图 2-19）。图 2-19 博弈树不是为了分析单个企业的精炼贝叶斯均衡，而是表示具有不同要素禀赋的博弈方的博弈行为发展与最终均衡。

在图 2-19 中，用"暂停"代表企业放弃对电商市场的扩展、开发和继续应用行为，对应的是不进入。同时，用"扩展"代表企业更进一步地对电商市场的建设和应用行为，对应的是进入。在竞争条件下，企业电商运营博弈结果形成五种市场角色（见图 2-19）。

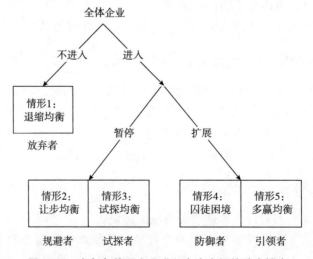

图 2-19　竞争条件下企业进入电商市场的动态博弈

（1）电商市场放弃者。部分企业技术禀赋和运营禀赋非常低，因此，它们自始至终没有进入电商市场的意愿，即使感知到竞争压力，也仍然选择坚持在传统市场发展。最终稳定的状况是这些企业完全退出电商市场的竞争，称为放弃者。

（2）电商市场规避者。部分企业技术禀赋和运营禀赋较低，原本不愿意进入电商市场，但考虑到可能面临竞争对手进入电商市场带来的冲击，在竞争压力下选择进入电商市场。然而，当企业进入电商市场后，发现进入电商市场带来的效果并不像想象的那么明显时，进而不继续开拓电商市场，称为规避者。该情形解释了为什么现实中部分传统企业尝试进入电商市场后又暂停电商市场的发展。

（3）电商市场试探者。部分企业技术禀赋和运营禀赋较低，原本不愿意进入电商市场，但考虑到可能受到竞争对手进入电商市场的冲击，因而在竞争压力下选择进入电商市场，然而，当其发现其他竞争对手进入电商市场的成本也很高，且效果不显著时，通常会选择进入又暂停电商市场的策略，称为试探者。该结论解释了为什么现实中许多行业不停有企业尝试进入电商市场，但都没有继续深入下去的现象，因为在行业特点或既定技术水平下电商市场的作用有限，企业还暂时不能在电子市场中获益，但由于担心受到竞争冲击，各个企业依然愿意不停地尝试开展电子商务。

（4）电商市场防御者。部分企业的技术禀赋和运营禀赋中等，进入电商市场有利可图而选择进入，但由于竞争对手也进入电商市场，降低了电商市场的收益。然而，如果企业单方面放弃电商市场又会受到更严重的冲击，因此，企业只能继续拓展电商市场，称为防御者。该结论解释了为什么部分企业一方面抱怨电商市场效果不明显，投入大收益小，但另一方面还要坚持发展电商市场的现象。

（5）电商市场引领者。部分企业技术禀赋和战略禀赋非常高，进入电商市场的收益明显，且在竞争对手面前，仍然可以通过吸引潜在消费者来获得收益，因此，这部分企业会持续进入电商市场，通过不断完善和扩展电商市场而引领电子商务发展潮流，称为引领者。

综上所述，如将企业进入新兴电商市场的决策，替换为传统企业实施数字化转型决策，上述分析的逻辑总体也是成立的。本节以企业进入电商市场决策刻画信息化带动工业化融合（产业信息化）路径，同样适用于刻画产业数字化路径。对两化融合的三个阶段动态模型的微观机制分析表明，数实融合中的产业数字化与数字产业化两条基本路径，也可以通过三阶段两化融合动态模型来刻画，进而探讨两化融合的发展模式。

第三节　两化融合发展模式的理论基础

第一、第二节以经济趋同中的非系统优化思想为基础，以论述两化融合的动力机制为逻辑起点，认为两化融合点为社会交易成本最小化点，同时具有收益递增效应，形成工业化促进信息化（信息产业化）与信息化带动工业化（产业信息化）的融合路径。对完全竞争与不完全竞争条件下的融合路径、摩擦成本、冲击、协调成本、平滑调整与非平滑调整等主要概念进行了比较静态分析和概念整合，提出了路径偏离这一核心概念。在比较静态基础上，对两化融合的三阶段动态特征进行讨论，提出两化融合存在信息化跳跃而具有发展演化的间断平衡性特征等重要理论观点。在此基础上，本节重点讨论基于间断平衡形成两化融合跨越式与渐进式的发展模式问题。

一、发展模式与两化融合模式

渐进与跨越发展，或渐进与激进转轨发展，通常构成发展经济学或转轨经济学关于发展模式的争论点（Iwasaki & Suzuki，2016）。跨越式转轨强调转型是一次完成的，跨越深渊不能用两步（Kodolov，2009），该模式的支持者认为转型中的各种因素和制度是相互关联的，因此，一次性的彻底转型效率最高（Turley & Luke，2010）。因此，跨越式发展模式认为，发展中国家可以跨越工业化国家最初遵循的一些步骤，并将当前可用的现代化技术应用于其发展过程而形成跨越（Steinmueller，2001；Xiao et al.，2013）。渐进式发展模式认为一项新的体制的构建和成熟需要经历学习和适应的过程，因而转型应逐步推进（Mikeladze & Gelashvili，2016）。渐进发展模式强调经济发展规律和协同的重要性，强调转型发展中制度安排的渐进和排序的政治与经济价值（Calcagno et al.，2006；Popov，2010）。同时，转型过程中体制变革的互补性，或者说渐进模式与跨越模式的互补性正在受到重视。在两化融合中，对工业化任务尚未完成的中国而言，工业化促进信息化路径与信息化带动工业化路径同样重要，这两种实现路径之间的融合形成的互补性，究竟对中国经济转型升级构成何种影响，值得深入探讨。

从发展经济学角度来看，发展模式可以看成是一种发展战略，不同的发展情境决定了无论是国家经济转轨还是企业进行战略更新都会选择不同的实现路径：一种是激进式转型，另一种是渐进式转型（Agarwal & Helfat，2009；Henningsson & Kettinger，2016）。因此，理论上可以构建两种两化融合的发展模式：一种是渐进发展模式，另一种是跨越发展模式。发达国家遵循从工业化到信息化的阶梯发展模式，是其发展环境与技术进步的情境决定的，当 IT 创新涌现和扩散时，在其工业化进程中自然而然地形成以工业化促进信息化的渐进发展模式（Campos & Coricelli，2002；Ornston，2014；Berglof et al.，2015）。伴随着国民收入水平的提高和教育普及，发达国家信息化与工业化之间互补性的协调成本要低于发展中国家，因而更易于从工业化促进信息化路径转变为工业化促进与信息化带动两者相对均衡路径，这种转变是相对平滑的，因而发达国家的两化融合发展模式总体体现为渐进发展模式（Rasiah et al.，2015）。

中国等发展中国家的经济发展具有二元经济结构和区域发展不平衡的特征，这决定了中国等发展中国家的两化融合模式不会是单一渐进或单一跨越的发展模式，应同时兼有渐进与跨越两种发展模式，甚至在这两种发展模式内部可能还会有不同的模式。因此，中国等发展中国家两化融合发展模式的复杂度要高于发达国家，这也是为什么发达国家或国际主流理论界缺乏对两化融合理论探讨，中国学术界和政府部门则长期重视两化融合研究的原因之一。从这个角度讲，探讨两化融合发展模式如何影响中国经济转型升级，是一个具有特殊性和普遍性的中国发展模式问题，也是一个有潜在国际影响力的理论创新问题。

二、两化融合发展模式的内涵

现有文献主要探讨 IT 投资、两化融合及其路径对经济增长及经济转型升级的影响，缺乏对两化融合发展模式影响经济转型升级的系统探讨。研究两化融合发展模式对经济转型升级的影响，需对两化融合及其发展模式的内涵进行界定。如前所述，两化融合指信息化与工业化相互作用和相互促进，以实现技术效率的过程或过程状态。通过这个过程或过程状态，实现以工业化促进信息化，以信息化带动工业化。工业化促进信息化、信息化带动工业化构成两化融合的两条发展路径，但两化融合发展模式与发展路径不同，发展模式可以看成是一种发展战略，即两化发展模式构成一种发展战略，两条发展路径构成实现两化融合的两种基本方式或途径。

诚然，两化融合发展模式必然包含发展路径，发展路径则构成实现两化发展模式的实现途径，即不同的发展情境决定了无论是国家还是企业在战略更新中都会选择不同的实现路径。两化融合发展模式也可能从渐进发展模式和跨越发展模式两种模式框架来分析。其中，欧美发达国家相对稳定和清晰的先工业化后信息化发展情境，决定了其两化融合模式是渐进的。中国、印度等发展中国家工业化尚未完成又面临信息化迅速崛起的并行挑战，决定了其两化融合总体模式应该是跨越的，但由于中国、印度等发展中国家内部区域与社会结构的严重不平衡，区域间必然兼有渐进与跨越两种发展模式，甚至可能存在其他特殊发展模式。

根据肖静华等（2006）和杨蕙馨等（2016）的理论模型结论，两化融合渐进发展模式的内涵是：经济体先遵循工业化促进信息化路径，逐步过渡或在相当长时期内稳定在工业化促进与信息化带动两者相对均衡发展的阶段上；两化融合跨越发展模式的内涵是：经济体先遵循工业化促进信息化路径，其后短时期内转换到或在相当长时期内以信息化带动工业化路径为主。在两化融合情境下，选择渐进发展模式的经济体通常拥有较高的工业化基础，使其难以短期内形成跨越式的发展模式切换，工业化基础相对薄弱的经济体则相对更易于选择跨越发展模式，因为 IT 投资及扩散的摩尔定律与网络外部性，有助于相对落后的经济体实现技术跨越（Perez & Soete，1990；Añón Higón，2017）。

这里，跨越式发展是指发展中国家绕过人力资本积累和固定资产投资的某些过程或环节，或者创建新的发展路径，实现缩小发达国家与发展中国家在生产率和产量上的差距，或者指工业化进程中的国家通过使用 IT 绕过或缩短原有经济增长的某些过程而直接进入高级化阶段（Steinmueller，2001；Perkins，2003；Trainer，2015）。其中，创建新的发展路径、跳过原有发展路径中的某些环节或过程构成跨越式发展的两种模式（Lee & Lim，2011；Iwasaki & Suzuki，2016）。

总之，两化融合跨越发展模式，强调经济体从工业化促进信息化路径直接或短期内快速转变为信息化带动工业化路径，渐进发展模式则强调经济体从工业化促进信息化路径逐步过渡到或在相当长时期内稳定在工业化促进与信息化带动两者相对均衡发展的阶段，两者的区别不在第一阶段，而在第二阶段的路径特征上。

三、融合发展模式与经济增长

欧美发达国家从工业化到信息化的梯度发展特征，反映在学术界表现为大量关注 IT 与经济增长的关系研究，而对两化融合与经济增长关系的探讨极少。推陈出新的技术成为美国经济增长和社会变革的主要动力来源。IT 对美国的经济增长具有正向促进作用，不仅为美国 20 世纪 80 年代的经济复苏提供了良好基础，而且对 1994 年之后美国劳动生产率的增长发挥了重要作用（Jorgenson et al.，2016）。同时，IT 对全球经济增长产生显著影响，特别是在发达经济体和亚洲新兴经济体中更为明显，这种影响在包括日本、澳大利亚、中国、印度和新加坡在内的不同国家均有所体现（Shahiduzzaman & Alam，2014；Hofman et al.，2016）。研究表明，IT 对生产率增长及经济增长的影响是长期、持久的，由此提出要通过增加 IT 投资或强化对 IT 的充分利用来实现经济的可持续发展。

IT 促进经济增长的内在机理，主要体现在以下两个方面：一是 IT 正向影响行业或企业生产率的提升，这种影响不仅存在于 IT 部门内部，而且广泛存在于使用 IT 的部门中，形成 IT 对经济增长的替代效应与渗透效应（蔡跃洲和张钧南，2015），如信息化投资促进企业出口绩效、促进企业创新绩效，或信息化促进产业结构升级等；二是 IT 产生的网络效应对经济增长形成支撑作用，这种网络效应通过企业组织变革形成与高技能劳动力的互补需求及收入差距扩大，劳动力市场对中等技能劳动者需求下降、偏向高技能或低技能劳动者的"去中间化"特征，促进全社会生产率得到更广泛的提高（Acemoglu et al.，2016）。IT 投资推动着社会产业结构由第一产业、第二产业向第三产业转移。

中国学者对两化融合与经济增长关系的探讨表明，信息化对经济增长的影响存在一个最佳的信息化水平，阈值之前其影响边际递增，之后缓慢边际递减（周先波和盛华梅，2008）。同时，在信息化带动工业化路径中，存在一个信息化跨越或数字跃迁过程，这个过程形成了信息化带动工业化路径对经济增长的促进作用（肖静华等，2006）。两化融合的内生经济增长模型也表明，当两化融合的动态变化发生跳跃时，经济体稳定值发生跃迁，人均有效产出、人均有效资本和人均有效消费量上升到更高水平，社会总产出、总资本和总消费呈现加速上升趋势（杨惠馨等，2016）。一般地，工业化促进信息化路径与信息化带动工业化路径构成两化融合动态变化的两条基本路径，前者是资本深化过程，具有规模收益递减特征，后者是知识深化过程，具有规模收益递增或大体不变特征，因此，两化融合可以有效降低经济体中的协调成本，且服从协调成本与经济增长关系的主要特征，推进两化融合有助于理顺协调成本与经济增长之间的结构关系，促进产业结构优化（谢康等，2016）。实证研究结果也表明，IT 投资对于缩小中国区域和城乡差距有影响，加大农村移动电话基础设施投资，对缩小城乡收入差距具有积极作用。

同时，两化融合对改进绿色 GDP 指标、提升劳动生产率、促进产业结构调整、降低污染和节省电能等经济转型升级指标也都具有正向影响，因为能源节约和环境保护的可持续性很大程度与生产过程中效率的提升有关，而且信息化带动工业化路径下的经济增长更加侧重以科技创新提高效率，将改善工业化进程中的物质和能源的利用效率（Ang et al.，2017）。诚然，也有部分研究认为 IT 与环境的关系是不确定的，从理论上来讲，一方面，IT 发展引起的机器运转及生产与技术相关的设备等，构成二氧化碳排放、能源消耗及电力消耗的来源之一（Bekaroo et al.，2016）；另一方面，IT 应用促进了智能城市和交通运输的发展，优化工业生产流程和电路运输，又成为减少消耗和污染的有效途径（Mentzelou，2017）。据此，有研究表明 IT 对环境的影响呈倒 U 形关系，即存在一个转折点，IT 水平只有超过该转折点，才有利于减少污染和保护环境。其中，发展中国家的

IT 对环境影响转折点高于现实的平均水平，发达国家的 IT 水平已经超过了该转折点，因而发达国家的 IT 应用对环境的影响已经进入减少环境污染的阶段（Añón et al.，2017）。可见，IT 对环境的影响也存在一个跨越的过程。

总之，相关代表性文献表明，两化融合发展模式在不同的国家和地区，或在同一地区的不同经济发展阶段，或在同一区域内不同产业之间存在着不同的影响特征，选择两化融合激进式还是渐进式发展模式需要与外部环境和管理情境相适配，不存在绝对高效率或低效率的发展模式。这表明，两化融合、数实融合与人工智能创新发展，选择何种发展模式具有适应性变革特征。这与两化融合、数实融合与人工智能创新发展中内嵌的收益递增、协调成本有着密切关系。

第四节　收益递增、协调成本与经济增长

一、融合的收益递增与协调成本

现有文献主要从两个视角展开协调成本与经济增长的关系的分析：一是从新经济增长模型中的协调成本函数角度进行探讨（Becker & Murphy，1992；Romer，1994）；二是新制度经济学从协调成本的直接或间接观测角度进行探讨（Wallis & North，1986；North，1990）。在新经济增长模型中，"干中学"形成的知识是一个重要的内生变量。知识（人力资本）与分工的关系，协调成本的下降对分工的发展和经济增长具有决定性作用，且协调成本可以通过制度、文化、城市化和企业家培养等方式降低。但是，协调成本函数表述为一个不变弹性的函数，设定较为简单，即协调成本依赖于分工的规模，且这种依赖是单向的。在新制度经济学中，经济增长的关键在于一种提供适当的个人激励的有效的产权制度。好的经济制度可以有效降低协调成本，即节省交易费用；反之亦然。可见，知识（人力资本）、协调成本和制度，构成经济增长理论三个重要概念。其中，现有研究对于知识（人力资本）与专业化和分工、技术进步、投资、贸易、全要素生产率等的关系研究最为丰富，其次是制度与经济增长的关系研究，相对薄弱的是协调成本与经济增长关系的研究。尤其是对协调成本影响经济增长有什么特征，协调成本与制度之间关系究竟如何等相关问题缺乏深入探讨[①]。

在新经济增长模型中，协调成本随团队人数的上升而上升，同时受到协调方

---

① 如在中国经济增长前沿课题组的研究中（2013，2014），重点关注资本累积速度、人口红利和"干中学"技术进步三个要素，以及相应的制度结构，未对协调成本对中国经济增长的影响进行探讨。

式、产业和区域等外部因素的影响。协调成本增加（减少）会减少（增加）用于知识生产的时间，从而降低（增加）均衡的经济增长率。在新制度经济学看来，交易费用的下降是经济增长的源泉，经济制度的变迁是为了节省交易费用。然而，对于协调成本与经济增长的关系存在两种认识：一是认为协调成本随经济规模的扩大而上升。例如，美国交易费用从 1870 年占国民生产总值的 25%提高到 1970 年的 50%以上（Wallis & North，1986），表明随着经济规模的扩大，交易费用在经济中的比重在增长。在中国，劳动报酬中的广义交易成本（协调成本）从 1978 年的 45.4%增加到 2004 年的 69.8%，且中国交易费用随经济增长而增长存在必然性，地区差异明显（缪仁炳和陈志昂，2002；汪大海，2013）。二是认为协调成本不总是随着经济规模的扩大而提高，呈现近似倒 U 形结构。基本观点在于：相对来看，中国交易费用占 GDP 的比重没有明显变化，即经济增长没有显著促进交易费用的增加，因为增长的交易费用被体制转型节约的交易费用所抵消，或者由于交易费用具有一定的规模效应，导致交易效率与人均 GDP 的相关关系较弱，在不同经济发展阶段交易效率的影响呈现出一定程度的倒 U 形（金玉国和张伟，2005；李萍和马庆，2013）。

简言之，现有文献的基本结论可以概括为以下三点：①在知识水平既定时，协调成本的高低决定了分工所能达到的水平，从而决定了专业化程度，进而影响了经济增长的水平；②交易费用下降是经济增长的源泉；③协调成本与经济增长或者呈正相关关系，或者不属于正相关关系而具有平稳性。

如何看待和解释协调成本与经济增长关系的上述不一致观点，构成本书探讨协调成本与经济增长关系的逻辑起点。一般地，协调成本可以视为广义交易费用，部分协调成本是可以观测的，部分协调成本是不可观测的，直接测量不可观测的协调成本是困难的，但可以通过交易费用与交易效率的反向关系来间接测量交易费用。其中，交易效率可以通过随机前沿生产函数的思想进行分析，因为作为经济变量的交易费用具有非平稳性。或者说，观测协调成本可以通过两种方式来实现：一是直接观测，二是间接观测。本书拟从信息化与工业化融合视角观测协调成本与经济增长的关系，即通过间接观测来分析协调成本与经济增长的关系。

主要理由有两个：①知识的互补性促进经济体的专业化和社会分工而形成收益递增（汪丁丁，1997，2001），一国的工业化体系与信息化体系反映了其知识互补性形成的专业化程度和社会分工的结果；②协调成本是由经济结构内生的，而非外生的。基于技术效率的信息化与工业化融合思想，较好地反映内生于经济系统中的交易效率，制度、文化、城市化和企业家培养等因素会对这种内生于经济系统中的交易效率产生反向影响。这样，信息化与工业化融合水平可以视为社会协调成本高低的一种反向关系。信息化与中国工业部门技术创新效率之间具有倒 U 形关系的结论，理论上进一步支持了本书的这种选择。此外，新经济增长理论诞生于 20 世纪 80 年代，与 80 年代后美国信息技术应用的普及、掌握工业流程和信息技术两方面知识的人力资本的累积有着密切联系。从这个角度来看，借助信息化与工业化融合视角来分析协调成本与经济增长的关系，满足理论的内在逻辑性要求。

综上所述，我们形成三点基本认识：首先，从工业化信息化融合与协调成本反向关系的间接观测视角，需要构建一个随机过程的协调成本与经济增长关系的理论框架，探讨新经济增长模型中协调成本的下降对经济增长具有决定性结论的条件，强调不同的经济增长规模、阶段、增长方式、制度或技术进步干预情境，协调成本的决定性作用不相同；其次，从协调成本的下降对经济增长具有决定性结论的条件出发，强调制度对经济增长而言不总是最重要的，但在中等收入阶段相对而言可能是最重要的，从而将协调成本与中等收入陷阱的探讨联系起来，这是已有文献缺乏探讨的；最后，现有文献鲜有探讨经济增长对协调成本的作用。我们在考察协调成本对经济增长的作用基础上，厘清经济增长对协调成本的作用，"提出协调成本的迂回性既可能形成收益递增或不变也可能形成收益递减"，这与 Young（1928）迂回生产方式形成收益递增的观点不同。制度创新和技术进步缩短了协调成本的迂回路径或加快迂回速度而实现收益递增，将正在蓬勃兴起的互联网经济和电子商务与收益递增联系起来。

二、知识互补性、协调成本与经济增长

在新经济增长模型中，经济增长是知识进步（人力资本）、专业化生产和分工、协调成本下降综合作用的结果。在知识水平既定时，协调成本成为影响经济增长的关键因素；在协调成本不变时，知识进步构成经济增长的源泉。因此，考察协调成本与经济增长的关系，可从知识与协调成本的关系入手。在知识的经济分析中，专业化就是生产者累积专业知识的过程。在这个过程中，存在着知识的时间互补性和空间互补性，且知识的时间互补性与空间互补性之间也存在互补性。当互补性在知识运用中居于主导地位时，生产过程的知识累积就会出现收益递增。

基于技术效率的信息化与工业化融合过程，既存在知识的时间互补性，也存在空间的互补性。一方面，信息化与工业化之间随时间变化存在相互趋同的过程，形成知识的时间互补性，如工业化过程的知识可以同时被信息化过程使用，而信息化过程的知识也可以同时被工业化过程使用。在企业层面，实施企业资源计划（ERP）的过程中存在着行业雁行扩散的特点，降低了企业与市场的协调成

本,导致企业垂直一体化程度降低,这是 ERP 实施顾问团队经验的逐步成熟、ERP 内嵌行业最佳实践、企业管理者之间知识传播等综合影响的结果。另一方面,信息化与工业化之间相对独立发展,形成知识在两个体系之间相互流动的空间互补性,如信息技术使企业之间原本不可交流的知识能够以更低的成本进行交流,扩大了企业、产业以及不同经济结构之间知识的可交流范围和内容。在企业层面,ERP 实施的关键成功因素之一,就是拥有大量的既懂工业流程又懂信息技术的关键用户或桥梁式人物,形成社会维度和知识维度的互补性。随着企业中既懂业务又懂信息技术的人力资本的积累,降低了企业内部协调成本,形成企业层面的信息化与工业化融合的提升,进而形成收益递增。总之,企业层面的证据表明,企业信息化、互补性组织变革与人力资本之间具有互补性,综合作用于企业的生产绩效,这已在美国、加拿大及中国等企业数据中得到证实。

同时,知识传统具有先上升后下降的阈值特征,表明基于知识累积的收益递增同样具有倒 U 形特征。无论是知识的时间互补性还是空间互补性,或两者之间互补性,其影响均服从倒 U 形特征。主要原因有两个:一是专业化与分工同样服从边际收益与边际成本的均衡法则,信息化与工业部门技术创新效率之间存在倒 U 形关系;二是技术创新、竞争者行为和消费者需求变化等市场动荡,形成知识传统周期性的迭代过程,导致交易费用对经济增长的影响呈倒 U 形关系。总之,随着知识空间互补性导致的协调成本的下降,协调成本对经济增长的影响具有先增大后减小的倒 U 形特征。同时,随着经济规模的扩大,知识时间互补性导致的协调成本的下降,对经济增长的影响也具有倒 U 形特征。因此,本书提出以下理论假设:

假设 1:因知识时间互补性和空间互补性下降的协调成本,对经济增长的影响均具有先增大后减小的倒 U 形特征。

信息化与工业化融合促进中国经济增长已成为理论共识。并且,信息化与工业化融合由工业化促进信息化、信息化带动工业化两条基本路径构成,也是目前形成的理论共识。但是,工业化促进信息化、信息化带动工业化两条基本路径对经济增长有什么不同的影响,现有理论缺乏系统的探讨。因此,有必要对工业化促进信息化、信息化带动工业化两条不同路径影响经济增长的理论特征进行梳理。

首先,在经济增长中,增长过程中是否表现出"资本深化"的趋势是反映工业化特征的重要信息,工业化突出表现在资本深化过程中,因而对资本账户的影响更加敏感,要素投入构成经济增长的主要源泉。根据经济增长条件趋同假说(Barro & Sala-i-Martin,1995),经济增长因素的积累或改善具有边际效应递减的特征。这一方面在于资本深化内生的规模递减,另一方面在于协调成本(交易费用）随规模递增而增加，使知识深化形成的收益递增不足以补偿因规模增加而递增的协调成本。因此，工业化促进信息化的路径，是以资本深化为核心的生产过程，并因资本积累的收益递减特征而具有规模收益递减特征。

其次，在经济增长中，增长过程中是否表现出"知识深化"的趋势是反映信息化特征的重要信息，信息化突出表现在信息搜寻成本降低过程中，对消费账户的影响更加敏感，形成提高交易效率的特征，因此，信息化或信息技术投资具有显著的知识深化或积累特征，从而对经济增长形成收益递增或不变的稳定影响。在企业层面，信息技术给企业带来的最深刻的变化是企业成本出现了相对收缩，进而形成企业最优边界的相对扩张。由于信息化条件下企业最优边界的相对扩张既不完全是因企业内部协调成本的降低而形成的纵向一体化扩张，也不完全是因企业与市场之间协调成本降低而形成的横向一体化扩张，由此给企业带来竞争优势（谢康等，1999）。这种竞争优势在于信息化与业务流程的互补性，降低了企业纵向一体化与横向一体化的协调成本。这样，信息化带动工业化路径的特征是以知识深化为核心的生产过程，由于知识深化的边际成本几乎不变或递增不明显，信息化带动工业化路径具有规模收益递增或不变的特征。由于信息化与工业化之间的知识互补性相互影响，工业化促进信息化路径的融合水平反映为一种反向的协调成本，与信息化带动工业化路径的融合水平反映的协调成本之间又形成互补性。因此，本书提出以下理论假设：

假设2：以资本深化为核心的生产对于投资扩大更加敏感。在资本深化促进知识深化的增长方式中，协调成本的下降对经济增长的作用是规模递减；以知识深化为核心的生产对于消费扩大更加敏感。在知识深化带动资本深化的增长方式中，协调成本的下降对经济增长的作用是规模递增或不变。

工业化信息化融合视角的制度与经济增长分析。在新制度经济学看来，在技术没有发生变化的情况下，通过制度变迁也能促进生产率提高和实现经济增长。这隐含了制度降低协调成本的思想，因为分工的深化需要改进交易机制的效率。因此，只有实施有效的制度，经济才可以实现持续增长，资本和劳动只是实现增长的手段。但是，制度与经济增长的作用关系也受到质疑，或者认为制度是技术进步、教育发展和经济增长到一定阶段的产物，而非经济增长的源泉，或者认为制度与经济增长的作用关系并不确定（Acemoglu，2007）。

研究发现，经济增长的动力在不同资源禀赋和不同经济发展阶段下存在差异，制度越完善，经济增长就越体现为技术进步和人力资本的发展。对比不同收入国家和地区的经济增长动力因素也发现，要素积累对经济增长的推动作用随着收入水平的增长逐步下降，高收入阶段经济增长对制度和原创性技术进步更加敏感，高收入国家通过高效利用知识和技术外溢从贸易开放中获得的收益大于低收入国家（Kim，2011）。因此，在从中等收入向高收入过渡的阶段，必须采取与以往截然不同的发展思路和政策。这些证据意味着制度对经济增长的确有贡献，但在经济发展的不同阶段其对经济增长的影响权重是不同的。

如何看待或解释现有制度与经济增长作用关系的不一致观点，可以从经济增长动力的环境和结构及制度内生化模型入手，也可以从新经济增长理论与新制度经济分析结合起来入手。协调成本是将新经济增长理论与新制度经济学分析结合起来的理论基点，因此，从作为协调成本反向关系的信息化与工业化融合视角考察制度与经济增长的关系，为探讨制度对经济增长的影响提供了一个新的分析视角。在信息化与工业化融合模型中，相对于工业化促进信息化阶段和信息化带动工业化阶段，信息化与工业化相持阶段是极其短暂的、不稳定的（肖静华等，2006），这表明在经济增长的不同阶段中，处于中间阶段的信息化与工业化融合具有最高的不确定性。实证研究也表明，信息技术产业整体上始终对经济增长有显著影响，各地区在利用信息技术产业发展促进经济增长方面不存在高水平陷阱，但存在中低水平陷阱，信息技术产业发展对经济增长高水平地区的影响更大。在企业层面，企业信息化也具有阶段互补性，从信息化资本与组织行为之间的互补性，演化为信息化与企业内部集权、一体化、产品专业战略等刚性组织行为的互补，再发展到信息化与企业内部分权、企业非一体化、产品多样化战略等柔性组织行为的互补。案例研究也表明，信息化与企业内部刚性组织行为的冲突最强（肖静华等，2013），因而第二阶段互补性的不确定性最高。

综上所述，可以归纳出以下理论逻辑：信息化与工业化融合是资本深化与知识深化的互补性过程，本质是技术效率。在工业化促进信息化路径中，以资本深化为核心的生产是稳定的；在信息化带动工业化路径中，以知识深化为核心的生产也是稳定的。但是，在信息化与工业化之间处于大体均衡发展的中间阶段（两者之间难以形成哪一种路径为主导的阶段），具有高度不确定性，导致收益递增结构具有不稳定的特征。经济增长是继续沿着资本深化的路径演化，还是转向知识深化为主导的路径，不再取决于资本深化或知识深化本身，而是取决于外在因素。其中，制度、技术突变、路径依赖等均可能是最重要的影响因素。在企业层面，企业信息化和一体化关系取决于企业信息化是降低内部协调成本还是降低外部协调成本，既取决于外生的制度和技术环境，也取决于企业信息化本身的程度。因此，本书提出以下理论假设：

假设3：在经济增长的不同阶段，协调成本的下降对经济增长决定性作用的稳定性不同。在低收入或高收入阶段是稳定的，在中等收入阶段是最不稳定的。在中等收入阶段，经济系统的内生因素无法解决这种不稳定性时，制度对经济增长的激励作用可能是决定性的。

协调成本的迂回性与经济增长的分析。分工在收益递增的经济增长中具有正负反馈的作用的 Young 定理，揭示出经济增长中包含着随机过程的迂回性和突变的概率。具体地，间接或迂回生产方式的增长与产业之间的劳动分工，均可以成为经济增长的源泉。产业相互关联整体运行下的专业化和分工、劳动分工及间接或迂回方式使用劳动力的经济及劳动分工和市场范围演化所产生的技术进步，构成收益递增的三个机制（Young，1928）。在新经济增长模型中，生产方式的迂回性，实质是积累生产性知识所需等待的时间。实证研究表明，长期来看，工业化与经济增长的关系是相互促进的，工业内部结构的专业化变化通过提高工业化效率进而促进经济增长，经济增长进一步促进工业部门内部的专业化（Miklós & Enreyro，2013）。

在信息化与工业化发展中，各自形成不同的模块化系统。模块化系统通过促进知识增长，提高人力资本积累效率来降低系统内部知识关联，降低分工所带来的协调成本而促进分工的演进。显然，由于信息化比工业化具有更高的系统性和边际成本不变特征，信息化模块知识比工业化模块知识的生产迂回性更强而具有更高的收益递增率。按照 Young 迂回生产理论，工业化促进信息化路径可以看成是资本深化向知识深化的迂回及其迭代过程，信息化带动工业化路径则是知识深化向资本深化的迂回及其迭代过程，加上两者之间的互补性共同形成收益递增。在企业层面，首先，资本深化向知识深化的迂回生产方式，主要体现在传统产业或企业的数字化转型过程；其次，知识深化向资本深化的迂回生产方式，主要体现在信息技术或企业改造传统产业的过程；最后，知识深化与资本深化两者的互补性过程，主要体现在企业 O2O 创新模式上，即线上线下互动形成收益递增。在协调成本下降的三种迂回生产方式过程中，受路径依赖、知识（人力资本）、制度、技术创新、文化、地理位置等诸多因素的影响，经济增长的规模和结构既可能对协调成本的下降产生冲击，也可能促进其调整。由此，本书提出以下理论假设：

假设4：在资本深化促进知识深化与知识深化带动资本深化之间的迂回生产方式中，经济增长既可能对协调成本的下降产生冲击，也可能促进调整。协调成本下降的迂回性既可能是收益递增或不变，也可能收益递减。

综合上述四方面假设，可以构建知识互补性、协调成本与经济增长三者关系的两化融合影响的理论模型，具体参见第四章第四节。

三、产业结构、数字经济与绿色增长

产业结构变迁是指生产要素在经济各部门和不同产业之间的重新配置，以及经济各部门和不同产业产值的比重变化。产业结构变迁主要包含产业结构高级化

与产业结构合理化两个维度。根据罗斯托（1962）的经典定义，产业结构高级化主要指经济增长中主导产业依次更替的过程。在现有文献研究中主要将服务化在经济中的分量来刻画，如用第三产业产值与第二产业产值比值。产业结构合理化指的是三大产业之间的比例均衡和关联协调程度，刻画的是要素投入和产出的耦合程度（干春晖等，2011；李洪亚，2016）。

产业结构变迁是经济增长中的一项重要议题。一方面，产业结构变迁被认为是促进经济持续与快速增长的重要手段，如研究表明，中国的经济要实现高质量的增长，必须着力优化产业结构，将要素资源引导到技术和效率水平更高的细分行业（蔡跃洲和付一夫，2017）。产业结构高级化的作用主要源于相关要素从低级产业向高级产业流通过程，也是生产效率提升的过程，因此有利于经济增长。产业结构合理化的作用主要源于相关要素在各个产业之间顺畅流通，直至各个产业之间在投入与产出上均衡与协调，使产业发展能够更好地与自身的要素禀赋相结合，提高专业生产的效率，因此有利于经济的快速增长。就产业结构变迁的两个维度作用对比上，如有研究表明，产业结构合理化与经济增长间的关系稳定，而高级化则充满更多的不确定（干春晖等，2011）。或者，产业结构的合理化和升级普遍促进了城市的经济增长，产业结构合理化的推动力大于升级（Hou et al.，2019）。另一方面，产业结构变迁也构成解决经济绿色增长问题的核心关注点。优化产业结构、促进产业转型升级被视为是实现经济绿色增长的重要途径。产业结构变迁与经济绿色增长之间的关系，主要是从不同产业对环境的污染程度存在差异这一视角展开，如研究认为：产业结构与环境污染之间存在长期、稳定的协整关系，且产业结构的变化是环境污染的格兰杰原因（朱俏俏等，2014），产业升级或者新兴产业的发展是经济绿色增长的关键。同时，产业结构合理化发展一直被理论和实践认定为是促进可持续增长的重要因素。产业结构合理化使得产业发展能够更好地与自身的要素禀赋相结合，提高专业生产的效率和多元化，吸收先进产业并转移落后产业。整体而言，现有研究对产业结构合理化发展在经济高质量增长中的原理分析还更多停留在生产效率视角上，未从经济环境效率视角对其在经济绿色增长中的作用展开充分的探讨。

技术进步与技术创新是促使产业结构变迁的重要原因。新技术的应用为加快产业结构转型升级提供新机遇。同时，信息技术的应用也对产业结构的转型升级提出了新的要求。长期的技术进步是产业结构变迁的根本动力，这是由于新兴产业的发展关键在于科技创新以及技术驱动（Miao et al.，2018）。大规模引进先进技术会对加快我国产业结构调整和技术进步产生深远影响，人工智能、物联网、大数据和云计算等信息和通信技术（ICT）与传统行业的融合，能够实现创新变革，且这种创新将发生在所有行业和服务中（Kwon et al.，2018）。

数字经济发展中技术的渗透与网络效应是数字经济带动产业结构变迁的另一个重要原因，两化融合对产业结构的合理化具有正向作用。由于产业结构的变革实际上是各类投入要素、有形资源以及无形的知识和信息在不同产业和行业之间的交互与联结的结果。因此数字经济发展过程中信息技术在不同产业中的融合与渗透，将促进生产要素、资源在产业间的顺畅流动以及合理配置。针对 18 个 OECD 国家 1970~2005 年的数据分析发现，信息技术的扩散会对制造业和服务业的动态性能产生影响，促进产业间的协调与互动（Castellacci，2010）。新时期的互联网与实体经济融合是形成工业和服务业良性互动、融合共生的关系，化解产业结构失衡，构建创新驱动、效率导向的现代产业体系（黄慧群，2017），尤其是高新技术产业 R&D 投入对传统产业具有差异化的溢出效应，进而使得产业结构发生变动（Tsai & Wang，2004）。

同时，数字经济中信息技术的渗透与网络效应也对产业结构变迁的刻画带来挑战。由于信息技术和生产技术被认为是数字经济的主要资源。因此，信息技术的高渗透性作用也促使信息服务业迅速地向第一、第二产业扩张。于是三大产业之间的界限模糊，出现了第一、第二、第三产业相互融合的趋势。如已有研究表明：产业融合论的出现主要是由于信息技术产业的影响，制造业和生产性服务业之间的界限由于信息技术的融合显得不再那么清晰，产业边界变得模糊（Eberts & Randall，1998；唐晓华等，2018），有必要对产业结构进行重新界定。制造业和生产性服务业通过信息产业进行产业间的互补和延伸，实现产业间的交互融合（Sick et al.，2019）。如智能制造、智能工业等，均难以按照传统的划分方法进行明确的第二产业或第三产业的划分（Patel et al.，2018）。可见，数字经济时代的产业结构变迁的刻画已经突破了原有的产业结构高级化与合理化的逻辑范畴。

数字经济在经济增长历程中的重要作用已经成为理论共识。从经济增长来看，数字化是现代世界中最具革命性的变化之一，是创新经济和信息社会发展的重要决定因素。从经济绿色增长方面来看，数字经济发展构成环境可持续性问题的解决方案已达成理论研究的共识，数字经济的发展将创造出交通排放和管理资源消耗的新方法。根据 142 个经济体的面板数据发现，当信息化建设与传统工业企业的融合程度达到一定水平后，二氧化碳的排放量会下降（Añón et al.，2017）。物联网、人工智能、数据分析、机器学习和 3D 打印等数字技术，可用于创建，扩展和监控全球可持续发展和环境合规的有效性（Berawi，2019）。因此，数字经济的发展有助于实现由传统粗放型工业发展模式向绿色集约型工业发展模式转变，信息化改变传统的劳动密集型工业模式，进而切换到知识密集型模式。

综上所述，现有研究认为数字经济发展是促进国家和地区实现可持续增长的重要手段，并且认为其中很重要的作用机理是数字经济发展过程中信息技术在各产业中的渗透，驱动产业向更为环保、更为高效的产业结构变迁。同时，从产业结构变迁视角来分析，经济数量增长或经济增长速度以及经济绿色增长实现的本质逻辑上存在差异。经济数量增长或经济增长速度是各个产业结构之间的投入与产出效率逻辑。然而，经济绿色增长是各个产业结构之间的经济环境效率。现有研究中所探讨的产业结构变迁对经济增长的重要性主要是从经济数量增长的逻辑展开的。因此，信息、网络技术高渗透性的特征，导致三大产业结构的界限模糊，有必要突破现有产业结构变迁的框架，从经济绿色增长的经济环境效率视角出发对产业结构变迁影响经济绿色增长的逻辑展开分析，重新审视数字经济在通过产业结构调整进而影响经济绿色增长中的角色，构建面向数字经济创新变迁的两化融合、数实融合与人工智能创新影响经济高质量发展的理论模型。

第三章　两化融合水平与质量

第二章对两化融合路径与发展模式的阐述和分析表明，融合由工业化促进信息化（信息产业化）与信息化带动工业化（产业信息化）两条基本路径构成，在当代表现为数字产业化与产业数字化两类路径。同时，形成跨越式和渐进式两种融合发展模式。那么，如何具体刻画融合路径和发展模式呢？这就需要对两化融合的水平和质量进行测度。虽然学术界提出不少两化融合测度方法，但大多缺乏理论基础，测度理论与方法之间存在逻辑不统一现象，如理论上强调两化融合信息产业化与产业信息化构成，但测度方法只呈现一种融合系数，无法刻画两条路径并存的融合特征。本章构建两化融合测度的理论框架和分析方法，通过工业化指数和信息化指数的构建、测度融合的数据采集及处理两化融合测度方法与结果，分析两化融合的水平和质量。

第一节　两化融合测度理论与方法

如前所述，两化融合的本质是技术效率，进而通过技术效率对工业化系统与信息化系统的资源进行优化配置。因此，第一章和第二章的内容构成两化融合测度的理论基础。在此基础上，探讨两化融合的测度理论与框架。

一、两化融合的测度理论与框架

两化融合的本质是技术效率，采用层次分析法或指数法测度工业化水平和信息化水平这样的单系统发展水平是合理的，但采用指数法测度两化融合这样的两个系统之间的交互影响过程的发展水平或质量，无法刻画两个系统之间交互影响的动态特征，也无法分析两个系统之间是否协调或协调多少这一关键问题，因为根据层次分析法或指数法获得的只是一个静态结果，难以刻画工业化与信息化两个单系统之间融合的动态过程或过程状态，更为重要的是指数模型缺乏理论思想来支撑其测度方法的构建逻辑。基于协同学理论，尤其是从经济协调发展理论视角来看，构建两化融合实证模型可以采用综合指数法、功效系数法及协调发展系数判断方法。然而，综合指数法和功效系数法均难以反映我们在第二章中描述的两化融合中的偏离特征，总体来看，协调发展系数判断方法更合适用来刻画两化融合的技术效率特征。

选取两化融合发展评价指标的原则包括但不限于以下四个：①科学性原则，即指标的设计应科学，指标的选取应符合工业化与信息化评价的需要。由于两化融合是社会经济发展过程中切实存在的问题，涉及社会经济生活的各个方面，因此，对于每个指标的选择和确定都要讲究科学性和规范性。②全面性和系统性原则。两化融合是一个复杂、多层次的动态系统，选取评价指标应遵循全面性和系统性原则。其中，全面性指选取的指标要尽可能代表分析对象的全貌。系统性指选取的指标之间要具有一定的内在联系。③简洁有效性原则。指标体系的确定不能追求大而全，设计指标时要根据实际情况力求精简，尽可能筛选并删除一些可有可无的指标。④可行性原则。指标的选择要注意可行性。指标的设置要有利于资料的获取，即选取指标应该兼顾全面性和数据易得性两方面的因素，尽可能利用现存的统计数据，选择主要的、基本的、有代表性的综合指标作为量化的计算指标。

上述原则无疑是正确的，但如何操作则需要研究者的智慧和经验来完成。例如，在选取具体的信息评价指标时，主要考虑以下四方面因素：

第一，一国的基本经济实力决定了该国信息能力的大小，这种能力主要是由国家或地区经济发展水平和对信息产业发展的支持状况来决定的，如人均国内生产总值（GDP）、信息产业占国内生产总值（GDP）的比重、对信息技术的研究与开发投资和建设投资情况等。信息能力的提高对促进国家或地区经济的发展具有重要的作用，较高的信息能力可以极大地提高综合国力和国际竞争力。

第二，掌握高新信息技术是增强信息能力的关键。信息技术应用主要包括信息技术水平与设备部门的发展水平、信息网络系统建设质量与水平、信息传输和咨询服务的质量与水平等。由于信息技术覆盖了国民经济的各个领域和企业经营的各个环节，而广泛应用信息技术，加快信息基础设施建设，可大大提高信息能力。因此，需要设立基础性和促进性因素指标来评价信息能力。

第三，信息作为一种资源，只有大力开发利用，才能实现其价值，即实现创造财富的能力。信息资源的充分占有与利用主要包括信息存储量、信息有效利用的质量与水平等。因此，评价信息能力，需要设立资源与利用性指标。

第四，信息劳动者是生产力中最活跃的因素，因此，评价信息能力，需要设立活跃性因素指标。

日本信息化指数模型自1965年提出后，因其指标体系和计算方法简单易行，在国内外得到了广泛的应用，不少中国省市也利用该模型进行信息化水平测度。这些测度对于衡量该地区的信息活动水平和信息化程度，预测信息化建设的发展态势有一定的现实意义和参考作用。然而，日本信息化指数模型是40多年前提出的一个信息化测度模型，指标的设立和指标值的选取与当今中国社会与经济特征有相当的出入，因此，完全按照该指标体系来测度信息化水平一方面难以体现互联网发展特征，另一方面指标较多难以与工业化指标相对应。

中国的国家信息化水平测评指标体系与日本信息化指数模型有相似之处，但又有创新和发展。该方案增加了反映现代通信设备和互联网应用状况的指标，尤其是增加了"信息技术和信息产业"和"信息化人才"指标，期望借助信息技术、信息产业、信息化人才等要素在国民经济产业结构中的重要性来表示信息化发展水平。这种愿望可以理解，但从理论逻辑上来讲，信息技术、信息产业、信息化人才等均属于信息化发展水平的关键影响因素，而不是信息化水平高低的衡量指标。

据此，两化融合的测度包括三部分内容：一是工业化与信息化发展水平评价；二是两化融合水平评价；三是两化融合的质量评价。总体逻辑思路如下：首先，对指标进行初步处理后，通过主成分分析方法计算工业化与信息化的发展水平；其次，通过非参数随机前沿分析求得工业化路径和信息化路径系数以及两化融合系数；最后，采用分位数回归模型测算融合水平对经济增长的影响，采用非参数固定效应模型测算融合路径对经济增长的影响，进而探讨两化融合的质量特征，具体由五个步骤构成（见图3-1）。

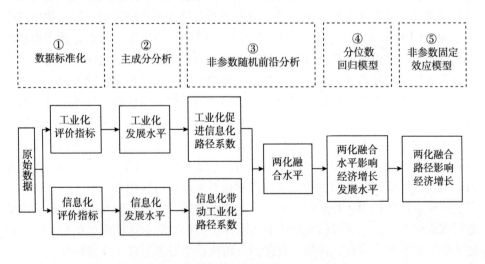

图3-1 两化融合水平与质量的测算框架

如图 3-1 所示，两化融合水平与质量的测算具体如下：

第一步：原始数据标准化。在进行 SPSS 统计软件的主成分分析前，为消除由变量的量纲所造成的扰动影响，对指标变量进行标准化处理，其计算公式为：$Y_{ij} = \dfrac{X_{ij} - \overline{X}_j}{S_j}$，（$i \in [1, n]$ 年，$j \in [1, p]$ 个指标）。其中，X_{ij} 表示 j 指标历年的原始数据，Y_{ij} 表示标准化后的数据。$S_j = \sqrt{\dfrac{1}{n-1}\sum\limits_{i=1}^{n}(X_{ij} - \overline{X}_j)^2}$。其中，$\overline{X}_j$ 表示 j 指标在目标时段的平均值，S_j 表示指标的处理标准差。

第二步：主成分分析。使用主成分分析法测算工业化和信息化的发展水平，包括求标准化数据矩阵的相关系数矩阵、计算相关系数矩阵的特征根和特征向量、计算主成分的贡献率并按累计贡献提取主成分，最后分别计算出工业化水平与信息化水平。具体地，对标准化数据矩阵求解相关系数 $R = r_{ij} n \times n$，其中 $r_{ij} = \dfrac{1}{n-1}\sum\limits_{i=1}^{n} y_{ii} y_{ij}$（$r_{ij}$ 为指标 i 与指标 j 相关系数）。在此基础上，求解相关系数矩阵的特征根和特征向量。令 $|\lambda I - R| = 0$，可求出 R 的特征值 λ_1，λ_2，…，λ_n（其中 $\lambda_1 \geqslant \lambda_2 \geqslant \cdots \geqslant \lambda_n$），以及各特征值相对的单位正交特征向量 $a_{ij} = (a_{1j}, a_{2j}, \cdots, a_{nj})^T$。计算主成分的贡献率，并按累计贡献提取因子，一般以累计贡献率达到 85% 为准，提取前 K 个因子。由于相关系数矩阵 R 的特征值 λ_1，λ_2，…，λ_n 正式对应主成分 F_1，F_2，…，F_n 的方差，而方差更高，就更加能解释原有指标，对综合评价就有更加高的贡献率。因此，定义主成分 F_i 的贡献率 a_i 为：$a_i = \dfrac{\lambda_i}{\sum\limits_{i=1}^{n}\lambda_i}$。前列的 k 项因子的累计贡献率 A_k 为 $A_k = \dfrac{\sum\limits_{i=1}^{k}\lambda_i}{\sum\limits_{i=1}^{n}\lambda_i}$。当前列 k 个因子的累计贡献率达到 85% 时，可以认为各个指标的指标主成分为 $F = (F_1, F_2, \cdots, F_n)$。由此，可以分别计算出工业化水平与信息化水平的发展值，即 $V_i = \sum\limits_{m=1}^{k} a_m F_{im}$。

第三步：非参数随机前沿分析。获得工业化和信息化水平的发展值后，将其视为两化水平的真实值。采用非参数随机前沿方法，求解工业化促进信息化路径系数以及信息化带动工业化路径系数，然后采用协调发展系数的估计过程，估计两化融合的系数。根据两化融合的理论模型，对工业化与信息化融合的评价需要有理想值和实际值的比较过程，需要选择能测量理想值的研究方法。考虑到工业化系统与信息化系统相互融合发展的过程是复杂的，且缺乏清楚的规律，考虑采用两化融合非参数随机前沿方法，将各个国家和地区的地区效应、时间效应用固定效应的形式表现在两者的融合方程中。具体地，采用完全非参数随机前沿模型的非参数局部线性方法进行估计，求得工业化促进信息化和信息化带动工业化路径的系数，然后利用协调发展系数公式，得出两化融合系数。

第四步：分位数回归模型。使用分位数回归方法，分析两化融合水平对经济增长的影响。双向分位数回归模型，能够更加精确地描述各个融合水平分位和人均 GDP 分位的情况，而且能够通过两步联立体现对影响反馈这个交互过程。构建两个分别以包括两化融合水平 IC，代表经济增长水平的人均 GDP 为因变量的分位数回归模型，以更准确地刻画两化融合对经济增长的影响。其中，两化融合水平的主要影响因素为工业化水平 IND_{it}（i 表示地区，t 表示年份）和信息化水平 INF_{it}。同时，经济增长也受到工业化水平 IND_{it} 和信息化水平 INF_{it} 的影响，分别将工业化水平和信息化水平依次作为联系 GDP 函数和融合水平函数的变量，以同时反映经济增长与融合水平的变化。

此外，为刻画面板数据中的固定效应，反映不随时间变动的因素，引入 O'donnell 等（2008）提出的共同边界技术效率比（Meta-Technical Ratio，MTR）取代固定效应模型中以虚拟变量反映地区与时间差异的代理变量。其后，分别以时间和地区分组，再以相应的 MTR_p 和 MTR_y 来分别刻画相应的地区和时间效应。在此基础上，可利用信息化和工业化水平连接人均 GDP 函数和两化融合水平函数，以信息化水平、工业化水平、MTR 作为自变量，人均 GDP 对数和融合水平对数分别为因变量，建立回归模型求解。

第五步：非参数固定效应模型。使用非参数固定效应模型，研究两化融合路径对经济增长的影响。两化融合是一个动态的、多个层面的过程，其本身和影响因素之间所存在的关系难以直接利用某个现成的关系函数直接描述。虽然可选择的关系函数众多，但在尚不清楚两化融合机理的情况下，对模型真正形式的错误设定（线性/非线性参数设定），往往会导致有偏的或者无效的参数估计，为研究两化融合与经济指标之间的交互影响，利用非参数估计方法来规避无法用确定的函数形式来描述的缺陷。

下面，分别阐述工业化指数与信息化指数及两化融合的非参数随机前沿模型的主要内容，为后续实证研究提供方法和数据基础。

二、工业化指数与信息化指数

以中国区域（省份）两化融合测度为例，测度工作分两步展开：一是构建工业化指数和信息化指数，采用主成分分析法分别对中国省份工业化和信息化发展水平进行测定；二是对中国省份两化融合水平进行测定及排序。

（一）工业化发展水平评价指标

根据经典工业化理论，衡量一个国家或地区的工业化水平，一般可以从经济发展水平、产业结构、工业结构、就业结构、空间结构等方面来进行。例如，可以选择以下五个指标构造区域工业化水平的评价体系：①在经济发展水平方面。选择人均 GDP 为基本指标，将汇率法与购买力评价法相结合，取其平均值，对各地区的人均 GDP 进行折算。②在产业结构方面。选择一、二、三产业产值比为基本指标。③在工业结构方面。选择制造业增加值占总商品生产部门增加值的比重为基本指标。④空间结构方面。选择城市化率（城镇人口占总人口比例）为基本指标。⑤就业结构方面。选择第一产业就业占比为基本指标。

以上指标的选择既汲取了国内外衡量工业化发展水平合理的量化标准，又弥补了传统工业化评价方法指标单一性的不足。通过选择一系列的指标体系来反映工业化基本特征，因此，使用该综合评价指数方法来对工业化水平进行综合测定较为合理。

（1）评价标准。参照钱纳里等（1989）的划分方法，将工业化过程分为三个阶段，即前工业化阶段、工业化实现阶段和后工业化阶段。其中，工业化实现阶段又分为三个阶段，包括工业化初期、中期和后期。中国社会科学院课题组结合相关的理论研究和国际经验确定了工业化不同阶段的各评价指标的评价标准。

（2）确定评价指标权重。该模型采用层次分析法确定地区工业化综合评价指标的权重，中国社会科学院课题组参考专家的意见构造出各指标的比较判断矩阵，该矩阵的最大特征根 = 5.07104，相对一致性指标 CR = CI/RI<0.1。通过逻辑一致性检验，从而得到各个指标相应的权重。根据各指标的权重值，对于衡量区域工业化水平而言，经济发展水平的重要性大于经济结构的重要性，经济结构的重要性与工业结构的重要性相同，但均大于空间结构的重要性，空间结构的重要性大于就业结构的重要性。

（3）工业化水平综合评价的具体研究步骤。根据上述衡量工业化水平的指标体系、相应的标志值以及各指标的权重，该模型选择了传统的加法合成法的评价方法来构造反映一国或地区工业化水平的综合指数。该方法的具体研究步骤有以下两个：①按照衡量工业化水平的指标按地区和时间收集数据，并加以计算，然后按照工业化不同阶段的标志值分别确定某年份、某地区、某个指标属于哪个阶段。②按照上一步判断出来的某个指标所属的阶段，通过公式计算出该指标的评测值。该研究方法使用阶段阈值法进行指标的无量纲化处理，其公式为：

$$\begin{cases} \lambda_{ik} = (j_{ik}-2) \times 33 + (X_{ik}-\min_{kj})(\max_{kj}-\min_{kj}) \times 33, & (j_{ik} = 2、3、4) \\ \lambda_{ik} = 0, & (j_{ik} = 1) \\ \lambda_{ik} = 100, & (j_{ik} = 5) \end{cases}$$

其中，i 表示第 i 个地区；k 表示第 k 个指标；λ_{ik} 表示 i 地区 k 指标的评测值；j_{ik} 表示 i 地区 k 指标所处的阶段（1-5），j_{ik} 的取值区间为 1、2、3、4、5，

即如果 $j_{ik} = 5$，那么 $\lambda_{ik} = 100$（说明 i 地区的 k 指标已达到后工业化阶段的标准），反之亦然；X_{ik} 表示 i 地区的 k 指标的实际值；$\max_{kj}$ 表示 k 指标在 j 阶段的最大参考值；$\min_{kj}$ 指标在 j 阶段的最小参考值，$\lambda_{ik} \in [0, 100]$。

该方法实施过程有以下六个：

（1）确定某地区某指标所处的工业化阶段，即 j_{ik}。

（2）如果该指标实际值处于第 1 阶段，那么最后得分为 0，表明该地区还未进入工业化阶段。

（3）如果该指标实际值处于第 5 阶段，那么最后得分为 100，表明该地区已进入后工业化阶段。

（4）如果该指标处于第 2、3、4 阶段，那么最后得分＝阶段基础值（分别为 0、33、66）＋（实际值－该阶段最小临界值）／（该阶段最大临界值－该阶段最小临界值）×33。

（5）通过以上计算出来的某年、某地区各指标的评测值，可以利用加法合成法公式计算出某年、某地区的工业化综合指数。公式如下：

$$K = \frac{\sum_{i=1}^{n} \lambda_i W_i}{\sum_{i=1}^{n} W_i}$$

其中，K 表示国家或地区工业化水平的综合评价值；λ_i 表示单个指标的评价值，n 表示评价指标的个数；W_i 表示各评价指标的权重由层次分析法生成），其中的权重比例如上所示。

（6）可以通过一定的综合指数的工业化判断标准来判断各年份某地区的工业化进程。其判断标准是：用"一"表示前工业化阶段（综合指数为 0），"二"表示工业化初期（综合指数值大于 0 小于 33），"三"表示工业化中期（综合指数值为大于等于 33，小于 66），"四"表示工业化后期（综合指数值为大于等于 66 小于等于 99），"五"表示后工业化阶段（综合指数值为大于等于 100）；"（Ⅰ）"表示前半阶段（综合指数值未超过该阶段的中间值），"（Ⅱ）"表示后半阶段（综合指数值超过该阶段中间值）；例如："二（Ⅰ）"就表示该地区处于工业化初期的前半阶段。

由于加法合成法无法避免主观因素的影响和指标间信息重复的问题，因此，陈佳贵等（2006）运用主成分分析法对上述评价结果的准确性、合理性和可靠性进行了检验。通过比较，两种方法的结果基本一致，因此，利用该区域工业化水平综合评价模型得到的结果是可以置信的。

在数据处理方面，这里对上述工业化综合评价指标作了部分修正：首先，选择第一、二、三产业产值比的数据属于相对数据，不具有实际意义。同时，由于是对工业化水平进行评价，在不影响综合评价的前提下，采用第二产业产值占比代替；其次，由于中国各省的统计口径不同，制造业增加值占总商品生产部门增加值的比重这一指标的数据获取有一定的困难，因此，本节选择工业总产值这一指标来代替。

综上所述，作为融合测度基础的工业化发展水平评价指标体系包括人均GDP、第二产业产值比、工业总产值、人口城市化率、第一产业就业比5个指标（见表3-1）。

表3-1 工业化发展水平评价指标体系

指标	单位
人均GDP	元
第二产业产值比	%
工业总产值	万元
人口城市化率	%
第一产业就业比	%

（二）信息化发展水平评价指标

以日本信息化指数模型为蓝本的训练数据体系，主要是期望在学术界类似体系下观察信息化水平对经济发展的影响，对第二章的相关理论结果进行实证检验，因而没有考虑互联网条件下信息化发展趋势的相关特征。本节期望建立两化融合测度方法，建构信息化指标体系时，在理论上应充分考虑四个方面的约束：①信息化指标体系尽可能与工业化指标体系的结构相对应，避免与工业化发展水平的指标体系在数量上相差太大；②信息化指标既有反映传统信息化水平的指标，也有反映互联网时代特征的指标；③信息化指标在理论上均属于信息化发展的"产出"类指标，而不是信息化发展的"投入"类指标，或信息化发展的关键影响因素的指标，如信息产业要素等；④在保证关键指标不缺失的前提下，兼顾数据可获得性的条件。

在充分考虑上述四个方面约束条件下，区域信息化发展水平可以通过以下四类指标来评价：①传统信息化发展水平方面，选择电话普及率和有线电视普及率两个指标来代表；②互联网发展水平方面，选择网站总数和互联网普及率两个指标来代表；③信息化结构方面，选择电话、电视和互联网等"产出"基本指标；④信息化空间结构方面，选择移动电话普及率作为指标来代表。因此，基于与工业化发展水平指标结构和数量大体对等原则，区域信息化发展水平指标体系包括电话普及率、移动电话普及率、有线电视普及率、网站总数及互联网普及率等指标，见表3-2列出其中若干指标。

表 3-2　信息化发展水平评价指标体系

指标	单位
电话普及率	%
移动电话普及率	部/百人
有线电视普及率数	%
各省份网站总数	个
互联网普及率	%

表 3-2 的指标体现了信息化发展水平指标的简洁性和与工业化发展水平指标在结构和数量上的对等性。首先，表 3-1 中有第一产业就业比反映的就业结构，表 3-2 中没有安排信息化就业结构。主要原因在于信息化发展水平与工业化发展水平存在产出差异，工业化产值较为清晰，就业比及影响具有确定性，而信息化产值较为模糊，就业面及影响具有高度复合性和不确定性，因此，难以简单地用信息产业就业比或网民数比例来代表信息化的劳动力水平。这样，表 3-2 中没有安排具体的信息化就业结构指标。其次，表 3-1 中以人口城市化率反映工业化的空间结构，表 3-9 中以移动电话普及率来反映信息化的空间结构，主要认为信息工具或互联网的普及率已经反映了类似于工业化的信息化空间结构，而移动电话通信的灵活特征具有更好地刻画信息化空间结构的特征，因而采用移动电话普及率来反映信息化的空间结构。

三、测度融合的非参数随机前沿模型[①]

从融合指数的层次分析、主成分分析和聚类分析等角度难以表达两化融合是一个相互影响、相互作用的动态过程或过程状态的特征，对信息化带动工业化，工业化促进信息化，两化融合的主要特征是什么，这类模型通常难以刻画出来。例如，依据指数化模型对中国区域两化融合的研究，往往由于指数模型本身的局限，无法满足对融合动态性及其偏离特征的刻画要求而出现难以令人信服的结果。这里，存在两个需要讨论的关键点：①从计量经济学方法来看，通过两者相关性来说明融合对经济发展做出贡献是不妥当的，因为经济发展是多因一果的因变量，在没有消除其他影响因素条件下认为两者相关就代表自变量影响因变量的观点不够严密；②从理论逻辑上分析，融合水平与经济发展水平正相关缺乏理论逻辑。

因此，本节考虑测度融合的非参数随机前沿模型。现实中，可统计观察的融合结果是摩擦成本冲击下经协调成本调整后的结果（相当于不完全竞争条件下的

---

① 以谢康、肖静华、周先波、乌家培《中国工业化与信息化融合质量：理论与实证》（《经济研究》2012 年第 1 期）为基础重新撰写、修改和增补。

融合结果），测度融合水平需要将实际水平与理想水平相比较。因此，如何估计信息化（工业化）系统发展所要求的工业化（信息化）系统的理想发展水平成为测度融合水平的关键。

考虑到工业化和信息化的发展存在不可观察的随机因素，中国各地区之间的发展存在较大的区域异质性，信息技术更新速度快的时间异质性，且这些异质性对两者融合影响方式的不可观察性，建立两化融合的非参数随机前沿模型，将省份效应、时间效应以非参数形式纳入两者的融合方程中。具体地，记 IND_{it} 表示地区 i 在年份 t 工业化系统的实际水平，INF_{it} 表示地区 i 在年份 t 信息化系统的实际水平，根据两者相互融合的特征，设定信息化带动工业化融合、工业化促进信息化融合的模型分别为：

$$IND_{it} = IND'_{it} + \varepsilon_{it} = f(INF_{it}, i, t) + \varepsilon_{it} \tag{3-1}$$

$$INF_{it} = INF'_{it} + \varepsilon_{it} = g(IND_{it}, i, t) + \varepsilon_{it} \tag{3-2}$$

其中，$IND'_{it} = f(INF_{it}, i, t)$ 表示信息化系统发展所要求的工业化系统的理想发展水平（相当于完全竞争条件下的工业化水平），刻画信息化带动工业化路径；$INF'_{it} = g(IND_{it}, i, t)$ 表示工业化系统发展所要求的信息化系统的理想发展水平（相当于完全竞争条件下的信息化水平），刻画工业化促进信息化路径。两者均为未知的非参数函数，且省市效应、时间效应以非参数形式进入非参数函数中；ε_{it} 是随机扰动项。这里，非参数模型的设定对工业化与信息化相互融合形式不作任何限制，时间和地区效应不是以简单线性形式作用于融合过程，具有一定的灵活性，符合两化融合的过程和动态特征。

采用完全非参数随机前沿模型的非参数局部线性方法估计模型式（3-1）和式（3-2），目前此方法已被应用于技术效率的测算中。以下以模型式（3-1）的估计为例阐述。记 $y_{it} = IND_{it}$，$x_{it} = INF_{it}$，$x = INF$。对 $f(x_{it}, i, t)$ 在连续点 x 处进行 Taylor 展开，记 $\beta(x, i, t)$ 为 $f(x, i, t)$ 关于 x 的一阶导函数，则：

$$y_{it} = f(x, i, t) + (x_{it} - x)\beta(x, i, t) + o(|x_{it} - x|) + \varepsilon_{it} \tag{3-3}$$

其中 $o(|x_{it} - x|)$ 是 $|x_{it} - x|$ 的高阶项。因为回归函数还涉及无序分类变量（省份 i，unordered）和有序分类变量（时间 t，ordered）的非参数性，故需对它们进行光滑化处理。为此，在非参数估计中我们使用乘积核函数：

$$K_{ijts}(h_c, h_u, h_o) = k[(x_{js} - x)/h_c]l_{u,ij}l_{o,ts}$$

其中 $k(\cdot)$ 为连续型变量的核函数；个体变量和时间变量的核函数 $l_{u,ij}$ 和 $l_{o,ts}$ 分别为：

$$l_{u,ij} = \begin{cases} 1, & j = i, \\ h_u, & j \neq i \end{cases} \text{和} \quad l_{o,ts} = \begin{cases} 1, & s = t \\ (h_o)^{|s-t|}, & s \neq t \end{cases}$$

当 $h_u = 0$ 时，$l_{u,ij} = 1\{j = i\}$ 为省市 i 的示性函数，只有省市 i 的数据用于估计；

当 $h_u = 1$ 时，$l_{u,ij} \equiv 1$，乘积核函数与省市 i 无关，省市 i 的个体效应被光滑化。同理，h_o 也连续变化，起到对时间效应光滑化处理的作用。h_c、h_u、h_o 分别为连续变量、个体变量和时间变量的光滑化参数或窗宽。记 $X_{js} = (1, x_{js} - x)$，$[f(x, i, t), \beta(x, i, t)']'$ 的非参数局部线性估计是

$$[\hat{f}(x, i, t), \hat{\beta}(x, i, t)']' = \left[\sum_{j=1}^{n} \sum_{s=1}^{T} K_{ijts}(h_c, h_u, h_o) X'_{js} X_{js}\right]^{-1}$$
$$\left[\sum_{j=1}^{n} \sum_{s=1}^{T} K_{ijts}(h_c, h_u, h_o) X'_{js} y_{js}\right] 。$$

在本节中，最佳窗宽 (h_c, h_u, h_o) 由数据驱动型的最小二乘交错鉴定方法确定：记 $h_c = h_{0c} std(x)(nT)^{-1/5}$，则：

$$(h_{0c}, h_u, h_o) = argminCV(b_{0c}, b_u, b_o) \equiv \sum_{t=1}^{T} \sum_{i=1}^{n} [y_{it} - \hat{f}_{-i}(x_{it}, i, t)]^2$$

其中，$\hat{f}_{-i}(x_{it}, i.t)$ 是利用个体 i 各年数据均去掉后的样本，连续变量、个体变量和时间变量的窗宽分别取 $b_{0c} std(x)(nT)^{-1/5}$、b_u 和 b_o 而得到的 $f(x_{it}, i, t)$ 的局部线性估计量，这里 h_{0c}、b_{0c}、b_u、b_o、h_u、h_o 均为正数，$std(x)$ 是 x 的样本标准差。

省市 i 信息化带动工业化的融合反映了信息化水平 INF_{it} 所要求的工业化水平与样本中所有省份 $\{j = 1, 2, \cdots, n\}$ 在同一时间 t 以同样的信息化水平 INF_{it} 所要求的最大可能工业化水平的差距；较小的差距说明信息化带动工业化的融合程度较高。由此及上述 $\hat{f}(x, i, t)$ 的估计，省市 i 于时间 t 信息化带动工业化的融合系数（convergence coefficient）可定义为：

$$IC1_{it} = exp\left[\hat{f}(INF_{it}, i, t) - \max_{j=1,\cdots,n} \hat{f}(INF_{it}, j, t)\right] \tag{3-4}$$

同理，由模型（3-2）中 $\hat{g}(x, i, t)$ 的估计，省市 i 于时间 t 工业化促进信息化的融合系数为：

$$IC2_{it} = exp\left[\hat{g}(IND_{it}, i, t) - \max_{j=1,\cdots,n} \hat{g}(IND_{it}, j, t)\right] \tag{3-5}$$

式（3-4）反映了既定信息化水平下工业化投入成本最小化的思想。同理，式（3-5）反映了既定工业化水平下信息化投入成本最小化的思想。同时，两者也体现了工业化偏离和信息化偏离的理论假设。

最后，根据王维国（2000）协调发展系数判断方法，计算两化融合的系数为：

$$IC_{it} = \frac{\min\{IC1_{it}, IC2_{it}\}}{\max\{IC1_{it}, IC2_{it}\}} \tag{3-6}$$

式（3-6）反映了信息化带动工业化、工业化促进信息化两个单向系统融合之间的差距，差距越小越接近 1。融合系数 IC = 1 表示完全融合，0 < IC < 1 表示未

达到完全融合。在第二章理论模型中，融合系数 r 反映融合的速度，X 的位置反映融合的水平，两者分别描述了融合的动态过程和过程状态。然而，现实中 r 和 X 均属于难以统计观察的潜变量，因此，我们在实证模型中以融合系数 IC1，IC2 和 IC 作为代理变量。

一般地，对融合随机前沿分析模型的设定方法，信息化和工业化水平对融合的偏离有两种来源：一是对随机前沿面的偏离，二是对理想水平的偏离。对于前者，定义省份 i 在 t 年信息化带动工业化的融合偏离为在工业化由信息化带动过程中所要求的工业化理想水平 IND'_{it} 与其相应的前沿面 $\max\limits_{j=1,\cdots,n} f\,(INF_{it},\ j,\ t)$ 之间的差距，即理想水平关于前沿面的偏离。同理，定义省份 i 在 t 年工业化促进信息化的融合偏离为工业化促进信息化过程中所要求的信息化理想水平 INF'_{it} 与其相应的前沿面 $\max\limits_{j=1,\cdots,n} g(IND_{it},\ j,\ t)$ 之间的差距。根据式（3-1）和式（3-2）的估计结果，省份 i 在 t 年这两条路径的融合偏离分别可估计为：

$$\hat{f}(INF_{it},\ i,\ t)-\max\limits_{j=1,\cdots,n}\hat{f}(INF_{it},\ j,\ t) \text{ 和 } \hat{g}(IND_{it},\ i,\ t)-\max\limits_{j=1,\cdots,n}\hat{g}(IND_{it},\ j,\ t)$$

此外，基于趋同模型，在获得中国地区两化融合系数基础上，通过不考虑自相关情况的一般趋同模型：

$$(lnIC_{i,T}-lnIC_{i,0})/T=\alpha+\beta lnIC_{i,0}+\varepsilon_i$$

可以获得中国地区两化融合的空间相关性结果。式中，i 表示趋同个体，具体指中国各省份；0 和 T 分别表示初期和末期；$IC_{i,0}$ 为地区 i 初期融合系数，$IC_{i,T}$ 表示末期融合系数；α 和 β 表示待估计参数；α 表示常数项；β 表示趋同系数，其值的大小取决于初期 IC 值，与其他参数的变化无关；ε_i 表示误差项，假定服从正态分布。

第二节　数据与测度结果

根据上节测算理论与方法，采集相关数据，展开两化融合水平与质量的测度。本节内容布局旨在清晰呈现工业化水平、信息化水平以及两化融合水平的刻画与测度详细过程，是理论模型与方法到实证结果实现过程中主要步骤和主要分析思路的直观显示。为此，选择 2000~2009 年跨度期 10 年，31 个省份或地区的数据作为具体的过程呈现。随着时间的变化，信息化和工业化的具体测度指标会有所变化和更新，在后续涉及信息化水平、工业化水平、两化融合水平测度的章节，会根据时代变化有一定的指标调整。

一、示范数据及处理

采用工业化与信息化指数相关指标，对中国省份工业化与信息化发展水平进行评估，相关指标的计量单位及数据来源如表 3-3 所示。其中，《中国统计年鉴》《信息年鉴》和《中国互联网发展水平报告》等构成基本数据来源。

表 3-3 工业化与信息化指数的评价指标及数据来源

指标	单位	数据来源
人均 GDP	元	中国统计年鉴
第二产业产值比	%	中国统计年鉴
工业总产值	万元	中国统计年鉴
人口城市化率	%	中国统计年鉴
第一产业就业比	%	中国统计年鉴
电话普及率	%	中国信息年鉴
移动电话普及率	部/百人	中国信息年鉴
有线电视普及率数	%	中国信息年鉴
各省份网站总数	个	中国互联网发展水平报告
互联网普及率	%	中国互联网发展水平报告

由于研究对象为中国 31 个省份 2000~2009 年的工业化与信息化水平发展情况，因此，可按表 3-3 收集中国 31 个省份相应年份的统计数据。由于统计年鉴中部分省份的部分数据并不完全，对于残缺数据，根据该省份其他年份的数据对残缺数据进行统计预测，以保证分析数据的完整性。此外，由于各省统计口径不同，上述部分指标可能在部分省份没有统计，对于这部分残缺数据，我们将参考其他省份该指标的计算方法，计算出残缺的指标数据。例如，广东省的相关基础数据整理为表 3-4 的形式。

表 3-4 2000~2009 年广东省评价指标基础数据

年份	人均 GDP（元）	第二产业产值比（%）	工业总产值（万元）	人口城市化率（%）	第一产业就业比（%）	电话普及率（%）	移动电话普及率（部/万人）	有线电视普及率（%）	网站数（个）	互联网普及率（%）
2000	12885.40	50.39	12480.93	55.00	41.14	35.03	15.90	37.22	37783	2.52
2001	13729.93	50.17	14035.35	56.07	39.98	19.35	27.50	37.62	45951	4.50
2002	15030.00	50.40	16378.60	57.22	39.60	26.70	41.30	45.86	70192	6.27
2003	17213.07	53.63	21513.46	58.66	37.86	33.80	51.00	49.08	104645	11.95
2004	19707.00	55.43	21798.11	59.78	35.71	33.00	60.00	54.77	121917	14.31
2005	24435.02	50.70	35942.74	60.68	32.94	37.80	70.30	50.27	115111	16.16
2006	28332.00	51.30	44674.75	63	31.29	39.60	77.40	50.64	154130	19.68

续表

年份	人均GDP（元）	第二产业产值比（%）	工业总产值（万元）	人口城市化率（%）	第一产业就业比（%）	电话普及率（%）	移动电话普及率（部/万人）	有线电视普及率（%）	网站数（个）	互联网普及率（%）
2007	33151.00	51.30	55252.86	63.14	29.22	40.31	84.29	54.29	241473	35.39
2008	37589.00	51.60	65424.61	63.37	28.34	37.82	88.85	59.65	433017	47.72
2009	41166.00	49.20	68275.77	63.40	27.23	38.22	93.70	66.86	375452	50.90

　　下面，我们以广东省为例详细阐述工业化指数与信息化指数水平的计算过程。

　　（1）工业化发展水平测度。按照上述讨论的工业化水平测度步骤，我们运用SPSS17.0对广东省工业化的5个指标进行主成分分析，分析结果如表3-5所示。根据特征值大于1的原则，共提取出两个主成分1和2，其累计方差贡献率为98.828%。其中，第一主成分占绝对比重，对整个信息提取量的贡献率为78.508%，第二主成分所占比重较小。通过旋转后的成分排序可知，第一个因子负荷系数绝对值较大的有人均GDP、第一产业就业比，以及工业总产值，第二个因子负荷系数绝对值较大的有第二产业产值比（见表3-6）。

表3-5　广东省工业化指标主成分分析

成分	解释的总方差								
	初始特征值			提取平方和载入			旋转平方和载入		
	合计	方差的%	累计%	合计	方差的%	累计%	合计	方差的%	累计%
1	3.925	78.508	78.508	3.925	78.508	78.508	1	3.925	78.508
2	1.016	20.320	98.828	1.016	20.320	98.828	2	1.016	20.320
3	0.050	0.992	99.821				3	0.050	0.992
4	0.007	0.131	99.952				4	0.007	0.131
5	0.002	0.048	100.000				5	0.002	0.048
提取方法：主成分分析									

表3-6　广东省工业化指标主成分分析

旋转成分矩阵[a]

	成分	
	1	2
人均GDP	0.982	-0.152
第二产业产值比	-0.068	0.997
工业总产值	0.977	-0.183
人口城市化率	0.982	0.092
第一产业就业比	-0.996	0.054

续表

提取方法：主成分分析法。

旋转法：具有 Kaiser 标准化的正交旋转法。

a 表示旋转在 3 次迭代后收敛。

　　提取出来的两个因子的累计贡献率达到了 98.828%，说明原指标信息中的 98.828% 被提取了出来，因此可以用提取出来的指标代替原指标来表示工业的融合发展水平。由此得到广东省的工业化发展水平（见表3-7）。

表 3-7　2000~2009 年广东省工业化发展水平

年份	2000	2001	2002	2003	2004	2005	2006	2007	2008	2009
工业化水平	-2.3376	-2.0182	-1.7002	-0.9219	-0.3236	0.1954	1.0514	1.6451	2.1360	2.2737

　　需要说明的是，应用主成分分析方法获得的工业化指数水平有可能是负值，这与普通人们理解的工业化指数水平均为正值似乎有矛盾。主成分分析方法主要关注的是指数水平的相对排序，负值并不代表工业化水平为负，只是标识排序的相对位置。在信息化指数中也如此。中国其他省份工业化发展水平的计算方法与广东省相同。

　　（2）信息化发展水平测度。按照上述讨论的测度步骤，与工业化发展水平测度的方法相类似，我们运用 SPSS17.0 对广东省信息化发展水平的 5 个指标进行主成分分析，分析结果如表 3-8 所示。根据特征值大于 1 的原则，共提取出一个主成分，其方差贡献率为 83.336%。

表 3-8　广东省信息化指标主成分分析

成分	解释的总方差					
	初始特征值			提取平方和载入		
	合计	方差的%	累计%	合计	方差的%	累计%
1	4.167	83.336	83.336	4.167	83.336	83.336
2	0.539	10.773	94.109			
3	0.275	5.496	99.605			
4	0.014	0.272	99.877			
5	0.006	0.123	100.000			
提取方法：主成分分析。						

　　通过成分矩阵可知，第一个因子负荷系数绝对值较大的有互联网普及率、移动电话普及率以及有线电视普及率（见表3-9）。这表明随着信息化发展进入网络化时代，传统的信息化指标如电话普及率已经难以像以往那样刻画信息化水平特征。

表 3-9 信息化指标主成分分析

成分矩阵ª

	成分
	1
电话普及率	0.744
移动电话普及率	0.970
有线电视普及率	0.947
各省份网站数	0.927
互联网普及率	0.957
提取方法：主成分分析法。	
a 表示已提取了 1 个成分。	

提取出来的一个主因子的方差贡献率达到了 83.336%，说明原指标信息中的 83.336% 被提取出来，因此，可以用提出来的指标代替原指标来表示信息化的发展水平。由此可得到广东省信息化发展水平如表 3-10 所示。

表 3-10 2000~2009 年广东省信息化发展水平

年份	2000	2001	2002	2003	2004	2005	2006	2007	2008	2009
信息化水平	-2.5149	-2.8354	-1.8274	-0.8644	0.0036	0.0738	0.6816	1.6705	2.6763	2.9362

中国其他省份信息化发展水平的计算方法与广东省相同，依据数据可以得到 2000~2009 年中国 31 个省份的信息化发展水平的综合得分。这样，获得中国各省份工业化与信息化发展水平后，就完成了测度两化融合工作的第一个步骤。接下来需要完成第二个步骤。

二、两化融合测度的结果

根据工业化综合评价指标及权重，选取以下五项指标评价工业化水平：①经济发展水平选择人均 GDP 为基本指标，将汇率法与购买力评价法相结合，取平均值，对各地区人均 GDP 进行折算；②产业结构选择一、二、三产业产值比为基本指标；③工业结构选择制造业增加值占总商品生产部门增加值的比重为基本指标；④空间结构选择城市化率（城镇人口占总人口比例）为基本指标；⑤就业结构选择第一产业就业占比为基本指标。同时，基于张彬等（2010）的研究，兼顾统计数据的可获得性，选取以下指标评价信息化水平：电话普及率、移动电话普及率、有线电视普及率、各省份网站总数及互联网普及率。根据上述 10 项指标，从《中国统计年鉴》和各省逐年统计年鉴，采集 2000~2009 年中国 31 个省份统计数据①，由主成分分析方法测算各地工业化和信息化发展水平，分别作

---

① 部分省市的残缺数据由该省市其他年份数据的统计预测所得。此外，由于各省市统计口径不同，部分指标在有些省市没有统计，我们参考其他省市该指标的计算方法计算出这些残缺数值。

为模型（11）和模型（12）中的 INF_{it} 和 IND_{it}。

单系统融合测度结果。如前所述，根据理论模型的构造特点，测度两化融合水平首先需要分别对工业化促进信息化，及信息化带动工业化两条路径的融合水平进行测度，即所谓单系统融合水平测度。在非参数模型（11）和模型（12）的估计中，我们选用核函数为 4 阶 Gaussian 函数 $k(u) = (1.5 - 0.5u^2) \exp(-u^2/2)/\sqrt{2\pi}$。应用最小二乘交错鉴定（LSCV）方法，在模型（11）中 INF 变量、无序分类变量和时间有序分类变量的最优窗宽分别为 0.61、0.10 和 0.02；在模型（12）中 IND 变量、无序分类变量和时间有序分类变量的最优窗宽分别为 0.59、0.10 和 0.01。为反映核函数对估计结果的影响，我们还分别取 2 阶 Gaussian 核函数（标准正态密度函数）和 6 阶 Gaussian 核函数作非参数估计，发现估计结果相差不大，不影响以下分析。所以，本节仅报告应用 4 阶 Gaussian 核函数的估计结果。

表 3-11 和表 3-12 分别列出由非参数估计方法测算［见式（3-4）和式（3-5）］的 2000~2009 年中国 31 个省份信息化带动工业化和工业化促进信息化的融合水平 IC1 和 IC2。其中，表 3-11 为 2000~2009 年中国 31 个省份信息化带动工业化融合系数，表 3-12 为同期省市工业化促进信息化融合系数。由表 3-11 可以看到，2000~2009 年中国省份之间信息化带动工业化单系统融合水平差异明显，部分省市信息化带动工业化融合水平波动较大，部分省份波动较为平缓，如上海在 2000~2009 年，前后 5 次成为全国省份信息化带动工业化融合路径的排头兵；其次是云南，期间先后有 4 次成为全国省份信息化带动工业化融合的最高水平；陕西和新疆先后出现过 2 次。此外，北京、河北、内蒙古、安徽、福建、山东、湖北、广东、海南、四川和甘肃先后出现 1 次。

表 3-11　2000~2009 年中国 31 个省份信息化带动工业化融合系数

年份\省份	2000	2001	2002	2003	2004	2005	2006	2007	2008	2009	平均
北京	0.6043	0.8580	0.8051	0.8768	0.5642	1.0000	0.9950	0.8904	0.7809	0.8468	0.8222
天津	0.8479	0.7431	0.8720	0.9167	0.8009	0.8983	0.9164	0.8607	0.9726	0.7497	0.8578
河北	0.6700	0.6894	0.8906	0.8975	0.7031	0.8769	0.9288	1.0000	0.9037	0.6019	0.8162
山西	1.0000	0.8423	0.8712	0.8879	0.7444	0.7954	0.8519	0.8344	0.9483	0.9342	0.8710
内蒙古	0.9634	1.0000	0.8923	0.8814	0.7330	0.8028	0.7752	0.8668	1.0000	0.8481	0.8763
辽宁	0.8100	0.8672	0.8829	0.7546	0.8194	0.9073	0.8913	0.8627	0.9121	0.8779	0.8585
吉林	0.7909	0.7997	0.9266	0.8189	0.7233	0.8191	0.8855	0.8572	0.9707	0.8667	0.8459
黑龙江	0.8953	0.7196	0.8596	0.9169	0.7193	0.8492	0.8807	0.9189	0.9647	0.8850	0.8609
上海	0.8333	0.9428	1.0000	1.0000	0.8563	0.9437	1.0000	1.0000	0.9268	1.0000	0.9503
江苏	0.8518	0.9097	1.0000	0.9443	0.9114	0.6512	0.5389	0.6865	0.8344	0.9856	0.8314
浙江	0.9488	0.9820	0.8776	0.8425	0.6939	0.9091	0.8273	0.8071	0.8809	0.7915	0.8561

续表

年份 省份	2000	2001	2002	2003	2004	2005	2006	2007	2008	2009	平均
安徽	0.9149	0.9029	0.8787	0.9112	0.7745	0.7059	0.7835	0.7934	0.9207	1.0000	0.8586
福建	0.7863	0.9610	0.9374	0.8298	0.8407	0.7063	0.6992	0.7786	0.7967	1.0000	0.8336
江西	0.8239	0.8314	0.8718	0.9761	0.8437	0.9702	0.9654	0.8240	0.8191	0.7319	0.8658
山东	0.7838	0.4585	0.6576	0.7275	1.0000	0.8611	0.9454	0.9198	0.8660	0.7286	0.7948
河南	0.8760	0.8759	0.8454	0.9214	0.7935	0.8726	0.8378	0.8891	0.9321	0.7830	0.8627
湖北	1.0000	0.8877	0.8295	0.7508	0.7243	0.9030	0.8298	0.8675	1.0000	0.8053	0.8598
湖南	0.9278	0.8781	0.8141	0.9008	0.7831	0.9310	0.8532	0.8233	0.8912	0.8151	0.8618
广东	0.8980	1.0000	0.9512	0.9249	0.3618	0.8821	0.9191	0.8253	0.7303	0.6036	0.8096
广西	0.8733	0.9718	0.9382	0.7322	0.8881	0.8266	0.8343	0.8815	0.8553	0.7001	0.8501
海南	0.8947	0.7597	0.9801	0.9884	1.0000	0.9823	0.8885	0.6825	0.4690	0.6084	0.8254
重庆	0.7262	0.8873	0.7871	0.9208	0.6889	0.9463	0.9610	0.9248	0.7860	0.6270	0.8255
四川	0.7918	0.7454	0.8383	0.9059	0.7365	0.8632	0.9997	1.0000	0.9326	0.6769	0.8490
贵州	0.9507	0.8518	0.7102	0.8722	0.6846	0.6945	0.8244	0.8564	0.9124	0.9824	0.8340
云南	0.9205	1.0000	1.0000	1.0000	1.0000	0.8265	0.8477	0.7627	0.4290	0.5129	0.8299
西藏	1.0000	0.8920	0.8563	0.8645	0.6330	0.8642	0.8630	0.7967	1.0000	0.7720	0.8542
陕西	0.7963	0.8278	0.8595	0.9832	0.8527	1.0000	1.0000	0.9151	0.8211	0.7005	0.8756
甘肃	0.7695	0.8019	0.7942	1.0000	0.8225	1.0000	0.8959	0.8884	0.7952	0.8418	0.8609
青海	0.4939	0.7139	0.9083	0.9752	0.9942	0.8531	0.8194	0.8232	0.8110	0.8000	0.8192
宁夏	0.9153	0.8351	0.8042	0.8995	0.6741	0.7119	0.7826	0.8092	0.9633	0.9945	0.8390
新疆	0.8953	0.6605	0.8137	0.7397	0.9031	0.8932	1.0000	0.8874	1.0000	0.6680	0.8461
平均	0.8469	0.8418	0.8695	0.8891	0.7829	0.8628	0.8723	0.8559	0.8654	0.7980	0.8485

表 3-12 2000~2009 年中国 31 个省份工业化促进信息化融合系数

年份 省份	2000	2001	2002	2003	2004	2005	2006	2007	2008	2009	平均
北京	0.4898	0.8607	1.0000	0.9596	0.9598	0.9468	0.7346	0.9807	0.7411	0.7364	0.8410
天津	0.9563	0.8494	0.9408	0.8687	0.7839	0.8303	0.8984	0.9163	0.8924	0.9517	0.8888
河北	0.9956	0.9086	0.9273	0.8490	0.8206	0.8238	0.8675	0.6147	0.8816	1.0000	0.8689
山西	0.7820	0.7647	0.9305	0.9251	0.9495	0.9115	0.9077	0.9125	0.9160	0.7883	0.8788
内蒙古	0.8508	0.8486	0.9103	0.8950	0.9347	0.8337	0.7013	0.9548	0.8522	0.8348	0.8616
辽宁	0.7958	0.7945	0.9277	0.9942	0.8531	0.8780	0.9035	1.0000	0.9143	0.8037	0.8865
吉林	1.0000	0.8848	0.8775	0.8183	0.8731	0.7998	0.8726	0.8707	0.8813	0.9070	0.8785
黑龙江	0.9209	0.8643	0.9226	0.8633	0.8507	0.9258	0.9222	0.9129	0.8926	0.7912	0.8867
上海	0.8199	0.8641	0.7796	0.8682	0.8435	1.0000	1.0000	1.0000	0.8138	0.5801	0.8569
江苏	0.8625	0.8142	0.7522	0.8785	0.9011	1.0000	1.0000	1.0000	0.8294	0.7012	0.8739
浙江	0.8666	0.8289	0.9241	0.9332	0.9532	0.8765	0.8241	0.8428	0.9375	0.9227	0.8910
安徽	0.8731	0.8649	0.8189	0.9358	0.8614	0.9580	0.7421	0.9486	0.9248	0.7184	0.8646
福建	0.9381	0.8458	0.8473	0.9885	0.8149	0.9906	0.8932	0.8080	0.7950	0.8617	0.8783
江西	0.8285	0.7314	0.9318	0.8901	0.8609	0.8921	0.8217	1.0000	0.8159	0.9208	0.8693
山东	0.8077	1.0000	1.0000	1.0000	0.5901	0.8766	0.8510	0.8314	0.8334	0.9164	0.8707
河南	0.8861	0.8232	0.8968	0.8924	0.8604	0.9284	0.9651	0.9689	0.7853	0.8412	0.8848

续表

年份 省份	2000	2001	2002	2003	2004	2005	2006	2007	2008	2009	平均
湖北	0.8226	0.9175	0.9730	0.8341	0.9734	0.8937	0.8453	0.8587	0.7844	1.0000	0.8903
湖南	0.9021	0.8147	0.9564	0.9171	0.8898	0.9034	0.8274	0.8910	0.9610	0.9032	0.8966
广东	0.9232	0.6819	0.8507	0.9699	1.0000	0.9613	0.9371	0.9791	0.6407	0.6462	0.8590
广西	0.8678	0.8362	0.8915	1.0000	0.8476	0.8553	0.9303	0.8473	0.8846	0.9451	0.8906
海南	1.0000	1.0000	0.7927	0.8869	0.7822	0.8126	0.8772	0.6021	1.0000	0.9918	0.8746
重庆	0.6767	0.8337	0.9551	0.9559	0.9160	0.9495	0.8423	0.8602	0.7921	1.0000	0.8782
四川	0.8384	0.8544	0.9572	0.9872	1.0000	0.9638	0.8372	0.7570	0.8405	0.8711	0.8907
贵州	0.8629	0.7707	0.8220	0.8552	0.8846	1.0000	1.0000	0.9091	0.9039	0.7169	0.8725
云南	0.9082	1.0000	0.6592	1.0000	1.0000	0.8948	0.8447	0.9060	0.8291	0.7164	0.8758
西藏	0.7911	0.8277	0.9667	0.9339	0.9874	0.9634	0.9911	0.8435	0.5561	0.8551	0.8716
陕西	0.8205	0.7631	0.9094	0.8739	0.8442	0.8448	0.7591	0.9564	0.8246	0.9600	0.8556
甘肃	0.7579	0.8438	0.9493	0.8719	0.8026	0.8459	0.9057	0.9480	1.0000	0.8308	0.8756
青海	1.0000	0.9409	0.9015	0.9083	0.8107	0.8202	0.9933	0.7953	0.8320	0.8099	0.8812
宁夏	0.9387	0.9437	1.0000	0.9153	0.7643	0.6823	0.7219	0.9236	0.8923	0.8963	0.8678
新疆	0.8952	0.8857	0.8949	1.0000	0.8489	0.8905	0.7231	0.8813	1.0000	0.6787	0.8698
平均	0.8606	0.8536	0.8989	0.9184	0.8730	0.8953	0.8691	0.8878	0.8532	0.8418	0.8752

由表 3-12 可知，相对于信息化带动工业化融合路径而言，2000～2009 年中国省份之间工业化促进信息化单系统融合水平的差异更为明显。其中，上海、江苏、山东、海南和云南前后 3 次成为全国省份工业化促进信息化融合路径的排头兵；贵州和新疆先后出现过 2 次。此外，北京、河北、辽宁、江西、湖北、广东、广西、重庆、四川、甘肃、青海、宁夏先后出现 1 次。

表 3-11 和表 3-12 结果表明，两条融合路径不仅具有随时间变动的波动性，而且不同地区之间也具有随机性，反映出本书构建的两化融合理论模型与实证模型之间存在逻辑一致性，相对于两化融合指数等模型而言更为逼近现实。

双系统融合测度结果。在表 3-11 和表 3-12 的基础上，借助工业化与信息化的融合系数测算模型［根据式（3-6）估计］，可以获得 2000～2009 年中国 31 个省份两化融合系数的测算结果（见表 3-13）。表 3-13 结果表明，两化融合水平也具有明显的随机性和发展阶段的非平衡特征。

表 3-13　2000～2009 年中国 31 个省份两化融合系数

年份 省份	2000	2001	2002	2003	2004	2005	2006	2007	2008	2009
北京	0.4898	0.8580	0.8051	0.8768	0.5642	0.9468	0.7346	0.8904	0.7411	0.7364
天津	0.8479	0.7431	0.8720	0.8687	0.7839	0.8303	0.8984	0.8607	0.8924	0.7497
河北	0.6700	0.6894	0.8906	0.8490	0.7031	0.8238	0.8675	0.6147	0.8816	0.6019
山西	0.7820	0.7647	0.8712	0.8879	0.7444	0.7954	0.8519	0.8344	0.9160	0.7883

续表

年份 省份	2000	2001	2002	2003	2004	2005	2006	2007	2008	2009
内蒙古	0.8508	0.8486	0.8923	0.8814	0.7330	0.8028	0.7013	0.8668	0.8522	0.8348
辽宁	0.7958	0.7945	0.8829	0.7546	0.8194	0.8780	0.8913	0.8627	0.9121	0.8037
吉林	0.7909	0.7997	0.8775	0.8183	0.7233	0.7998	0.8726	0.8572	0.8813	0.8667
黑龙江	0.8953	0.7196	0.8596	0.8633	0.7193	0.8492	0.8807	0.9129	0.8926	0.7912
上海	0.8199	0.8641	0.7796	0.8682	0.8435	0.9437	1.0000	1.0000	0.8138	0.5801
江苏	0.8518	0.8142	0.7522	0.8785	0.9011	0.6512	0.5389	0.6865	0.8294	0.7012
浙江	0.8666	0.8289	0.8776	0.8425	0.6939	0.8765	0.8241	0.8071	0.8809	0.7915
安徽	0.8731	0.8649	0.8189	0.9112	0.7745	0.7059	0.7421	0.7934	0.9207	0.7184
福建	0.7863	0.8458	0.8473	0.8298	0.8149	0.7063	0.6992	0.7786	0.7950	0.8617
江西	0.8239	0.7314	0.8718	0.8901	0.8437	0.8921	0.8217	0.8240	0.8159	0.7319
山东	0.7838	0.4585	0.6576	0.7275	0.5901	0.8611	0.8510	0.8314	0.8334	0.7286
河南	0.8760	0.8232	0.8454	0.8924	0.7935	0.8726	0.8378	0.8891	0.7853	0.7830
湖北	0.8226	0.8877	0.8295	0.7508	0.7243	0.8937	0.8298	0.8587	0.7844	0.8053
湖南	0.9021	0.8147	0.8141	0.9008	0.7831	0.9034	0.8274	0.8233	0.8912	0.8151
广东	0.8980	0.6819	0.8507	0.9249	0.3618	0.8821	0.9191	0.8253	0.6407	0.6036
广西	0.8678	0.8362	0.8915	0.7322	0.8476	0.8266	0.8343	0.8473	0.8553	0.7001
海南	0.8947	0.7597	0.7927	0.8869	0.7822	0.8126	0.8772	0.6021	0.4690	0.6084
重庆	0.6767	0.8337	0.7871	0.9208	0.6889	0.9463	0.8423	0.8602	0.7860	0.6270
四川	0.7918	0.7454	0.8383	0.9059	0.7365	0.8632	0.8372	0.7570	0.8405	0.6769
贵州	0.8629	0.7707	0.7102	0.8552	0.6846	0.6945	0.8244	0.8564	0.9039	0.7169
云南	0.9082	1.0000	0.6592	1.0000	1.0000	0.8265	0.8447	0.7627	0.4290	0.5129
西藏	0.7911	0.8277	0.8563	0.8645	0.6330	0.8642	0.8630	0.7967	0.5561	0.7720
陕西	0.7963	0.7631	0.8595	0.8739	0.8442	0.8448	0.7591	0.9151	0.8211	0.7005
甘肃	0.7579	0.8019	0.7942	0.8719	0.8026	0.8459	0.8959	0.8884	0.7952	0.8308
青海	0.4939	0.7139	0.9015	0.9083	0.8107	0.8202	0.8194	0.7953	0.8110	0.8000
宁夏	0.9153	0.8351	0.8042	0.8995	0.6741	0.6823	0.7219	0.8092	0.8923	0.8963
新疆	0.8952	0.6605	0.8137	0.7397	0.8489	0.8905	0.7231	0.8813	1.0000	0.6680
平均	0.8090	0.7865	0.8259	0.8605	0.7506	0.8333	0.8204	0.8254	0.8103	0.7356

第三节　两化融合水平、路径与质量[①]

　　根据表3-11~表3-13，可以对中国区域两化融合特征进行讨论。本节的主要意图是呈现测度出信息化水平、工业化水平以及信息化带动工业化和工业化促进信息化融合路径水平之后，如何对客观水平与理想水平之间的偏离程度以及均

―――――――――

　　① 以谢康、肖静华、周先波、乌家培《中国工业化与信息化融合质量：理论与实证》（《经济研究》2012年第1期）为基础重新撰写、修改和增补。

衡过程展开分析，如何分析两条路径的协调程度，以及如何获得各个省份的主导路径等。为此，本节沿用第二节中与两化融合水平测度密切相关的各核心变量的数值，继续展开中国区域两化融合特征分析的全过程展示。

一、两化融合水平与路径

根据上述三个表可以形成表 3-14 的结果。表 3-14 总结了 2000~2009 年中国 31 个省份信息化带动工业化、工业化促进信息化的融合系数以及两者融合系数的平均水平（及其排序），它们分别由式（3-4）~式（3-6）估计后求年均值而得。

表 3-14　2000~2009 年中国 31 个省份两化融合的平均水平测算

平均水平 省份	信息化带动工业化融合系数	工业化促进信息化融合系数	工业化与信息化融合系数
北京	0.8221	0.8410	0.7643
天津	0.8578	0.8888	0.8347
河北	0.8162	0.8688	0.7592
山西	0.8710	0.8788	0.8236
内蒙古	0.8763	0.8616	0.8264
辽宁	0.8585	0.8865	0.8395
吉林	0.8459	0.8785	0.8287
黑龙江	0.8609	0.8867	0.8384
上海	0.9503	0.8569	0.8513
江苏	0.8314	0.8739	0.7605
浙江	0.8561	0.8910	0.8290
安徽	0.8586	0.8646	0.8123
福建	0.8336	0.8783	0.7965
江西	0.8658	0.8693	0.8247
山东	0.7948	0.8707	0.7323
河南	0.8627	0.8848	0.8398
湖北	0.8598	0.8903	0.8187
湖南	0.8618	0.8966	0.8475
广东	0.8096	0.8590	0.7588
广西	0.8501	0.8906	0.8239
海南	0.8254	0.8745	0.7486
重庆	0.8255	0.8782	0.7969
四川	0.8490	0.8907	0.7993
贵州	0.8340	0.8725	0.7880
云南	0.8299	0.8758	0.7943
西藏	0.8542	0.8716	0.7825
陕西	0.8756	0.8556	0.8178
甘肃	0.8610	0.8756	0.8285
青海	0.8192	0.8812	0.7874

续表

平均水平 省份	信息化带动工业化融合系数	工业化促进信息化融合系数	工业化与信息化融合系数
宁夏	0.8390	0.8678	0.8130
新疆	0.8461	0.8698	0.8121

　　表3-14结果显示，信息化带动工业化融合与工业化促进信息化融合之间存在很不协调的现象，两者排序的相关系数仅为0.113，两者平均融合水平的相关系数更小，仅为0.004。将两个单系统方向上的融合系数与工业化信息化融合系数相比，信息化带动工业化融合与工业化信息化融合具有较高的相关性，水平值之间的相关系数是0.78，排序之间的相关系数达0.81；然而，工业化促进信息化融合与工业化信息化融合的相关性仅为0.38，排序之间的相关系数为0.41。这种不平衡性说明，相对于工业化促进信息化融合路径，中国各省市信息化带动工业化融合路径与工业化信息化融合具有更为紧密的关系，中国政府推动的走新型工业化道路的政策已经形成了初步成果。

　　典型的例子是上海市，其信息化带动工业化融合位于全国前茅，两种路径相互融合水平也位于全国前茅，但工业化促进信息化融合位于全国倒数第三。部分经济发展较好的地区并不具有高的融合水平，如北京和广东。相反，部分中部地区如河南、湖北和湖南等则是融合较好的地区，这说明经济发展水平高并不意味着两化融合一定好，其中存在两者的相互协调问题。

　　此外，表3-14结果也表明，中国各省份在不同年份融合水平具有相对的不稳定性。例如，2005年北京具有较高的融合水平，但在其他年份水平则较低；2005~2007年上海具有较高的融合水平，但其他年份的融合水平则没这么高；2003年和2005年重庆分别有较高的融合水平，云南在2001年、2003年和2004年，新疆在2008年都具有样本中最高的融合水平，但两地在其他年份的融合水平则较低。

　　图3-2为中国省份信息化带动工业化、工业化促进信息化及两者融合系数的平均水平趋势图。其中，平均水平分别由式（3-4）至式（3-6）估计水平值后求全国平均而得。总体来看，信息化带动工业化路径、工业化促进信息化路径，及两化融合均没有达到最优，离完全融合（融合系数＝1.0的水平线）均存在一定距离。由图3-2可见，在两条基本路径和总体融合中，工业化促进信息化的融合程度最高，信息化带动工业化的融合次之，两者相互融合最低。2000~2003年两条基本路径和总体融合的程度都在逐年提高，但在2004年跌至低谷；2005~2008年维持较平稳的水平，但在2009年又迅猛下跌，这表明中国省份两化融合过程中的两条基本路径和总体融合水平具有周期大约为5年的间断平衡性。从实

证结果上验证了本书第二章阐述的信息化带动工业化融合（产业信息化）路径存在信息化跨越或数字跃迁的假设。

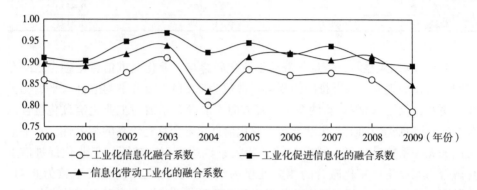

图 3-2　2000~2009 年中国各省份两化融合水平趋势

此外，图 3-2 刻画了一个与表 3-14 一致的结论，即相对于工业化促进信息化融合路径，信息化带动工业化融合路径更紧密地与工业化信息化融合的动态关系相一致。相反，尽管工业化促进信息化的融合程度最高，但相对于信息化带动工业化的融合路径，它与工业化信息化融合的动态关系的一致性较低。

由表 3-14 可知，部分省份工业化促进信息化的融合水平高于信息化带动工业化的融合水平，部分省份则相反，这从实证角度验证了两化融合存在信息化带动工业化与工业化促进信息化两条路径的理论和政策命题。根据表 3-14 对两条融合路径的排序，可将各省份进行分类（见表 3-15）。

表 3-15　2000~2009 年中国 31 个省份两化融合路径分类

		工业化促进信息化融合路径			
		路径系数值排序前 1/4	路径系数值排序 1/4 至 1/2	路径系数值排序 1/2 至 3/4	路径系数值排序后 1/4
信息化带动工业化融合路径	路径系数值排序前 1/4	湖南	山西，河南，甘肃	江西	上海，内蒙古，陕西
	路径系数值排序 1/4 至 1/2	黑龙江，湖北，辽宁，天津，浙江，广西		西藏	安徽
	路径系数值排序 1/2 至 3/4	四川	吉林，福建，云南	新疆，贵州，江苏	宁夏
	路径系数值排序后 1/4		重庆，青海	海南，河北，山东	北京，广东

通过融合路径分析，以信息化带动工业化路径为主的省份包括湖南、山西、河南、甘肃、江西、上海、内蒙古、陕西、黑龙江、湖北、辽宁、天津、浙江、广西、西藏和安徽等 16 个省份；以工业化促进信息化路径为主的省份有湖南、黑龙江、湖北、辽宁、天津、浙江、广西、四川、山西、河南、甘肃、吉林、福建、云南、重庆和青海等 16 个。其中，湖南、山西、河南、甘肃、黑龙江、湖北、辽宁、天津、浙江和广西等 10 省市同时具有两条融合路径融合都同时较好的特征，湖南是两条路径融合水平最好的省份。相对于全国其他省市而言，新疆、贵州、江苏、宁夏、海南、河北、山东、北京和广东是两条路径融合较低的省份。其中，北京和广东融合水平最低。

表 3-16 为 2009 年中国各省 GDP 总量与融合路径对照表。其中，2009 年 GDP 超亿元的省份达到 14 个，分别是广东、江苏、山东、浙江、河南、河北、辽宁、上海、四川、湖南、湖北、福建、北京和安徽。考虑到 2010 年内蒙古、陕西和黑龙江 GDP 也分别突破万亿元以及广西、江西和天津 GDP 也超过 9000 多亿元，估计2011 年将突破万亿元，因此也列将这 6 个省市列入重点对照省份中。

表 3-16　2009 年中国 31 个省份融合路径与 GDP 总量对照

对照省份	信息化带动工业化融合路径	工业化促进信息化融合路径	两条融合路径兼容	GDP 总量（亿元人民币）
北京				11866
天津	√	√	√	7501
河北				17027
山西	√	√	√	7100
内蒙古	√			9700
辽宁	√	√	√	15065
吉林		√		7203
黑龙江	√	√	√	8288
上海	√			14901
江苏				34061
浙江	√		√	22832
安徽	√			10053
福建		√		11950
江西	√			7589
山东				33805
河南	√	√	√	19367
湖北	√	√	√	12832
湖南	√	√	√	12930
广东				39082
广西	√	√	√	7700
海南				1647
重庆		√		6527

续表

对照 省份	信息化带动工业化 融合路径	工业化促进信息化 融合路径	两条融合 路径兼容	GDP 总量 （亿元人民币）
四川		√		14151
贵州				3887
云南		√		6168
西藏	√			437
陕西	√			8187
甘肃	√	√	√	3380
青海				1081
宁夏				1335
新疆				4270

从表 3-16 可以观察到：首先，2009 年经济总量位居前三位的广东、江苏和山东的两化融合路径均不明显，在相当程度上反映出这三个省份融合水平不够好。属于这一组别的省市还包括北京市和河北省。相反，融合路径不显著的省份也包括新疆、贵州、海南、宁夏和青海等经济总量位居后 25 位的 5 个省份（甘肃除外）。这表明两化融合与经济发展总量不存在正相关关系，工业化与信息化不融合既有可能出现在经济发展水平高的地区，也有可能出现在经济发展水平低的地区。

其次，浙江、河南和辽宁经济总量分别居第 4 位、第 5 位和第 7 位，且两条路径兼容较好（分别排序第 9 位、第 3 位和第 7 位）。其中，河南在兼容中侧重信息化带动路径，辽宁和浙江在兼容中侧重工业化带动路径。

最后，湖南、湖北、黑龙江、广西、天津、山西和甘肃经济总量分别位居第 10、11、16、18、20、22 和 27 位，构成两化融合中最好的组别，表明经济总量位于中间位置或中偏后位置的省份更容易实现更高的两化融合水平。其中，湖南两条路径均融合得相对最好，山西和甘肃在兼容中侧重信息化带动路径，湖北、黑龙江、天津和广西在兼容中侧重工业化带动路径。

二、数字跃迁与融合过程质量

（一）融合偏离与数字跃迁

根据上述对融合的随机前沿分析模型设定方法，工业化和信息化水平对融合的偏离有两种来源：一是对随机前沿面的偏离；二是对理想水平的偏离。对于前者，定义省市 i 在 t 年信息化带动工业化的融合偏离为在工业化由信息化带动过程中所要求的工业化理想水平 IND'_{it} 与其相应的前沿面 $\max\limits_{j=1,\cdots,n} f(INF_{it}, j, t)$ 之间的差距，即理想水平关于前沿面的偏离。同理，定义省市 i 在 t 年工业化促进信息化的融合偏离为工业化促进信息化过程中所要求的信息化理想水平 INF'_{it} 与其相应的前沿面 $\max\limits_{j=1,\cdots,n} g(IND_{it}, j, t)$ 之间的差距。根据模型（3-1）和式（3-2）的估计结果，省市 i 在 t 年这两条路径的融合偏离分别可估计为：

$$\hat{f}(INF_{it}, i, t) - \max_{j=1,\cdots,n} \hat{f}(INF_{it}, j, t) \text{和} \hat{g}(IND_{it}, i, t) - \max_{j=1,\cdots,n} \hat{g}(IND_{it}, j, t)$$

图 3-3 显示 2000~2009 年中国省份平均的工业化促进信息化的融合偏离与信息化带动工业化的融合偏离的趋势。由图 3-3 可知，2000~2009 年中国省份工业化与信息化对前沿面的偏离有两个特点：①具有间断平衡的特点。2000~2003 年两条路径的偏离具有一致性，都向随机前沿面逼近，2004 年两者同时偏离前沿面，信息化带动工业化的路径偏离度更大，2005~2008 年两者融合的偏离保持相对稳定的水平，但 2009 年信息化带动工业化路径再次产生大的偏离；②信息化带动工业化的融合偏离与工业化促进信息化的融合偏离在幅度上存在差异，前者波动性较大，后者偏离幅度较小。

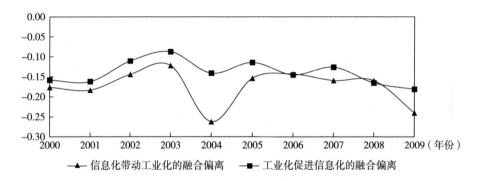

图 3-3 2000~2009 年两化融合路径的平均偏离与间断平衡

注：图中的偏离是本节第二部分模型中受摩擦成本冲击经协调成本作用后对随机前沿面的偏离。

图 3-3 表明，在时间序列上两化融合水平呈波动特征，总体上不具有收敛性，但具有周期大约为 5 年的间断平衡性。该结果验证了肖静华等（2006）及本书第二章提出的信息化带动工业化发展模式具有间断平衡特点的理论假设，即数字跃迁或信息化跨越假设。

接着，考察工业化和信息化对各自理想水平的偏离，这可以从工业化（信息化）发展水平与其由信息化（工业化）发展所要求的理想水平的偏离来分析这种融合偏离。根据模型式（3-1）和式（3-12）的估计结果，省市 i 在 t 年工业化和信息化的两种偏离分别可计算为 $IND_{it} - \hat{f}(INF_{it}, i, t)$ 和 $INF_{it} - \hat{g}(IND_{it}, i, t)$。图 3-4 给出 2000~2009 年中国省份工业化和信息化水平与其理想水平的平均偏离趋势图。

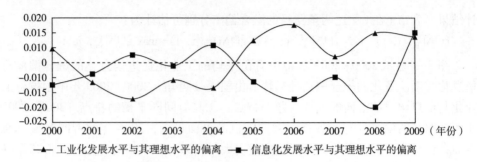

图 3-4　2000~2009 年工业化信息化发展水平与其理想水平的平均偏离

注：图中的偏离是本节第二部分模型中受摩擦成本冲击经协调成本作用后实际水平对理想水平的偏离。

　　图 3-4 表明，工业化和信息化对它们理想水平的偏离呈交替波动状况。2000年工业化发展水平高于理想水平，信息化实际发展水平低于理想水平。然而，2001~2004 年发生转换，工业化实际水平低于理想值，信息化实际水平除 2001年外基本都高于理想值，表明该阶段工业化相对于理想投入而言偏小，信息化相对于理想投入而言偏大。2005~2008 年又发生转换，工业化实际值高于理想值，信息化实际值低于理想值，表明该阶段工业化投入相对于理想投入而言偏大，信息化投入相对于理想投入而言偏小，且两者平均偏离幅度大于前 4 年。2009 年工业化和信息化偏离方向一致，均体现为正偏离，即工业化和信息化的实际值均高于理想值（估计与中国各省市为抵御金融危机而加大投资有关）。然而，这种正偏离并不说明中国工业化和信息化的融合程度高，工业化和信息化各自过度投入不一定会促使两者相互融合或融合程度提高。

　　（二）融合偏离的空间结构

　　根据中国各省份两化融合路径的偏离类型可以作出表 3-17 的形式。在表 3-17 中，省份后面括号中的正、负分别代表融合路径中的正、负偏离，括号内前一个正、负分别代表信息化带动工业化融合路径中工业化水平与其理想水平的偏离，括号内后一个正、负分别代表工业化促进信息化融合路径中信息化水平与其理想水平的偏离。例如，黑龙江（正，负）分别代表黑龙江省信息化带动工业化融合路径中工业化实际水平超过信息化要求它的理想水平（正偏离），工业化促进信息化融合路径中信息化实际水平低于工业化要求它的理想水平（负偏离）。需要说明的是，这里的正、负偏离现实中既可能是工业化或信息化的投入，也可能是工业化或信息化的投入效率。

表3-17 2000~2009年中国31个省份两化融合路径偏离结构

		工业化促进信息化融合路径			
		路径系数值排序前1/4	路径系数值排序1/4至1/2	路径系数值排序1/2至3/4	路径系数值排序后1/4
信息化带动工业化融合路径	路径系数值排序前1/4	湖南（负，负）	山西（负，负）河南（正，正）甘肃（正，正）	江西（正，正）	上海（正，负）内蒙古（负，负）陕西（负，正）
	路径系数值排序1/4至1/2	黑龙江（正，负）湖北（负，负）辽宁（负，正）天津（负，负）浙江（负，正）广西（负，正）		西藏（负，正）	安徽（负，负）
	路径系数值排序1/2至3/4	四川（负，正）	吉林（负，负）福建（负，负）云南（负，正）	新疆（正，正）贵州（正，正）江苏（正，负）	宁夏（负，负）
	路径系数值排序后1/4		重庆（负，正）青海（正，正）	海南（正，负）河北（正，正）山东（负，正）	北京（正，正）广东（负，正）

从表3-17可以看到，在排序前1/4信息化带动工业化融合路径的省份中，虽然偏离结构较为复杂，既有（负，负）结构和（正，正）结构，也有（正，负）和（负，正）结构，但主要以（负，负）结构和（正，正）结构为主。相反，在排序前1/4工业化促进信息化融合路径的省份中，偏离结构主要以（负，正）和（负，负）结构为主，表明中国区域融合水平较高的省份多属于双负偏离的结构。

进一步，表3-18对31个省份偏离结构进行了归纳。其中，10个省份融合为负-负偏离结构，占31个省份总数的32%；9个省份融合为负-正偏离结构，占31个省份总数的29%；8个省份融合为正-正偏离结构，占31个省份总数的26%；4个省份融合为正-负偏离结构，占31个省份总数的13%。表3-18的归纳结果表明，虽然两化融合的两条路径存在偏离，但偏离的结构特征存在形似内异的特征，如广东和山东两个相对发达省份表现为信息化带动与工业化促进的负-正偏离，重庆、四川和辽宁三个相对不发达省份也表现为同样的结构，这是形似。然而，广东和山东的融合负-正偏离内涵却与重庆等省份的内涵不同，前者为工业化基础需要进一步夯实，后者则是需要进一步强化数字化投入。表3-18的偏离结构较好地反映出两化融合过程质量的结构与形态复杂性。

表3-18　中国省份两条路径正、负偏离两维度矩阵

	工业化促进信息化融合路径			
信息化带动 工业化融合 路径	河南（正，正） 甘肃（正，正） 江西（正，正） 新疆（正，正）	贵州（正，正） 北京（正，正） 河北（正，正） 青海（正，正）	黑龙江（正，负） 江苏（正，负） 海南（正，负） 上海（正，负）	
	广东（负，正） 山东（负，正） 重庆（负，正） 四川（负，正） 辽宁（负，正）	西藏（负，正） 浙江（负，正） 广西（负，正） 陕西（负，正）	山西（负，负） 宁夏（负，负） 吉林（负，负） 福建（负，负） 云南（负，负）	湖北（负，负）， 安徽（负，负） 天津（负，负） 内蒙古（负，负） 湖南（负，负）

上述实证结果及讨论表明，相对于工业化促进信息化融合路径，信息化带动工业化融合与工业化信息化融合具有较高的相关性和较一致的动态关系。同时，工业化和信息化对它们理想水平的偏离呈交替波动状况，表明工业化和信息化各自过度投入不一定导致两者融合或使融合程度提高。

三、两化融合的结果质量

（一）非参数面板数据固定效应模型

根据第二章提出的两化融合理论模型，从两化融合水平对人均地区实际生产总值（GRP）、三次产业结构、单位实际 GRP 电力消费及单位实际 GRP 能耗四个经济绩效指标的影响来评估融合的结果质量。主要理由在于以下三点：①人均实际 GRP 代表地区经济发展水平，可从整体上衡量两化融合对地区发展水平的影响效果；②三次产业结构代表经济结构，用于衡量两化融合对经济结构转型产生的影响，主要通过观察融合对产业结构从第一产业向第二产业再向第三产业转移的影响；③单位实际 GRP 电力消费和单位实际 GRP 能耗反映两化融合对经济可持续发展的影响效果。除能耗数据来源于《中国能源年鉴》外，其他绩效变量的数据均由《中国统计年鉴》获得，其中人均实际 GRP 为 2000 年不变价。这些数据样本时间跨度都为 2000~2009 年，但不包括西藏（因其数据缺失过多）。

为考察工业化信息化融合与上述各绩效指标变量之间的关系。建立如下非参数面板数据固定效应模型：

$$y_{it} = m(IC_{it}) + v_i + u_{it}, \quad i = 1, \cdots, n; \quad t = 1, \cdots, T \tag{3-7}$$

其中 y 表示上述任一绩效指标变量；IC 表示两化融合系数变量；m(IC) 表示待估计的非参数函数，反映 IC 与绩效指标的函数关系；v_i 是省市 i 的个体效应，这里我们将之设定为固定效应，目的是得到 m(IC) 的一致性估计；u_{it} 表示随机扰动项。

这里，使用 Henderson 等（2008）、Zhou 等（2011）的面板数据固定效应模型非参数估计方法估计模型式（3-7），得到 m（·）及其导函数在样本点 IC_{it} 处的非参数估计 $\hat{m}(IC_{it})$ 和 $\hat{m}'(IC_{it})$，由此作出各绩效变量关于融合系数的变化图（见图 3-5 至图 3-8），并计算融合水平 IC 所要求的平均绩效 $\frac{1}{nT}\sum_{i=1}^{n}\sum_{t=1}^{T}\hat{m}(IC_{it})$ 和融合系数对绩效变量的平均边际影响 $\frac{1}{nT}\sum_{i=1}^{n}\sum_{t=1}^{T}\hat{m}'(IC_{it})$；为得到平均绩效和平均边际影响的统计显著性，利用 Bootstrap 方法计算它们的标准差（见表 3-19）。

表 3-19　工业化和信息化融合对经济绩效指标变量的平均影响

绩效指标	$\hat{m}(IC)$平均值	标准差	$\hat{m}'(IC)$平均值	标准差
人均实际 GRP 对数	4.0177	0.0514	0.0599	0.0285
第一产业产值占 GRP 比率	0.1509	0.0168	-0.0114	0.0058
第二产业产值占 GRP 比率	0.4593	0.0172	0.0046	0.0071
第三产业产值占 GRP 比率	0.3899	0.0132	0.0068	0.0062
单位地区生产总值电力消费	0.0669	0.0080	-0.0004	0.0026
单位地区生产总值能耗	0.7207	0.0865	-0.0113	0.0290

（二）融合结果质量的特征

下面，从两化融合影响经济增长方式、产业结构和绿色增长三方面，考察融合的结果质量特征。

首先，考察两化融合系数与人均 GRP 对数的关系（见图 3-5）。其中，实线表示人均 GRP 对 m（IC）的估计，两条虚线分别是 m（IC）估计的 95% 上下置信区间（由 Bootstrap 方法得到，下同）。注意到样本中融合系数多在 6.5~9.5（在其外的样本比例约 5%），图 3-5 中 m（IC）的估计在这一段置信区间相对较窄，其非参数估计较为显著；从表 3-19 第二行 $\hat{m}$（IC）平均值的估计及其标准差可知，其估计是显著的。因此，非参数估计适合用于经济分析。由 m（IC）关于 IC 的变化可见，随着两化融合程度的提高（大于 0.65），人均 GRP 显著递增。表 3-19 第 2 行结果显示，两化融合对人均 GRP 对数的平均边际影响为正（0.0599），且在 5% 的水平下统计显著，说明两化融合系数每增加一个点（以百分点计），人均 GRP 平均增长约 0.06%。可见，两化融合对于提升地区经济发展水平的增长具有重要作用。

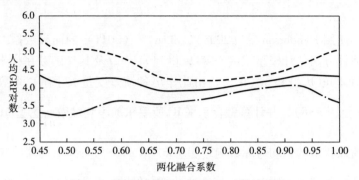

图 3-5 两化融合与人均 GRP 对数的关系

其次，考察两化融合对三次产业产值占地区生产总值比例的影响。从表 3-19 可知，m(IC) 平均水平的估计均较为显著。两化融合对第一产业的影响为负，且在 5% 的显著性水平下统计显著；对第二、第三产业的影响为正，融合水平的提高可增加这两个产业的产值比重，但其影响在统计上都不显著。这说明融合对产业结构具有一定的影响，可显著减少第一产业的产值比重，促使第一产业向第二产业或第三产业转移。

图 3-6 显示三次产业产值占 GDP 比率与融合系数之间的关系。在融合系数处于 0.65~0.95，第一产业占比随融合系数的增加而缓慢下降，当融合系数超出 0.95 时才呈递增状态，而第二、第三产业比重随融合水平的提高缓慢增加。然而，无论两化融合水平有多高，第一产业的产值比重均没有超过 0.2。值得注意的是，第二产业和第三产业的比重关于融合水平有一个转换点（见图 3-6 中 A 点），此处融合系数约 0.5。当融合水平低于此值时，第三产业比重高于第二产业；当融合水平高于此值时，第二产业比重高于第三产业。可见，融合水平的提高可使第一产业向第二、第三产业转移。同时，伴随融合水平高低不同，第二产业与第三产业之间存在相互转移现象，即两化融合对第二、第三产业的转换有一定影响，从而影响产业结构。

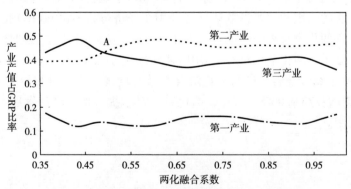

图 3-6 两化融合与产业产值占 GRP 比率的关系

　　最后，考察两化融合对电耗和能耗的影响。由表 3-19 可知，融合系数对单位地区实际生产总值电力消费和能耗的边际影响均为负，但两者在统计上均不显著，而且这两方面的影响非常小，不具有经济显著性。图 3-7 和图 3-8 显示，在融合系数位于 0.65~0.95 时，融合系数与单位实际 GRP 电力消费和能耗的关系曲线随融合水平增加均缓慢下降，说明融合系数对单位实际 GRP 电力消费和能耗的影响均为负。然而，从置信区间来看，两者在区间 [0.65, 0.95] 外估计的标准差都较大，使平均影响在统计上均不显著，这表明两化融合虽然呈现出对可持续发展的正向影响趋势，但统计上没有表现出正向影响，说明在此发展阶段，两化融合对可持续发展的贡献还不明显。

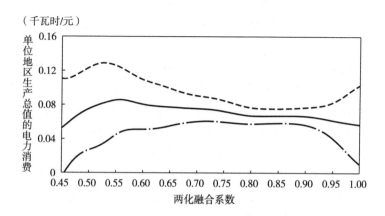

图 3-7　工业化信息化融合系数与单位地区实际生产总值电力消费的关系

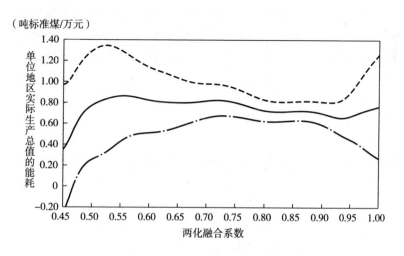

图 3-8　两化融合与单位地区生产总值能耗的关系

上述对中国省份两化融合水平、路径与质量的实证与讨论，形成三方面总体结论：首先，中国省份发展中显著存在工业化促进信息化融合（信息产业化）与信息化带动工业化融合（产业信息化）两条路径；其次，两化融合具有周期大约为 5 年的间断平衡性，信息化带动工业化路径与两者融合的相关性高于工业化促进信息化路径，工业化和信息化对各自理想水平的偏离呈交替波动等三个主要特点；最后，两化融合发展提升产业结构，促进经济绿色发展。两化融合对中国转变经济增长方式、三次产业结构调整、降低单位 GRP 电力消费和能耗有不同程度的影响。融合水平每增加一个点（以百分计），人均 GRP 可增长 0.06%，两化融合可显著减少第一产业的产值比重，促使第一产业向第二产业或第三产业转移。两化融合可减少单位地区生产总值电力消费和能源消耗，但这种影响很小，且不具有统计显著性，表明在此发展阶段，两化融合对中国可持续发展的贡献还不明显。

综合以上结果，我们发现，在 2009 年以前，两化融合的主导作用是促进经济数量的快速发展，以及促进产业结构的转型，在促进经济绿色增长这一可持续指标维度上的作用还没凸显出来。但在后续时间段的研究中，我们发现两化融合的作用逐步从促进中国经济数量的增长转向促进经济的高质量发展，体现了新兴技术广泛应用与渗透实现两化融合与数实融合过程中，发生了主导作用的变迁，并且鉴于中国信息化发展以及数字化转型的特殊性，即还未完成工业化进程就开始信息化进程，为此，中国的两化融合与数实融合在不同地区表现出了明显的异质性，如在中国整体的两化融合主导路径由工业化带动信息化向信息化促进信息化转变的大背景下，出现了转变过程的跨越式和渐进式两种模式并存的融合发展模式，数字化转型也是在信息化未完全完成的情况下就进行的，表现为跨越式和渐进式并行的特征，这也形成了中国两化融合和数实融合对经济数量和质量的影响在时间和空间上的异质性，详见本书的第四章、第五章的相关内容。此外，中国两化融合呈现出的多种模式并行的特征，也为中国在国际上形成差序格局式的中国发展模式，更好地突破双向挤压，避免陷入中等收入陷阱提供重要的理论与实践基础。详见本书第七章内容。

第四节　融合质量的微观机制：以供应链为例

第三节从宏观层面探讨和分析两化融合水平、路径和质量特征，这种宏观特征是以企业微观机制为基础的。本节以企业供应链数字化转型为例，剖析两化融合的路径与质量的微观实现机制。

一、微观机制模型

无论是制造业还是服务业，都存在有形或无形的供应链管理。其中，制造业供应链管理的是有形的物品或产品，服务业供应链管理的是无形的服务产品，投资控股企业供应链管理的是无形的资金或信息。即使不存在供应链信息系统，企业通过资本、契约和其他方式也建立有各类供应链网络，核心企业与其他成员企业之间也或多或少地存在着网络外部性。因此，供应链数字化转型创新或供应链信息系统投资，为核心企业和成员企业创造的价值应是企业借助传统的资本、契约或其他方式不能创造或难以在同等成本条件下创造的价值。企业是否开展供应链数字化转型也有建立各类供应链网络：一方面取决于市场竞争状况、盈利能力、行业特征和产品标准化程度等因素；另一方面取决于成员企业对数字化的认知能力，同时也与供应链信息系统形成的排他性或壁垒能力相关。由此，可将企业的数字化投资看作是市场契约的形式之一，即企业供应链信息系统投资及其运作构成核心企业及其成员企业的一种技术契约。

诚然，这种技术契约既不是契约双方明确责任权利而签署的文字合约形式的契约，也不是组织行为学中包括员工认为的组织的责任和他们自己的责任等心理契约，也不是一般的技术发明和创造中的技术合同，而是供应链网络中核心企业与成员企业之间，及成员企业之间在协同过程中形成的无形契约。我们知道，市场中的契约通常具有两面性：一是具有排他性，二是不具有排他性。但是，供应链信息系统网络的技术契约具有排他性（技术壁垒特征）和沉淀成本特征（传统合同的沉淀成本低，技术契约沉淀成本高）。因此，企业供应链数字化转型或投资信息系统的价值，可以看作是特殊的契约价值，当所有企业都进行数字化投资且具有数字技术的高应用水平时，数字化价值主要体现为具有高沉淀成本特征的契约成本，技术壁垒特征较低。

在供应链信息系统网络中，投资供应链信息系统的企业之间形成的技术契约，其网络外溢效应主要体现在两个方面：①提升供应链整体运作效率，降低供应链网络中伙伴企业之间协同的交易成本，尽管没有数字化企业可以通过合同、传真、电话等方式形成现实的社会网络，但可以通过数字化平台的联系，强化或固化现实社会网络的合作关系，提升企业上下游各个生产环节的效率，更快捷地响应客户需求。例如，某休闲服装企业借助虚拟经营模式，通过供应链信息系统对上下游数百家企业的生产计划和销售推广等活动进行有效协同，形成了比传统合同更紧密和可靠的合作关系，长期来看提高了成员企业的转换成本。②信息透明化或供应链可视化。数字化平台保持信息准确及时，使企业业务运作中的问题更容易暴露出来，并提升合作伙伴的信任和责任感。例如，在某快速消费品企业中，在没有建立经销商共享信息平台前，业务代表有时未经总部授权鼓励经销商投资广告活动，这样，总部未授权而不给予报销导致经销商与总部之间产生矛盾。建立经销商信息平台后，总部、业务代表与经销商之间共享授权、应收应付和推广策略等信息，避免了业务代表与经销商之间的暗箱博弈，通过提高信息透明度提高了伙伴之间合作的信任程度。

下面，从技术契约的视角通过一个基于委托代理关系的博弈模型，阐述在技术外溢效应条件下供应链数字化或投资信息系统的价值创造机制，以此刻画两化融合路径与质量的微观机制特征。假设在某个垄断竞争市场上，核心企业 A 制造商品的零部件由供应商 B 提供，商品生产出来后，由渠道商 C 负责销售（见图3-9）。其中，渠道商 C 仅经营核心企业 A 的商品，而不经营其他替代商品。并假设供应链系统的连接不耗费成本。

图 3-9　以企业 A 为核心的供应链模型

假设 1：企业 A 和企业 B 通过数字化或信息系统连接后，将会提高企业 C 的预期，C 也会加入到该信息系统网络中。该假设反映现实中数字化扩散的雁形模式特征。

证明：假设供应商 B 与核心企业 A 已将传统的供应链合作流程延伸到数字化或信息系统网络中，由于供应链信息系统提升了信息传递效率，使 A、B 双方的生产流程更为流畅，生产效率得到提升。此时，一旦渠道商 C 也接入供应链信息系统，全过程供应链生产效率的提升保障了核心企业 A 在不提高成本的前提下提供给渠道商的产品批发价降低，渠道商能得到比不连接供应链系统更多的利润。由于 B 与 A 进行的供应链连接的外部性影响，C 对与 A 连接供应链有了更高的价值预期，从而实现供应链信息系统在传统供应链基础之上的增值。这样，渠道商利润可以表述为：

$$\pi = (p - e^{1-\theta}w)\, q \tag{3-8}$$

其中，p 表示产品的市场售价，w 表示渠道商 C 从核心企业 A 获得产品的最低批发价，q 表示产品的销售量，θ 表示全过程供应链的连接紧密度（$0 \leqslant \theta \leqslant 1$）。由于网络连接度 θ 越紧密，渠道商可获得的批发价 $e^{1-\theta}w$ 更低，利润 π 越大。

$$\begin{cases} \theta = 0 \text{ 时，} \pi = (p - ew)\, q \\ \theta = 1 \text{ 时，} \pi = (p - w)\, q \end{cases}$$

由于数字化或网络连接度 θ 是对全过程供应链而言的，因此，A 与 B 已经进行供应链信息系统连接后的网络连接度 θ_{ABC} 较单纯的 A 与 C 连接 $\theta_{\underline{B}}$ 要高。

$$\pi（C\,|\,\theta_{ABC}）\geqslant\pi（C\,|\,\theta_{\underline{B}}）$$

对于渠道商 C 而言，这一供应链网络的外溢价值表示为：

$$\Delta\pi_C=\pi_{\theta=\theta_{AC}+\theta_{AB}}-\pi_{\theta=\theta_{AC}}=wqe^{1-\theta_{AC}}（1-e^{-\theta_{AB}}）$$

由上式可知，A 与 B 之间已经建立供应链连接对 C 的外溢价值与 A 与 B 之间连接的紧密度 θ_{AB} 成正相关。

在上述分析基础上，我们可以对现实情景 1 进行如下讨论。

情景 1：A 与 B 之间数字化或信息系统连接程度越高，A 与 C 之间的网络价值越高。例如，在我们实地调研的某快速消费品中，企业与其上游供应商实现无缝连接，共享供应商产品质量信息。这样，核心企业从供应商采购原材料后就可以直接上生产线，无须抽检，有效降低抽检和库存成本，从而降低产品成本，渠道商因此可以获得更低的批发价格空间。同时，核心企业供应链更低的交易成本使其对批发商补货速度加快，从而使销售商具有更强的市场竞争力，进而促进产业结构转型升级。

证明：在 A 与 B 加强网络连接之前，渠道商 C 的利润如式（3-8）所示，即

$$\pi=（p=e^{1-\theta}w）q \tag{3-9}$$

因为 $\theta=\theta_{AB}+\theta_{AC}$，上式可详细表示为：

$$\pi=（p-e^{1-\theta_{AB}-\theta_{AC}}w）q$$

当 A 与 B 加强网络连接之后，$\theta_{AB}\rightarrow\theta'_{AB}$，且 $\theta'_{AB}>\theta_{AB}$，从而会改变渠道商 C 的收益，其利润变化值可表示为：

$$\pi'-\pi（p-e^{1-\theta'_{AB}-\theta_{AC}}w）q-（p-e^{1-\theta_{AB}-\theta_{AC}}w）q$$

即

$$\Delta\pi=wqe^{1-\theta_{AC}}（e^{\theta_{AB}}-e^{\theta'_{AB}}）$$

由于 $\theta'_{AB}>\theta_{AB}$，即 $e^{-\theta'_{AB}}<e^{-\theta_{AB}}$，所以 $\Delta\pi>0$。这表明 A 与 B 加强网络连接对 C 形成了正向的价值外溢。

假设 2：假设核心企业 A 与渠道商 C 已将传统的供应链合作流程延伸到信息系统网络中，一方面，由于供应链信息系统提升了成员企业间的信息传递效率，使核心企业 A 的供货流程更为流畅，从而有效保障了渠道商 C 的销售。另一方面，由于 C 及时反馈销量信息，从而使 A 有条件更精准地进行生产排程，降低了管理成本。这样，在保障同样质量的产品生产前提下，价格降低能给 C 带来更大的销量。此时，一旦供应商 B 也接入供应链信息系统，企业 A 更精准地进行排产计划，从而保障了供应商的产品生产计划，降低了供应商的库存，从而使供

应商 B 能得到比不连接供应链信息系统更多的利润。

由于 A 与 C 进行的供应链连接具有外部性，供应商 B 对与企业 A 连通供应链有了更高的价值预期，从而实现了供应链信息系统在传统供应链合作基础上的增值。这时，供应商 B 的利润可以表述为：

$$\pi = c_1 wq - qc_2 e^{1-\theta} \tag{3-10}$$

其中，p 表示产品的市场售价，$c_1 w$ 表示供应商 B 供给核心企业 A 产品零部件的单价，q 表示产品的销售量，$c_2 e^{1-\theta}$ 表示供应商 B 为生产单位零部件所耗费的成本，这一成本受到全过程供应链的连接紧密度 θ 的影响（$0 \leqslant \theta \leqslant 1$）。因为网络连接度 θ 越紧密，供应商 B 需支出的库存成本 $qc_2 e^{1-\theta}$ 越低，利润 π 越大。

由于网络连接度 θ 是对全过程供应链而言的，因此，企业 A 与 C 已经进行供应链信息系统连接后的网络连接度 θ_{ABC} 较单纯的 A 与 B 连接 $\theta_{\overline{C}}$ 要高（$\theta_{\overline{C}}$ 表示全过程供应链中 C 没有连入供应链信息系统）。

$$\pi(B \mid \theta_{ABC}) \geqslant \pi(B \mid \theta_{\overline{B}})$$

对于供应商 B 而言，企业 A 与 C 之间的信息系统连接使其利润变化可以表示为：

$$\Delta\pi_C = \pi_{\theta = \theta_{AC} + \theta_{AB}} - \pi_{\theta = \theta_{AB}} = qc_2 e^{1-\theta_{AB}}(1 - e^{-\theta_{AC}})$$

该式也表明，A 与 C 之间已有的信息系统连接对 B 加入具有网络外溢效应，且 A 与 C 之间建立的供应链信息系统，对 B 的外溢价值与 AC 之间信息系统的紧密度 θ_{AC} 呈正相关。这表明，无论是企业内部的数字化转型，还是产业链或供应链网络的数字化转型，均具有明显的降本增效作用。该结论长期以来已成为共识，甚至是常识。在这里，通过推导出这个结论来阐述一个观点，两化融合路径与质量的微观机制，主要体现在信息共享与协同效率两个方面，进而形成降本增效的绩效产出。

二、非竞争与竞争结构的融合质量

下面，考察不同竞争情境下两化融合质量的微观特征。在基本模型基础上，假设企业加强供应链信息系统的连接需要数字化投入成本。由于供应链系统建设涉及系统接口的设计、共享信息权限设置等，这都需要支出一定的成本。这里，仅强调供应链上下游仅将原有的信息资源和流程通过信息系统加以固化，没有因此增加信息共享的总量。这样，供应链信息系统的连接投入通常是一次性的，与该企业的目标连接紧密度正相关，假设 I_i 表示企业 i 对供应链信息系统建设的投资，θ_i 表示企业 i 与上下游连接的紧密程度，d_i 为投资的成本系数。这样，投资成本的可以表述为：

$$I_i = d_i \theta_i$$

由于 θ 表示全过程供应链的连接紧密度（0≤θ≤1），θ_i 与 θ 的关系可表述为：

$$\theta = \theta_i + \theta_{\bar{i}}$$

此时，式（3-9）表述为：

$$\pi_C = (p - e^{1-\theta}w)q - d_C\theta_C \qquad (3-11)$$

式（3-10）表述为：

$$\pi_B = c_1 wq - qc_2 e^{1-\theta} - d_B\theta_B \qquad (3-12)$$

由企业利润最大化目标决定式（3-11）和式（3-12）的一阶条件 $\dfrac{d\pi_i}{d\theta_i} = 0$ 可得：

$$\frac{d\pi_C}{d\theta_C} = 0 \rightarrow (1 - \theta_C - \theta_{\bar{C}})e^{-\theta_C - \theta_{\bar{C}}} = \frac{d_C}{wq}$$

上式表明，渠道商 C 投资数字化或建设供应链信息系统的最优选择紧密度，与它从核心企业 A 获得批发价 w 和产品销量 q 成正比，与其投资建设的成本系数 d_C 和供应链上其他企业的供应链紧密度 $\theta_{\bar{C}}$ 成反比。

$$\frac{d\pi_B}{d\theta_B} = 0 \rightarrow (1 - \theta_B - \theta_{\bar{B}})e^{-\theta_B - \theta_{\bar{B}}} = \frac{d_B}{qc_2}$$

上式表明，供应商 B 建设供应链信息系统的最优选择紧密度，与依赖于供应链信息系统的单位零部件生产成本 c_2 和产品销量 q 成正比，与其投资建设的成本系数 d_B 和供应链上其他企业的供应链紧密度 $\theta_{\bar{B}}$ 成反比。

在上述分析基础上，我们可以对现实情景 2 进行如下讨论。

情景2：核心企业 A 与供应商 B 之间加强数字化网络联接，促使与 B 具有非竞争关系的供应商 C 加强数字化投资（见图3-10）。例如，在某跨国汽车生产制造企业的供应链中，不同的零部件供应商之间不存在竞争关系，如果 A 与 B 之间加强电子联系，它们之间的反应速度会加快，信息透明程度加强，由此对 C 构成投资 IT 的激励效应。同时，AB 之间的协同形成的经验和知识，可以传递到 AC 之间的协同运作中，从而间接降低 AC 之间的 IT 投资成本，形成知识传递的外溢效应。

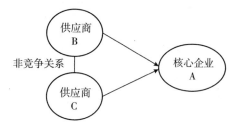

图3-10 企业 B 和 C 同为企业 A 的非竞争供应商情景

证明：假设加强供应链信息系统的连接需要投入成本。供应商进行供应链信息系统投资的成本表述为：

$$I_i = d_i \theta_i$$

由于供应商 B 与 C 之间是非竞争关系，且都是核心企业 A 的零部件供应商，根据产品生产特点可以认为供应链网络紧密度之间的关系是一种匹配关系，全过程供应链电子网络的紧密度 $\theta = \min(\theta_{AB}, \theta_{AC})$。依据式（3-10）可以得出供应商 C 的利润为：

$$\pi_C = c_1 wq - qc_2 e^{1-\theta} - d_C \theta_C \tag{3-13}$$

由于 B 与 C 同为核心企业 A 供货，B 加强了与 A 的电子网络，可以带来 B 对 A 的产品生产零部件供应及时性增强。然而，由于存在短板效应，同时作为组装同一产品的不同的零配件，产品的最终生成效率取决于最慢的零部件供应，此时 C 就会落后于 A 的生产流程，这一短板效应直接影响到式（3-13）中的全过程供应链的紧密度 θ，进而影响 C 预期利润的降低。为了提升预期利润 π_C，企业 C 就有动力扩大数字化投资以加强与 A 连接的信息系统网络。此时，由于 C 可以借鉴 A 与 B 之间加强数字化连接或协同的经验和知识，C 与 A 之间信息系统网络建设的成本系数满足条件 $d'_C < d_C$。因此，C 的利润函数表示为：

$$\pi'_C = c_1 wq - qc_2 e^{1-\min(\theta'_{AB}, \theta'_{AC})} - d'_C \theta'_{AC}$$

$$\Delta\pi = \pi'_C - \pi_C = qc_2 (e^{1-\min(\theta'_{AB}, \theta'_{AC})} - e^{1-\min(\theta'_{AB}, \theta'_{AC})}) + d_C \theta_{AC} - d'_C \theta'_{AC}$$

因为 $\min(\theta'_{AB}, \theta_{AC}) = \theta_{AC}$，并假设 C 加强与 A 的网络连接直至与 B 匹配，即 $\min(\theta'_{AB}, \theta'_{AC}) = \theta'_{AB} = \theta'_{AC}$，代入上式得：

$$\Delta\pi = qc_2 (e^{1-\theta_{AC}} - e^{1-\theta'_{AC}}) + d_C \theta_{AC} - d'_C \theta'_{AC}$$

此外，有必要对不确定的网络外溢效应情景进行讨论。目前，中国多数核心企业从库存安排、信任和信息安全等因素出发，往往选择 4~5 家同类供应商进行质量管理，通过供应商评估等方式选择高质量供应商。这样，供应商 B 和 C 之间构成竞争关系，如图 3-11 所示。

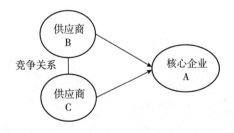

图 3-11　B 和 C 同为企业 A 的竞争性供应商情景

结果，出现两种可能的情景：

情景3：企业 AB 间的信息系统网络促使 C 加强与 A 的电子网络，即 AB 间信息系统网络越强，对 C 投资 AC 间信息系统网络构成越强的网络外部效应；

情景4：企业 AB 间的信息系统网络促使 C 减弱或退出与 A 的电子网络，即当 AB 间加强信息系统连接时，C 的认知能力影响其投资 IT 判断。这时，A 可以通过 B 和 C 对 IT 投资和管理情况来判断供应商质量的高低。

证明：假设供应商 B 与 C 构成竞争关系，且都是 A 的同一生产原料供应商，两者的单位生产成本相同，获得 A 的采购价格相同，仅在采购量和网络连接程度上有差别。

依据式（3-10），供应商 B 和 C 的利润可以表示：

$$\begin{cases} \pi_B = c_1 w q_B - q_B c_2 e^{1-\theta_{AB}} - d_B \theta_{AB} \\ \pi_C = c_1 w q_C - q_C c_2 e^{1-\theta_{AC}} - d_C \theta_{AC} \\ q_B + q_C = Q \end{cases} \tag{3-14}$$

由于 B 与 C 是竞争关系，当 B 加强网络连接后，B 与 A 间的生产流程更为顺畅，生产效率更高，在同等采购价格条件下，B 比 C 更能满足按时交货的条件，从而使 A 更多地从 B 处采购原材料，即增加 q_B。

由企业利润最大化目标决定式（3-14）的一阶条件 $\dfrac{d\pi_C}{d\theta_C} = 0$，可得：

$$(1 - \theta_{AC}) e^{-\theta_{AC}} = \frac{d_C}{q_C C_2} \tag{3-15}$$

式（3-15）表明，供应商 C 建设供应链信息系统的最优选择与产品销量 q 成正比，与 C 投资建设信息系统的成本系数 d_C 成反比。

由于在 B 加强与 A 的数字化连接后，C 会面临产品销量 q_C 降低为 q'_C 的威胁，但若投资加强与 A 的网络，则可以借鉴 AB 间建设信息系统的经验和知识，从而使数字化投资成本系数 d_C 降低为 d'_C，由此形成知识传递的网络外部效应。这样，依据式（3-15）：

当 $\dfrac{d'_C}{q'_C} < \dfrac{d_C}{q_C}$，即 $\dfrac{d'_C}{q'_C c_2} < \dfrac{d_C}{q_C c_2}$ 时，$\theta'_{AC} > \theta_{AC}$。表明 C 会选择加强与 A 的数字化连接。

当 $\dfrac{d'_C}{q'_C} > \dfrac{d_C}{q_C}$，即 $\dfrac{d'_C}{q'_C c_2} > \dfrac{d_C}{q_C c_2}$ 时，$\theta'_{AC} < \theta_{AC}$。表明 C 会选择减弱与 A 的数字化连接，甚至退出与 A 的数字化连接，或采取独立的专网方式维持运作。

上述关系表明，企业数字化投资成本系数 d_C 与供应商 C 面临产品销量 q_C 之间比值关系越小，C 越趋向于加强与 A 的数字化连接。在这一比值关系中，q_C

到 q'_C 的变化往往被视为外生变量，从 d_C 到 d'_C 之间的变化视为 C 的内生变量，它更多地取决于 C 对 AB 之间 B2B 电子商务经验和知识的借鉴能力。C 的借鉴能力越高，其数字化投资建设的成本越低，d_C 到 d'_C 的降低幅度则越大，供应商 C 就更可能在保持利润最大化前提下继续与 A 紧密合作（见图 3-12），内涵实质上是信号发送原理在供应链信息系统网络中的体现。在供应链信息系统网络的价值创造中，网络外部性是基础，信号发送构成价值创造的途径或工具之一。该内在原理如图 3-13 所示。

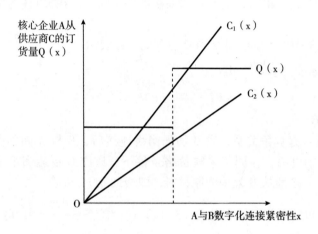

图3-12 供应商 C 是否加强数字化投资构成其借鉴能力的信号

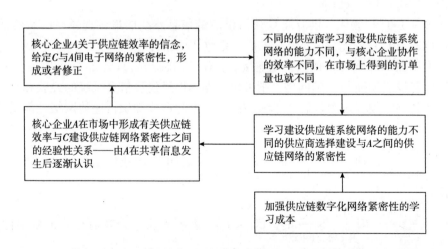

图3-13 供应链数字化价值创造中信号发送的逻辑结构

图 3-13 给出了供应链信息系统网络价值创造中信号发送原理的逻辑结构。

其中，在供应链协同市场上，核心企业 A 对于供应商 C 的协同能力的信念构成信号发送的基础。或者说，在供应链网络中，供应商对 IT 的投资或对于核心企业的 IT 投资的响应速度和认知程度，构成类似于品牌或广告的作用，在 A 与其供应商之间形成了技术契约。图 3-13 的信号发送原理与经典的信号发送模型一致。

由图 3-12 和图 3-13 可知，在微观实现机制上，两化融合的路径与质量内嵌有激励机制的基础，总体而言，企业对数字化的投资在市场上成为企业释放高质量发展的信号，形成市场外部性，影响企业的融资或投资行为，使竞争结构下两化融合质量或数字化投资的效率高于非竞争结构，但非竞争结构下两化融合也会存在经济价值，构成竞争结构下两化融合质量的基础。如果社会制度或政策缺乏对产业或企业投资数字化的激励及其相应的制度安排，两化融合的质量难以得到保障，因此，社会制度应激励两化融合的发展，推动两化融合向数实融合变迁，进而形成人工智能的创新。在这个过程中，不同的两化融合水平和质量会产生不同的发展模式，进而影响经济转型和增长。

第四章 两化融合发展模式、
经济转型与增长

　　第二章第三节对两化融合发展模式的实践参照、内涵和与经济增长的关系进行了阐述。本章在此基础上进一步探讨。广义的发展模式，是指国家或区域层面的特定经济社会场景下形成的发展方式或方向，这种发展方式或方向包括制度、技术、思维和行为方式等方面的内容。狭义的发展模式是指某种具体制度、技术、思维或行为的方式或方向。一般地，两化融合发展模式指两化融合中技术与制度融合的方式或方向，其对经济转型和经济增长产生不同的影响。这是一般化的理论概念，本章在此基础上提出具体的两化融合发展模式定义。

第一节　两化融合发展模式的判断与影响

　　根据发展经济学以及转轨经济学中渐进和跨越发展模式的内涵：渐进式是在原有发展路径的基础上演进式、分步化地变迁，跨越式是快速、全面地跳过原有的发展路径，创建新的发展路径。相对应地，对于从工业化促进信息化路径直接或短期内快速转变为信息化带动工业化路径的发展模式，定义为两化融合跨越发展模式。对于从工业化促进信息化路径逐步过渡到或在相当长时期内稳定在工业化促进与信息化带动两者相对均衡发展阶段的发展模式，定义为两化融合渐进发展模式。在这两个定义基础上，探讨两化融合发展的判断方法，构建其影响模式。

一、融合发展模式的判定与影响模型

　　由于研究时间范畴内同时存在工业化促进与信息化带动两条融合路径，根据各经济体在同一时间段内的工业化促进信息化与信息化带动工业化两条路径的偏

差情况 $\dfrac{\overline{IC1}_{im}-\overline{IC2}_{im}}{\overline{IC1}_{im}}$ 界定该阶段内该经济体的两化融合主导路径，根据前后发展阶

段主导路径的切换情况，判断或界定两化融合发展模式是属于渐进式还是跨越
式。具体判别模型和过程如下：

首先，根据发展阶段内两条路径之间偏差的 $\delta_{im}=\dfrac{\overline{IC1}_{im}-\overline{IC2}_{im}}{\overline{IC1}_{im}}$ 情况界定该发展阶

段省市融合的主导路径。根据肖静华等（2006）的理论思想，如果两化融合路径的

偏差水平处于一个相对较小的界定范围内，即 $|\delta_{im}|=\left|\dfrac{\overline{IC1}_{im}-\overline{IC2}_{im}}{\overline{IC1}_{im}}\right|\leqslant\dfrac{1}{M}\times\sum\limits_{m=1}^{M}$

$\left|\left(\sum\limits_{i=1}^{n}\dfrac{\overline{IC1}_{im}-\overline{IC2}_{im}}{\overline{IC1}_{im}}\right)/n\right|$，那么界定发展阶段 m 省市 i 的两化融合主导路径为相对均衡

路径，记为 $ICd_{im}=IC1\&2$；当 $|\delta_{im}|=\left|\dfrac{\overline{IC1}_{im}-\overline{IC2}_{im}}{\overline{IC1}_{im}}\right|>\dfrac{1}{M}\times\sum\limits_{m=1}^{M}\left|\left(\sum\limits_{i=1}^{n}\dfrac{\overline{IC1}_{im}-\overline{IC2}_{im}}{\overline{IC1}_{im}}\right)/n\right|$ 时，

如 $\dfrac{\overline{IC1}_{im}-\overline{IC2}_{im}}{\overline{IC1}_{im}}>0$，则该阶段该省份的两化融合主导路径为信息化带动工业化路径，

记为 $ICd_{im}=IC1$；相反，如 $\dfrac{\overline{IC1}_{im}-\overline{IC2}_{im}}{\overline{IC1}_{im}}<0$，则该阶段该省份的两化融合主导路径为

工业化促进信息化路径，记为 $ICd_{im}=IC2$。其中，$\overline{IC1}_{im}$ 为省份 i 在发展阶段 m 内
的信息化带动工业化路径水平的平均值，$\overline{IC2}_{im}$ 为省份 i 在发展阶段 m 内的工业化
促进信息化路径水平的平均值，n 表示总的省市样本数，M 表示总发展阶段数。
ICd_{im} 表示省市 i 在阶段 m 的两化融合主导路径。

其次，根据前后两个发展阶段的主导路径的变化判断两化融合的发展模式。
如果在阶段（m，m+1）内，省份 i 的主导路径 ICd_{i} 变化满足 IC2→IC1 的条件，
那么省份 i 的两化融合发展模式为跨越式，即未经相对均衡阶段直接从工业化促
进信息化为主导的路径转变为以信息化带动工业化为主导路径的模式，称为两化
融合跨越发展模式。如果 ICd_{i} 变化满足 IC2→IC1&2，或 IC2→IC2，或 IC1&2→
IC1，或 IC1&2→IC1&2 的条件，那么省份 i 的两化融合发展模式为渐进式，即对
于在相当长的一段时间内经历过工业化促进与信息化带动两者相对均衡发展的发
展模式，称为两化融合渐进发展模式。由于中国两化融合起步于工业化促进信息化

阶段，在考察的起点阶段，还未进入信息化带动工业化融合为主导路径的阶段，因此，这里暂不讨论以信息化带动工业化为起点的两化融合发展模式问题。此外，对两化融合发展模式的探讨，主要聚焦在从工业化促进的主导路径转为信息化带动的主导路径过程中是否在较长一段时间内经历两条路径相对均衡的过程，对于某经济体在进行主导路径一次切换之后的主导路径的变化，这里暂未探讨。

两化融合对经济转型升级的影响模型如下：在识别出各个省份的两化融合发展模式后，建立非参数面板数据固定效应模型式（4-1），分别考察不同的两化融合发展模式下的两化融合水平与经济转型升级指标变量之间的关系。

$$y_{it} = m(IC_{it}) + v_i + u_{it}, \ i = 1, \ 2, \ \cdots, \ T \tag{4-1}$$

其中，y 表示任一绩效指标变量，IC 表示两化融合系数变量；m（IC）表示待估计的非参数函数，反映 IC 与绩效指标的函数关系；v_i 是省市 i 的个体效应，这里将之设定为固定效应，目的是得到 m（IC）的一致性估计；u_{it} 为随机扰动项。其中，在分析不同的经济转型升级指标时，对经济转型升级指标或融合系数变量进行了相应的处理，如在探讨融合水平对经济增长的影响时，借鉴 Mankiw 等（1992）和 Islam（1995）关于经济增长的建模方法、Kumar 和 Russell（2002）的全球经济增长分布演化机制思想及覃家琦和邵新建（2015）的动态效率模型，构建两化融合水平对经济增长的影响模型，即 $y_{it} = (GDP_{it} - GDP_{i,t-\tau})/GDP_{i,t-\tau}$，其中 $\tau = t_2 - t_1$（取 $\tau = 1$）。

使用 Henderson 等（2008）、Zhou 等（2011）的面板数据固定效应模型非参数估计方法估计模型式（4-1），得到 m（·）及其导函数在样本点 IC_{it} 处的非参数估计 $\hat{m}(IC_{it})$ 和 $\hat{m}'(IC_{it})$，并计算融合水平 IC 所要求的转型升级平均绩效 $\frac{1}{nT}\sum_{i=1}^{n}\sum_{t=1}^{T}\hat{m}(IC_{it})$ 及融合对转型升级绩效变量的平均边际影响 $\frac{1}{nT}\sum_{i=1}^{n}\sum_{t=1}^{T}\hat{m}'(IC_{it})$。为得到转型升级平均绩效和平均边际影响的统计显著性，利用 Bootstrap 方法计算它们的标准差。

根据第二章工业化与信息化发展水平指标和数据来源，采集 2000~2018 年中国 31 个省份数据，对工业化和信息化发展水平进行测算。根据第三章两化融合模型，估算各省市的信息化带动工业化路径水平、工业化促进信息化路径水平及两化融合水平。

二、融合的渐进模式与跨越模式

2000~2007 年，中国信息化带动工业化路径水平整体呈上升趋势，工业化促进信息化路径水平整体呈下降趋势。就两条路径水平的高低比较而言，2005 年之前中国两化融合整体以工业化促进信息化路径为主，2006 年后中国信息化带动工业化路径开始领先于工业化促进信息化路径。通过对 31 个省份各年份两条路径水平的进一步分析发现，2000~2005 年几乎所有省份工业化促进信息化路径水平都高于信息化带动工业化路径水平，但 2010 年后几乎所有省份的信息化带动工业化水平都高于工业化促进信息化水平。

基于两条融合路径的结果和中国两化融合路径及两化融合水平具有周期约为5 年的间断平衡结论，我们将中国两化融合发展阶段划分为 2000~2005 年、2006~2010 年、2011~2015 年以及 2016~2018 四个时间段。依据上述两化融合主导路径的判断标准，得到 31 个省份在三个不同阶段的两化融合主导路径，结果如表 4-1 所示。根据表 4-1 可知，中国 31 个省份两化融合之路多数以工业化促进信息化路径为起点，历经 5 年左右的发展历程。2006~2010 年几乎所有省份都脱离了工业化促进信息化的主导路径，或者进入相对均衡的发展进程，或者跨越为以信息化带动工业化为主导路径。

根据上述两化融合发展模式的判断标准，将中国 31 个省份两化融合发展模式的分类结果整理为表 4-2 的形式。由表 4-2 可知，13 个省份的两化融合为跨越发展模式，18 个省份的两化融合为渐进发展模式。在渐进发展模式中，有 4个省份是以工业化促进与信息化带动两者相对均衡发展为起点的。从两化融合均衡发展来看，上海是中国唯一一个稳定均衡发展的省份。

为什么不同的省份会选择或发展为不同的两化融合发展模式呢？为回答此问题，对采取不同发展模式的省份 2000~2005 年的工业化促进信息化融合水平和信息化带动工业化融合水平的偏差情况进行对比分析，结果见表 4-3。

由表 4-3 可知，2000~2005 年，采取渐进发展模式的省份其工业化促进信息化融合水平高于跨越发展模式的省份，即渐进发展模式的省份具有较强的工业化促进融合实力来逐步推进工业化目标的实现，随着时间的推移以及数字技术的扩散和普及，这些省份既能够维持早期工业化促进融合的优势，同时又能把握信息化带动路径所发挥的作用，两者相得益彰。对于采取跨越发展模式的省市而言，现代工业化基础相对薄弱，两化融合发展初期工业化促进融合的工业基础不足，当数字技术迅速扩散和普及时，与现代工业化基础相对好的省份相比，信息化带动路径的社会协调成本低于两条路径相对均衡的社会协调成本，因而更多地形成了"两步并作一步走"的跨越发展模式。

为进一步验证上述推断，我们对两种发展模式的样本在不同发展时期的工业化水平和信息化水平增长情况进行了分析（见表 4-4）。结果表明：从整体来看，渐进发展模式的省份有较高工业化水平增长率，尤其在两化融合主导路径进行切换的 2006~2010 年阶段，渐进式发展模式的省份其工业化水平平均增长率明显高于跨越发展模式省份。相反地，跨越发展模式的省份其信息化水平增长率较高。由此，上述推断得到验证。

表4-1 中国31个省份两化融合主导路径的变动情况

阶段 省份	2000~2005年				2006~2010年				2011~2015年				2016~2018年			
	带动水平	促进水平	偏差比	主导路径	带动水平	促进水平	偏差比	主导路径	带动水平	促进水平	偏差比	主导路径	带动水平	促进水平	偏差比	主导路径
北京	0.7814	0.9570	-0.1834	促进	0.7816	0.8210	-0.0480	均衡	0.7561	0.7029	0.0757	均衡	0.7893	0.7368	0.0678	均衡
天津	0.8459	0.8642	-0.0213	均衡	0.9556	0.7971	0.1990	带动	0.9324	0.8135	0.1462	带动	0.9216	0.8369	0.1035	带动
河北	0.5904	0.6841	-0.1369	促进	0.6962	0.6195	0.1238	促进	0.7060	0.6315	0.1179	带动	0.7365	0.6836	0.0798	均衡
山西	0.6098	0.6919	-0.1186	促进	0.6990	0.6242	0.1198	促进	0.6884	0.5992	0.1489	带动	0.6983	0.6013	0.1203	带动
内蒙古	0.5622	0.6534	-0.1396	促进	0.6840	0.6103	0.1208	促进	0.7196	0.6401	0.1242	带动	0.7365	0.6621	0.1023	带动
辽宁	0.6781	0.7665	-0.1154	促进	0.7946	0.6791	0.1701	促进	0.8267	0.6992	0.1825	带动	0.8369	0.7235	0.1365	带动
吉林	0.5997	0.6701	-0.1051	促进	0.6854	0.6030	0.1366	促进	0.6983	0.6186	0.1288	带动	0.6997	0.6201	0.112	带动
黑龙江	0.6203	0.7224	-0.1414	促进	0.6734	0.6056	0.1118	促进	0.6583	0.5758	0.1433	带动	0.6389	0.5863	0.0987	均衡
上海	1.0000	0.9942	0.0059	均衡	0.9868	0.9980	-0.0113	均衡	0.9406	0.8779	0.0714	均衡	0.9496	0.8693	0.0989	均衡
江苏	0.7660	0.8648	-0.1142	促进	0.9681	0.8333	0.1617	促进	0.9986	0.9848	0.0140	带动	0.9956	0.9795	0.0346	均衡
浙江	0.8231	0.9271	-0.1121	促进	0.9522	0.8968	0.0618	促进	0.9557	0.9177	0.0413	均衡	0.9503	0.9098	0.0687	均衡
安徽	0.5512	0.6387	-0.1370	促进	0.6333	0.5815	0.0891	促进	0.6675	0.6059	0.1016	均衡	0.6908	0.6309	0.0874	均衡
福建	0.6827	0.7331	-0.0687	均衡	0.8116	0.7095	0.1440	均衡	0.8508	0.7809	0.0895	带动	0.8604	0.7989	0.0763	均衡
江西	0.5630	0.6385	-0.1183	促进	0.6430	0.5931	0.0841	促进	0.6736	0.6114	0.1018	均衡	0.6879	0.6201	0.1032	带动
山东	0.6414	0.7510	-0.1460	促进	0.8418	0.7380	0.1407	促进	0.8286	0.8401	-0.0137	带动	0.839	0.8468	-0.0115	均衡
河南	0.5660	0.6509	-0.1305	促进	0.6554	0.6055	0.0825	促进	0.6791	0.6311	0.0761	均衡	0.6809	0.6401	0.0512	均衡

续表

省份＼阶段	2000~2005年				2006~2010年				2011~2015年				2016~2018年			
	带动水平	促进水平	偏差比	主导路径	带动水平	促进水平	偏差比	主导路径	带动水平	促进水平	偏差比	主导路径	带动水平	促进水平	偏差比	主导路径
湖北	0.5847	0.6641	-0.1195	促进	0.6749	0.5923	0.1396	带动	0.6858	0.5995	0.1440	带动	0.6998	0.6012	0.1321	带动
湖南	0.5435	0.6351	-0.1442	促进	0.6384	0.5765	0.1074	带动	0.6484	0.5934	0.0926	均衡	0.6605	0.6034	0.0723	均衡
广东	0.8408	0.9792	-0.1414	促进	0.9604	0.9314	0.0311	促进	0.9848	0.9865	-0.0017	均衡	0.9781	0.9803	-0.0102	均衡
广西	0.5404	0.6262	-0.1370	促进	0.6190	0.5717	0.0827	促进	0.6307	0.5804	0.0867	均衡	0.6408	0.5904	0.0688	均衡
海南	0.5420	0.6860	-0.2098	促进	0.6205	0.5947	0.0435	均衡	0.6238	0.5755	0.0840	均衡	0.6409	0.5998	0.0597	均衡
重庆	0.6011	0.6490	-0.0737	均衡	0.6802	0.6123	0.1109	带动	0.6809	0.6195	0.0991	带动	0.6904	0.6206	0.0904	带动
四川	0.5761	0.6396	-0.0993	促进	0.6593	0.5906	0.1163	带动	0.6620	0.6017	0.1003	带动	0.6894	0.6198	0.0902	带动
贵州	0.5115	0.6035	-0.1524	促进	0.5662	0.5493	0.0307	均衡	0.5804	0.5537	0.0483	均衡	0.5987	0.5698	0.0098	均衡
云南	0.5348	0.6109	-0.1247	促进	0.6013	0.5595	0.0747	均衡	0.5981	0.5601	0.0677	均衡	0.5986	0.5701	0.0096	均衡
西藏	0.4818	0.6157	-0.2173	促进	0.5360	0.5477	-0.0215	均衡	0.5825	0.5481	0.0628	均衡	0.5983	0.5503	0.076	均衡
陕西	0.5704	0.6533	-0.1269	促进	0.6836	0.6048	0.1303	带动	0.7002	0.6042	0.1589	带动	0.7104	0.6398	0.135	带动
甘肃	0.5357	0.6134	-0.1267	促进	0.5987	0.5573	0.0742	均衡	0.5978	0.5551	0.0769	均衡	0.5989	0.5578	0.067	均衡
青海	0.5597	0.6479	-0.1361	促进	0.6491	0.5967	0.0878	均衡	0.6845	0.5969	0.1468	带动	0.6983	0.6304	0.145	带动
宁夏	0.5909	0.6667	-0.1137	促进	0.6669	0.6091	0.0950	均衡	0.6740	0.5944	0.1339	带动	0.6794	0.609	0.146	带动
新疆	0.5540	0.6660	-0.1682	促进	0.6411	0.5817	0.1023	带动	0.6570	0.5664	0.1600	带动	0.6848	0.5986	0.168	带动

注：主导路径列中"促进"表示主导路径为工业化促进信息化路径，"带动"表示主导路径为信息化带动工业化路径，"均衡"表示相对均衡路径。

表4-2　中国31个省份两化融合发展模式归纳分类

发展模式		阶段1主导路径 （2000~2005年）	阶段2主导路径 （2006~2010年）	阶段3主导路径 （2011~2015年）	省份
渐进 发展模式	工业化促进		相对均衡	相对均衡	北京、浙江、河南、广东、广西、海南、贵州、云南、西藏、甘肃
			相对均衡	信息化带动	安徽、青海、宁夏、江西
	相对均衡		相对均衡	相对均衡	上海
			信息化带动	信息化带动	天津、重庆
			信息化带动	相对均衡	福建
跨越 发展模式	工业化促进		信息化带动	相对均衡	江苏、山东、湖南
			信息化带动	信息化带动	河北、山西、内蒙古、辽宁、吉林、黑龙江、湖北、四川、陕西、新疆

注：由于本表主要目的是根据各省份两化融合转型前后的主导路径变化做归类，为此，只列出2000~2015年的主导路径。

表4-3　2000~2005年不同发展模式省份的两条路径水平基础比较

对比项	渐进式	跨越式	两模式偏差
工业化促进信息化融合水平	0.7044	0.6971	0.0073
信息化带动工业化融合水平	0.6016	0.6074	-0.0058
两条融合路径水平的偏差	0.1028	0.0897	0.0131

表4-4　不同发展模式省份的发展初、中期工业化与信息化水平的增长率比较

对比项	时间	渐进式	跨越式	两模式偏差
工业化水平的平均动态增长率	2001~2005年	0.0103	0.0071	0.0032
	2006~2010年	0.0635	0.0344	0.0291
信息化水平的平均动态增长率	2001~2005年	0.0695	0.104	-0.0341
	2006~2010年	0.0126	0.0504	-0.0377

综合表4-3和表4-4，可以认为，在工业化任务尚未完成，又面临实现信息化艰巨任务的并行发展挑战时，工业化发展态势较好的省市多采取了渐进发展模式，工业化发展态势相对较弱的省市多采取跨越发展模式。其中，东北老工业基地、华北、部分华东地区和中西部地区多实现了两化融合的跨越式发展。同时，以北京、浙江和广东为代表的省市形成渐进发展模式，安徽、青海、宁夏和江西四省区更是形成了完整的两化融合发展阶段，即从工业化促进信息化阶段过渡到工业化促进与信息化两者相对均衡阶段，再转变为信息化带动工业化三个完整的渐进段。上海、天津和重庆三个直辖市及福建则发展为一种特殊情形的渐进模式，上海始终稳定在相对均衡的路径上，天津、重庆和福建从相对均衡或者转变为信息化带动融合，或者经历信息化融合路径后再回归相对均衡路径，我们推测

这些特征应与省市的工业化基础和信息化吸收能力相关。

三、融合发展模式对经济转型的影响

不同发展模式的两化融合对转型升级有何影响？或者说，中国所实行的两化融合发展模式对中国经济转型升级有什么影响呢？这是人们关注并力求获得创新结论的关键问题之一。对此，拟采用以下四个指标探讨两化融合不同发展模式对中国经济转型升级的影响，即人均地区实际生产总值（人均实际 GRP）、三次产业结构（三大产业工业总产值占 GRP 比率）、单位实际 GRP 电力消费、单位实际 GRP 能耗。

（一）不同发展模式下融合水平对经济转型的影响

实证结果表明，无论哪一种发展模式下的两化融合水平都能促进经济的动态增长。其中，渐进发展模式下的融合水平对经济动态增长的影响高于跨越发展模式，即相对于跨越发展模式，渐进发展模式更有助于省市维持经济的高速增长。然而，相对于渐进发展模式，跨越发展模式似乎更有助于省市提高经济质量且影响的持久性更为明显。虽然两种发展模式下的融合水平对人均实际 GRP 电力的影响不显著，但跨越发展模式下的融合水平有助于更好地降低单位人均实际 GRP 能耗（见表 4-5）。诚然，两化融合对经济转型的影响是全面的和多层次的，这里仅从产业结构与经济转型视角给予探讨。

表 4-5　不同发展模式下的融合水平对人均实际 **GRP** 动态增长率及经济质量的影响

绩效指标	发展模式	2000~2005 年			2006~2015 年			2016~2018 年		
		$\hat{m}'$ (IC)	标准差	显著性	$\hat{m}'$ (IC)	标准差	显著性	$\hat{m}'$ (IC)	标准差	显著性
GRP 动态增长率	跨越式	2.0924	0.4513	***	0.8107	0.4250	*	0.9289	0.498	*
	渐进式	2.1361	0.5586	***	0.8225	0.4218	*	0.9346	0.4778	*
单位 GRP 电力消费	跨越式	0.1209	0.1051		-0.0694	0.0648		-0.0784	0.0797	
	渐进式	0.0772	0.1192		0.0632	0.0817		0.0765	0.0974	
单位 GRP 能耗	跨越式	0.1109	0.0250	***	-0.0607	0.0251	**	-0.1675	0.0313	***
	渐进式	0.0690	0.0237	***	-0.0171	0.0127		-0.0979	0.051	*

注：*、**、***表示分别在10%、5%、1%水平上显著，下同。

两化融合也促进了省市的产业结构优化升级。实证结果表明，两种发展模式下的两化融合都对省市三大产业结构有影响，均有降低第一产业产值占比，提高第二或第三产业的占比的趋势，尤其是两化融合的跨越发展模式对第三产业占比的提高有更加明显的效果（见表 4-6）。也就是说，相对于渐进发展模式，跨越发展模式更有助于产业结构调整与优化，使之与经济总体发展阶段的要求相匹配。

表4-6 不同发展模式下的融合水平对三大产业结构的影响

发展模式	第一产业			第二产业			第三产业		
	$\hat{m}'$ (IC)	标准差	显著性	$\hat{m}'$ (IC)	标准差	显著性	$\hat{m}'$ (IC)	标准差	显著性
跨越式	−0.0803	0.0402	**	0.0041	0.0278		0.0293	0.0138	**
渐进式	−0.0871	0.0995		0.0173	0.0358		0.0311	0.0190	

综合表4-5和表4-6的结果可以认为，首先，中国的两化融合发展模式有助于中国摆脱传统工业化发展模式下的片面发展模式，较好地应对了工业化尚未完成，又面临完成信息化艰巨任务的并行发展挑战，促进了中国经济向全面协调可持续方向的发展，尤其是部分省市的跨越发展模式，通过优化产业结构同时降低单位经济增长能耗，初步实现了生产力跨越式发展的目标，有助于中国经济增长从初始阶段的扩张型高增长转向质量提升型的中高速增长；其次，在2000~2005年两化融合发展初期，中国省市的两化融合多以工业化促进信息化路径为主，经过调整，工业化发展基础相对较好的省市形成两化融合渐进发展模式，主要作用于维持中国经济动态增长的态势，但对中国宏观经济质量提升的贡献相对较小；最后，工业化发展基础相对薄弱的省市形成两化融合跨越发展模式，主要作用于调整和优化经济结构，提升经济发展质量，但对中国宏观经济增长的贡献相对较小。

这样，中国通过各省市形成不同的两化融合发展模式，渐进发展模式的省市主要影响经济增长，跨越发展模式的省市主要影响经济结构调整，形成了一个应对工业化与信息化并行发展挑战的两化融合中国模式。本书在第七章中给予详细讨论和阐述。

（二）不同发展基础同一发展模式下融合对经济转型的影响

根据31个省份的经济发展基础进行分类，根据世界银行高、中、低收入经济体的标准，结合中国人均GDP分布情况，以低等收入线+（中低收入线−低收入线）/6为划分标准，以2000~2005年中国31个省份人均实际GDP为对照，将中国31个省份划分为中高收入组与中低收入组开展研究。具体地，中高收入组的省份包括北京、天津、河北、内蒙古、辽宁、吉林、黑龙江、上海、江苏、浙江、福建、山东、广东、新疆；中低收入组的省份包括山西、安徽、江西、河南、湖北、湖南、广西、海南、重庆、四川、贵州、云南、西藏、山西、甘肃、青海、宁夏。

表4-7和表4-8的实证结果表明，在同样采取跨越发展模式的省市中，中高收入省市的两化融合水平对其经济质量的提升更加显著，能够显著降低单位GRP能耗和电力水平。同时，融合水平的提高有助于其经济结构显著地向第三产业转移。对于中低收入的省市而言，跨越发展模式对其提高经济增长率的作用更加显著，融合水平主要调节第二产业的比重。

表4-7 跨越发展模式下的融合水平对经济增长与质量的影响

省份类别	绩效指标	2000~2005年			2006~2015年			2016~2018年		
		m̂′(IC)	标准差	显著性	m̂′(IC)	标准差	显著性	m̂′(IC)	标准差	显著性
中高收入	人均GDP增长	1.4422	0.5184	***	0.8886	0.5708		1.0398	0.6987	
	单位GRP电力消耗	0.0063	0.0066		-0.0293	0.0095	***	-0.032	0.0076	***
	单位GRP能耗	0.0488	0.0795		-0.2189	0.102	**	-0.1967	0.065	***
中低收入	人均GDP增长	2.9865	0.5483	***	0.9282	0.4029	**	1.298	0.537	**
	单位GRP电力消耗	0.008	0.0044	*	0.0098	0.0111		0.0105	0.0134	
	单位GRP能耗	0.0978	0.0722		0.0565	0.1277		0.078	0.105	

表4-8 跨越发展模式下的融合水平对产业结构的影响

省份类别	第一产业产值占GRP比率			第二产业产值占GRP比率			第三产业产值占GRP比率		
	m̂′(IC)	标准差	显著性	m̂′(IC)	标准差	显著性	m̂′(IC)	标准差	显著性
中高收入	0.0021	0.009		-0.0132	0.0163		0.0202	0.0081	**
中低收入	0.0014	0.0073		0.0136	0.008	*	-0.0091	0.017	

　　可见，在经济发展中，虽然中国各省份都面临工业化与信息化并行发展的挑战，但由于各省市的发展起点（初始收入水平）不同，即使选择或实施了同样的两化融合发展模式，融合水平对经济转型升级的影响方向和侧重点也会相同。根据Lee和Lim（2011）归纳的跨越式发展路径，在两化融合跨越发展模式中，不同的经济基础决定了两化融合创建不同的跨越路径来影响经济的转型升级。经济发展水平起点高的省份，采取跨越发展模式更能发挥调整经济结构的优势，尤其是借助信息化带动工业化路径中的信息化跨越或数字跃迁优势来发展新兴产业，显著提高第三产业的比重。然而，起点低的省份采取跨越发展模式则主要发挥加速推进工业化进程的作用，尤其是加速推进新型工业化进程的发展速度。因此，两化融合对经济转型升级的影响是一个复杂的多主体匹配与协同体系，在信息化系统发挥主导作用的跨越发展模式中，两化融合依然存在着推进工业化进程的价值。

　　在渐进发展模式下，研究发现不同发展起点的融合水平对经济转型升级的影响具有不确定性，因此做了更细致的阶段与结构划分分析，其中，中低收入省市的融合水平对经济转型升级的影响具有波动性，在发展中期，融合水平的提高有助于提升经济质量（降低单位GRP能耗），在发展后期虽然对经济增长量有正向影响，但同时对其经济质量有不利影响（见表4-9）。可以认为，中低收入省市渐进发展模式对经济转型升级的影响是迂回的或波动的。同时，中高收入省市的融合水平对人均GDP增长、单位能耗和电力均不构成显著影响，其原因需要做进一步探讨，一种可能是渐进发展模式下中高收入省市的转型升级需要依靠更多的综合性要素来推动，而非单一的两化融合因素。

表4-9 渐进发展模式下的融合水平对经济增长与经济质量的影响

省份类别	绩效指标	2000~2005 年			2006~2010 年			2011~2015 年			2016~2018 年		
		$\hat{m}'$ (IC)	标准差	显著性	$\hat{m}'$ (IC)	标准差	显著性	$\hat{m}'$ (IC)	标准差	显著性	$\hat{m}'$ (IC)	标准差	显著性
中高收入	人均 GDP 增长	0.5257	0.544		0.8522	0.7000		0.7587	0.7009		0.8956	0.7034	
	单位 GRP 电力	0.0096	0.0072		0.0019	0.0068		0.0028	0.0127		0.0078	0.0167	
	单位 GRP 能耗	0.0151	0.0472		0.0087	0.0498		0.0186	0.0701		0.0909	0.0785	
中低收入	人均 GDP 增长	2.6684	0.6512	***	0.3659	1.2079		0.9390	0.5670	*	1.1253	0.601	*
	单位 GRP 电力	0.0043	0.0069		-0.0182	0.0094		0.0072	0.0072		-0.0095	0.0089	
	单位 GRP 能耗	0.0617	0.0696		-0.1372	0.0820	*	0.0930	0.056	*	0.0876	0.0789	

在经济结构调整上，渐进发展模式下中低收入省份的融合水平可以有效地降低第一产业的比重，显著提升第二、第三产业的比重。同时，中高收入省份融合水平有助于其提高第三产业的比重（见表 4-10）。该结果与跨越发展模式下中高收入省份融合水平提高第三产业占比相同，表明无论是哪种融合发展模式，发展起点相对高的地区融合水平均对提高第三产业占比有更显著的影响。

表 4-10　渐进发展模式下的融合水平对三大产业结构的影响

省份类别	第一产业产值占 GRP 比率			第二产业产值占 GRP 比率			第三产业产值占 GRP 比率		
	$\hat{m}'$（IC）	标准差	显著性	$\hat{m}'$（IC）	标准差	显著性	$\hat{m}'$（IC）	标准差	显著性
中高收入	-0.0051	0.0039		-0.0183	0.0186		0.0508	0.0272	*
中低收入	-0.0302	0.0039	***	0.0298	0.007	***	0.0293	0.0119	**

综合表 4-5 至表 4-10 可以认为，中国两化融合的两种发展模式均对中国经济转型升级产生显著影响，且相对于跨越发展模式，渐进发展模式更有助于省市维持经济的高速增长，但相对于渐进发展模式，跨越发展模式下融合水平对调整和优化经济结构有更显著的影响。同时，在同样的发展模式下，不同发展起点的融合水平对经济转型升级的影响有相似之处，也有不同的特征，且主要表现为功能差异。

例如，同样是跨越发展模式的省市，发展起点高的省份两化融合更明显地改进经济质量，促使产业结构向第三产业方向调整，但这种影响在渐进发展模式下的高起点省份中却没有出现。又如，在同样是低起点的省份中，跨越发展模式下融合水平显著影响其经济增长率的提升，推动产业结构向第二产业转移，但这种影响在渐进发展模式下则存在波动性，在发展中期对提升经济质量有正向影响，虽然发展后期对提高经济增长总量有正向影响，但伤害经济质量的提高。但是，在渐进发展模式下发展起点低的融合水平同样促进产业结构调整，且比跨越发展模式更有助于降低第一产业占比，提高第二产业和第三产业占比。

总之，无论是跨越式发展模式还是渐进式发展模式，不存在孰优孰劣的区别，两种发展模式在中国经济转型升级中发挥了不同的功能和作用，且在不同的经济发展起点对两化融合发展模式影响经济转型升级的方向和绩效均有重要影响。因此，两化融合发展模式的总体研究结论，对于更一般性的经济发展模式选择的分析具有启发。总体而言，无论是经济转型升级还是转轨发展，或者主张休克疗法式的激进模式，或者主张渐进模式，通常都是强调其中一种发展模式的优势或劣势，或者探究某种发展模式成功的环境与条件。两化融合发展模式表明，作为经济转型升级或转轨发展的激进与渐进模式，在不同经济体可能有不同的经济后果，在某个经济体采用渐进模式获得的成功不能简单地照搬到另一个经济体来应用。同样地，在一个经济体失败的激进模式也不能简单地否定其无法在其他经济体获得成功，因为经济发展中的激进与渐进两种发展模式对经济增长与经济质量的影响发挥着不同的作用，甚至在同样的发展模式下发展起点不同也会形成对经济体发展的不同影响。也就是说，判断某个经济体采取激进或渐进发展模式孰优孰劣，需要充分考虑其发展的起点和情境，而非激进或渐进发展模式之间存在优劣之别。这在两化融合发展模式对经济转型与增长的分析中，有诸多支持证据。

四、融合发展模式的影响机制

何为两化融合发展模式的影响机制？根据上述研究，可将该影响机制归纳提炼为四个方面的组成部分。

（1）两化融合影响的情境（环境）条件。作为世界上最大的发展中国家，中国与其他发展中国家一样面临工业化与信息化并行发展的挑战，无论在理论上还是在实践中，发达国家和国际学术界均缺乏应对这种挑战的认识和研究。为应对挑战，21世纪以来中国政府持续创新两化融合政策，逐步走出一条既能维持经济增长，又能促进经济结构调整和提升经济质量的两化融合发展道路，这条发展道路就是渐进发展模式与跨越发展模式兼容并蓄，部分地区通过渐进发展模式获得持续的经济增长动力，部分地区通过跨越发展模式获得调整经济结构的经济发展机会，并在不同发展起点上形成两化融合促进经济发展的不同作用方向。因此，一方面，与发达国家工业化与信息化梯度发展模式相比，中国两化融合发展模式具有特殊性，通过工业化促进路径、信息化带动路径及两者相对均衡路径的转换，形成渐进与跨越两种发展模式。另一方面，中国两化融合发展模式具有一般性，两化融合发展模式对经济转型升级的实质性影响表明，中国两化融合发展模式可以为其他发展中国家提供发展模式的借鉴。

（2）两化融合路径的选择。两化融合发展模式有两层含义：一是面对工业化与信息化并行发展挑战，以工业化促进信息化、以信息化带动工业化构成两化融合的两条基本实现路径，但在这两条基本路径之间，还存在工业化促进与信息化带动两者相对均衡发展的路径。中国两化融合发展模式，就是推动不同地区根据自身基础和条件选择和实现不同的发展路径轨迹，从工业化促进信息化阶段起步，经历工业化促进与信息化带动两者相对均衡发展阶段的，形成两化融合的渐进发展模式；未经历相对均衡发展阶段直接转变为信息化带动工业化路径的，形成跨越发展模式。二是中国两化融合的渐进与跨越两种发展模式对经济转型升级发挥不同的功能和作用。借助两化融合两种发展模式的不同功能与作用，形成并行解决促增长、调结构的经济发展格局。

（3）两化融合的结构性影响。两化融合的两种发展模式均对中国经济转型升级有正向影响，且这种影响因省市采用不同的发展模式有不同的特征。一般地，相对于跨越发展模式，渐进发展模式对地区经济维持高增长有更显著的影响，但对单位人均实际 GRP 能耗等经济质量提升的影响相对较弱，对三次产业结构优化调整的影响也相对薄弱。同时，渐进发展模式下不同发展起点的融合水平对经济转型升级的影响具有不确定性，如中低收入省市的融合水平对经济转型升级的影响具有波动性，中高收入省市的融合水平对转型升级主要指标的影响不显著。相对于渐进发展模式，跨越发展模式对提高地区经济质量的影响更加显著，虽然在该模式下融合水平对人均实际 GRP 电力的影响不显著，但显著降低了地区单位人均实际 GRP 能耗，如跨越发展模式下中高收入地区的融合水平能显著降低单位 GRP 能耗和电力水平，中低收入地区的融合水平则对其提高经济增长率的作用更加显著。此外，跨越发展模式对降低第一产业占比、调整第二产业结构、提高第三产业占比的影响更为明显。

（4）两化融合的技术-制度匹配。2000 年以来中国政府成功应对了发展中国家工业化尚未完成而信息化迅速崛起的并行发展挑战，持续创新的两化融合发展模式取得实质成果。这种实质性影响表现在中国的两化融合发展模式既可以促进中国经济的增长，又可以促进中国经济生产方式的转变。中国的两化融合发展模式对经济增长与经济质量的双重影响表明，中国两化融合发展模式及其 2015 年以来基于两化融合的"互联网+行动计划"，到 2023 年"数据要素×行动"及 2024 年的人工智能+行动等，均可以视为中国经济促增长、调结构的一种有效的战略性产业政策或政策工具。

归纳来看，中国两化融合发展模式的影响机制，依然遵循"环境（情境）→路径选择→结构性影响→技术-制度匹配"的逻辑，形成企业、产业或区域层面的经济社会影响。本书第七章将对此进行详细的探讨。

第二节　融合发展模式的微观机制与路径[①]

根据"环境（情境）→路径选择→结构性影响→技术-制度匹配"的两化融合发展模式影响机制，从企业数字化转型视角探讨融合发展模式的微观机制与路径特征。研究分三步展开：一是构建中国情境的数字化转型路径概念模型，以后

① 本节内容根据肖静华、曹望华、谢康、夏正豪《跨越与补课：数字化转型视角的后发优势实现机制》（中山大学管理学院工作文件，2023 年 4 月）修改而成。

发优势刻画中国数字化转型情境；二是采集数据和建立实证模型；三是基于实证结果讨论融合发展模式的微观机制与路径特征。

一、融合发展模式的微观模型

现有企业数字化转型的概念众多，如强调企业数字化转型是企业通过利用数字技术重塑愿景、战略、组织结构、流程、能力和文化，以适应高度动荡的数字环境，是一种适应性变革（Gurbaxani & Dunkle, 2019; Furr & Shipilov, 2019）。从中文语境来看，转型的概念包含从 A 到 B 的转变过程。本书中，企业数字化转型是指企业从信息化转变为数字化，或通过信息化倒逼工业化快速提升进而转变为数字化的过程，是多路径、多层次、体系化的适应性变革。其中，企业信息化指企业通过应用信息技术，在业务运营、职能管理各环节变革流程和制度，从而促进降本增效，从根本上提高企业竞争力的过程或状态。从企业层面来看，工业化通常指标准化、流程化、系统化、精益化等工业体系的基础或水平[①]。

中国情境的企业数字化转型也可以划分为跨越式与补课式两条路径，从技术变革的替代机制视角来看，跨越式转型路径指企业借助信息技术对原有需要投资的技术、资本、资源、管理或能力等形成部分替代，缩短从信息化转变到数字化的转型路径。例如，传统企业借助数字平台赋能应对技术能力和资源不足的压力实现依附式转型，或借助工业互联网平台实现跨越式转型，或利用信息技术将大量管理流程经验知识内嵌到系统中，均属于跨越式转型。

从信息化与工业化的互补机制视角来看，补课式转型路径指企业利用信息技术倒逼标准化、流程化、系统化等工业化基础水平和管理能力的提高，以更好形成与信息技术应用的互补，实现从信息化转变为数字化的转型路径。肖静华等（2021）通过美的集团的纵向案例也发现，数字化补课和智能化创新构成中国企业从大规模制造到智能制造战略变革的两个关键阶段。其中，数字化补课的目的是通过夯实工业化基础来更好地释放智能化创新价值。实证发现，中国规模以上工业企业生产运营与数字技术的整合面临较长的磨合期（田秀娟和李睿，2022），为补课式转型路径的存在提供了间接证据。可以认为，企业补课式转型路径在宏观层面表现为两化融合的渐进发展模式。

现有研究从多视角和多层次探讨了企业数字化转型的关键影响因素，包括技术、资本、劳动、制度、企业发展阶段和规模、组织惯例与文化、网络平台与基础设施等。其中，组织学习构成企业数字化战略与运营转型的关键影响因素。机

---

① 中国情境论述的信息化和工业化概念与企业层面的概念不同，前者为产业视角的概念，后者为企业视角的概念，参见国家标准化管理委员会《工业企业信息化和工业化融合评估》。

制研究也表明，组织学习构成企业信息化或数字化与绩效之间的关键中介因素。实证结果表明，源于国内的企业数字化投资对中国企业全球价值链分工地位有提升作用，源于国外的企业数字化投资则有抑制作用（张晴和于津平，2021），这间接表明数字化转型为中国企业提升全球价值链地位提供了跨越机会。数字化转型为中国企业追赶发达国家提供了一次难得的跨越机遇。一方面，区别于传统工业技术带来的以能源为中心的大工业生产力，数字技术带来的是以知识和信息为中心的新经济生产力，这意味着后发国家或企业可能通过工业化与信息化并举的方式加速形成以知识技术为核心的优质要素积累；另一方面，数字技术创新与应用带来了企业在战略制定、生产运营、组织管理以及商业模式等全方位变革，这意味着对于发达经济体来说数字时代的生产管理模式尚且处于探索阶段，后发国家后企业可以利用知识外溢跨越不必要阶段，从而实现追赶甚至超越。其中，以数实融合为主要特征的数字化转型正是后发国家或企业实现从技术模仿型后发优势提升为技术创新型后发优势的重要领域。

如前所述，后发国家或企业实现后发优势是战略变革过程，通过学习改变要素结构是实现后发优势的关键机制。企业数字化转型是工业经济形态向数字经济形态转型的微观变革过程，组织学习构成数字化转型改变企业原有要素结构形成绩效的中介变量，因此，可以从企业数字化转型视角构建学习改变企业要素结构的路径模型，基于映射逻辑，以企业数字化转型过程刻画后发优势的微观实现过程，提出如图4-1所示的两化融合发展模式的微观机制与路径概念模型。

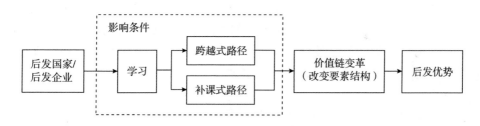

图4-1 两化融合发展模式的微观机制与路径概念模型

根据图4-1提出以下研究假说：

（一）企业信息化与数字化转型

企业信息化水平与组织学习。企业信息化指信息技术在生产经营管理活动中渗透和扩散而形成的一系列技术创新活动。区别于以业务模式创新等为核心的企业数字化转型过程，企业信息化强调利用信息技术来实现企业资源的整合、共享和高效利用，从而提升管理效率、降低企业管理成本等。组织学习是指个体或组织层面获取、保留以及传递知识的动态过程。现有研究对于组织学习有探索式与利用式、内部与外部等多种分类，考虑到信息技术对于内外部组织学习的作用机制，依照 Rerup 和 Feldman（2011）的研究逻辑，从试错式学习与获得式学习两个维度刻画组织学习。从内部来看，组织能够通过信息系统的应用促进组织内部知识的获取、保留与共享，形成组织能力上的精炼、转换、扩展与更新。从外部来看，以大数据为代表的新一代数字技术能够极大地提高企业外部信息的获取和分析，从而帮助组织提升从外部获取知识并内化的能力。据此，提出以下研究假设：

假设1：企业信息化水平对组织学习具有正向影响。

组织学习与企业数字化转型程度。在数字技术不断发展的动荡环境当中，组织学习仍然是企业适应环境变化的重要方式。肖静华（2020）指出，以各类有助于组织学习的技术为依托，根据环境重大变化形成的即时反馈、即时调整、持续变化的知识应用和知识探索的适应性组织学习是企业在数字时代实现跨越式组织变革的关键。企业可以根据不同情境选择不同的组织学习方式，从而形成不同类型的能力，影响企业数字化转型的成效。据此，提出以下研究假设：

假设2：组织学习对企业数字化转型程度具有正向影响。

组织学习、工业化基础与企业数字化转型程度。企业的工业化基础代表着企业在生产经营活动中应用现代化工业技术以及管理模式的程度与水平，是企业生产效率和质量的关键影响因素。而组织学习作为一种重要的组织能力，是企业实现知识更新、积累以实现管理模式及流程优化的重要方式。组织学习主要可以通过以下两种方式促进企业工业化基础，首先，组织学习对于技术创新具有积极影响。具体而言，组织学习能够帮助组织成员理解、吸收、应用和共享内外部知识，共同构建并更新技术创新所依赖的知识基础。其次，组织学习能够促进组织内部的流程与管理优化，从而提升劳动生产率以及资源利用率。据此，提出以下研究假设：

假设3：组织学习对工业化基础具有正向影响。

企业数字化转型是信息化与工业化深度融合的微观体现，企业的工业化基础主要从以下两个方面为数字化转型提供必要的支持。首先，工业化基础能够为企业数字化转型提供必要的设备和技术基础。数字化转型并非无根之木，企业生产经营过程中的标准化、流程化以及自动化同样是数字时代下企业实现资源最有效利用的应有之义。其次，工业化基础能够为数字化转型提供所需的数据基础。特别是在生产制造过程当中，人们对于数据的监测和采集极大程度上依赖于基础设备的自动化以及企业内部的标准化、流程化。据此，提出以下研究假设：

假设4：工业化基础对于企业数字化转型程度具有正向影响。

综合假设3、假设4提出的组织学习对于工业化基础以及工业化基础对于企业数字化转型程度具有正向影响，组织可以通过内外部学习的方式实现知识的获取、保留、共享与更新，从而帮助企业实现技术创新以及生产、管理流程的不断优化，实现工业化基础的提升。这种积极影响可以进一步为组织内部数字技术的应用和推广提供必要的支持，为企业提供良好的技术设备基础以及数据基础，实现数字技术与业务的深度融合，弥补数据价值鸿沟。据此，提出以下研究假设：

假设5：工业化基础在组织学习与企业数字化转型程度之间发挥中介作用。

企业数字化转型与企业绩效。企业数字化转型是数字时代企业获取新的竞争优势的关键路径。首先，数字化技术的广泛应用可以提高企业的生产效率、产品质量和供应链效率，同时还可以降低企业的生产成本和销售成本，提高企业的市场竞争力。其次，数字化转型程度高的企业具备更加先进和灵活的组织能力。数字化转型可以提升企业的组织效能，提高信息共享和协同工作的效率，同时也可以加强企业的管理能力和反应能力。研究表明，数字化转型程度高的企业拥有更加先进和灵活的组织能力，可以更好地适应市场变化和发挥企业的竞争优势，从而提升企业绩效。此外，数字化转型程度高的企业还具备更加强大的创新能力。数字化转型可以帮助企业创新产品、服务和商业模式，提高企业的创新能力和竞争力，因为数字化转型程度高的企业更加注重创新和研发，可以更好地满足客户需求和市场变化，从而提高企业绩效。据此，提出以下研究假设：

假设6：企业数字化转型程度与企业绩效有正向影响。

（二）企业创新文化与行业知识密集度的调节作用

企业创新文化与行业知识密集度均会影响企业跨越式与补课式转型路径。其中，创新文化主要通过促进组织学习过程影响转型路径。一方面，良好的学习氛围和管理支持能够有助于员工的个人学习，从而促进组织内部知识的创造；另一方面，创新文化作为一种组织共享价值观对于组织成员间知识传递与共享产生积极影响）。据此，提出以下研究假设：

假设7a：企业创新文化正向调节跨越式转型路径。

假设7b：企业创新文化正向调节补课式转型路径。

行业知识密集度代表了一个行业中所需的专业知识和技能的复杂度和密集程度，它会通过影响组织学习成果的转化与数字化转型的效果进而影响企业数字化转型。首先，知识密集型行业需要更多的专业知识和能力，因此对于组织学习的深度和广度的要求也更高；其次，知识密集型行业往往对于数字化转型成果也提出了更高的要求，例如，高新技术行业的数字化转型往往是一个更加复杂庞大的系统工程，对于数据基础、流程管控等各方面要求会更高。因此推断，行业知识密集度越高，企业越难以通过跨越式路径促进企业数字化转型，而需要通过补课式路径进行数字化转型。据此，提出以下研究假设：

假设8a：行业知识密集度负向调节跨越式路径。

假设8b：行业知识密集度正向调节补课式转型路径。

综合上述研究假说，提出如图4-2所示的两化融合微观机制与路径研究模型。在图4-2中，以企业信息化水平刻画后发企业的发展起点，以企业数字化转型程度刻画两化融合发展模式形成的"产出"——实现后发优势。以工业化基础刻画后发企业改变要素结构的补课式路径或渐进式路径，以组织学习对企业数字化转型的直接影响刻画改变要素结构的跨越式路径。同时，以行业知识密集度和企业创新文化分别刻画两条路径的外部与内部关键影响因素。

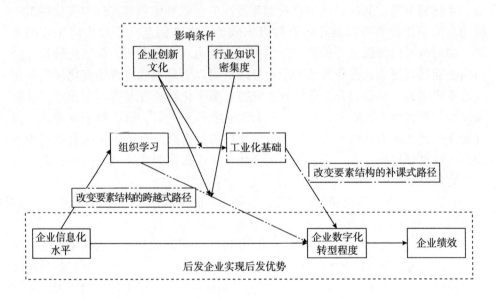

图4-2　融合发展模式微观机制与路径的研究模型

二、微观机制实证设计

（一）数据收集与样本特征

采用企业问卷调查收集数据进行实证分析。问卷开发分三步：第一步，邀请3位企业数字化转型资深专家，及8位企业资深管理人员对问卷题项的合理性和准确性进行意见征询。为提高填写者对问卷题项含义理解的一致性和逻辑自明性，在南方某集团公司组织 12 位中高层管理人员进行超过 3 小时的集体问卷填写和题项完善工作。第二步，在南方两所 985 高校 EMBA 群体分别采集 95 份和 219 份测试问卷，完成三轮前测和多版问卷迭代修改，形成正式问卷。第三步，2022 年 8~10 月，在南方两所 985 高校和一所 985 高校深圳研究院的 EMBA 群体、南方某城市多家企业商协会发放正式问卷 1067 份，回收 1061 份（回收率 99.4%）。剔除无效问卷，最终获得 315 家企业共 539 份有效样本。其中，263 家非上市企业，52 家上市企业。具体样本描述性统计见表 4-11。由表 4-11 可知，样本企业成立年限多在 6 年以上，且企业所在行业类别及企业规模分布较为平均，整体数据质量较高。

表 4-11　样本企业描述性统计分析

类别	类型	数量（家）	比例（%）	类别	类型	数量（家）	比例（%）
企业所在行业	制造业	171	54.3	企业成立年限（年）	3~5	27	8.6
	服务业	116	36.8		6~10	63	20.0
	其他	28	8.9		11~20	103	32.7
	合计	315	100		>20	122	38.7
所有制性质	民营及民营控股企业	197	62.5	近三年企业员工的平均数量（人）	<100	67	21.3
	外商投资及控股企业	47	14.9		100~1000	103	32.7
	国有及国有控股企业	57	18.1		1000~10000	86	27.3
	其他	14	4.5		>10000	59	18.7

注："其他"表示企业为多元化集团或性质为混合所有制。

（二）变量测量工具

这里主要关注企业信息化水平、组织学习、工业化基础、企业数字化转型程度及企业绩效等五个测量构念。问卷开发秉持两个原则：一是对于已有的成熟测量构念尽量参照经典量表，对英文量表采用翻译—回译方式以避免语义模糊或歧义；二是对于工业化基础、数字化转型程度等无成熟量表的构念，则参照国内外相关理论文献及国家"两化"评估等相关标准，同时，参考多位学界和业界专家意见设计题项。此外，问卷于 2022 年 6~8 月经过三轮前测，根据前测结果和专家意见迭代多个版本，最终形成正式问卷。

具体而言，组织学习和企业绩效主要参照现有成熟量表设置题项。同时，本研究涉及对企业信息化水平和企业数字化转型程度的测量，两者有一定的相似性，因此需特别注意区隔。在内涵上，企业信息化是数字化转型的基础，企业信息化主要是通过信息系统的应用提高管理运营效率，数字化转型则是通过数字技术对管理模式、业务流程和价值创造方式等进行系统性重塑。对于企业信息化水平的测量，现有研究主要从信息资产、信息化员工及信息系统应用等角度进行衡量，例如，李坤望等（2015）通过 IT 投资、电信支出及与信息化相关的无形资产占比衡量企业信息化密度。参照上述测量方式，从企业信息系统使用数量和使用时长，即从使用广度和深度两方面进行测量。在企业数字化转型程度测量方面，现有研究多采用基于机器学习的文本分析法构建企业数字化转型指标，再利用关键词词频或语段长度形成对转型程度的测量。尽管这类方法能够形成细致的量化数据，但其利用的分析资料多为企业年报或新闻报道，因此刻画比较笼统。本研究从研发转型、运营转型、营销转型、职能转型及组织管理转型等维度对企业价值链各环节的数字化转型程度进行具体测量，尽可能细化对数字化转型的测量。

对于工业化基础的测量，现有研究主要从产业层面，用人均 GDP、第二产业与第一产业产值或从业人员比值及消费和生产资料净产值等主流方法测量，对于企业层面的工业化基础测量甚少。因此，基于对 18 家企业的案例调研，同时参考国家标准化管理委员会发布的《信息化和工业化融合数字化转型价值效益参考模型》《工业企业信息化和工业化融合评估》等政府评估体系，设置标准化、流程化、系统化和精益化四个维度共 12 个题项。

在创新文化的测量上，由于各企业间内部创新文化差异较大，因此采用现有成熟量表进行内部测量。参照张振刚等（2016）的创新氛围量表，从组织支持、管理者支持等角度设置 3 个题项。知识密集度的测量则利用二手数据，参照张颖、李凤梧（2009）对于知识密集程度的测量，从知识投入和知识产出两个方面构建知识密集度指标。具体而言，利用国泰安和万得数据库收集 2021 年各行业所有上市公司研发强度、研发人员占比、研发人员数量以及公司发明专利数，按行业对数据进行 1% 和 99% 的缩尾处理，然后取各行业中所有上市公司研发强度、研发人员占比、（研发）人员人均专利数的均值，之后再利用主成分分析对三个子维度指标进行客观赋权，最终加权平均得到各行业知识密集度。主要测量构念开发依据见表 4-12。

表 4-12　主要测量构念开发依据

主要构念	测量维度	测量说明/主要参考文献
企业信息化水平	企业信息系统使用时长及使用数量	信息化通常被视为数字化转型的基础，参考李坤望等（2015）及肖静华（2010）企业信息化评价理论与方法，用企业信息系统使用时长及使用数量测量
组织学习	试错式学习获得式学习	试错式学习主要参考 Rerup 和 Feldman（2011）文献，获得式学习主要参考 Zhao 等（2011）文献，共设 6 个题项
工业化基础	标准化、流程化、系统化、精益化	参照国家标准化管理委员会发布的《信息化和工业化融合　数字化转型价值效益参考模型》和《工业企业信息化和工业化融合评估》等政府评估体系和指标及江志斌和周利平（2017）等文献，共设 12 个题项

续表

主要构念	测量维度	测量说明/主要参考文献
企业数字化转型程度	研发转型	包括协作式研发和模块化研发,参考 Hoetker（2006）和胡晓鹏（2007）等文献,共设 5 个题项
	运营管理	供应链转型包括跨组织协同和用户端协同,参考王可迪等（2022）和陈剑等（2020）等文献,共设 5 个题项
		生产/服务转型包括生产/服务适应性和生产/服务智能化,参考肖静华等（2021）和陈剑等（2020）等文献,共设 6 个题项
	营销转型	包括渠道扩展和数据赋能,参考 Bettencourt 和 ULwick（2008）、吴瑶等（2017）、杨扬等（2020）等文献,共设 5 个题项
	职能转型	包括财务转型和人力资源转型,参考 Piening 等（2013）等文献,共设 4 个题项
	组织管理转型	包括技术变革管理和流程变革管理,参考 Khaiata 等（2009）和王永伟等（2012）等文献,共设 4 个题项
企业绩效	直接绩效、间接绩效	参照刘淑春等（2021）等文献,共设 6 个题项
创新文化	组织支持、管理者支持	参照张振刚等（2016）文献,共设 3 个题项
行业知识密集度	研发强度、研发人员占比、（研发人员）人均专利数	利用国泰安和万得数据库中 2021 年各行业所有上市公司数据,按照行业进行 1% 和 99% 缩尾处理的基础上,计算各行业研发强度、研发人员占比及（研发人员）人均专利数均值,结合主成分分析法客观赋权,最后加总得出

（三）控制变量

研究表明,企业数字化转型是高度情境化的组织变革过程,不同行业、企业规模及所有制性质等都会对数字化转型程度造成影响。因此,为尽可能排除非关注因素对结果的干扰,选取企业所在行业、成立时间、企业规模及所有制性质四个关键影响因素作为控制变量。

（四）信效度检验

首先,在对可能存在的共同方法偏差进行程序控制的基础上,依照 Podsakoff 等（2003）的建议,采用控制未测单一方法潜因子法对共同方法偏差进行检验,即构建验证性因子分析模型及包含共同方法因子的分析模型,比较两个模型的主要拟合指标得到:$\Delta \chi^2 / df = 0.221$,$\Delta RMSEA = 0.0036$,$\Delta SRMR = 0.048$,$\Delta GFI = 0.014$,$\Delta AGFI = 0.015$,$\Delta PGFI = 0.010$,$\Delta NFI = 0.011$,$\Delta IFI = 0.012$,表明加入共同方法因子后,模型并未得到明显改善。此外,CFA 结果表明,单因素模型拟合效果不佳（$\chi^2 / df = 8.4724$,$RMSEA = 0.118$,$GFI = 0.424$,$AGFI = 0.378$,$PGFI = 0.393$,$NFI = 0.579$,$IFI = 0.593$）,因此,可以判断共同方法偏差在本研究中并不严重。其次,经检验,量表有较好的信度和聚合效度见表 4-13。所有变量 AVE 平方根均大于该构念与其他构念的相关系数,测量模型也有良好的区分效度,见表 4-14。最后,对量表进行探索性因子分析,KMO 值为 0.978,表明数据有良好的相关性。

表 4-13　验证性因子分析（N=539）

因子	二阶构念	测量题项	载荷	CR	AVE
组织学习（Cronbach's α=0.919）	试错式学习	（1）我们公司鼓励员工尝试创新的工作方法	0.880	0.943	0.734
		（2）我们公司经常组织对过往工作进行复盘和反思并提出改进思路	0.904		
		（3）我们公司鼓励员工之间进行知识分享	0.886		
	获得式学习	（4）我们公司非常关注行业中"标杆"企业的动态	0.812		
		（5）我们公司常与外部同行交流学习	0.841		
		（6）我们公司经常为员工提供专业性指导与培训（专题培训、提供学习资料等）	0.811		
研发转型（Cronbach's α=0.905）	协作式研发	（1）在我们公司内，各开发团队间具有密切的合作行为	0.875	0.951	0.794
		（2）我们公司所属的各个开发团队彼此间具有高度互惠的特性	0.918		
		（3）除了团队间的项目协作，团队还与其他业务部门建立广泛的联系	0.880		
	模块化研发	（4）我们公司的产品可以分为不同的模块同时进行独立研发	0.879		
		（5）我们公司同类不同型号的模块可以组装成形态或性能多样的不同产品	0.902		
运营转型（Cronbach's α=0.936）	供应链转型	（1）我们公司的供应商或经销商会对产品交付质量和市场反应给予快速反馈	0.841	0.954	0.698
		（2）为了适应市场的快速变化，我们公司采取了柔性供应链的策略	0.857		
		（3）我们公司的终端用户可以实时了解产品配送的全过程	0.794		
		（4）我们公司会收集终端用户通过各种渠道提出的产品改善或运营改善建议	0.863		
		（5）我们公司的所有业务部门都与终端用户紧密联系	0.832		
	生产转型	（6）我们公司能够通过算法模型对产品质量进行自动化检测	0.699		
		（7）我们公司可以快速扩大或缩小生产/服务规模，以适应市场需求的波动	0.879		
		（8）如果面临资源供给中断，我们公司可以快速做出必要的替代安排和调整	0.889		
		（9）面对市场/客户的快速变化，我们公司能够有效做出应对之策	0.852		
营销转型（Cronbach's α=0.906）	渠道扩展	（1）我们公司已开展电商、社群等多种渠道的线上营销	0.919	0.933	0.739
		（2）我们公司已开展线上与线下相结合的营销策略	0.945		
		（3）我们公司与终端用户合作，开展口碑营销	0.785		
	数据赋能	（4）我们公司基于数据对市场潜在用户的偏好特征进行分析	0.939		
		（5）我们公司能够通过数据分析预测不同类型的用户需求	0.678		

续表

因子	二阶构念	测量题项	载荷	CR	AVE
职能转型（Cronbach's α= 0.901）	财务转型	（1）我们公司的财务系统与采购、库存、销售等系统实现了无缝对接	0.865	0.950	0.827
		（2）我们公司通过信息系统可以进行细致的成本分析，有效控制各环节成本	0.959		
	人力资源转型	（3）我们公司能够通过信息系统对所有人员的绩效进行有效考核	0.920		
		（4）我们公司能够通过信息系统为总体发展战略提供人才培养规划	0.889		
组织管理转型（Cronbach's α= 0.803）	技术变革管理	（1）我们公司大家都相信数字技术能够推动业务变革	0.867	0.926	0.760
		（2）我们公司会为信息技术的变更、调整、革新进行专门立项	0.868		
	流程变革管理	（3）我们公司鼓励员工参与到组织规范的修订中	0.797		
		（4）我们公司能够及时地为员工提供新组织规范的培训和指导	0.947		
企业绩效（Cronbach's α= 0.911）	直接绩效	（1）我们公司的收入增长率比行业平均水平更高	0.787	0.928	0.682
		（2）我们公司的利润率比行业平均水平更高	0.752		
		（3）我们公司的人均效率比行业平均水平更高	0.848		
	间接绩效	（4）我们公司能有效应对市场的快速变化	0.881		
		（5）我们公司具备较好的精益化管理能力	0.811		
		（6）我们公司有较强的市场竞争力	0.870		
工业化基础（Cronbach's α= 0.952）	标准化	（1）我们公司有严格的产品设计和开发标准体系	0.874	0.965	0.698
		（2）我们公司有清晰的生产和交付标准体系	0.873		
		（3）我们公司专门设置了保障标准化制定与执行的部门、机构或岗位	0.849		
		（4）在质控上，我们公司严格执行包括 ISO 在内的一系列标准并持续改进	0.833		
	流程化	（5）我们公司开发了在职任务的工作手册	0.839		
		（6）我们公司的很多知识和信息都嵌入到流程当中	0.929		
		（7）我们公司数据管理制度已经被很好地嵌入到信息系统当中，并严格执行	0.863		
	系统化	（8）我们公司常常需要多部门合作完成任务	0.906		
		（9）我们公司不同部门之间的业绩相互影响	0.672		
	精益化	（10）我们公司每年都帮助供应商通过精益管理降本增效	0.742		
		（11）我们公司经常对一线员工进行产品或服务的流程改进培训	0.858		
		（12）我们公司每年在自动化方面的投入持续增长	0.753		
创新文化		（1）我们公司鼓励大家创新，对尝试或探索失败保持宽容的态度	0.867	0.908	0.766
		（2）我们公司总是敢于引进新的技术	0.902		
		（3）我们公司的管理者非常乐于接受新的事物	0.857		

注：所有构念的 Cronbach's α 系数均在 0.8 以上，表明量表有良好的信度。所有构念的平均萃取方差（AVE）均在 0.6 以上，建构信度（CR）均在 0.8 以上，表明量表有较好的聚合效度。

表 4-14　主要变量的描述性统计与相关系数分析（N=503）

变量	均值	标准差	AVE	组织学习	研发转型	运营转型	营销转型	职能转型	组织管理转型	企业绩效	工业化基础	创新文化
组织学习	5.744	0.980	0.734	**0.856**								
研发转型	5.381	1.066	0.794	0.739**	**0.891**							
运营转型	5.034	1.129	0.698	0.644**	0.754**	**0.836**						
营销转型	5.124	1.338	0.739	0.487**	0.503**	0.547**	**0.860**					
职能转型	5.054	1.253	0.827	0.520**	0.615**	0.667**	0.697**	**0.909**				
组织管理转型	5.494	1.069	0.760	0.759**	0.708**	0.634**	0.510**	0.599**	**0.871**			
企业绩效	4.916	1.029	0.682	0.518**	0.590**	0.583**	0.526**	0.600**	0.535**	**0.826**		
工业化基础	5.183	1.022	0.698	0.569**	0.622**	0.658**	0.566**	0.722**	0.644**	0.721**	**0.836**	
创新文化	5.725	1.100	0.766	0.781**	0.678**	0.580**	0.423**	0.482**	0.675**	0.522**	0.505**	**0.875**

注：** 在 0.01 级别（双尾），相关性显著。对角线加粗表示对应变量的 AVE 平方根。

三、融合发展模式微观机制的实证检验

（一）主模型链式中介效应检验

通过 SEM 方法分别构建替代模型（模型 A）、跨越式单路径模型（模型 B）、补课式单路径模型（模型 C）及双路径模型（模型 D）。其中，在替代模型 A 中，不存在中介效应，即企业信息化水平、组织学习和工业化基础均直接影响企业数字化转型程度，企业数字化转型程度也直接作用于企业绩效，由此代表既不存在跨越式路径也不存在补课式路径的替代模型。在模型 D 中，存在跨越式（企业信息化水平-组织学习-企业数字化转型程度）和补课式（企业信息化水平-组织学习-工业化基础-企业数字化转型水平）两条中介路径，同时还存在企业信息化水平直接到企业数字化转型程度及企业数字化转型程度到企业绩效两条路径，形成双路径模型。模型 B 在模型 D 的基础上，去掉补课式路径，即减去组织学习到工业化基础的连接路径，形成跨越式单路径模型。而模型 C 在模型 D 的基础上，去掉跨越式路径，即减去组织学习到企业数字化转型的直接路径，形成补课式单路径模型。模型 A、B、C、D 的拟合情况见表 4-15。

表 4-15 企业数字化转型结构方程模型拟合对比

变量	替代模型 A	跨越式单路径模型 B	补课式单路径模型 C	双路径模型 D
χ^2/df	3.081	3.079	2.925	2.902
GFI	0.778	0.778	0.777	0.779
AGFI	0.755	0.756	0.754	0.756
RMSEA	0.062	0.062	0.060	0.059
CFI	0.893	0.894	0.901	0.903
NFI	0.850	0.850	0.858	0.860
IFI	0.894	0.894	0.902	0.903
RFI	0.841	0.841	0.849	0.850
TLI	0.887	0.887	0.895	0.897
Parsimonious NFI	0.801	0.800	0.807	0.808
AIC	4264.91	4261.14	4061.87	4030.33
BIC	4835.44	4835.96	4636.69	4609.44

表 4-15 结果表明，对比替代模型 A、跨越式单路径模型 B 和补课式单路径模型 C，双路径模型 D 在各项拟合指标上表现都更好（$\chi^2/\mathrm{df}=2.902<3$，RMSEA $=0.059<0.08$，CFI $=0.903>0.8$，NFI $=0.860>0.8$，IFI $=0.903>0.8$），表明双路径模型 D 能够更好地反映变量间的数据关系，即验证了跨越式和补课式转型双路径同时存在的合理性。参照 Taylor 等（2008）提出的多步中介变量 Bootstrap 检验法对双路径模型 D 进行检验，图 4-2 理论模型的实证结果如图 4-3 和表 4-16 所示。

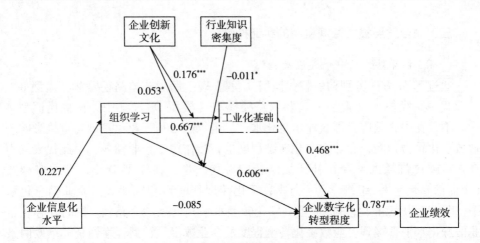

图4-3 两化融合发展模式微观机制与路径的链式中介估计

注：*、**、***、分别表示5%、1%、0.1%的显著性水平，下同。此外，为保持图形简洁，未将控制变量的路径系数放入图中，下同。

表4-16 主模型中介效应估计

路径	间接效应估计（Std）	间接效应占比	下限（95%CI）	上限（95%CI）
总计间接效应	0.1694		0.0180	0.3904
具体间接效应分解				
企业信息化水平-组织学习-企业数字化转型程度	0.1118	0.6600	0.0118	0.2658
企业信息化水平-组织学习-工业化基础-企业数字化转型程度	0.0576	0.3400	0.0065	0.1348

结果表明，从企业信息化水平到企业数字化转型程度的直接路径系数不显著，表明企业信息化水平到企业数字化转型程度被组织学习及工业化基础完全中介，意味着企业信息化水平本身并不能直接促进企业数字化转型程度。与此同时，组织学习、工业化基础在企业信息化水平与数字化转型程度之间的链式中介效应显著，分别为 $\beta_1 = 0.1118$，P<0.001（企业信息化水平-组织学习-企业数字化转型程度），$\beta_2 = 0.0576$，P<0.001（企业信息化水平-组织学习-工业化基础-企业数字化转型程度），且0值均不包含在两组间接效应 Bootstrap=5000 的95%置信区间中，说明链式中介效应显著且稳健。

（二）结果分析

由图4-3可知，模型D结果显示，从企业信息化水平到企业数字化转型的直接效应不显著，说明企业信息化水平到企业数字化转型被完全中介。该结果表明，企业信息化构成数字化转型的核心基础，基于信息化的组织学习构成企业数字化转型的关键，信息化构成数字化转型的必要条件而非充要条件的理论观点得到实证检验。具体地，图4-3模型D的结果有两个：一是企业信息化水平显著正向影响组织学习（β=0.227，P<0.05），该结果与企业通过信息化促进组织学习的研究结论一致；二是组织学习既直接影响企业数字化转型程度，又直接影响工业化基础（$β_1$=0.606，P<0.001；$β_2$=0.667，P<0.001），且工业化基础显著正向影响企业数字化转型程度（β=0.468，P<0.001），企业数字化转型程度显著正向影响企业绩效（β=0.787，P<0.001）。

这里将组织学习直接影响数字化转型程度的路径刻画为跨越式转型路径，将组织学习通过工业化基础影响数字化转型程度的路径刻画为补课式转型路径。图4-3和表4-16的结果表明，中国情境的双路径企业数字化转型理论假设得到检验。总体而言，跨越式与补课式转型两条路径是并存的，这较好地反映了中国情境下企业数字化转型路径的结构特征。一方面，跨越式转型路径是利用数字技术的替代效应实现局部突破和领先，形成竞争优势；另一方面，补课式转型路径则是利用数字技术与工业化的互补效应，通过快速补课夯实基础，弥补短板。

（三）调节效应检验

（1）企业创新文化的调节效应检验。采用潜变量交互效应建模方法对企业创新文化的调节效应进行估计。其中在产生乘积指标的策略上，遵循Marsh等（2004）的建议，采用配对乘积指标策略建立结构方程，结果如图4-3所示。结果表明，企业创新文化与组织学习的交互项对工业化基础的影响路径显著（β=0.176，p<0.001），表明当组织内部创新文化较强时，能够促进组织学习到工业化基础提升过程，对企业补课式转型路径产生积极影响；企业创新文化与组织学习的交互项对企业数字化转型的影响路径同样显著（β=0.053，p<0.05），表明当组织内部创新文化较强时，企业更容易通过组织学习直接促进企业数字化转型程度，对企业跨越式转型路径产生积极影响。但两者相较而言，创新文化对于补课式路径的促进作用更强。模型的拟合指数 $χ^2/df$ = 3.201，RMSEA = 0.064，CFI = 0.860，NFI = 0.809，IFI = 0.860，模型整体拟合情况较好。

通过Edwards和Lambert（2007）提出的差异分析法对有调节的中介效应进行检验，考虑到企业信息化水平对于组织学习有显著的正向影响，企业信息化水平到企业数字化转型程度又被完全中介，可对链式中介路径进行简化。结果如表4-17所示，当企业创新文化较强时，组织学习通过工业化基础到企业数字化转型程度的中介效应值为0.3210（P<0.001），此时Bootstrap=5000的置信区间为[0.2522，0.4083]，不包括0的结果说明链式中介效应依然显著；当企业创新文化适中时，中介效应值为0.2887（p<0.001），此时Bootstrap=5000的置信区间为[0.2232，0.3720]；当企业创新文化较弱时，中介效应值为0.2563（p<

0.001)，此时 Bootstrap=5000 的置信区间为 [0.1883, 0.3495]。对比三组可以发现，当企业创新文化越强时，链式中介效应值越高。

表4-17　被调节的链式中介效应分析（创新文化）

调节变量	组织学习—工业化基础—企业数字化转型程度		
	间接效应估计（std）	下限（95%CI）	上限（95%CI）
创新文化（高分组）	0.3210	0.2522	0.4083
创新文化（中分组）	0.2887	0.2232	0.3720
创新文化（低分组）	0.2563	0.1883	0.3495
高-中分组差异	0.0324	0.0014	0.0573
中-低分组差异	0.0324	0.0014	0.0573
高-低分组差异	0.0648	0.0029	0.1145

注：中分组为样本企业创新文化均值水平，高分组和低分组分别为样本企业创新文化均值之上、下一个标准误。

表4-17表明，不同创新文化下的中介路径的间接效应值之间存在显著的差异（P<0.05），且高-中分组与中-低分组之间的差异相同，说明创新文化之间的差异带来的组织学习、工业化基础到企业数字化转型程度的间接效应差异比较均匀。总体而言，该结果表明，创新文化是促进组织学习到企业数字化转型程度的积极影响因素。对比直接效应和间接效应可以得出，当组织创新文化增强时，企业通过补课实现数字化转型的路径增强更加明显。

（2）行业知识密集度的调节效应检验。对有调节的中介模型中的三个回归方程系数进行检验，以验证知识密集度的调节效应。其中，模型1检验知识密集度对于组织学习到工业化基础的直接效应的调节作用，模型2检验知识密集度对于组织学习和工业化基础到企业数字化转型程度的直接效应的调节作用，结果如表4-18所示。

表4-18　行业知识密集度的调节效应检验

变量	模型1 工业化基础	模型2 企业数字化转型程度
常数项	-0.612*** (-3.857)	5.307*** (52.782)
行业类型	-0.012 (-1.488)	-0.008 (-1.603)
企业规模	0.211*** (6.191)	0.036 (1.630)
所有制性质	0.079 (1.606)	-0.059 (-1.915)
成立年限	0.000 (-0.767)	0.000 (0.504)

续表

变量	模型 1 工业化基础	模型 2 企业数字化转型程度
组织学习	0.566*** (15.621)	0.463*** (16.962)
行业知识密集度	0.010 (1.402)	0.001 (0.188)
组织学习×行业知识密集度	0.001 (0.148)	−0.011* (−2.299)
工业化基础		0.477*** (17.613)
工业化基础×行业知识密集度		−0.001 (−0.197)
调整 R^2	0.381	0.737
F 值	46.690	164.782

注：括号里的数值是 t 统计量。

由表 4-18 可以看出，知识密集度对于组织学习到企业数字化转型的直接路径（即跨越式路径）存在显著的负向调节作用，而对组织学习到工业化基础，再到企业数字化转型程度的中介路径（即补课式路径）的调节作用并不显著。这意味着行业知识密集度越高，企业越难以通过跨越式实现数字化转型。可能的原因在于对知识密集型行业而言，一方面其所需知识的专业性更强，且往往对数字化体系绩效同样会产生重要影响；另一方面由于行业外部环境的高度动荡导致知识更新速度快，从而企业难以实现跨越式转型。上述研究结果进一步探究了企业跨越式与补课式转型路径的边界，首先，创新文化能够同时促进跨越式和补课式两条转型路径，且对补课式转型路径的促进作用更强，这意味着创新文化是企业数字化转型的必要条件。其次，行业知识密集度负向调节跨越式转型路径，表明不同的行业基础在跨越和补课两条转型路径上会有所不同，对于知识密集型行业来说，企业更难以实现跨越式转型。

综上所述，两化融合微观机制与路径研究假设的检验结果如表 4-19 所示。

表 4-19 两化融合微观机制与路径研究假设的检验结果

研究假设	结果对假设的支持	研究假设	结果对假设的支持
H1	支持	H6	支持
H2	不支持	H7a	支持
H3	支持	H7b	支持
H4	支持	H8a	支持
H5	支持	H8b	不支持

（四）稳健性检验

（1）样本剔除。考虑到互联网相关服务业、软件及信息技术服务业的行业特性，这类企业的信息化基础及转型过程可能与传统企业数字化转型路径有一定差异。因此，进一步剔除上述行业的问卷数据，最后保留子样本 522 份，再对主模型中介效应进行检验，结果如图 4-4 所示。对比图 4-3 和图 4-4，各构念间的路径系数及显著性水平基本保持不变，且模型拟合效果良好（$\chi^2/df = 2.852$，RMSEA = 0.060，CFI = 0.887，NFI = 0.836，IFI = 0.887，RFI = 0.829，TLI = 0.880），跨越式转型路径和补课式转型路径依然显著成立。因此，可初步认为，该研究结论是稳健的。

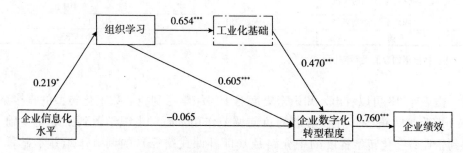

图 4-4　样本剔除的微观机制与路径链式中介估计

（2）替换变量。首先针对企业信息化水平自变量进行变量替换。在控制企业规模的情况下对不同企业近三年（2019~2021 年）在信息化基础设施和软件领域的投资总额相对大小进行七度赋值，得到企业近三年信息化投入水平，求得企业近三年信息化投入水平均值，作为企业信息化水平；其次，现有研究提炼出价值共创、组织适应性及基于数字技术的管理模式为数字化转型的主要特征。基于此，改变前文通过各价值链环节转型对企业数字化转型程度进行测量的方式，提炼出价值共创、柔性能力以及数字化决策三个维度替换原有测量，并对替换构建进行信效度分析及相关系数分析，见表 4-20 和表 4-21。

表 4-20　替换变量——验证性因子分析（N = 539）

因子	二阶构念	测量题项	载荷	CR	AVE
组织学习（Cronbach's α = 0.919）	试错式学习	（1）我们公司鼓励员工尝试新的工作方法	0.880	0.943	0.734
		（2）我们公司经常组织对过往工作进行复盘和反思并提出改进思路	0.904		
		（3）我们公司鼓励员工之间进行知识分享	0.886		
	获得式学习	（4）我们公司非常关注行业中"标杆"企业的动态	0.812		
		（5）我们公司常与外部同行交流学习	0.841		
		（6）我们公司经常为员工提供专业性指导与培训（专题培训、提供学习资料等）	0.811		

续表

因子	二阶构念	测量题项	载荷	CR	AVE
数字化转型程度（Cronbach's α=0.912）	价值共创	（1）我们公司会让供应商或经销商参与产品的改善与提升	0.804	0.953	0.695
		（2）我们公司会收集终端用户通过各种渠道提出的产品改善或运营改善建议	0.889		
		（3）我们公司的所有业务部门都与终端用户紧密联系	0.837		
	柔性能力	（4）我们公司鼓励员工参与到组织规范的修订中	0.827		
		（5）我们公司员工可以很快接受并运用新的组织规范	0.859		
		（6）面对市场/客户的快速变化，我们公司能够有效做出应对之策	0.669		
	数字化决策	（7）目前我们公司有50%以上的业务决策都是基于数据做出的	0.903		
		（8）目前我们公司的高管团队都是基于数据制定战略	0.921		
		（9）目前我们公司的基层员工工作已经离不开数字化工具	0.764		
工业化基础（Cronbach's α=0.952）	标准化	（1）我们公司有严格的产品设计和开发标准体系	0.874	0.965	0.698
		（2）我们公司有清晰的生产和交付标准体系	0.873		
		（3）我们公司专门设置了保障标准化制定与执行的部门、机构或岗位	0.849		
		（4）在质控上，我们公司严格执行包括 ISO 在内的一系列标准并持续改进	0.833		
	流程化	（5）我们公司开发了在职任务的工作手册	0.839		
		（6）我们公司的很多知识和信息都嵌入流程中	0.929		
		（7）我们公司数据管理制度已经被很好地嵌入信息系统中，并严格执行	0.863		
	系统化	（8）我们公司常常需要多部门合作完成任务	0.906		
		（9）我们公司不同部门之间的业绩相互影响	0.072		
	精益化	（10）我们公司每年都帮助供应商通过精益管理降本增效	0.742		
		（11）我们公司经常对一线员工进行产品或服务的流程改进培训	0.858		
		（12）我们公司每年在自动化方面的投入持续增长	0.753		
企业绩效（Cronbach's α=0.911）	直接绩效	（1）我们公司的收入增长率比行业平均水平更高	0.787	0.928	0.682
		（2）我们公司的利润率比行业平均水平更高	0.752		
		（3）我们公司的人均效率比行业平均水平更高	0.848		
	间接绩效	（4）我们公司能有效应对市场的快速变化	0.881		
		（5）我们公司具备较好的精益化管理能力	0.811		
		（6）我们公司有较强的市场竞争力	0.870		

注：由本表可知，量表所有构念的 Cronbach's α 系数均在 0.8 以上，说明量表有良好的信度。所有构念的平均萃取方差（AVE）均在 0.6 以上，建构信度（CR）均在 0.8 以上，表明量表有较好的聚合效度。

表 4-21　替换变量——主要变量的描述性统计与相关系数分析（N=539）

变量	均值	标准差	AVE	组织学习	数字化转型程度	工业化基础	企业绩效
组织学习	5.744	0.980	0.734	**0.856**			
数字化转型程度	5.150	1.012	0.695	0.743 **	**0.834**		
工业化基础	5.183	1.022	0.698	0.569 **	0.766 **	**0.836**	
企业绩效	4.916	1.029	0.682	0.518 **	0.673 **	0.721 **	**0.826**

注：** 表示在 0.01 级别（双尾）相关性显著，对角线加粗表示对应变量的 AVE 平方根。

再次对主模型的中介效应进行检验，结果如图 4-5 所示。结果表明，模型整体拟合效果良好（χ^2/df = 3.223，RMSEA = 0.064，CFI = 0.821，NFI = 0.908，IFI = 0.872，RFI = 0.908，TLI = 0.861），跨越式和补课式两条转型路径的路径系数依旧显著，表明研究结论具有稳健性。

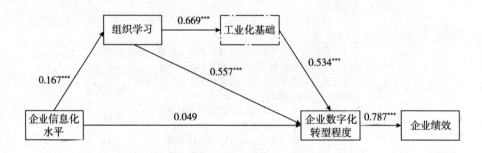

图 4-5　替换变量的微观机制与路径链式中介估计

（3）内生性问题。考虑到组织学习与企业数字化转型程度之间可能存在潜在的反向因果关系，即数字化转型程度可能反过来会提升企业内部组织学习过程，运用工具变量法进行两阶段最小二乘法估计，以缓解内生性问题提升研究结论的可靠性。具体而言，选择以企业内部基层员工提案传递至高层所需要经过的层级数量测量的扁平化程度作为工具变量。就其相关性而言，企业内部扁平化程度越高，组织内部成员之间的信息共享与传递就越通常，可能会促进组织内部的组织学习。就外生性而言，企业内部扁平化程度并不会直接影响企业数字化转型程度。工具变量回归结果如表 4-22 所示。第一阶段结果显示组织结构在弱工具变量检验中的 F 值为 11.914，大于经验值 10，拒绝了弱工具变量的原假设，说明该工具变量有效。与此同时，第二阶段结果显示组织学习和工业化基础对企业数字化转型程度的正向影响仍然显著，表明原有的跨越式与补课式转型路径结论依然稳健。

表 4-22　工具变量回归结果

变量	第一阶段：组织学习	第二阶段：企业数字化转型程度
常数项	1.868 ***	0.379
	(5.18)	(0.66)
行业类型	0.004	−0.008
	(0.49)	(−1.54)
企业规模	−0.0156	0.0321
	(−0.44)	(1.39)
所有制性质	−0.005	−0.058
	(−0.11)	(−1.84)
成立年限	2.29e−08 ***	−1.41e−08 ***
	(5.57)	(−2.68)
工业化基础	0.557 ***	0.507 ***
	(15.11)	(4.48)
扁平化程度	0.170 ***	
	(3.45)	
组织学习		0.401 ***
		(2.06)
F 统计量	11.914	
R^2-sq	0.338	0.731
N	539	539

注：括号里的数值是 t 统计量。

（五）价值链环节模型链式中介效应检验

学习改变价值链要素结构是实现后发优势的竞争基础，嵌入全球价值链是发展中国家实现后发优势的实现方式之一。因此，深入到价值链变革层面才能更具体地探讨后发优势的实现机制。对企业研发转型、运营转型、营销转型、职能转型、组织管理转型五个价值链环节的实证结果见表 4-23 和表 4-24。

四、融合发展模式的微观特征

上述结果表明，研发、运营、营销、职能及组织管理环节中均存在跨越式和补课式两条中介路径，但不同价值链环节两条路径的中介效应有所差别，形成跨越为主补课为辅、补课为主跨越为辅的两种组合路径。前者出现在研发转型和组织管理转型价值链环节中，后者出现在运营转型、营销转型和职能转型价值链环节中。

具体而言，不同价值链环节或采取跨越为主补课为辅的组合路径，或采取补课为主跨越为辅的组合路径来改变要素结构形成后发优势，可以从工业化体系价值链环节的知识基础与数字化体系绩效之间的关系来进一步解释。对于工业化体系知识基础与数字化体系绩效之间关系不紧密的价值链环节，会更侧重于形成跨越式转型路径。例如，数字时代下的研发目的与研发手段均发生重大变化，以产

表4-23　价值链环节双路径转型模型中介效应估计

路径	研发转型	运营转型	营销转型	职能转型	组织管理转型
总计间接效应	0.1802 [0.0280, 0.3805]	0.1740 [0.0322, 0.3807]	0.1304 [0.0215, 0.3015]	0.1498 [0.0127, 0.3382]	0.1775 [0.0428, 0.3552]
具体间接效应分解					
企业信息化水平—组织学习—价值链环节转型程度（跨越式路径）	0.1241 [0.0207, 0.2798]	0.0936 [0.0183, 0.2188]	0.0445 [0.0068, 0.1273]	0.0430 [0.0038, 0.1253]	0.1288 [0.0322, 0.2641]
企业信息化水平—组织学习—工业化基础—价值链环节转型程度（补课式路径）	0.0561 [0.0095, 0.1249]	0.0805 [0.0154, 0.1806]	0.0858 [0.0160, 0.1909]	0.1068 [0.0091, 0.2343]	0.0487 [0.0126, 0.1051]

注：括号里面为 Bootstrap = 5000 的 95% 的置信区间。

表 4-24　企业各价值链环节转型结构方程模型拟合情况对比检验

变量	研发转型模型	运营转型模型	营销转型模型	职能转型	组织管理转型
χ^2/df	2.899	3.029	3.411	2.925	3.112
GFI	0.856	0.822	0.842	0.855	0.855
AGFI	0.831	0.795	0.814	0.830	0.829
RMSEA	0.062	0.064	0.069	0.062	0.065
CFI	0.935	0.918	0.916	0.931	0.928
NFI	0.904	0.883	0.886	0.899	0.898
IFI	0.935	0.918	0.916	0.931	0.928
RFI	0.894	0.872	0.874	0.889	0.886
TLI	0.928	0.911	0.907	0.924	0.920
Parsimonious NFI	0.819	0.809	0.802	0.814	0.809

品技术为核心的研发创新转向以消费者数据化参与的研发创新，且新一代数字技术对研发创新方式、组织运行结构形成冲击，工业化体系中的研发知识基础对数字化体系绩效的影响被不断弱化，因而研发、组织管理价值链环节形成以跨越式为主补课式为辅的组合转型路径。相反，对于工业化体系知识基础与数字化体系绩效之间关系紧密的价值链环节，会更侧重形成补课式转型路径。例如，在以供应链和生产过程为主的运营价值链环节中，工业化体系的知识基础与以智能制造为主要对应的数字化体系绩效之间的关系依旧紧密，工业化体系的自动化、精益管理依然构成运营管理、营销管理和职能管理的基石，因而运营、营销和职能价值链环节形成以补课式为主跨越式为辅的组合转型路径。

　　这里，从企业数字化转型视角构建学习改变企业要素结构的路径模型，以实现数字化转型刻画后发优势微观实现过程的分析表明，实现路径、影响条件和价值链变革是后发优势实现机制的三个重要部分。关于实现路径，区别于通过追赶、蛙跳、机会窗口等方式，参与创新网络、捕捉机会窗口、嵌入全球价值链来实现后发优势的战略路径，发展中国家或后来企业也可以采取跨越式与补课式双路径来改变要素结构实现后发优势。跨越式与补课式路径刻画的是基于技术替代与互补机制形成的两类后发优势实现路径，前者多出现在数字技术发挥替代效应从而改变要素结构的领域，后者多出现在需要数字技术与工业化基础互补从而改变要素结构的领域。区别于现有激进式与渐进式战略变革路径的理论内涵，双路径强调学习通过跨越式与补课式路径之间的不同组合来改变要素结构实现后发优势，如后发企业可以通过跨越式路径抓住机会窗口，在局部领域形成突破和领先，也可以通过补课式路径快速弥补短板，在关键环节打牢基础，同时需要动态平衡好追赶跨越与夯实基础之间的关系，通过不同路径组合在不同价值链环节形成适配的要素结构。后发优势的双路径分析，可以较好地解释中国企业中为何存在跨越与补课并行的数字化转型实践等现象。

关于影响条件，实证表明，在学习改变要素结构过程中，企业创新文化正向调节跨越式与补课式双路径。该结论符合理论预期，从企业微观视角再次表明国家创新驱动战略、国家创新体系对于发展中国家实现后发优势具有举足轻重的推动作用，创新驱动战略构成发展中国家实现后发优势的制度保障。同时，在学习改变要素结构过程中，行业知识密集度越高产业形成跨越式路径的难度越大，表明知识密集度越高的行业形成后发优势越需要通过补课式路径，或者通过数实融合等行业边缘创新来改变要素结构。由于中国数字经济规模长期稳居世界第二，行业知识密集度相对高，因此，通过数实融合等行业边缘创新、补课式路径来改变要素结构成为中国数字经济发展的必然。该结论进一步强化后发企业边缘赶超战略的理论逻辑，但同时强调当行业知识密集度相对低时则可以采取跨越式路径，或通过行业内创新来改变要素结构形成后发优势。

对于价值链变革，研究发现，企业研发、组织管理等工业化体系知识基础与数字化体系绩效之间关系不紧密的价值链环节，形成跨越为主补课为辅的组合路径来改变要素结构。同时，企业运营、营销、职能价值等工业化体系知识基础与数字化体系绩效之间关系紧密的价值链环节，形成补课式为主跨越式为辅的组合路径来改变要素结构。但是，无论是价值链环节的哪类组合路径，均通过数实融合等行业边缘创新来改变要素结构形成后发优势。因此，从价值链变革形成竞争力来看，数实融合等行业边缘创新是中国数字经济发展的必然。

综上所述，两化融合发展模式的微观机制有三个主要特征：①在参与创新网络、捕捉机会窗口和嵌入全球价值链的战略变革中，无论是企业层面还是在价值链环节层面均需采取跨越式与补课式路径的不同组合来改变要素结构实现后发优势。其中，在企业研发和组织管理环节采取跨越为主补课为辅的组合路径来改变要素结构，在运营、营销、职能管理环节采取补课式为主跨越式为辅的组合路径来改变要素结构。②创新驱动战略构成发展中国家实现后发优势的制度保障。在微观层面，企业创新文化既正向促进跨越式路径改变要素结构，也正向促进补课式路径改变要素结构，对数字经济时代后发优势的实现过程具有全方位影响。③数实融合等行业边缘创新，既是发展中国家实现数字经济后发优势的战略机会窗口，也是数字经济时代地缘政治大国博弈中后来者应对在位者阻断学习机会或渠道的主要创新方向。随着数字经济高质量发展形成更高的行业知识密集度，发展中国家越来越需要通过补课式路径与数实融合相结合来改变要素结构实现后发优势。

上述研究表明，从企业数字化转型视角刻画两化融合发展模式的微观机制与路径，可以较好地反映数字经济时代后发优势的微观实现过程。同时，实现路径、影响条件和价值链变革三部分内容，构成的数字经济时代后发优势实现机制，可以较好地解释中国等发展中国家及企业的实践现象。形成三方面管理启示：①在数字经济地缘政治博弈竞争中，面对各种学习阻断，后来者可以通过跨越式与补课式路径的不同组合来改变要素结构，平衡好追赶跨越与夯实基础之间的矛盾，以解决既走得快，又走得稳等后发优势的追赶难题。例如，在研究和制定新型工业化政策措施时，尤其注意平衡好赶超跨越与夯实基础之间的关系。②在国家、区域和产业层面推进数实融合中，在进行跨越式变革的替代性投资同时，兼顾补课式变革的互补性投资，形成双路径适应性变革策略，以更好地开展数实融合。尤其在补课式路径中，需要注意工业化和信息化、数字化的平衡投资，否则，会由于工业化基础的投资不足而导致数字化投资达不到预期的效果。③在企业层面，需要通过不同的路径组合来改变要素结构，研发和组织管理价值链环节以跨越式路径为主补课式路径为辅的组合，运营、营销和职能管理价值链环节以补课式路径为主跨越式路径为辅的组合，以更好地提升价值链环节的要素结构效率。

第三节　融合发展模式的区域特征

一个地区的"两化"融合发展除了与自身的资源禀赋以及相应的政策环境密切相关外，与所处的地理条件以及外界环境也息息相关，尤其是，一个省市的工业化与信息化进程都离不离开与外界省市的贸易等关系，并且无论是工业化还是信息化发展历程中，都会涉及工业化和信息化发展成果的外溢效应。这也意味着"两化"融合发展可能会内嵌空间特征和规律。因此，探讨"两化"融合的空间特征以及传导机制更能够进一步深化中国"两化"融合的发展模式。为此，本节主要内容包括"两化"融合空间自相关模型的构建以及中国"两化"融合空间自相关结果的分析。

一、两化融合空间自相关性理论模型

随着空间计量经济学的发展，学者们开始考虑空间相关情况下的趋同研究。现实的区域经济体都是存在空间上的相互关系的，因此社会经济数据之间也会存在空间相关性。传统的数量统计模型只注重数值之间的相关性，如一元和多元相关分析等，对区域经济体之间的空间相关性则很少考虑。因此，社会经济数据和空间数据有机结合成为一种必要，空间自相关的概念被引入。空间自相关（Spatial Autocorrelation）可以定义为：同一个变量在不同空间位置上的相关性。当某个变量的相似性在空间上集群在一起时，就表现为正的空间自相关性；相反，当某个变量的差异性在空间上集群在一起时，就表现为负的空间自相关性。

通过空间自相关分析我们可以解释"两化"融合的时空变化特征，同时也是设定空间面板模型的必要条件，本研究通过全域空间自相关以及局部空间自相关来刻画"两化"融合的空间聚集特征，并且运用时空跃迁（Space-time transitions）测度法来阐明"两化"融合的空间自相关类型变化。

度量空间自相关的方法和指标很多，如 Geary 比率、Moran's I 系数等。本书采用相对简单常用的 Moran's I 系数来测度区域经济体之间的空间自相关性，其计算公式为（Anselin，1995）：

$$I = \left(\frac{n}{S_0}\right) = \frac{\sum\limits_{i=1}^{n}\sum\limits_{j=1}^{n} w_{ij}x_ix_j}{\sum\limits_{i=1}^{n} x_i^2}$$

n 是观测单元的数量，w_{ij} 是空间权重矩阵 W 的元素，x_i 和 x_j 是区域 i 和区域 j 观测值偏离均值的量，s_0 是标准化要素，等于空间权重矩阵要素的和，即

$$s_0 = \sum\limits_{i=1}^{n}\sum\limits_{j=1}^{n} w_{ij}$$

关于空间权重矩阵的定义有许多种，如依据空间的相邻性、依据空间距离等。本书采用最常用的、相对简单的，以空间相邻性为基础的二进制连续矩阵。矩阵表示如下：

$$W = \begin{pmatrix} w_{11} & w_{12} & \cdots & w_{1n} \\ w_{21} & w_{22} & \cdots & w_{2n} \\ \vdots & \vdots & \ddots & \vdots \\ w_{n1} & w_{n2} & \cdots & w_{nn} \end{pmatrix}$$

上述矩阵中元素 w_{ij} 的取值规则为：

$$w_{ij} = \begin{cases} 1 & \text{区域 i 区域 j 相邻} \\ 0 & \text{区域 i 区域 j 不相邻} \end{cases}$$

如果把空间系数矩阵进行行标准化，即每一行的元素的和等于 1，那么方程 Moran's I 式子可变换为：

$$I = \frac{\sum\limits_{i=1}^{n}\sum\limits_{j=1}^{n} w_{ij}x_ix_j}{\sum\limits_{i=1}^{n} x_i^2}$$

或者用矩阵表示为：

$$I = \frac{X'WX}{X'X}$$

式中，W 是空间权重矩阵，X 是观测值 x_i 相对于均值的偏离量所组成的列向量。Moran's I 系数值介于 [−1, 1] 之间，大于 0 表示正的空间自相关，小于 0 表示负的空间自相关。对于空间区域而言，如果区域与其"邻居"之间的相似性大于差异性，那么 Moran's I 系数大于 0，反之亦然。通过变型，可以得到 I 值等于（X，WX）观测值的线性回归系数，即数组（x_i，wx_i）观测值所拟合直线的斜率（Anselin，1995）。这为我们提供了一种方法，可以用（x_i，wx_i）作散点图，拟合直线斜率为 Moran's I 值。

上述 Moran's I 系数又叫全局 Moran's I 系数，它对于研究全局特征和宏观性质具有相对优势，虽然对其进行了分解把区域划分为四种类型，但在反映一个区域特征时仍存在局限性。另一个与之相似的指标为局域 Moran's I（LISA）系数，其定义为：

$$I_i = \frac{x_i}{\sum\limits_{i=1}^{n} x_i^2} \cdot \sum\limits_{j=1}^{n} w_{ij} x_i = \frac{(y_i - \bar{y})}{\sum\limits_{i=1}^{n} (y_i - \bar{y})^2} \cdot \sum\limits_{j=1}^{n} w_{ij} (y_i - \bar{y})$$

局部 Moran's I 主要反映单个区域的性质，用来测度每个区域对于全局 Moran's I 统计值的贡献（Anselin，1995）。$I_i > 0$，表明区域与其邻居之间存在正的相关关系，值越大，正相关性越强；反之 $I_i < 0$，表明区域与其邻居之间存在负的相关关系，绝对值越大，负相关性越强。高的局部 Moran's I 值在 Moran 地图上表现为"热点"，即某个变量的相似特征集群在一起具有统计上的显著性。

二、两化融合空间自相关性的结果分析

通过对图 4-6 的 2000~2018 年的信息化带动工业化融合的空间自相关程度进行分阶段对比分析，可以发现，从"十五"计划至"十三五"规划期间，中国整体的信息化带动工业化融合的空间自相关性强度在减弱。该结果可以从以下两个方面进行解释：首先，信息化带动工业化是知识深化的过程，由于数字鸿沟的存在，信息化带动工业化融合路径在空间上难以形成影响效应，反而容易两极分化，因此，呈现出空间自相关性逐步减弱的结果。其次，相比于工业化进程，各个省市间信息化进程的差距较大，因此，通过学习和借鉴的方式将外部省市的信息化模式内化成自己的运作还需要经历较长的时间阶段，并且在学习和借鉴的初始阶段，可能会由于与原有的运作模式形成较大的冲击，突破了原有的运作惯性，因此难以达成与周边省市较为一致的发展方向。

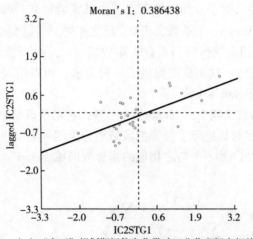

（a）"十五"规划期间信息化带动工业化空间自相关性

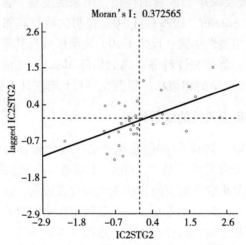

（b）"十一五"规划期间信息化带动工业化空间自相关性

图 4-6　2000~2018 年各阶段信息化带动工业化融合空间趋同强度变化

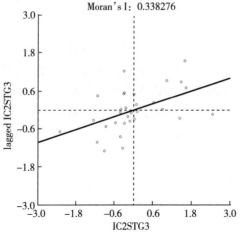

（c）"十二五"规划期间信息化带动工业化空间自相关性

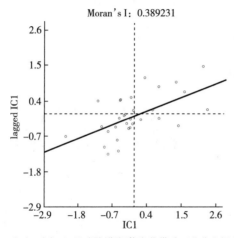

（d）"十三五"规划期间信息化带动工业化空间自相关性

图4-6 2000~2018年各阶段信息化带动工业化融合空间趋同强度变化（续）

图4-7展示了工业化促进信息化融合在2000~2018年分阶段的空间自相关性情况。结果表明，从"十五"规划至"十三五"规划期间，工业化促进信息化融合的空间自相关程度呈倒U形特征，在"十一五"规划期间，工业化促进信息化融合的空间自相关程度提升，在"十二五"规划期间，自相关程度下降。这样的研究结果可以从以下两个方面解释：首先，中国各个省市之间的工业化进程存在一定的差距，但是相比于信息化进程而言，差距更小，并且相互之间的发展模式和特征比较接近，因此相互之间更容易形成学习和模仿效应，表现出来的是工业化促进信息化的空间自相关性的强化；其次，工业化促进信息化是资本深

化的过程，该过程往往伴随着省市间的资本贸易，因此更容易形成邻近省市间的相互影响效应。

当然，随着经济增长模式的转变，当资本深化达到一定程度后，资本报酬递减现象开始出现，单纯依靠物质资本的投资作为供给方面的经济增长源泉，显然是不可持续的。因此，众多省市开始寻求通过资本的创新性利用以期突破该困境，不同的省市基于自身的条件和特点开始着手各类实践，相互之间形成差异性，因此，工业化促进信息化融合水平在空间上的自相关性程度呈现下降趋势。

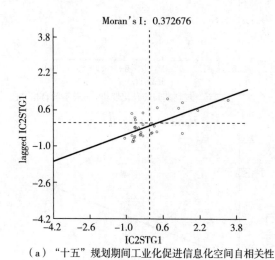

（a）"十五"规划期间工业化促进信息化空间自相关性

（b）"十一五"规划期间工业化促进信息化空间自相关性

图4-7　2000~2018年工业化促进信息化融合的空间自相关性强度变化

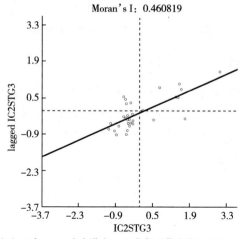

（c）"十二五"规划期间工业化促进信息化空间自相关性

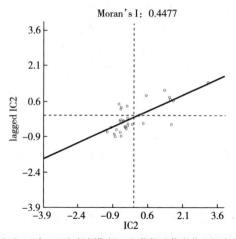

（d）"十三五"规划期间工业化促进信息化空间自相关性

图 4-7　2000~2018 年工业化促进信息化融合的空间自相关性强度变化（续）

第四节　融合的协调成本与经济增长[①]

无论是跨越式还是渐进式模式的融合，或者两化融合的空间趋同性，本质都是

---

①　以谢康、肖静华、乌家培、方程《协调成本与经济增长：工业化与信息化融合视角》（《经济学动态》2016 年第 5 期）为基础重新撰写、修改和增补。

在既定的协调成本条件下融合收益最大化或在预期收益既定下协调成本最小化。因此，对融合发展模式的探讨需要进一步阐述融合的协调成本与经济增长的关系。

一、融合视角的协调成本与增长模型

第二章第四节对协调成本与经济增长的关系进行了初步论述。在此基础上，进一步阐述两者关系。从两化融合视角间接观测协调成本与经济增长的关系，需要将第二章第四节的阐述变换为研究假设，由理论假设1、假设2和假设3，分别提出以下10个研究假设：

假设1a：随着融合水平的提高，融合水平对经济增长的作用具有倒U形特征。

假设1b：随着经济规模的扩大，融合水平对经济增长的作用具有倒U形特征。

假设2a：工业化水平比信息化水平对投资扩大的影响更加显著。

假设2b：信息化水平比工业化水平对消费扩大的影响更加显著。

假设3a：工业化促进信息化路径具有规模收益递减特征。

假设3b：信息化带动工业化路径具有规模收益递增或不变特征。

假设4a：在两化融合起步阶段，提升工业化水平会抑制融合水平。

假设4b：在两化融合中级阶段，提升工业化或信息化均不一定能有效提高融合水平，需要外生因素干预。

假设4c：在两化融合高级阶段，无论提高工业化水平还是信息化水平，均能提高融合水平。

假设5a：投资账户的扩大对工业化促进和信息化带动两条路径均形成较大影响，且对工业化促进路径更加敏感，从而对融合水平形成冲击。

假设5b：消费账户的扩大对工业化促进和信息化带动两条路径的影响均相对较小，但对信息化促进路径相对较大，从而对融合水平形成调整。

根据Young理论、两化融合与经济增长迂回生产过程及上述10个研究假设，提出两化融合视角的协调成本与经济增长研究模型（见图4-8），作为研究设计与实证研究的理论基础。

选取2000~2013年中国31个省份面板数据为研究数据。工业化水平、信息化水平及两化融合水平的数据采集、标准化和计算，非参数随机前沿分析和非参数固定效应模型建构与第三章相同。在数据处理过程中，借助STATA软件中ADF检验分别对面板数据的平稳性进行单位根检验。基于单位根检验结果，对部分指标进行对数化处理，以增加其平稳性。最后采用Huasman检验，得出Wald统计量大于χ^2分布临界值，保证面板数据适合采用固定效应模型而非随机效应模型。

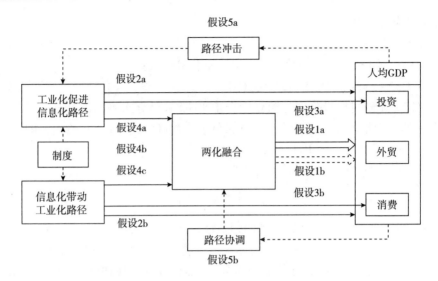

图4-8 两化融合视角的协调成本与增长关系的研究模型

根据图4-8研究模型，构建两个分别以包括两化融合水平（用IC表示）、人均GDP（用g表示）为因变量的分位数回归模型，以便更准确地刻画两化融合与经济增长之间的交互影响。在第三章建构的实证模型中，两化融合水平的主要影响因素为工业化水平 IND_{it}（i表示地区，t表示年份）和信息化水平 INF_{it}。同时，经济增长也受到工业化水平 IND_{it} 和信息化水平 INF_{it} 的影响。因此，可分别将工业化水平和信息化水平依次作为联系 GDP 函数和融合水平函数的变量，以同时反映经济增长与融合水平的变化。为此，需要估计 GDP 函数参数。设随机变量 z（解释变量）的概率密度函数为：

$$F(z) = Pr(Z < z) \tag{4-2}$$

利用式（4-1）的反函数，求出其 θ 分位数：

$$F^{-1}(z) = \inf[z: F(z) \geqslant \theta] = Q_\theta(z) \tag{4-3}$$

假定2个随机变量 g 和 z，g 是 z 的因变量。当确定 z 时，g 的条件分位数由式（4-3）得到，即

$$F_z^{-1}(\theta) = \inf[g: F(g \mid z) \geqslant \theta] = Q_\theta(g \mid z)$$

该条件的分位数估计系数为：

$$\min_{\psi \in R^k} \sum_{i: g_i \geqslant z_i \psi} \theta \mid g_i - z_i \psi_\theta \mid + \sum_{i: g_i < z_i \psi} (1 - \theta) \mid g_i - z_i \psi_\theta \mid \tag{4-4}$$

式（4-4）为 GDP 的分量回归估计式。其中，θ（0<θ<1）为回归估计式的分位数；g_i 为 i 地区的人均GDP，z_i 表示估计人均GDP的解释变量；ψ_θ 表示通过分量求得的第 θ 分位数的系数。在估计两化融合水平函数的参数时，假设随机

变量 e 的分布函数：

$$R(e) = \Pr(E < z) \tag{4-5}$$

利用式（4-5）的反函数，可求得第 φ 位分位数：

$$R^{-1}(\varphi) = \inf[e: R(e) \geqslant \varphi] = Q_{\varphi}(e) \tag{4-6}$$

假定 2 个随机变量分别为两化融合水平 IC 和融合水平的解释变量 6，其中 IC 是 e 的因变量。在确定 e 时，IC 的条件分位数可由式（4-6）给出，即

$$F_e^{-1}(\varphi) = \inf[IC: R(IC \mid e) \geqslant \varphi] = Q_{\varphi}(IC \mid e)$$

该条件分量的分位数的系数估计为：

$$\min_{\xi \in R^k} \sum_{j: IC_j \geqslant e_i \xi} \varphi \mid IC_j - e_i \xi_{\theta} \mid + \sum_{j: IC_j < e_i \xi} (1 - \varphi) \mid IC_j - e_i \xi_{\theta} \mid \tag{4-7}$$

式（4-7）为融合水平的分量回归估计式。其中，Φ（$0 < \Phi < 1$）为回归估计式的分位数；IC_i 表示 i 地区的融合水平，e_i 表示估计融合水平的解释变量；ζ_{Φ} 表示通过分量求得的第 Φ 分位数的系数。双向分位数回归模型，能够更加精确地描述各个融合水平分位和人均 GDP 分位的情况，而且能够通过两步联立体现对影响反馈这个交互过程，此外，在 Φ 和 θ 的调节下，模型的估计将更具有灵活性和弹性。

为更好地刻画面板数据中的固定效应和反映不随时间变动的因素，引入 O'donnell 等（2008）提出的共同边界技术效率比（Meta-Technical Ratio，MTR）取代固定效应模型中以虚拟变量反映地区与时间差异的代理变量。其后，分别以时间和地区分组，再以相应的 MTR 来刻画相应的地区和时间效应。由于该方法不会减少或增加自由存在自由度，因而可以使中国 31 个省份有相同的比较基准点。在 MTR 中，全部样本计算得到的结果称为共同边界技术效率（用 TE_M 表示），由分组后的样本计算得到的结果称为群组边界技术效率（用 TE_p 或 TE_y 表示）。在此基础上，根据不同的分组情况，获得相应的 MTR 对两者的对应比值。

首先，求出技术效率，设负实数向量 g、IC 和 x 分别表示决策单位的产出 1、产出 2 和投入，分别指人均 GDP、融合水平和省市地区效应或时间效应。这样，决策单位的方向距离函数（DMU）为：

$$\overrightarrow{D}(g, IC, x; k) = \max_{\beta}[\beta: (g + \beta \times k_g, IC - \beta \times k_c) \in P(x)] \tag{4-8}$$

式（4-8）中 P(x) 是由样本数据形成的边界（$P^M(x)$ 是共同数据样本，$P^G(x)$ 为分组数据样本），$P(x) = [(g, IC): x$ 生产 $(g, IC)]$，k_g 和 k_{IC} 分别为 DMU 的主要产出向量和次要产出向量，β 为 1 减去技术效率。在求出 DMU 后，可由 $1 - \overrightarrow{D}(g, IC, x; k)$ 求出技术效率（TE）。TE 介于 $0 \sim 1$。TE 越大，表示 DMU 越有效率，反之越无效率。在进行 MTR 求解时：

首先求出共同技术效率函数：

$$\overrightarrow{D}^M(g,\ IC,\ x;\ k)=\max_{\beta}\left[\beta:(g+\beta\times k_g,\ IC-\beta\times k_{IC})\in P^M(x)\right] \tag{4-9}$$

之后根据研究需要将数据进行分组。个别群组的 DMU 为

$$\overrightarrow{D}^G(g,\ IC,\ x;\ k)=\max_{\beta}\left[\beta:(g+\beta\times k_g,\ IC-\beta\times k_{IC})\in P^G(x)\right] \tag{4-10}$$

其次，计算代表时间效应的 MTR_Y 如下：①将数据指标按不同省市分组。各组数据分别是同一省市在不同年份的数据，采用这种方法可以避免省市经济基础、自然环境等原因引发的差异；②分别用式（4-10）求出每一个组别的时间群组边界技术效率值 TE_Y；③利用式（4-11）求出代表时间效应的 MTR_Y。

$$MTR_Y=\frac{TE_M}{TE_Y} \tag{4-11}$$

类似地，求解代表地区效应的 MTRp 也如此，不再赘述。

要测度 MTR，需要确定投入产出项目。利用人均 GDP 作为主要产出，融合水平 IC 作为次要产出，以工业化水平 IND_{it} 和信息化水平 INF_{it} 作为投入要素，根据式（4-8）至式（4-10）可以求解相应的 MTR。

再次，利用信息化和工业化水平联系人均 GDP 函数和融合水平函数，以信息化水平、工业化水平和 MTR 为自变量，以人均 GDP（GDPPC）和融合水平为因变量建立回归模型：

$$\ln GDPPC_{it}^{\theta}=\alpha_0^{\theta}+\psi_1^{\theta}\ln IND_{it}+\psi_2^{\theta}\ln INF_{it}+\psi_3^{\theta}MTR_{Yit}+\psi_4^{\theta}MTR_{Pit}+\varepsilon_{it}$$

$$\ln IC_{it}^{\varphi}=\gamma_0^{\varphi}+\xi_1^{\varphi}\ln IND_{it}+\xi_2^{\psi}\ln INF_{it}+\xi_3^{\varphi}MTR_{Yit}+\xi_4^{\varphi}MTR_{Pit}+\mu_{it}$$

其中，α、γ 为截距，ε、μ 为随机误差，θ 和 φ 分别为人均 GDP 和融合水平的分位数，i 表示地区，t 表示年份。

最后，综合考虑中国 31 个省份整体情况，不再考虑省市间融合水平与经济增长水平的差异，仅考虑全国工业化水平、信息化水平和融合水平变动，分别对投资占比、消费占比和国际贸易占比的影响，拟对这部分指标进行非参数估计。

二、融合的协调成本与经济增长的关系

融合水平对经济增长规模的影响分析如下：根据第三章实证模型，计算出 2000~2013 年中国 31 个省份两化融合系数、工业化促进信息化路径融合系数及信息化带动工业化路径融合系数，见表 4-25。

表 4-25 2000~2013 年中国 31 个省份两化融合系数平均值

两化融合系数 省份	工业化促进信息化 融合系数	信息化带动工业化 融合系数	两化融合系数
北京	0.8415	0.9680	0.8407
天津	0.8778	0.3360	0.3360
河北	0.9368	0.5930	0.5930

续表

两化融合系数 / 省份	工业化促进信息化融合系数	信息化带动工业化融合系数	两化融合系数
山西	0.7885	0.8631	0.7831
内蒙古	0.8300	0.6885	0.6579
辽宁	0.8397	0.4557	0.4557
吉林	0.7452	0.9064	0.7452
黑龙江	0.7269	0.8750	0.7269
上海	0.5630	0.9904	0.5630
江苏	0.9554	0.3501	0.3501
浙江	0.6117	0.6822	0.5202
安徽	0.8523	0.6304	0.6257
福建	0.5598	0.8029	0.5298
江西	0.7814	0.6913	0.6192
山东	1.0000	0.2938	0.2938
河南	0.9659	0.5438	0.5438
湖北	0.7967	0.8322	0.7468
湖南	0.7125	0.7805	0.6778
广东	0.6583	0.7902	0.5151
广西	0.5747	0.7411	0.5614
海南	0.4335	0.9364	0.4335
重庆	0.7379	0.9011	0.6712
四川	0.6754	0.9395	0.6636
贵州	0.5600	0.6705	0.5543
云南	0.5949	0.7888	0.5886
西藏	0.4300	0.8083	0.4300
陕西	0.7002	0.9326	0.7002
甘肃	0.5588	0.7161	0.5588
青海	0.6946	0.8780	0.6934
宁夏	0.6482	0.9569	0.6482
新疆	0.6001	0.9543	0.6001

首先，对工业化水平 IND_{it}、信息化水平 INF_{it}、融合水平 IC 分别与人均 GDP 指标之间进行格兰杰因果关系检验，分别计算出 F 统计量为 2.808 及 2.610，大于 $F_{0.1}$，这表明在给定 90% 的显著性水平情况下，检验结果是显著的。根据表 1，计算融合水平 IC 对人均 GDP 代表的经济增长规模的影响。具体地，计算人均 GDP 相对于融合水平的变动弹性，并且与非参数固定效应模型得出的结果进行比较。计算双向分量模型中的变动弹性如下：

$$\varepsilon_D = \frac{\partial \ln GDP_{it}^\theta}{\partial \ln IC_{it}^\varphi} = \frac{\partial \ln GDP_{it}^\theta / \partial \ln IND_{it} \, \partial \ln IND_{it}}{\partial \ln IC_{it}^\varphi / \partial \ln IND_{it} \, \partial \ln IND_{it}}$$

在非参数固定效应模型中，

$$\ln(GDP_{it}) = \ln[m(IC_{it})] + v_i + u_i$$

令 $y_{it} = \ln(GDP_{it})$，$x_{it} = \ln(IC_{it})$，将函数在 $x = \ln IC$ 处线性化，得到：

$$y_{it} = m(x) + (x_{it} - x)\beta(x) + v_i + u_{it}$$

$\beta(x)$ 即为弹性。由此获得融合水平 IC 对人均 GDP 的弹性值，见表 4-26。表 4-26 表明，双向分量回归模型的弹性普遍大于非参数估计固定效应模型的弹性，可能是由于双向分量回归模型有效规避了非参数估计的内生性问题，更好地体现了理论模型中宏观经济指标（这里指人均 GDP）通过影响路径协调或冲击对于融合水平的反馈影响。如果采用非参数估计方法，可能低估了融合水平对于人均 GDP 的影响。

表 4-26 两化融合水平的弹性值比较

融合水平	双向分量回归			非参数估计固定效应		
	低发展	中发展	高发展	低发展	中发展	高发展
低融合	−0.513	−0.293	0.276	0.089	−0.279	0.214
中融合	0.654	0.818	0.780	0.153	0.303	0.250
高融合	0.620	0.781	0.763	0.296	0.356	0.331

注：低发展、中发展、高发展的划分标准及低融合、中融合、高融合的划分标准同上。本表中双向分量回归模型中低融合水平时弹性部分为负值，并不意味着提升融合水平会对人均 GDP 形成负激励。本节的后续讨论表明，如果融合水平较低时，融合水平的提升路径主要是信息化带动工业化，此时对人均 GDP 也将产生正向激励，而提升工业化则会降低融合水平。随着 GDP 规模的扩大，融合水平和 GDP 可能会反方向变动，由于工业化对于弹性值的影响大于信息化，因此表现为弹性值为负。

其次，对表 4-24 的更进一步分析表明，无论经济增长规模如何，融合水平由低融合阶段提升到中等融合阶段时，融合水平对于经济增长的正向作用都有显著提升。当融合水平从中等融合阶段提升到高融合阶段时，融合水平对经济增长的正向作用依然存在，但呈现出减弱的倒 U 形特征。在融合水平不变时，融合水平对于经济增长的作用也同样呈现出倒 U 形特征。由此，研究模型中的研究假设 1a 和 1b 得到证明。

融合路径对经济增长结构的影响分析如下：将工业化水平、信息化水平与人均 GDP 对数值进行非参数估计的结果见表 4-27。表 4-27 中第三列代表平均边际影响，可以发现，信息化水平和工业化水平对于消费、投资和外贸的增加均产生正面影响。但是，总体来看，工业化和信息化对外贸的影响均最为显著，对投资的影响次之，最后是对消费的影响。其中，以知识深化为核心的生产过程（信息化水平）对消费账户的影响更为显著，信息化水平每提升 1%，人均 GDP 对数提升 0.1778%。同时，以资本深化为核心的生产过程（工业化水平）对投资账户的影响更为显著，工业化水平每提升 1%，人均 GDP 对数提升 0.1444%。由此，研究模型中研究假设 2a 和假设 2b 得到实证。

表 4-27　工业化水平、信息化水平对经济结构的非参数估计

不同要素深化水平对经济结构的影响	$\hat{m}\,(x_{it})$ 平均值	标准差	$\hat{m}'\,(x_{it})$ 平均值	标准差
工业化水平对消费的影响	3.367	0.0691	0.0966	0.0255
信息化水平对消费的影响	3.3722	0.0763	0.1778	0.0188
工业化水平对投资的影响	3.4347	0.0685	0.1444	0.0293
信息化水平对投资的影响	3.4475	0.0762	0.1151	0.0193
工业化水平对外贸的影响	2.5047	0.1108	0.1622	0.0654
信息化水平对外贸的影响	2.5253	0.1194	0.2124	0.046

注：对代表外贸水平的货物和服务净流出指标进行绝对值化处理。

　　再次，将人均 GDP 按照低发展、中发展和高发展分成 3 组，3 组的人均 GDP 平均值所处的分位数分别是 21%、61% 和 91%，得到人均 GDP 函数的估计结果见表 4-28。表 4-28 表明，人均 GDP 越低的省市工业化水平的增长对 GDP 增长的促进作用越明显，因为人均 GDP 较低省市产业结构特征是工业发展相对薄弱，投资工业化相对于投资信息化短期内能够带来更高的 GDP 回报。但是，随着工业化水平的提升，如人均 GDP 较高的省市，工业投资回报率下降使工业化水平的边际效应递减，表明工业化促进信息化路径具有规模收益递减特征。相反，信息化水平对人均 GDP 增长的作用相对平稳得多，在表 4-25 中反映出规模收益大体不变的特征①。由此，研究模型中研究假设 3a 和假设 3b 得到实证。

表 4-28　人均 GDP 函数的估计结果

变量	百分位数		
	21	61	91
$\ln IND_{it}$	1.540 ***	1.216 ***	0.778 ***
$\ln INF_{it}$	0.973 ***	1.112 ***	0.990 ***
MTR_{Yit}	1.141 ***	1.313 ***	1,369 ***
MTR_{Pit}	0.021	0.113 **	0.059
α	-3.342 ***	-1.297 ***	1.206 **
R^2	0.725	0.785	0.835

注：*、** 和 *** 分别表示在 10%、5% 和 1% 的水平上显著。

　　在融合水平函数的估计过程中，将融合水平也分成低融合、中融合和高融合 3 个组别，3 个组别均值的百分位数分别为 20%、61% 和 90%，模型估计结果见表 4-29。表 4-29 表明，第一，在融合水平较低的阶段，提升工业化水平会抑制融合水平的提高，说明融合水平较低的地区主要是信息化水平不足，反映出在融合水平较低的阶段工业化促进信息化对融合水平的影响具有相对稳定的结构；第

---

　　① 此外，在 3 个收入群体中分别表示时间效应和地区效应的 MTR_Y 和 MTR_P 的系数均为正且大部分显著，这表示 MTR_Y 和 MTR_P 与人均 GDP 呈正相关，说明地区间的异质性确实存在且影响地区经济增长。

二，在融合水平处于中等发展阶段，产业快速转型等原因导致工业化和信息化水平的发展均不稳定，提升工业化水平或者信息化水平都不一定能有效提升融合水平，反映出工业化促进路径与信息化带动路径之间的互补性存在着高不确定性，无论是选择继续实施工业化促进路径，还是转型为信息化带动路径，工业化和信息化的内生机制是无法决定的，需要通过外部干预因素来影响，如制度等；第三，在融合水平较高的省市，提升工业化水平和信息化水平的影响均为正，说明工业化促进与信息化带动两条路径之间的互补性较为均衡①。由此，研究模型中研究假设 4a 和 4c 得到实证，4b 得到间接支持。

表4-29　融合水平函数的估计结果

变量	百分位数		
	20	61	90
$\ln IND_{it}$	-0.995***	-1.051***	1.024*
$\ln INF_{it}$	1.059***	-0.925**	0.855**
MTR_{Yit}	-0.143***	-0.035***	-0.167***
MTR_{Pit}	0.265***	0.04	-0.05
γ	0.577***	1.014***	0.697**
R^2	0.726	0.767	0.735

注：*、** 和 *** 分别表示在 10%、5% 和 1% 的水平上显著。

最后，经济增长对融合路径的冲击与调整影响分析如下：探讨最终消费支出和资本形成总额变化对于两化融合路径的冲击与调整的迂回影响。以最终消费支出和资本形成总额的对数为自变量，以工业化促进信息化路径的融合水平及信息化带动工业化路径的融合水平为因变量进行非参数固定效应模型估计结果见表4-30。表4-30 表明，总体来看，投资账户的变化对于融合水平的变化更加敏感和显著而形成路径偏离的冲击，消费账户对于信息化带动工业化路径的影响更加显著而形成路径偏离的调整，最终消费支出对数每增加 1%，信息化带动工业化融合水平增加 0.0292%。不同的是，投资账户对于工业化促进信息化路径的影响更加敏感和显著，资本形成总额的自然对数每增加 1%，工业化促进信息化融合水平增加 0.0692%。由此，研究模型中研究假设 5a 和 5b 得到实证。

表4-30　经济增长要素变化对融合水平的非参数估计

经济增长要素对融合水平的影响	$\hat{m}(x_{it})$ 平均值	标准差	$\hat{m}'(x_{it})$ 平均值	标准差
消费对工业化促进信息化融合路径的影响	4.0457	0.0441	0.0134	0.0332

① 从 MTR_Y 和 MTR_P 的分析可以得出，融合水平并不会随着时间的推移发展有明显的统一变化趋势，但是融合水平的地区差异依然存在。

续表

经济增长要素对融合水平的影响	$\hat{m}(x_{it})$ 平均值	标准差	$\hat{m}'(x_{it})$ 平均值	标准差
消费对信息化带动工业化融合路径的影响	4.0813	0.0462	0.0292	0.0298
投资对工业化促进信息化融合路径的影响	4.0871	0.0494	0.0692	0.0353
投资对信息化带动工业化融合路径的影响	4.3721	0.0103	0.0607	0.0308

三、融合降低协调成本促进经济增长

综上所述，第二章提出的协调成本与经济增长关系的 4 个理论假设，除假设 3 外在此均得到实证研究的直接支持，假设 3 部分得到直接支持，部分得到间接支持。从两化融合的间接观测视角，再次印证了在知识水平既定时，协调成本的下降对经济增长具有决定性的结论。但是，这里的论述表明，该结论是有条件的。具体而言，可以从以下四个方面阐述该结论的条件性问题。

首先，协调成本对经济增长的决定性作用存在阈值。协调成本的下降对经济增长的作用呈倒 U 形，且随着经济规模的扩大，协调成本的下降对经济增长的作用也呈倒 U 形。因此，一国经济增长不会随着协调成本的下降而持续下去，在不同的经济发展阶段，需要主动转换经济增长的主动力来维持增长的态势。这样，在经济发展的不同阶段中，知识、协调成本和制度三个重要因素的重要性会不相同。或者说，知识、协调成本和制度在经济增长不同阶段中的作用可能不总是最重要的，需要考虑经济增长的情境化和结构因素。

其次，在经济增长的不同阶段，协调成本的下降对经济增长作用的稳定性不同。在知识水平从较低阶段发展为中等阶段或处于高级阶段时，协调成本的下降对经济增长的激励作用相对都是稳定的，在中等收入阶段激励作用的不确定性最高，导致收益递增结构具有最不稳定的特征。在这种情境下，当经济增长动力不再取决于资本深化或知识深化本身时，或者说采取资本深化或知识深化都有可能不一定能够使协调成本得到下降，从而使经济增长出现类似飞机失去动力那样的经济失速现象。此时，经济系统自身的内在结构无法解决自身的失速，制度创新、技术进步、金融、比较优势、文化、路径依赖、地理位置等，均有可能成为抵消中等收入阶段不确定性（中等收入陷阱）最重要的影响因素。这印证了印德尔米特·吉尔等（2008）提出的在从中等收入向高收入过渡阶段必须采取与以往不同的发展思路和政策的观点。

再次，选择不同的经济增长方式，同样的协调成本的下降对经济增长有不同的作用。在资本深化促进知识深化的增长方式中，协调成本的下降对经济增长的影响总体是递减的。在知识深化带动资本深化的增长方式中，协调成本的下降对经济增长的影响总体是递增或不变的。从这个角度来讲，协调成本不是最重要的

经济增长源泉，选择哪一种经济增长方式的制度等外生因素可能是最重要的。因此，新制度经济学强调，制度是决定一个国家长期经济增长根本原因，经济制度的变迁是为了节省交易费用等观点，同样是有条件的和情境化约束的。同时，经济增长与政府发展战略及政策也是密切相关的，因为选择不同的经济增长方式，就是选择了不同的协调成本的下降方式，因而可能具有其他经济体难以复制的经济奇迹。

最后，经济增长既可能对协调成本的下降产生冲击，也可能促进调整，使协调成本的下降对经济增长的影响，既可能是收益递增或不变，也可能收益递减。在经济增长的不同阶段中，资本深化促进知识深化的过程与知识深化带动资本深化过程之间存在互补性，两者之间随机过程的迂回和突变，使协调成本具有随机过程的迂回性和突变特征。从这一角度来讲，技术进步和制度创新的作用，在于缩短协调成本下降的迂回路径或加快迂回速度而实现收益递增。无论是发达国家还是发展中国家，打破一个民族陷入自己经济发展历史所设置的陷阱的一种共同发展模式，就是从资本深化向知识深化的迂回方式转变为知识深化向资本深化的迂回方式，缩短迂回路径或提高迂回速度，如德国工业 4.0，中国两化深度融合等。

上述讨论较好地解释了协调成本与经济增长关系研究中的不一致观点，因为在以资本深化促进知识深化为主的增长中，协调成本对经济增长的作用呈倒 U 形，总体随经济规模的扩大而扩大，但协调成本随经济发展到一定程度后会逐步减小或稳定在一定水平上，因为以知识深化带动资本深化为主的增长中协调成本下降形成的收益递增或不变，会部分抵消前者收益递减的影响，因而协调成本与经济增长或者呈正相关关系，或者不呈现正相关关系而具有平稳性。

总之，协调成本的下降对经济增长具有决定性的结论是有条件的：首先，协调成本下降对经济增长的作用存在先上升后下降的阈值，呈现倒 U 形；其次，在经济增长的不同阶段，协调成本的下降对经济增长作用的稳定性不同；再次，不同的经济增长方式，同样的协调成本的下降对经济增长有不同的作用；最后，经济增长对协调成本的冲击或调整，使协调成本的下降对经济增长的影响，既可能是收益递增或不变，也可能是收益递减。由此，从经济增长规模、经济增长阶段、经济增长方式，经济增长的迂回过程四个角度，探讨协调成本与经济增长的关系，有助于丰富对协调成本与经济增长关系的认识和理解，对于中国经济新常态下跨越中等收入陷阱而进入稳态治理具有启示价值。由于协调成本的下降对经济增长的作用呈现倒 U 形，理论上跨越中等收入陷阱有两种战略选择：一是在出现阈值前尽快跨越中等收入阶段；二是通过各种内生和外生因素延迟阈值的出现。其中，技术进步和制度创新是两种有效的延迟阈值出现的激励要素。中国政府大力推动数字经济创新，均为刺激经济增长的适宜政策。同时，技术进步和制度创新的作用在于缩短协调成本下降的迂回路径或加快迂回速度而实现收益递增的结论，指出了数字经济促进经济增长的内生机制，在于缩短协调成本下降的迂回路径或提高迂回速度而形成收益递增，从而将数字经济与收益递增联系起来，阐述数字经济促进经济增长的内生经济逻辑。

第五章　两化融合与经济高质量发展

高质量发展是一个综合性、多层次的概念，经济高质量的内涵也如此。数字技术加速推动经济增长的同时，也引发数字鸿沟、收入不平等、拉大城乡差距等负面影响。既有研究针对数字技术或数字经济引发的正面影响与负面影响的两面性问题，或者聚焦正面影响的论述，或者侧重负面影响的分析，缺乏将两面性问题纳入一个统一的研究模型来探讨。同样地，针对两化融合对高质量发展的影响研究也如此，主要侧重数字技术或数字经济对经济增长效率或公平的某一面进行探讨，缺乏同时对经济增长效率与公平的影响及如何影响的深入探讨。

效率与公平问题是经济学的核心主题之一。为聚焦研究问题，更好地刻画两化融合影响经济高质量的特征和规律，本章从经济增长的效率、公平和绿色增长三个维度，阐述两化融合对经济高质量的影响及其特征。提出两化融合影响经济高质量的水坝效应概念，并从数字跃迁的微观机制视角剖析其发生的原理和运行逻辑，由此归纳提出数字经济推动高质量发展的主要特征和规律。

第一节　融合影响高质量的水坝效应[①]

两化融合乃至数实融合影响经济高质量发展的问题，是数字经济创新变迁研究的焦点问题之一，本节通过提出数字经济水坝效应的概念，阐述两化融合影响经济高质量的特征。

一、融合影响经济增长质量

经济增长效率提高和福利分配改善是经济增长质量的两个核心，经济增长效

---

① 以谢康、廖雪华、肖静华《效率与公平不完全相悖：信息化与工业化融合视角》（《经济研究》2021 年第 2 期）为基础重新撰写、修改和增补。

率通过经济系统运作中的投入产出效率来衡量。目前主要有两种经济增长效率评价方法：一是全要素生产率（TFP）；二是投入产出维度。经济增长公平通常与经济包容性增长相联系，主要标准是减少绝对贫困和收入不平等，尤其是城乡发展、城乡收入差距的减少。结合现有研究，本节采用投入产出比、城镇和农村居民收入比，分别度量经济增长效率和经济增长公平。

数字技术应用对要素投入产出率的积极作用已成为研究共识，如数字技术应用对劳动生产率具有积极影响，工业自动化能够促进经济增长速度提升 0.37%（Graetz & Michaels，2017）。数字技术应用促进技术进步和提高要素生产率，且全要素生产率构成数字技术应用影响经济增长的重要传导机制。总体来看，现有研究普遍认同数字技术应用正向影响经济增长效率，但数字技术应用影响经济增长公平的结论则千差万别，且鲜有直接探讨两化融合对城乡差距的影响，主要从资本报酬和数字鸿沟两个角度探讨数字技术与经济增长公平的关系。

资本报酬视角的探讨认为，大数据、人工智能等数字技术应用促进生产过程中资本要素份额的提高，资本报酬增加，从而加剧社会收入不平等，形成"马太效应"。数字鸿沟视角的探讨认为，数字技术应用水平的差异不仅会直接拉大贫富差距，而且还会影响人们的财富创造能力，导致越是贫困的地区数字鸿沟越大，区域间数字鸿沟越大，贫困程度越深，互联网泡沫的冲击会导致不平等的持续增加，数字技术应用对数字鸿沟的影响具有复杂性。

数字技术的深度应用和渗透包括工业自动化等，都是两化融合的外在表现。因此，数字技术在生产中的应用、数字技术资本的积累、工业自动化、数字技术扩散等对经济增长效率与公平影响的研究，均构成研究假设的理论基础。

研究表明，合理的产业结构、较高的劳动力质量对提高经济增长效率有积极作用。首先，合理的产业结构将促进资本的合理投资与利用，提高单位资本存量的经济产出率。例如，一个国家如能将产业结构转向具有更高劳动生产率的制造业和服务业，将会实现更高的要素产出率；其次，劳动力质量的提高意味着提高劳动者生产水平和劳动熟练程度，从而保证生产资料、固定资产的充分利用，增加单位投入的经济产出，如劳动力质量增长能够解释 1/4 的劳动生产率上升（You & HyeMi，2014），缺乏有技能和受过良好教育的人力资本则会约束经济增长。研究表明，数字技术应用及两化融合正向影响产业结构合理化、知识资本积累与劳动力质量提升，由此提出以下研究假设：

假设 1：产业结构合理化与劳动力质量水平提升，构成两化融合影响经济增长效率的主要作用路径。

现有研究对数字技术影响经济增长公平的作用有不同认识。以数字技术应用是扩大还是弥合数字鸿沟为例，多数认为数字技术应用会导致更严重的数字鸿沟,拉大贫富差距,因为区域数字鸿沟在一定程度上反映了收入差距。部分研究认为数字技术应用有助于弥合收入差距,如数字金融在落后地区发展速度更快,显著提升家庭收入尤其是农村低收入群体的收入,因此数字金融促进包容性增长。研究发现,中国数字鸿沟有双重结构:一是省际间的数字鸿沟在下降,但城乡间的数字鸿沟则在扩大。可见,数字技术应用、两化融合既可能有助于促进产业间互动,促进城乡一体化和优化二元经济结构,如旅游业通过缓解城乡二元分工结构缩小城乡差距,因为信息化有助于要素根据市场需求流动减少扭曲,但也可能进一步扩大城乡差别和加深二元经济结构,形成劳动市场和国民收入的极化效应,如工业机器人应用对不同技能劳动力需求的影响具有显著差异,存在就业极化特征。同时,两化融合促进不同产业、不同部门之间的交互,促进资源不断从低效率部门转向相对高效率的部门。民营部门在整体上资源利用效率较高且真实成本在市场上得到体现,国有经济过度投资通常导致较低的资本收益,国有部门与民营企业之间存在一定程度的劳动生产率差距,两化融合有助于经济市场化水平的提高。由此提出以下研究假设:

假设 2:两化融合对经济增长公平有双重影响,一方面扩大城乡差距的直接效应;另一方面通过优化二元经济结构以及提高非国有化水平影响城乡差距。

下面,以第二、第三章理论与实证模型为基础,刻画和测算中国各省市 2000~2016 年的两化融合水平[①],模型(5-1)刻画了两化融合对经济增长效率与公平的影响:

$$Y_{it} = \alpha_0 + \alpha_1 IC_{it} + \sum_{m=1}^{M} \beta_m Contrs_{it, m} + u_i + \varepsilon_{it}; \; i(1, 2, \cdots, n; \; t = 1, 2, \cdots, T)$$

$$(5-1)$$

其中,被解释变量 Y_{it} 是经济增长效率或公平,解释变量 IC_{it} 为两化融合水平,$Contrs_{it}$ 为控制变量。u_i 是省市 i 的个体效应,反映了省际间持续存在的差异,如由于资源禀赋、地理位置等差异所导致的不同生产方式差异等,将其设为固定效应。C_{it} 为随机扰动项。同时,模型中也控制时间变量,设置 Dt1 和 Dt2 两个虚拟变量,根据当前年度是否属于"十五"或"十一五"规划期间,分别设置为 1 或 0。

式(5-1)为两化融合影响经济增长效率或公平的基础模型。为探讨两化融合通过何种路径影响经济增长效率或公平,采用 Cutler 和 Lleras-Muney(2010)及程令国等(2014)的路径分析方法,同时借鉴心理学研究中介效应模型检验做

---

① 将两化融合视为一种趋同或收敛现象。测度方法借鉴随机前沿分析中技术效率测度的思想,再估计出工业化和信息化的理想水平,分别计算出信息化带动工业化融合、工业化促进信息化融合的单系融合系数后,借鉴协调发展系数判断方法,构建工业化与信息化融合系数。

法（Judd & Kenny，1981），在基础模型中分步加入中介变量进行检验，模型（5-2）如下：

$$Y_{it} = \alpha_0 + \alpha_1 IC_{it} + \alpha_2 F_{it} + \sum_{m=1}^{M} \beta_m Contrs_{it,\,m} + u_i + \varepsilon_{it}; \; i = (1,\, 2,\, \cdots,\, n; \; t = 1,\, 2,\, \cdots,\, T)$$

$$(5\text{-}2)$$

其中，F_{it} 为所关注的中介变量，该中介变量通过理论推导获得。关注两化融合水平在式（5-1）和式（5-2）中回归系数的变化。为确保估计准确性，需直接用中介变量 F_{it} 对两化融合水平做回归，即模型（5-3），以确定两化融合对中介变量的作用方向。同时，在模型中控制时间变量，设置 Dt1 和 Dt2 两个虚拟变量，根据当前年度是否属于"十五"或"十一五"规划期间，分别设置为 1 或 0。

$$F_{it} = \alpha_0 + \alpha_1 IC_{it} + \sum_{m=1}^{M} \beta_m Contrs_{it,\,m} + u_i + \varepsilon_{it}$$

$$i = (1,\, 2,\, \cdots,\, n; \; t = 1,\, 2,\, \cdots,\, T) \tag{5-3}$$

下面，根据研究假设，两化融合影响经济增长效率的中介变量包括产业结构合理化和劳动力质量水平，影响经济增长公平的中介变量包括二元经济结构和非国有化水平。借鉴现有研究，加入了相关控制变量。其中，经济增长效率模型的控制变量包括经济发展水平、经济发展政策及教育政策三类，具体包含经济发展水平（人均实际 GDP 对数）及其平方项、经济增长率、经济开放程度、非国有化程度和人均教育支出水平。经济增长公平的控制变量包括经济发展水平及其平方项、经济增长率、城镇化水平、经济开放程度、人均就业保障和福利支出。表 5-1 归纳了两化融合影响经济增长效率与公平作用模型中各变量及其计算方式。

表 5-1　研究模型中相关变量说明与计算方法介绍

变量	变量说明与具体计算方法
经济增长效率 （Efficiency）	单位资本存量和劳动力的经济产出。用实际 GDP（2000 年为基年）除于固定资本存量（永续盘存法）求得单位资本经济产出，用实际 GDP（2000 年为基年）除于总就业人数求人均劳动力产出，将单位资本和人均劳动力经济产出求算术平均获得要素产出率。求平均值前，分别将单位资本和人均劳动力经济产出 0~1 标准化
城乡收入差距 （经济增长公平的反向指标，Urg）	用各个省市的城镇居民可支配收入和该省市的农村居民纯收入二者的比值来刻画城乡收入差距，城乡收入差距越大，经济增长公平性越低
两化融合水平 （IC）	两化融合水平的测度方法见谢康等（2012）的研究。对信息化的刻画增加了更能体现互联网发展与应用水平的基础指标，如单位面积光缆长度等指标，替换了原有的固定电话等指标

变量	变量说明与具体计算方法
产业结构偏离度 （产业结构合理化的 反向指标，Stru_dev）	计算各个产业增加值的比重与该产业劳动力比重的差异程度，偏离度越高，产业结构合理性越低。具体计算公式为 $stru\_dev=\sum_{i=1}^{n}\left\|\dfrac{Y_i}{Y}/\dfrac{L_i}{L}\right\|$，其中 Y 表示地区生产总值，$Y_i$ 表示第 i 个产业的生产总值，L 表示总就业人数，L_i 表示第 i 个产业就业人数，n 表示产业部门数量，n=3，分别为第一、第二和第三产业
劳动力质量水平 （Lab_qua）	用平均受教育年限刻画。通过将不同学历层次的学习年限与该学历层次人数在该省市总人口的占比相乘获得，文盲、小学、初、高中和中专及大专及以上教育年限分别为 0 年、6 年、9 年、12 年以及 16 年
二元经济结构 （Dualstruc）	二元对比系数，为第一产业比较劳动生产率除于第二和第三产业的比较劳动生产率。$Dulstruc=\left(\dfrac{Y_1}{Y}/\dfrac{L_1}{L}\right)\Big/\left(\dfrac{Y_2+Y_3}{Y}/\dfrac{L_2+L_3}{L}\right)$，其中 Y 表示地区生产总值，$Y_1$、$Y_2$、$Y_3$ 表示第一、第二、第三产业的生产总值，L 表示总就业人数，L_1、L_2、L_3 表示三大产业就业人数
人均就业保障与 福利支出（Lnempp）	公共财政支出中就业保障与福利支出与总就业人口的比重，求对数
人均地区实际 GDP 对数（Lngdppc）	通过国内人均地区生产总值指数（上年=100）计算地区生产总值的环比人均 GDP 平减指数，接着用各个时期环比指数的连乘计算出以 2000 年为基年的定基指数，用当年价的人均 GDP 除于 2000 年为基年的人均 GDP 平减指数得到各个省市的人均地区实际 GDP。最后对该值取对数
经济增长率（GDPg）	地区实际 GDP 年增长率，以 2000 年作为基年的实际 GDP 年增长率
经济开放度（Open）	用贸易依存度刻画，为进出口贸易总额与地区 GDP 的比值
非国有化（Private）	非国有经济固定资产投资额占该地区总的经济固定资产投资额的比例
人均教育支出（Lnedupc）	公共财政支出中教育支出除于总人口，并求对数
城镇化水平（Urbanize）	非农业人口占总人口的比例

表 5-1 中相关变量所需的基础指标数据，来源于中国统计年鉴、中国人口和就业统计年鉴、新中国 60 年统计汇编、中国人口和就业统计年鉴、各省市统计年鉴、中国信息年鉴、互联网发展报告。时间跨度为 2000～2016 年，包含 30 个省份（不包含港澳台地区及西藏）。

二、融合影响增长效率与公平的机制

根据表 5-1 采集相关数据，两化融合影响经济增长效率机制的实证结果如表 5-2 所示。表 5-2 中列（1）为基础模型（1）的结果，列（2）～列（4）为模型（2）分别和同时加入各中介变量的结果。表 5-2 列（1）表明：两化融合水平对经济增长效率具有显著正向作用，且经济发展水平与经济增长效率呈 U 形特征。同时，提高经济开放度和人均教育支出也有助于提升经济增长效率，与既有研究的结论一致。

表 5-2　两化融合对经济增长效率的影响结果

变量	(1)	(2)	(3)	(4)	(5)
IC	0.106**	0.0938*	0.0873*	0.0772	
	(0.0512)	(0.0506)	(0.0502)	(0.0497)	
Stru_dev		-0.0140***		-0.0129***	-0.0133***
		(0.00384)		(0.00377)	(0.00377)
Lab_qua			0.0244***	0.0234***	0.0239***
			(0.00514)	(0.00509)	(0.00508)
Lngdppc	-1.513***	-1.593***	-1.457***	-1.533***	-1.476***
	(0.0792)	(0.0812)	(0.0783)	(0.0805)	(0.0719)
Lngdppc2	0.0743***	0.0780***	0.0709***	0.0745***	0.0715***
	(0.00385)	(0.00394)	(0.00384)	(0.00393)	(0.00344)
GDPg	0.00300***	0.00320***	0.00322***	0.00339***	0.00353***
	(0.000772)	(0.000764)	(0.000756)	(0.000749)	(0.000745)
Open	0.0305**	0.0300**	0.0285**	0.0281**	0.0271**
	(0.0121)	(0.0119)	(0.0118)	(0.0117)	(0.0117)
Private	-0.000533*	-0.000469*	-0.000690**	-0.000624**	-0.000539*
	(0.000287)	(0.000284)	(0.000282)	(0.000280)	(0.000275)
Lnedupc	0.0540***	0.0548***	0.0416***	0.0429***	0.0431***
	(0.00977)	(0.00964)	(0.00990)	(0.00979)	(0.00981)
时间阶段控制	Yes	Yes	Yes	Yes	Yes
N	510	510	510	510	510
组内 R^2	0.5275	0.5404	0.5492	0.5602	0.5579

注：经济增长效率为被解释变量；括号内为系数估计的标准误；*、**、***表示分别在10%、5%、1%水平上显著，下同。

为验证两化融合影响经济增长效率的作用途径，在模型（5-1）基础上，对分别加入产业结构偏离度、劳动力质量水平以及同时加入两个中介变量进行检验，即表5-2中列（2）~列（4）。对比列（1）和列（2）可知，加入产业结构偏离度后，两化融合对经济增长效率的影响系数变小，标准误差也降低，且其他控制变量的系数大小、方向及显著性水平未发生明显变化。同时，产业结构偏离度显著降低经济增长效率。由此初步推测，两化融合通过降低产业结构偏离度（即提升产业结构合理化水平）提升经济增长效率。

对比列（1）与加入劳动力质量水平的列（3）的两化融合水平的系数变化发现，列（3）的两化融合水平对经济增长效率的影响系数变小，且标准误差数值也变小，且劳动力质量水平能够显著提升经济增长效率。同时，列（1）和列（3）中其他控制变量的回归系数大小、影响方向及其显著性水平均没有发生明显变化。由此，可初步推测两化融合可以通过提高劳动力质量水平来促进经济增长效率。

最后，同时加入解释变量两化融合水平和中介变量产业结构偏离度及劳动力质量水平的列（4）显示，当将假设的两个中介变量均纳入模型后，两化融合对经济增长效率的影响不显著，表明两化融合对经济增长效率的正向影响可能被产业结构偏离度和劳动力质量水平完全中介。同时，除去两化融合水平变量，保留产业结构偏离度和劳动力质量水平变量的列（5）与列（4）相比，结构偏离度与劳动力质量水平的影响系数及显著性变化极微，且其他控制变量系数和显著性也未发生明显变化。

通过以上对比分析，可以推测，两化融合对经济增长效率的影响是通过降低产业结构偏离度（即提高产业结构合理化水平）以及提升劳动力质量水平机制实现的。进一步验证，分别以产业结构偏离度及劳动力质量水平作为被解释变量，两化融合水平作为解释变量，同时加入相关控制变量的模型（5-3）做进一步的检验。参照现有研究，在两化融合对产业结构偏离的影响模型中，控制经济发展水平、经济发展速度、经济开放程度及地区非国有化程度。在两化融合对劳动力质量的影响模型中，控制经济发展水平、经济发展速度、经济开放程度及人均教育支出对数。结果如表5-3所示。由表5-3可知，两化融合水平能够显著降低产业结构偏离度，即两化融合提高产业结构合理化水平，且同时提高劳动力质量水平。由此获得以下实证结论：两化融合通过提高产业结构合理化水平和提升劳动力质量水平进而正向影响经济增长效率。

表5-3　两化融合水平对结构偏离度与劳动力质量的影响结果

变量	产业结构偏离度	劳动力质量水平
IC	-2.687^{***}	0.750^{*}
	(0.535)	(0.449)
控制变量	Yes	Yes
N	510	510
组内 R^2	0.3441	0.8436

鉴于现有大多数研究表明数字技术促进经济增长作用的发挥具有滞后性，也使用两化融合滞后项作为解释变量，但经过一系列的估计与检验发现：两化融合对经济增长效率的影响是当期的，没有发现显著的滞后效应。这与现有研究中数字技术应用对经济增长存在滞后影响的结论不一致，现有研究的滞后影响出发点是考虑数字技术需要与其他系统进行匹配才会真正发挥作用，这里，侧重探讨的两化融合内涵，本身就是信息化系统与工业化系统之间的匹配程度，即考虑的层次已经包含了匹配度的内涵，所以当期影响更为凸显。

鉴于现有研究关于新型技术作用发挥滞后性的论断，也使用两化融合滞后项作为解释变量。这里，需要说明的是，理论上两化融合对经济增长公平可能既有当期又有滞后影响效应，因此在模型构建与检验过程中，尝试当期项和滞后项同时加入，结果发现当期与滞后项之间存在强序列相关性，因此，在探讨两化融合对经济增长公平影响的当期与滞后影响时，只分别单独进行当期和滞后项的估计与检验。诚然，可以采用更为系统的方法，对当期和滞后期的影响程度差异以及滞后影响周期等问题做更深入的探讨，这也是一个值得深入研究的方向。但侧重点主要在于探讨两化融合影响经济增长效率与公平不完全相悖效应表现形式或者特征本身，因此选择更为直观的呈现方式。

研究发现，两化融合对经济增长公平的影响既存在当期效应又存在滞后效应，见表5-4。表5-4分别列出以两化融合当期项和滞后项为解释变量的结果，表明两化融合影响经济增长的当期效应和滞后期效应同时存在，并且整体上两化融合扩大城乡居民收入差距，不利于经济增长公平性。同时，经济增长速度将拉大城乡居民收入差距，经济开放度在一定程度上降低城乡居民收入差距。此外，经济发展水平与城乡居民收入差距呈U形，与库兹涅茨倒U形假设不同，库兹涅茨是通过发达国家数据实证得出的，中国尚未达到发达国家的发展阶段，因而表现出差异性。

检验两化融合通过优化二元经济结构和促进非国有化水平进而影响城乡收入差距假设的做法，与检验两化融合影响经济增长效率中介变量的做法相同。表5-4中两化融合当期和滞后期为解释变量的结果均表明：优化二元经济结构有助于降低城乡收入差距，提高非国有化水平则会扩大城乡收入差距。加入二元经济结构与非国有化水平的列（4）中，两化融合系数仍为正且显著，表明两化融合对城乡收入差距的影响并未被完全中介，还存在拉大城乡收入差距的直接效应。

表5-5为两化融合影响二元经济结构和非国有化水平的实证结果。表5-5的结果表明：在两化融合影响经济增长公平的两个机制中，一方面，两化融合具有通过促进二元经济结构优化进而降低城乡居民收入差距的作用，从而较好地发挥了促进社会公平发展的价值。另一方面，两化融合水平还会通过促进经济非国有化发展进而拉大城乡收入差距，又表现出加剧社会不公平发展的负面影响，呈现出明显的正向与负向影响同时存在的水坝效应，负面影响是不确定的和长期的，但正面影响是确定的。

综合表5-4和表5-5可推断：二元经济结构和非国有化水平构成两化融合影响经济增长公平的路径。两化融合影响经济增长公平既存在直接与间接影响，也存在正向与反向作用，同时也存在当期与滞后期影响的叠加，反映经济实践的复杂性。两化融合过程一方面诱发数字鸿沟，拉大城乡收入差距；另一方面又通过二元经济结构和非国有化水平两种路径间接影响经济增长公平性，且这两种路径的作用方向不同，两化融合优化二元经济结构会降低城乡差距，提升经济增长公平性。同时，两化融合促进非国有化程度水平会扩大城乡差距，不利于经济增长公平性。并且，两化融合对经济增长公平的影响可能是长远的。

表5-4 两化融合对城乡居民收入差距的影响结果

变量	(1) 当期	(1) 滞后期	(2) 当期	(2) 滞后期	(3) 当期	(3) 滞后期	(4) 当期	(4) 滞后期	(5)
IC/LIC	1.022*** (0.332)	1.033*** (0.339)	1.180*** (0.331)	1.197*** (0.340)	0.535* (0.321)	0.698** (0.329)	0.686** (0.322)	0.856*** (0.331)	—
Dualstruc			-1.198*** (0.331)	-1.039*** (0.331)			-1.013*** (0.315)	-0.949*** (0.317)	-0.915*** (0.313)
Private					0.0130*** (0.00175)	0.011*** (0.0018)	0.0126*** (0.0017)	0.0111*** (0.00176)	0.0134*** (0.00171)
Urbanize	-0.0037 (0.0046)	-0.00639 (0.0047)	-0.00217 (0.0046)	-0.00521 (0.00470)	-0.00484 (0.00440)	-0.00680 (0.0045)	-0.00350 (0.0044)	-0.00571 (0.00451)	-0.00362 (0.00440)
Lnempp	0.194*** (0.0505)	0.0990* (0.0536)	0.199*** (0.0499)	0.108** (0.0531)	0.195*** (0.0478)	0.122** (0.0514)	0.199*** (0.0474)	0.130** (0.0510)	0.225*** (0.0459)
Lngdppc	-2.731*** (0.5100)	-3.122*** (0.545)	-3.031*** (0.510)	-3.433*** (0.549)	-2.722*** (0.483)	-3.190*** (0.522)	-2.975*** (0.485)	-3.473*** (0.526)	-2.459*** (0.421)
LLngdppc2	0.124*** (0.0259)	0.145*** (0.0276)	0.138*** (0.0259)	0.160*** (0.0277)	0.115*** (0.0246)	0.140*** (0.0264)	0.128*** (0.0247)	0.154*** (0.0266)	0.0987*** (0.0207)
GDPg	0.022*** (0.0050)	0.016*** (0.0048)	0.0197*** (0.0049)	0.0149*** (0.0047)	0.0177*** (0.0047)	0.0130*** (0.0046)	0.0162*** (0.0047)	0.0121*** (0.00455)	0.0179*** (0.00464)
Open	-0.174** (0.0793)	-0.145* (0.0764)	-0.160** (0.0784)	-0.140* (0.0757)	-0.198*** (0.0752)	-0.172** (0.0733)	-0.185** (0.0746)	-0.167** (0.0727)	-0.202*** (0.0744)
时间阶段控制	Yes	Yes	Yes	Yes	Yes	Yes	Yes	Yes	Yes
N	510	480	510	480	510	480	510	480	510
组内 R^2	0.4689	0.5358	0.4833	0.5460	0.5248	0.5750	0.5351	0.5835	0.5306

表 5-5　两化融合对二元经济结构和非国有化水平的影响结果

变量	二元经济结构	非国有化程度
IC	0.156***	39.307***
	(0.0449)	(8.0068)
控制变量	Yes	Yes
N	510	510
组内 R^2	0.111	0.7659

此外，鉴于两化融合和经济增长、收入分配之间可能存在内生性问题，本研究也采用以沿海地区、内陆地区等维度进行分组，替换部分控制变量的方式，并且采用 GMM 方法进行了稳健性检验，检验结果支持前文研究中得出的主要结论。

三、融合的不完全相悖效应：水坝效应

上述表明，两化融合对经济增长效率的影响及不同机制之间的作用方向是确定的，且对经济增长效率作用的发挥是当期的；但对经济增长公平的影响、机制和方向是复杂和不确定的，并且是当期与滞后影响共存。在此，我们将两化融合影响经济增长效率与公平的这一特征称为不完全相悖效应。该效应是指两化融合对经济增长效率的影响是确定的、正面且即时的，对经济增长公平的影响则是直接与间接、正面与负面作用相互叠加且当期与滞后效应共存的。同时，我们也将该效应以隐喻的方式称为"水坝效应"，即借用水坝建设对蓄水抗洪的调节作用是确定的，但对不同发展阶段、不同流域的收益公平性则是不确定的隐喻，用于刻画某种要素对经济增长效率的影响具有确定性，而对经济增长公平的影响因条件不同而具有不确定性的现象。

两化融合对经济增长效率与公平不完全相悖效应或水坝效应具有三层含义：

第一，提高产业结构合理化水平和提升劳动力质量水平，构成两化融合正向影响经济增长效率的两条作用路径。无论是提高产业结构合理化水平还是提升劳动力质量水平，都是资本深化与知识深化的过程，前者侧重资本深化，后者侧重知识深化。资本深化与知识深化过程通常是确定的，因而两化融合影响经济增长效率的正向作用是确定的。

第二，二元经济结构和非国有化构成两化融合影响经济增长公平的两条作用路径。二元经济结构和非国有化水平通常与自然环境、区位与资源、劳动力与技术及制度环境等多种条件密切相关。数字技术应用属于一种技能偏向型技术进步，与劳动技能、资源与制度环境等要素之间构成互补而呈现出影响的不确定性。例如，数字技术应用增加了高技能劳动力的工资和就业，但降低了低技能劳动力的工资和就业。数字技术应用与抽象劳动之间是互补的，与常规性劳动之间是替代的，表明数字技术属于技能偏向型技术进步，会诱发社会收入不平等和市

场结构的不均衡。研究表明：数字技术应用带来的技术进步对就业可能同时有负向的抑制效应和正向的创造效应。例如，自动化降低传统任务的就业，但同时增加新任务的创造而增加就业，或机器人减少制造业就业，但增加服务业的就业。又如，数字技术应用带来就业的极化现象，对中等水平的就业岗位替代最为严重，但高技能与低技能行业的就业岗位却得到增加。同时，虽然机器人应用会导致就业挤出效应，但对于不同的地区和行业，机器人应用也具有显著的就业溢出效应。

第三，数字技术应用促进生产过程中资本要素的份额提高，资本报酬增加，但加剧社会收入不平等，形成社会收入分阶段不平等、地区间不平等的马太效应（DeCanio，2016；Benzell et al.，2017）。这样，在二元经济结构和非国有化两条作用路径过程中，数字技术应用的技能偏向型特征被进一步放大，数字技术和实体经济融合在不同条件下既可能产生互补效应，也可能形成替代效应，使两化融合对经济增长公平的影响，既存在正向与反向作用，也存在直接与间接影响，从而表现出复杂性。同时，在多数情况下，数字技术应用的出发点往往是为了实现生产的集约化和现代化，对福利的影响往往是溢出或附带效应，而溢出或附带效应的发挥存在滞后，因此，两化融合对经济增长公平的影响呈现当期与滞后效应共存的特征。

通过对文献进一步考察发现，在投资、出口和消费三个领域也存在影响经济增长效率与公平的不完全相悖效应。例如，水坝建设不仅具有蓄水、灌溉、发电方面的功能而促进经济增长，而且可以发挥政治集中、改变耕作方法、支持城市化和便利现代交通等作用。水坝对经济增长的影响是多方面的、复杂的且不确定的，如水坝的拆除对减少灾害和生态恢复的好处可能会被水力发电、供水和其他重要服务的损失所抵消。在印度，不同地区和不同类型的群体在水坝建设的收益上存在差别，如大坝所在地区，农业生产增长不显著但波动性增加，水坝下游地区的农村贫困人口减少了，但大坝建设地区的农村贫困人口却增加了。因此，建设水坝或者拆除水坝都是一个复杂的技术和政治网络节点。以铁路为例，铁路建设促进就业和人口流动，提升总体经济增长率，也使制造业劳动力向其他部门转移，对铁路网络中心城市周边地区的经济发展存在正或负的空间溢出效应，导致区域间发展更不平衡。这样，发达经济体高铁建设为地区间带来正的空间效应，形成正的溢出效应，但对于发展中经济体，高铁建设会进一步拉大地区发展差异，形成负的溢出效应，表明铁路建设影响经济增长效率与公平中存在不完全相悖效应。

同时，出口具有拉动经济增长的静态效应，而且具有促进技术进步和效率提高的动态外溢效应（Akinwale & Grobler，2019），但同一地区不同类型商品贸易、不同类型贸易方式对城乡收入差距的影响有不同效应，同一类型商品贸易、同一类型贸易方式在不同地区也对城乡收入差距的影响有不同效应，表明对外贸易影响经济增长效率与公平中存在不完全相悖效应。此外，尽管电子商务有助于缩小城乡收入差距，但电子商务的破坏性创新既形成市场扩张效应，也形成销售分流效应——线下销售由于在线渠道而下降，导致行业间或行业内形成不同程度的数字鸿沟，而数字鸿沟的直接结果就是拉大收入差距。又以电子商务发展为例，在发展初期，由于知识、条件受限等原因，电子商务可能在农村收入提升上效果不显著，但如果从中长期来看，农村电商的发展构成农村脱贫的有力方式之一，这也体现了技术进步当期与滞后影响的共存。这些研究结论和实践表明消费中也存在影响经济增长效率与公平的不完全相悖效应。

上述讨论表明，经济增长效率与公平的不完全相悖效应具有普遍性。导致这种现象普遍存在的原因既可能来自影响经济增长"三驾马车"的投资、出口、消费自身的不完全相悖效应，也可能来自数字技术技能偏向型进步带来的不完全相悖效应或水坝效应。总体来看，两化融合影响经济高质量的水坝效应，具有以下两个特征或规律。

首先，两化融合或数实融合驱动资源配置而对经济增长效率产生作用的过程，表明融合通过促进产业结构合理化提升经济增长效率，融合对经济增长效率的作用在当期就能够显著发挥，体现了以匹配为核心内涵的融合对经济增长效率影响的即期性。同时，融合对经济增长公平的影响不是简单、单向的，而是既存在直接影响也存在间接影响，既存在正向作用也存在反向作用的叠加，并且当期效应与滞后效应共存。该研究发现一方面较好地解释了现有研究中数字技术应用及扩散对数字鸿沟影响结论的不一致性；另一方面据此提出融合影响经济增长效率与公平的不完全相悖效应或水坝效应的概念，用于描述两化融合对经济增长效率具有确定的正面、当期影响，对经济增长公平则是直接与间接、正面与负面作用叠加且当期与滞后效应共存的影响。

其次，两化融合正向影响经济增长效率的机制，在于两化融合的资本深化与知识深化过程。两化融合影响经济增长公平机制的复杂性，在于数字技术应用具有技能偏向型特征，数字技术和实体经济融合在不同条件下既可能产生互补效应，也可能形成替代效应，使两化融合对经济增长公平的影响存在直接与间接、正向与反向作用的叠加效应。综合现有研究发现，经济增长效率与公平的不完全相悖效应具有普遍性，在投资、出口和消费三个领域均存在此现象。

据此，我们强调，两化融合影响经济高质量的水坝效应特征，对于数字经济创新变迁发展有三方面重要启示：

（1）对数字经济影响经济增长效率与公平的启示。数字经济推动社会生产率提高，进而提升经济增长效率。数字经济对经济增长公平的影响则会因经济发展阶段和制度环境的不同而存在不确定性，如大数据、人工智能也会造成收入不平等现象，不同企业间网红、普通用户的数据化参与创新活动可能导致更为严重的数字鸿沟。如果教育体系不能及时提供新技能，可能会导致自动化技术被过度采用，阻碍劳动生产率的提升。简言之，不完全相悖效应会对经济增长公平带来多重叠加影响，需根据不同条件和环境制定抵消性政策。

（2）对数字经济和实体经济深度融合的启示。数字技术会对制造业、贸易、教育、卫生、娱乐等部门产生影响，以大数据、人工智能等新一代数字技术为基础的数字经济和实体经济深度融合，不仅在微观层面形成高度适应性创新等深度融合的产品或服务，而且促使不同产业间地位的调整、提升产业间的关联程度，使数字经济体系与实体经济体系之间的产业关联效应更加重要，且产业关联效应形成的产业扩散效应，将越来越敏感地影响经济增长效率与公平。因此，在数字经济和实体经济深度融合促进产业结构合理化的同时，有可能形成大量新型的、隐性的社会收入不平等，对此需要给予重视。

（3）对数字经济市场监管如互联网平台反垄断的启示。互联网平台经济构成数字经济中的一种重要结构，针对互联网平台经济应采取怎样的市场监管创新，如是否按传统市场反垄断规则进行监管，引发学术界长期关注。既有研究认为，互联网平台形成的"分层式垄断竞争"市场结构是一种长期均衡，对此反垄断的必要性不高（苏治等，2018）。然而，不完全相悖效应的启示在于，互联网平台在促进经济增长效率方面会形成显著效果，但互联网平台对经济增长公平的影响会因条件与环境不同以及所在周期的差异而呈现不确定性，虽然市场监管者可能不能像传统市场结构那样实施反垄断，但政府需要对互联网平台可能地对经济增长公平方面的重大不利影响给予重点监管，对互联网平台影响的周期性以及潜在的跨期性影响给予重视，通过抑制互联网平台资本的无序扩张，制约互联网平台的跨界资源垄断与掠夺，限制互联网平台跨期损害消费者利益，规范互联网平台的恶意兼并收购等不公平市场行为给予重点监管，以维持实体经济与数字经济之间、线上市场与线下市场之间、平台厂商与非平台厂商之间、群体与个体之间的动态平衡发展。为此，需要将大数据、人工智能等数字技术与监管制度相结合，重点创新数字经济公平的监管方向、内容、手段和工具。

四、水坝效应的抵消性规则

根据上述三点启示，进一步阐述如何形成水坝效应的抵消性规则。现有文献多强调或隐含地强调经济增长效率与公平不可兼得的相悖性（Gordon-Hecker et al.，2017），如在分析经济效率与分配公平在生态服务支付目标中的权衡关系时，强调效率与公平的冲突或完全相悖，或者认为对于发展中国家而言，要兼顾经济增长以及降低区域差异会面临各种挑战，只有通过放慢相对富裕地区的经济增长并专注于最贫困地区的发展，才能实现区域之间的融合。如前所述，两化融合影响经济增长效率与公平不是两者不可兼得的完全相悖，而是对效率具有确定性作用的同时，对公平的影响因条件不同而有不确定性的叠加，即两化融合影响经济增长效率与公平的水坝效应。该效应假设与 Wu 和 Yu 等（2017）探讨的效率与公平之间完全相悖不矛盾，后者是从效率与公平之间的关系出发的，效率与公平的不完全相悖假设是从 X 影响 Y 的效率与公平之间的关系出发的，反映的是 X 影响 Y 的效率与公平的一种关系结构。

从 X 影响 Y 的效率与公平不完全相悖假设出发，社会主体为抵消不完全相悖假设的不利影响，更高效地获取经济增长的社会福利，可以有三种抵消性规则：一是技术替代规则；二是非抑制技术进步的能力提升规则；三是动态调整的分层分类规则。

技术替代规则，是指在政策上遵循技术进步替代资源或劳动力原则。例如，日本乃至多数发达国家在人口红利消失或人口老龄化趋势明显时，不是单一地寻求提升人口出生率的政策方向，而是同时鼓励机器人技术替代的政策方向，以实现经济增长中的劳动力市场结构平衡。然而，人口老龄化在推动经济智能化的同时，也可能会使社会进一步拉大收入差距，形成效率与公平的不完全相悖效应。因此，技术替代规则需要与以下两个规则联合使用来避免形成不完全相悖效应。

非抑制技术进步的能力提升规则，是指在政策上遵循持续提升社会主体能力，不寻求通过税收等制度安排抑制技术进步来实现经济增长公平的原则。例如，对机器人征税即使证明可以降低社会收入不平等的政策主张，也不符合非抑制技术进步的能力提升规则，因为采取非抑制技术进步提升规则有助于避免因政策规避原因而无法享受到技术进步带来的效益。然而，非抑制技术进步的能力提升规则也会导致技术创新主体对于原创投入不足而偏向于应用型创新投资，如中国政府对电子商务或互联网平台发展初期总体采取鼓励政策或宽松监管政策，但也使腾讯、阿里巴巴、京东、百度、美团、字节跳动等中国互联网平台面向人类科技前沿的技术创新投资相对不足，更侧重于投资应用型技术创新或短期内获取高额回报的市场竞争性技术创新。

为了解决技术进步的不确定或者负面影响，应该注重动态调整的分层分类规则。动态调整的分层分类规则，指针对技术进步带来的经济增长公平问题，兼顾技术进步影响的复杂性以及影响的滞后性，在既有分层分类政策基础上采取动态调整的原则，以适应技术进步带来的正向创造效应与负向抑制效应、就业极化、收入不平等的马太效应等带来的挑战。具体地，在制定相关政策时考虑到技术进步带来的抑制影响，同时着眼于不同地区、不同行业、不同发展阶段甚至是技术进步本身成熟周期等具体特征，协调技术进步应用与包括经济增长效率、经济增长公平在内的经济发展元素之间的关系。例如，政府高度重视不完全相悖效应对税收、财政转移、社会保障、精准扶贫等二次分配政策影响的复杂性，通过敏捷动态调整的二次分配政策有效控制经济增长对公平的不确定性影响以及跨期影响。

　　诚然，实施敏捷动态调整的分层分类规则，需要以上述的技术替代规则和非抑制技术进步的能力提升规则为基础，三者相互补充，以更高效地获取经济增长的社会福利。三者相互补充的内在逻辑在于数字技术应用或两化融合的技能偏向性。例如，数字技术应用的技能偏向性增加高技能劳动力的工资和就业，但降低了低技能劳动力的工资和就业。同时，数字技术应用与抽象劳动之间是互补的，与常规性劳动之间是替代的。这样，在面对数字技术技能偏向性带来的有利与不利影响时，不能只针对目前以及该领域/地区当下关注的问题轻易地决定是否直接采用或不采用该技术，而是应该通过持续提升社会主体能力而非采用直接手段来抑制技术进步的负面影响。同时，针对具体情境、问题，结合目标的周期性及技术进步影响的滞后性，在分层分类基础上进行动态调整。

　　根据上述水坝效应的三项抵消性规则，两化融合影响经济高质量的政策分析，应注意考虑以下两方面策略意义：

　　第一，效率与公平的不完全相悖理论上为"有为政府"提供了一个新的"有为"空间，即政府如何通过多种抵消性规则来应对经济增长公平中直接与间接、正面与负面作用相互叠加且当期与滞后效应共存的效应。学术界对中国经济增长奇迹提出诸多解释和论证，尤其强调政府在中国经济增长中的作用，为阐释中国经济增长奇迹提供了新的分析视角，认为中国经济增长奇迹的重要原因之一，在于中国政府成功应对了经济增长中效率与公平不完全相悖效应的挑战，通过市场提升经济增长效率，通过财政政策、货币政策、产业政策等多种组合政策获取经济增长效率的确定性福利，通过政府搭台、企业唱戏、一地一策、因地制宜，顶层设计、基层试点等多种复合方式成功解决了经济增长公平中直接与间接、正面与负面作用相互叠加且当期与滞后效应共存的复杂影响，实现有效市场与有为政府的多轮迭代匹配，维持了经济增长与社会稳定之间的长期动态平衡，保障了经济增长的稳健性。这是第一个也是最为重要的政策含义。

　　第二，针对不完全相悖效应的三项抵消性规则，既适用于对数字经济的政策分析，也对现有经济结构乃至国际经济与政治的政策分析具有指导意义。例如，在全球化的政策分析中，主张全球化对世界经济增长正向促进的团体或学者与反对全球化的团体或学者之间，赞成全球化与反对全球化的发达国家或发展中国家之间，乃至发达国家内部对全球化持不同看法的社会群体或阶层之间，均缺乏一个统一的理论框架和对话共识前提，导致主张与反对全球化的对话语境不在一个理论框架内而难以高效对话。提出的不完全相悖效应或水坝效应的概念，可以为经济全球化治理提供一个新的分析思路，即经济全球化对全球经济增长效率具有正向促进作用，但对全球经济增长公平的影响则是不确定的，对不同国家和地区，对同一国家或地区，对同一层次国民或社会群体具有直接与间接、正面与负面作用相互叠加且当期与滞后效应共存的影响，需要通过技术替代规则、非抑制技术进步的能力提升规则、动态调整的分层分类规则来实现组合治理。因此，需要寻求"有为的政府间治理"来维持全球化的动态均衡，而非通过单一国家调整保护主义政策来解决。

第二节　两化融合水坝效应的微观机制①

从信息化带动工业化融合路径的数字跃迁视角来看，两化融合形成水坝效应的微观机制在于企业数字化转型的数字跃迁机制。具体地，企业数字化转型的数字跃迁使融合中两条路径存在明显的非对称结构，这种非对称结构打破企业或产业工业经济阶段既有的路径依赖，一方面使融合对经济增长效率的影响是确定的、正面且即时的，另一方面使融合对经济增长公平的影响则是直接与间接、正面与负面作用相互叠加且当期与滞后效应共存的。进一步可以认为，就数字技术本身而言属于一种技能偏向型技术进步，数字技术应用水平或能力本身就与行动者的个人禀赋或环境条件密切相关，这进一步加剧了融合的水坝效应的不确定影响。反映在企业数字化转型微观层面，表现为企业数字化转型存在三种数字化创新战略，即自上而下的导向型战略、自下而上的涌现型战略，以及兼容上述两者的权变型战略，三者分别强调高层驱动、中层驱动和权变因素的重要性。

一、刻画水坝效应的数字化创新战略

从企业数字化创新战略的知识观视角，以自上而下的导向型战略、自下而上的涌现型战略，兼容上述两者的权变型战略三种企业数字化创新战略及其组合，刻画两化融合水坝效应的微观机制特征。

企业数字化创新战略，是指企业有效配置相关资源，利用数字技术实现创新

---

①　以谢康、胡杨颂、张延林、肖静华《企业数字化创新战略的适应性选择机制》（《工程管理科技前沿》2024 年第 2 期）为基础重新撰写、修改和增补。

目标，获取竞争优势的战略。具体可以划分出导向型、涌现型和权变型三种数字化创新战略，导向型战略指企业具备明确意图和目标，通过系统评估环境变化和竞争条件后制定的数字化创新战略（Andersen & Nielsen，2009）。这种战略要求企业高管团队（TMT）谨慎考虑企业竞争优势和竞争环境，中层管理人员（MM）和员工负责战略执行和反馈，战略效果与战略制定的全面性及执行一致性密切相关，受 TMT 特征（如 CEO 技术背景）和 IT-业务战略匹配的影响。涌现型战略指产生于企业较低层级活动的，其潜在意义通常在后期才被高层管理者认可的数字化创新战略。这种战略强调数字技术的创生性特征，认为创新可能由多种数字应用场景非计划性地触发，要求企业重审既有战略的一致性概念，且MM 在创新战略与环境变化的匹配中扮演桥梁角色，TMT 作为创新生态的设计者和维护者。权变型战略指在数字化创新情境下，根据企业的组织和外部权变因素，适应性采取战略引导或战略涌现，如通过适应性行为实现从涌现型战略向导向型战略的转化。这种战略考虑导向型与涌现型战略的优劣，寻求在管理效率和创新潜力间取得平衡，强调企业内外部资源和条件的适应性。

研究对三种数字化创新战略的看法存在不兼容或矛盾现象。Heyden 等（2017）认为，区别于导向型战略，涌现型战略更容易受到员工支持而成功，但武立东等（2024）强调 TMT 战略引导对数字化转型的驱动和持续支持，认为TMT 构成企业数字化创新的"先驱者"和"觉醒者"。Hutchison-Krupat 和 Kava-dias（2015）认为，应以企业问责机制为权变因素灵活选择导向型或涌现型创新战略，Nell 等（2021）则认为，数字化过程本身是以 TMT 为中心的集权过程，不适合涌现型创新战略。现有相关研究对这些不兼容或矛盾观点缺乏清晰解释，如在哪些条件下企业应采取何种权变型战略不甚清楚等。

知识观理论为弥合上述研究缺口提供了基础，因为创新依赖于不同类型知识的结合，数字化创新意味着信息与知识在数字环境中的高水平互动，知识的空间属性、可编码性、多样性及一致性均影响企业数字化创新战略的选择和效果。首先，在空间属性上，企业的知识广度和深度均有助于提升数字化创新绩效，但过高的知识广度对新产品开发的适应性也有负面影响，技术要求更高的创新项目则更强调知识深度的作用；其次，在可编码性上，可被编码的显性知识容易被中心化的创新战略所利用，利用难以转移的隐性知识则更依赖于去中心化的分散协作；再次，在知识多样性上，TMT 或研发团队内部知识的多样性有助于提升创新决策的质量，但在涉及企业内跨层级协作时，知识多样性反而可能削弱组织内部的战略共识而不利于创新绩效；最后，在一致性上，具有相似知识背景的中高层之间更容易产生一致的行为期望，提升创新成功的可能性。因此，企业选择何种数字化创新战略依赖于不同的知识结构和认识系统特征，如导向型战略关注 TMT

在竞争格局、价值链、企业内部组织关联等"大局"方面的知识，强调 TMT 的知识全面性的价值。相反，涌现型战略强调利用来自基层员工的、贴近日常运作、与用户需要更密切的知识。

综上所述，既有研究提供了关于企业知识与创新关系的诸多解释，但如何将知识因素与企业不同的数字化创新战略结合起来以提升数字化创新绩效，其中的内在逻辑关系仍需深入探讨。依据 Armstrong 和 Sambamurthy（1999），将企业数字化创新的知识基础划分为知识结构（Objective Knowledge）和认识系统（System of Knowing）两个维度，知识结构指团队成员个人拥有的明确的、可见的知识构成特征；认识系统指团队成员之间为分享观点、汇集知识和发展共同理解而进行互动的体系或系统。为考察管理人员之间的知识结构差异，将知识结构划分为中层管理人员（MM）和 TMT 两类知识结构，前者如 CIO 的战略 IT 和战略业务知识，后者如 TMT 的战略 IT 知识。研究表明，组织的知识结构和认识系统的情境差异，结合不同的数字化创新战略，可以解释企业间差异化的数字化创新绩效。

首先，TMT 和 MM 的知识结构影响企业创新决策质量和战略期望的一致性，在不同战略情境下构成数字化创新绩效提升的重要基础。例如，导向型战略的有效性取决于 TMT 对企业环境变化和竞争条件的系统性评估，TMT 对数字化资源基础和所属竞争环境的知识水平对评估和决策的可靠性具有重要影响，因为具有较高程度 IT 知识的 TMT 更具启动数字化创新的魄力，构建支持数字化创新的组织架构和职能体系，从而对企业数字化战略的制定、执行、优化提升具有持续性支撑作用。同时，IT 知识丰富的 TMT 更倾向于发挥主导作用，更倾向于进行独立决策。相反，涌现型战略发源于具体的数字应用场景，需要通过 MM 的议题营销、跨部门合作等方式获取 TMT 支持进而成为企业战略，因为 MM 的知识结构优势在于亲密接触市场和客户，有利于 MM 涌现创新知识。据此，结合 Park 等（2020）的研究结论，提出以下假设：

假设 1a：高管团队战略 IT 知识和导向型战略的组合，可以引致高水平数字化创新绩效。

假设 1b：中层管理人员战略 IT 知识、业务知识和涌现型战略的组合，可以引致高水平数字化创新绩效。

其次，作为组织内知识交互的渠道，认识系统具有提升权力感知和内部信任的作用，进而对企业内的战略执行和议题营销具有差异性影响。可将组织的认识系统分为正式与非正式两类互动机制，反映企业中高层之间的结构化互动渠道。在导向型战略情境下，数字化战略由 TMT 制定并向下执行，更强调战略执行的一致性和效率。此时互动渠道的丰富性并非战略执行的关键条件，反而频繁的沟通可能会放大内部各方的分歧，降低企业战略执行的效率，使企业需要更多时间达成战略共识而错失创新机会。在涌现型战略中，MM 的战略建议依赖于多种渠道触达 TMT 以获得支持。此时，正式互动机制如会议、汇报制度提升 MM 的创新权力感知，为涌现型创新活动提供合法性支持。非正式互动机制有助于企业内部积累关系资本和培育信任，如在信任水平较高的组织中下级更敢于在技术或思路不成熟时主动披露创新思路，从而提升议题营销的发起概率。据此，提出以下假设：

假设 2a：认识系统较低完善度和导向型战略的组合，可以引致高水平数字化创新绩效。

假设 2b：认识系统较高完善度和涌现型战略的组合，可以引致高水平数字化创新绩效。

综上所述，从知识观视角来看，在导向型战略、涌现型战略、权变型战略三者之间，虽然企业选择哪种创新战略会受企业家精神、性格等人口统计学特征的影响，但也与企业既有知识结构和认识系统的特征密切相关。具体地，企业选择何种数字化创新战略，与企业的知识结构和认识系统三者之间存在适配关系，这种适配关系可以通过多因素的复合组态关系来刻画和分析。由此，提出如图 5-1 所示的企业数字化创新战略适应性选择机制研究模型，以此作为两化融合水坝效应微观机制的实证研究模型。

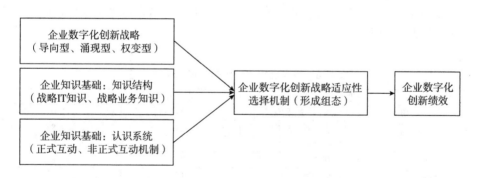

图 5-1 两化融合水坝效应微观机制的研究模型

图 5-1 表明，企业数字化创新绩效受战略、技术、资源和组织文化等多方面因素影响，且各因素间呈现互补与替代关系的复杂特征，因而适用于采用模糊集定性比较分析（fsQCA）方法，识别不同因素组合的等效性作用，并识别多种因素之间的替代与互补关系。

（一）展开以下研究设计

一般地，基于集合论的 fsQCA 专注于不同因素组合及其产生的结果，通过比较不同组合来揭示因素间的关联，如能够识别数字化创新战略、知识结构、认识系统间如何通过互补或替代关系实现高数字化创新绩效，或通过区分核心和边缘条件，帮助识别不同因素对结果的权重差异，有助于探索实现高数字化创新绩效的不同条件组合中的主导因素。因此，fsQCA 为本研究提供了合适的工具。同时，考虑到企业数字化创新战略研究结论之间存在不兼容或矛盾现象，为使研究更深入地探讨数字化创新战略中不同因素的相互作用和重要性，遵循 Park 等（2020）的建议，采用演绎式 QCA 框架进行研究设计。

在实证样本选择上，不限于特定行业或部门，涵盖了国家统计局列表的主要行业，保证了样本的代表性和典型性。其中，制造业占最大比例（40.8%），其余按比例分布于建筑/房地产、通信/网络等行业。在企业规模上，中等规模企业（101~500 人）占最大比例（30.7%），其次是大型企业。在企业类型方面，民营及民营控股企业占主导（76.1%），国有和外资企业较少。这样的样本选择有助于较好地分析不同行业、规模和类型的企业（见表 5-6）。其中，数据通过问卷调查法收集，时间跨度为 2016 年 6 月至 2019 年底。通过北京、上海、广州、重庆、厦门等知名高校的 EMBA 班和广东 CIO 联盟，共发放 1450 份 TMT（高管团队）问卷和 1500 份 CIO（信息负责人）问卷，回收率分别为 18% 和 16.5%。排除无效问卷后，最终获得 218 份有效配对样本，有效回收率为 15.03%，与以往的研究结果大体一致。

表 5-6　微观机制实证研究的样本企业特征

特征	分布	数量（个）	占比（%）
行业分布	（1）银行/金融/保险	24	11.0
	（2）建筑及房地产	28	12.8
	（3）医疗健康	7	3.2
	（4）制造业	89	40.8
	（5）综合服务	16	7.3
	（6）零售/批发	17	7.8
	（7）通信/网络	28	12.8
	（8）交通/运输	9	4.1
	合计	218	100
企业规模（估计员工数）	10~50 人	20	9.2
	51~100 人	11	5.5
	101~500 人	67	30.7
	501~1000 人	29	13.3
	1001~5000 人	65	29.8
	5001 人及以上	26	11.9

续表

特征	分布	数量（个）	占比（%）
企业类型	国有及国有控股	26	11.9
	民营及民营控股	166	76.1
	外资及合资	21	9.6
	其他	5	2.3

旨在探讨企业内不同层级间知识结构差异与数字化创新战略的关系，为此采集了业务高管和 CIO 的配对问卷。业务高管作为 TMT 成员，代表 TMT 的知识基础。在中国的企业实践中，CIO 通常负责信息化职能，但并非 TMT 成员，在数字化创新中起着重要的沟通和建议作用（Chen et al.，2021），因此 CIO 代表企业的中层管理人员。通过 TMT-CIO 配对收集问卷的方式，研究还能有效避免问卷研究中常见的共同方法偏差问题。

在问卷设计上，主要结果变量为数字化创新绩效（DP），参考 Chen 等（2021）的方法，通过 4 个问题项进行测量。条件变量包括知识结构、认识系统、导向型战略（TOPDOWN）和涌现型战略（BOTTOMUP）。知识结构的框架分为三个子构念：业务高管的战略 IT 知识（TMTITK）、CIO 战略 IT 知识（CIOITK）和 CIO 战略业务知识（CIOBK），采用由 Armstrong 和 Sambamurthy（1999）在 IT 同化研究中的成熟量表，包括 10 个题项。认识系统分为正式和非正式两类交互，正式交互通过 CIO 是否属于 TMT（INTMT）和 CIO 的直接汇报（DREPORT）两个子构念进行测量。非正式交互通过 Wei 等（2012）的 CIO 网络资源量表进行测量（IFINTERACT）。导向型战略（TOPDOWN）关注 IT 与业务资源的整合，参考 Karahanna & Preston（2013）的量表，对其 3 个题项进行适当修改以衡量这一变量。涌现型战略（BOTTOMUP）的成功依赖于中层管理人员说服高层投入资源，采用 Chen 等（2021）和 Dutton 等（2002）关于议题营销的文献，改编 3 个测量题项。此外，除正式交互机制，所有构念均采用 5 点李克特量表进行测量，1 表示"强烈不同意"，5 表示"强烈同意"。

（二）偏差及信效度检验

为确保数据的可靠性，研究团队进行了无反应偏差、共同方法偏差和信效度三种统计检验。首先，通过比较早期（前 25%）和后期（后 25%）回收的样本，T 检验显示两组样本的主要变量没有显著差异，表明样本收集过程中不存在严重的无反应偏差。其次，采用 Harman 单因子检验。结果表明，第一个特征值大于 1 的因子解释的变异量为 39.56%，低于 50%，这意味着数据不存在严重的共同方法偏差。最后，所有构念的 Cronbach's α 值均大于 0.8，组合信度大于 0.9，平均提取量（AVE）大于 0.5，表明问卷具有良好的信度和效度（见表 5-7、表 5-8 和表 5-9）。

表5-7 无反应偏差检验及信效度检验结果

构念	前25%样本		后25%样本		均值差	T值	Cronbach's Alpha	组合信度（CR）	AVE
	样本量	均值	样本数	均值					
CIOITK	54	3.111	55	3.400	-0.289*	-1.697	0.885	0.929	0.813
CIOBK	54	3.352	55	3.479	-0.127	-0.681	0.884	0.920	0.744
TMTITK	54	3.512	55	3.552	-0.039	-0.234	0.871	0.921	0.795
INTMT	54	0.352	55	0.400	-0.048	-0.515	1.000	1.000	1.000
DREPORT	54	0.519	55	0.545	-0.027	-0.279	1.000	1.000	1.000
IFINTERACT	54	3.691	55	3.800	-0.109	-0.751	0.854	0.908	0.768
BOTTOMUP	54	3.833	55	3.915	-0.082	-0.550	0.895	0.935	0.827
TOPDOWN	54	3.302	55	3.539	-0.237	-1.201	0.938	0.960	0.890
DP	54	3.588	55	3.820	-0.232	-1.578	0.958	0.969	0.888

注：*表示p<0.1。

表5-8 题项及因子载荷

构念	题项	因子载荷	量表来源
CIO战略IT知识（CIOITK）	1. CIO知道如何运用IT基础架构来满足企业当前需求	0.876	Jarvenpaa和 Ives（1991）；Armstrong和 Sambamurthy（1999）
	2. CIO能够识别与企业经营发展需要的相关新兴IT技术	0.921	
	3. CIO能够对新兴IT投资的时机和金额提供好建议	0.827	
	4. CIO对竞争对手的IT应用情况非常了解	0.818	
CIO业务知识（CIOBK）	1. CIO对企业当前和未来的业务、市场非常了解	0.916	
	2. CIO对企业所在行业的经营实践非常了解	0.913	
	3. CIO非常了解企业的竞争对手	0.875	
TMT战略IT知识（TMTITK）	1. TMT非常清楚企业当前IT建设的应用及不足	0.918	
	2. TMT能够识别新兴IT技术对企业业务的潜力	0.919	
	3. TMT对竞争对手的IT应用情况非常了解	0.835	
非正式交互（IFINTERACT）	1. CIO与许多企业重要角色有交情	0.890	Wei等（2012）
	2. CIO与许多职位较高的人保持联系	0.920	
	3. CIO在企业拥有一个有助于职业发展的关系网络	0.817	
涌现型战略（BOTTOMUP）	1. CIO能够成功向企业高管发起信息化提议	0.932	Ashford等（1998）；Dutton等（2002）
	2. CIO能够成功说服公司高管接受信息化提议	0.947	
	3. CIO是一个成功的信息化项目提议说服者	0.847	
导向型战略（TOPDOWN）	1. 本企业的IT战略与业务战略协调一致	0.930	Karahanna和 Preston（2013）
	2. 本企业的IT相关决策与战略规划紧密相连	0.957	
	3. 本企业的业务战略和IT战略非常匹配	0.942	
数字化创新绩效（DP）	1. 借助数字技术改善现有产品/服务的研发流程	0.931	Chen和Tsou（2012）
	2. 借助数字技术提升了产品/服务的效率和效益	0.951	
	3. 应用数字技术促进了产品/服务研发流程的创新	0.944	
	4. 借助数字技术提升了业务流程持续变革的能力	0.941	

表5-9 相关矩阵

构念	均值	标准差	1	2	3	4	5	6	7
1. CIO战略IT知识	3.305	0.909	**0.902**						
2. CIO业务知识	3.419	0.997	0.804	**0.862**					
3. TMT战略IT知识	3.572	0.905	0.216	0.179	**0.891**				

续表

构念	均值	标准差	1	2	3	4	5	6	7
4. 非正式交互	3.798	0.795	0.210	0.188	0.255	**0.876**			
5. 涌现型战略	3.893	0.790	0.363	0.332	0.349	0.509	**0.910**		
6. 导向型战略	3.404	0.957	0.601	0.584	0.216	0.194	0.303	**0.943**	
7. 数字化创新绩效	3.745	0.742	0.498	0.448	0.518	0.274	0.468	0.615	**0.942**

注：N＝218，对角线上的数值是 AVE 的平方根。

（三）为确保数据质量，对数据进行校准与分析

将完全隶属、交叉点和完全不隶属的三个校准点设定为样本描述性统计的前 95%、50% 与后 5%，对除 CIO 属于 TMT（INTMT）以及 CIO 直接汇报（DRE-PORT）外的其他变量进行校准。为避免交叉点造成的案例损失，对全部校准值均加值 0.001。具体校准点及描述性统计见表 5-10。同时，先后进行单一条件必要性分析和条件组态充分性分析。其中，单一条件必要性分析判断是否存在企业实现数字化创新高绩效所必需的条件。条件组态充分性分析目标为识别产生数字化创新高绩效的主要条件组态。具体地，选择一致性阈值 0.85、案例频数阈值 2，最终得到共 7 种条件组态，条件组态布尔表达式见表 5-11。

表 5-10 构念统计分布和条件校准

条件和结果		统计分布				校准		
构念	子构念	均值	标准差	最大值	最小值	完全隶属	交叉点	完全不隶属
知识结构	CIOITK	3.42	0.99	5	1	4.74	3.26	1.76
	CIOBK	3.30	0.90	5	1	4.67	3.34	1.34
	TMTITK	3.57	0.90	5	1	5	3.34	1.67
认识系统	INTMT	0.43	0.49	1	0	1	—	0
	DREPORT	0.61	0.48	1	0	1	—	0
	IFINTERACT	3.77	0.80	5	1.33	5	3.99	2.33
BOTTOMUP		3.40	0.96	5	1	5	3.34	1.67
TOPDOWN		3.89	0.78	5	0	5	3.99	2.34
DP		3.74	0.74	5	1.25	4.87	3.74	2.375

表 5-11 条件组态布尔表达式

组态	布尔表达式
S1	CIOITK * ciobtk * TMTITK * DREPORT * TOPDOWN
S2a	cioitk * ciobk * TMTITK * ~ intmt * ~ ifinteract * ~ bottomup * TOPDOWN
S2b	~ cioitk * ~ ciobk * TMTITK * ~ intmt * ~ dreport * ifinteract * ~ bottomup * TOPDOWN
S3	CIOITK * CIOBK * tmtitk * ~ intmt * ifinteract * BOTTOMUP
S4	CIOBK * tmtitk * ~ intmt * ~ dreport * ifinteract * BOTTOMUP * ~ topdown
S5	CIOITK * tmtitk * ~ intmt * DREPORT * ifinteract * BOTTOMUP * ~ topdown
S6	CIOITK * CIOBK * intmt * DREPORT * BOTTOMUP * topdown

注："＊"表示逻辑"与"，大写字母表示核心条件，小写表示边缘条件，"～"表示逻辑运算的"非"。

二、两化融合影响数字化创新路径

（一）单一条件的必要性与条件组态的充分性

通过单一条件的必要性分析，检验涉及企业的知识结构、认识系统和数字化创新战略的 8 个条件中是否存在实现高数字化创新绩效的必要条件。其次，参考 Park 等（2020）的方法，将一致性 0.9 定为必要性的阈值。根据表 5-12 中的分析结果，所有条件的一致性水平均低于 0.9，这意味着在本研究中不存在对实现高数字化创新绩效绝对必要的单一条件。

表 5-12　单一条件的必要性分析

条件		高数字化创新		~高数字化创新	
		一致性	覆盖度	一致性	覆盖度
知识结构	CIO 战略 IT 知识（CIOITK）	0.7813	0.7893	0.5833	0.5249
	~CIO 战略 IT 知识（~CIOITK）	0.5297	0.5880	0.7659	0.7572
	CIO 业务知识（CIOBK）	0.8093	0.7454	0.6399	0.5250
	~CIO 业务知识（~CIOBK）	0.4843	0.6016	0.6897	0.7631
	TMT 战略 IT 知识（TMTITK）	0.8271	0.7595	0.6601	0.5310
	~TMT 战略 IT 知识（~TMTITK）	0.4990	0.6223	0.7059	0.7843
认识系统	CIO 属于 TMT（INTMT）	0.4844	0.5879	0.3812	0.4121
	~CIO 属于 TMT（~INTMT）	0.5156	0.4833	0.6188	0.5167
	CIO 直接汇报（DREPORT）	0.6653	0.5725	0.5578	0.4275
	~CIO 直接汇报（~DREPORT）	0.3347	0.4594	0.4422	0.5406
	非正式交互（IFINTERACT）	0.6631	0.7593	0.5831	0.5947
	~非正式交互（~IFINTERACT）	0.6461	0.6350	0.7640	0.6688
涌现型战略（BOTTOMUP）		0.8023	0.8073	0.5828	0.5223
~涌现型战略（~BOTTOMUP）		0.5253	0.5857	0.7850	0.7795
导向型战略（TOPDOWN）		0.7564	0.7841	0.5959	0.5502
~导向型战略（~TOPDOWN）		0.5661	0.6113	0.7661	0.7369

注：N=218，"~"表示逻辑运算的"非"。

单一必要条件的缺失意味着企业数字化创新的高水平可能源自多个条件的相互作用。在表 5-13 中，参考 Fiss（2011）的方法，展示了中间解和简约解。在这些解中，核心条件的存在用"●"表示，核心条件的缺席用"⊗"表示；边缘条件的存在用"•"表示，边缘条件缺席用"⊗"表示；空白则表示该条件对结果无影响。按照 Fiss（2011）的方法，将具有相同核心条件的组态合并为一类。表 5-13 展示了 7 种对数字化创新高绩效具有等效性的条件组态，组态 S2a 和 S2b 具有相同的核心条件，显示了不仅在组态间（一阶等效性），而且在组态内（二阶等效性）也存在多种不同因素组合的可能性。具体如下：组态 S1 显示，CIO 的战略 IT 知识、战略业务知识以及 TMT 的战略 IT 知识的存在，结合 CIO 的直接汇报和导向型战略，可以实现数字化创新的高绩效。在这个组态中，CIO 的战略业务知识是边缘条件，而其他是核心条件。

表 5-13　高数字化创新绩效条件组态

条件		S1	S2a	S2b	S3	S4	S5	S6
知识结构	CIO 战略 IT 知识（CIOITK）	●	•	⊗	●	●	●	●
	CIO 业务知识（CIOBK）	•	•	⊗	●	●		●
	TMT 战略 IT 知识（TMTITK）	●	●	●	•	•	•	
认识系统	CIO 属于 TMT（INTMT）		⊗	⊗	⊗	⊗	⊗	●
	CIO 直接汇报（DREPORT）	●		⊗		⊗	●	●
	非正式交互（IFINTERACT）		⊗					
涌现型战略（BOTTOMUP）			⊗	⊗	●	●	●	●
导向型战略（TOPDOWN）		●	●	●		⊗	⊗	●
一致性		0.930	0.935	0.890	0.922	0.926	0.929	0.961
原始覆盖度		0.404	0.187	0.110	0.235	0.108	0.073	0.269
唯一覆盖度		0.040	0.015	0.034	0.026	0.008	0.005	0.028
总体一致性		0.907						
总体覆盖度		0.646						

注：最小案例数为 2，一致性阈值为 0.85，PRI 一致性阈值为 0.4。

（二）组态 S2a 和 S2b 展示了采用导向型战略的另一种可能性

这两个组态的核心条件是 TMT 的战略 IT 知识和导向型战略的存在，CIO 属于 TMT、非正式交互和涌现型战略的缺席作为边缘条件。S2a 强调 CIO 的战略 IT 和业务知识的存在，而 S2b 则强调这些知识和 CIO 直接汇报的缺席。这表明 CIO 的战略 IT 知识、业务知识与直接汇报存在替代关系。两个组态均以导向型战略为核心条件，支持了假设 1a 和假设 2a，即 TMT 的战略 IT 知识是推动高层主动参与数字化创新的关键。

组态 S3、S4 和 S5 展示了通过涌现型战略实现高数字化创新绩效的情况。S3 突出了 CIO 的战略 IT 知识和业务知识，以及涌现型战略的重要性。S4 和 S5 部分支持假设 1b 和假设 2b，指出中层管理人员的知识结构在涌现型战略中占主导地位，并强调 TMT 的 IT 知识作为支持。

组态 S6 表明，当 CIO 的战略 IT 知识、业务知识、直接汇报和涌现型战略作为核心条件时，结合 CIO 属于 TMT 和导向型战略作为边缘条件，也可以实现高数字化创新绩效，显示两种创新战略可以并存。

本实证研究的稳健性检验如下：依据 Park 等（2020）提出的三种方法评估 QCA 结果的稳健性。首先，改变校准阈值，将校准的完全隶属点和完全不隶属点调整至 75% 和 25%。必要性分析结果显示，数字化创新水平依然是多个条件互动的结果，说明分析稳健。其次，改变一致性阈值，将 PRI 一致性阈值先调整至

0.5，然后至 0.75。调整后，极端情况（如组态 S5）被删除，但其余解保持不变，且整体解的一致性和覆盖度指标未显著变化。进一步将一致性阈值从 0.85 调整至 0.8，结果仍无实质性变化，表明分析结果稳健。最后，分析结果的缺失，将条件结果从数字化创新高绩效的存在改为缺席，重新分析。新结果显示产生非高数字化创新绩效的条件组合与原结果不同，证明不存在同时子集逻辑矛盾，增强了结果的可靠性。以上分析表明，的条件组态充分性分析结果具有较高的稳健性和可靠性。

在完成稳健性检验后，对不同数字化创新战略组态的重合度进行测量，以进一步探究这些战略之间的关系。使用 fsQCA3.0 工具分析每个解覆盖的具体案例，计算 7 个组态间共有案例的数量，以确定各组态之间的重合和独立部分，结果如表 5-14 所示。一致性和覆盖度指标表明，尽管组态 S2b 一致性最低（0.890），但仍高于通常的 fsQCA 标准（0.750）和 Fiss（2011）建议的 0.8 阈值。所有组态整体覆盖度为 0.646，说明结果具有较好的解释力。未覆盖的约 35% 案例表明，高数字化创新绩效可能还受其他因素影响。

表 5-14　组态重合度分析结果　　　　单位:%

组态	S1	S2a	S2b	S3	S4	S5	S6
S1	100.00	25.00	0.00	25.00	0.00	0.00	40.00
S2a	5.00	100.00	0.00	0.00	0.00	0.00	0.00
S2b	0.00	0.00	100.00	0.00	0.00	0.00	0.00
S3	20.00	0.00	0.00	100.00	50.00	50.00	0.00
S4	0.00	0.00	0.00	12.50	100.00	0.00	0.00
S5	0.00	0.00	0.00	12.50	0.00	100.00	0.00
S6	40.00	0.00	0.00	0.00	0.00	0.00	100.00
独立覆盖比例	30.00	75.00	100.00	43.75	50.00	50.00	60.00

重复度分析显示，两个导向型战略组态（S2a 和 S2b）与涌现型战略组态（S4 和 S5）之间没有重叠，这表明这四个组态的解释力具有互补性。组态 S1、S3 和 S6 之间存在一定程度的重叠，说明这些组态的解释力之间存在一定的竞争关系。这一发现有助于理解不同数字化创新战略之间的相互关系及其对企业绩效的影响。

三、水坝效应的微观机制与路径

可以认为，企业数字化创新水平可能由多个条件互动产生，如图 5-2 所示有 7 种等效条件组态能产生高数字化创新绩效，涵盖导向型、涌现型及混合状态的权变型战略。其中，导向型战略组态（S1、S2a 和 S2b）、涌现型战略组态（S3、S4 和 S5）、权变型战略组态（S6）。这些组态较好地反映出数字化创新中各因素关系的多样性和复杂性。

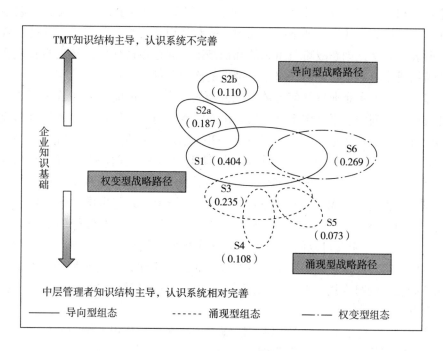

图5-2 两化融合水坝效应微观机制的组态路径选择

注：括号中的数字为组态覆盖度。

综上所述，我们提出企业数字化创新战略的适应性选择机制理论框架，以阐述两化融合水坝效应的微观机制特征，形成三个具体的理论命题。图5-2表明，在不同知识条件下，导向型、涌现型、权变型三种数字化创新战略具有等效性，都能够产生高水平的数字化创新绩效，反映出企业采用不同的数字化创新战略时会表现出"殊途同归"的复杂性、非线性及一致性特征。该结论强化了 Park 等（2020）的观点。特别地，TMT 的战略 IT 知识（TMTITK）在多个组态（S1~S5）中作为核心或边缘条件存在，强调了企业高层管理团队的 IT 知识在不同数字化创新战略中的重要性。该结论与文献关于 TMT 的 IT 能力对 IT 投资和资源分配具有重要影响的观点一致，但进一步强调，当企业中高层之间缺乏完善的互动机制时，TMT 的战略 IT 知识对企业数字化创新绩效的影响至关重要。据此，提出以下命题：

命题1：低水平的认识系统情境中，高水平的 TMT 战略 IT 知识与导向型和涌现型数字化创新战略的结合都能带来高数字化创新绩效。

具体地，导向型、涌现型、权变型三种企业数字化创新战略本质上殊途同归，在数字化创新中不存在最优的战略路径。企业 TMT 的战略 IT 知识、CIO 的战略业务和 IT 知识等知识结构，以及正式与非正式交互的认识系统决定数字化创新战略选择的有效性，如不同的知识结构和认识系统组合形成了七种高绩效组态，既表明数字化创新战略与组织的知识基础之间存在适配性，又表明管理适应性变革构成企业数字化创新战略形成绩效的必要条件。

接下来，考察企业选择何种数字化创新战略依赖于战略类型和认识系统之间的适应性组合问题。根据图 5-2，数字化创新战略与组织知识因素的组合形成连续的生态模式：在生态的一端（S2a 和 S2b 组态），企业严格采用导向型战略，这与既有的高阶梯队理论研究相吻合，即 TMT 的知识多样性和 IT 背景影响其创新战略质量。在另一端（S4、S5 组态），显示企业完全依赖涌现型战略进行数字化创新，这种情境下 MM 拥有丰富的业务或 IT 知识，并与高层之间存在良好的非正式互动。当 TMT 和 MM 的知识结构都较为完备，且存在较好的认识系统时（S1、S6 组态），企业可以同时采用导向型或涌现型战略，无须担心这两种战略类型对创新绩效产生负面影响。美的集团跨越式数字化转型实践是一个例证，集团在不同层面同时采用了导向型和涌现型战略（肖静华等，2021）。据此，提出以下命题：

命题 2：在高水平中层知识结构情境中，高水平的认识系统与导向型、涌现型战略的结合能够产生高数字化创新绩效。

具体地，组织的知识结构和认识系统对企业数字化创新绩效产生不同影响，这些特征定义了导向型和涌现型战略的适用边界。企业选择导向型战略时，通常在 TMT 具有战略 IT 知识而认识系统不完善的情况下，选择涌现型战略通常受到中层管理人员的战略 IT 或业务知识和较完善的认识系统的影响。因此，在制定数字化创新战略时，企业应首先考虑组织的知识结构和认识系统，其次选择相适配的战略类型，这需要企业形成更高效的管理适应性变革。

与 Hutchison-Krupat 等（2015）学者认为，导向型与涌现型战略为相反方向的观点不同，认为企业在数字化创新战略的选择上，导向型与涌现型战略不是对立的，两者存在替代与互补关系，且都能与权变型战略兼容。根据表 5-15 和图 5-2，这三种战略在一定程度上重叠，同时又保持各自的独立性，表明战略匹配和议题营销两个理论在解释企业数字化创新战略时既存在竞争也存在互补。其中，图 5-2 中的权变型战略（S1、S3、S6）覆盖了最广的范围，显示出企业可能选择导向型或涌现型战略作为主导，或同时采用这两种战略。实践中，这种权变特征通常表现为战略类型之间的相互转换，如企业中高层之间缺乏完善的互动机制时，导向型战略可能是主导，但随着 TMT 推动认识系统的完善，涌现型战略可能逐渐显现，从而使原本的导向型战略转变为权变型战略。据此，提出以下命题：

命题3：随着组织的知识结构和认识系统的动态变化，企业数字化创新战略的选择可能会发生替换转移，管理适应性变革构成企业实施高绩效数字化创新战略的必要条件之一。

具体地，企业数字化创新绩效反映了企业数字化转型的阶段性成果，且数字化创新表现出生态性特征。任何单一条件都不是数字化创新高绩效的必要条件，成功的数字化转型是由多种知识基础因素互动而决定的，因而企业需要围绕管理适应性变革构建数字化创新工程管理系统，而非单一的变革条件。与传统的企业信息化"一把手工程"模式不同，在数字化创新组态中，导向型和涌现型战略形成复杂的生态关系，单一模式难以适应数字化创新的多样性和复杂性，这为当前中国企业数字化转型成功率不高提供了数字化创新工程管理视角的理论解释。面对两化融合的水坝效应，在企业微观层面，管理者需要认识到选择适合自身知识结构和认识系统的战略至关重要，并非盲目追求某种被认为是最优的战略。同时，管理者应重视 TMT 和 CIO 的战略知识以及正式与非正式的交互机制，这些因素在推动有效的战略实施中发挥关键作用。此外，管理者从控制水坝效应不利方面入手，重点考虑数字化创新，意识到成功的转型需要多种因素的协调和互补，而不是依赖单一的推动力量。

第三节　两化融合促进产业转型升级

两化融合水坝效应的微观机制表明，融合的正向影响既可以表现在微观层面也可以表现在产业转型升级与区域发展等宏观层面，本节聚焦讨论两化融合促进产业转型升级的特征和规律。

一、融合影响产业结构模型

如前所述，两化融合是工业化发展与信息化发展两者之间相互影响、相互作用的叠加演化的过程，本质是一种趋同或者收敛现象。基于第三章模型，采用趋同理论构建理论模型来刻画两化融合过程并测度两化融合水平，如下：

$$\text{Sustain}_{it} = \alpha_0 + \alpha_1 \text{IC}_{it} + \sum_{m=1}^{M} \beta_m \text{Contrs}_{it,\,m} + D_{t1} + D_{t2} + u_i + \varepsilon_{it};$$

$$i = (1,\ 2,\ \cdots,\ n;\ t = 1,\ 2,\ \cdots,\ T) \tag{5-4}$$

其中，Sustain_{it} 表示经济绿色增长水平，IC_{it} 表示两化融合水平，ICsq_{it} 表示两化融合水平的平方项，Contrls_{it} 表示控制变量。D_{t1} 和 D_{t2} 表示时间虚拟变量，

研究时间范畴跨越了"十五"规划至"十二五"规划三个规划周期，不同的规划周期内，环境政策等存在一定的差异，因此，控制了规划周期，如时间为"十五"规划期间，则 D_{t1} 数值为1，否则为0，类似地，"十一五"规划期间 D_{t2} 数值为1。u_i 是省市 i 的个体效应，反映了省际间持续存在的差异，诸如由于资源禀赋的差异所导致的不同的碳排放模式、规制的差别、偏好差异等。ε_{it} 表示随机扰动项。

模型（5-4）为两化融合影响经济绿色增长的基础模型。为探讨两化融合通过何种路径影响经济绿色增长，采用 Cutler 和 Lleras-Muney（2010）及程令国等（2014）的路径分析方法，同时借鉴心理学研究中的中介效应模型检验做法（Judd & Kenny，1981），在基础模型基础上采取分步加入中介变量的方式进行检验，即进行模型（5-5）的分析与检验：

$$\text{Suatain}_{it} = \alpha_0 + \alpha_1 IC_{it} + \alpha_2 ICsq_{it} + \sum_{m_1 = 1}^{M} \beta_{m_1} F_{it,\, m_1} + \sum_{m_2 = 1}^{M} \gamma_{m_2} \text{contrs}_{it,\, m_2} + D_{t1} + D_{t2} + u_i + \varepsilon_{it} \quad i = 1,\ 2,\ \cdots,\ n;\ t = 1,\ 2,\ \cdots,\ T \tag{5-5}$$

其中，F_{it} 为我们所关注的中介变量，该中介变量是通过理论的推导获得的。两化融合可能通过这一中介变量影响经济绿色增长。我们关注两化融合水平在模型（5-4）和模型（5-5）中回归系数的变化。为确保中介效应模型估计的准确性，需要直接用中介变量 F_{it} 对两化融合水平变量做回归即模型（5-6），以确定两化融合对中介变量的作用方向。

$$F_{it} = \alpha_0 + \alpha_1 IC_{it} + \sum_{m = 1}^{M} \beta_m \text{Contrs}_{it,\, m} + D_{t1} + D_{t2} + u_i + \varepsilon_{it} \quad i = 1,\ 2,\ \cdots,\ n;\ t = 1,\ 2,\ \cdots,\ T \tag{5-6}$$

两化融合影响经济绿色增长的产业结构变迁维度的中介变量，包括产业结构合理化和产业结构高级化。参考经济绿色增长的研究，加入与经济绿色增长相关的控制变量。包括经济发展水平、经济发展政策及自然资源特征三类相关变量，具体包含经济发展水平人均实际 GDP 变量及其平方项、地区 GDP 增长率、经济开放程度、人均技术成交额、单位工业总产值的污染治理投资。同时考虑到环境破坏与污染治理之间的高度紧密因果关系，污染治理投资变量为上一年度的单位工业产值污染治理投资额。MacLean 等（2007）的研究表明，如果没有在广泛的范围内进行技术和知识的交换和传递，那么难以实现经济的可持续发展。因此，也加入控制变量技术市场成交额，考虑到省际间规模的差异，采用人均技术市场成交额。自然资源禀赋会对一个省市和地区的经济发展模式带来影响，因而控制资源禀赋变量。

表5-15归纳了两化融合影响经济增长绿色增长作用机制模型中的被解释变量、解释变量、中介变量、控制变量及其计算方式。

表 5-15　研究模型中相关变量说明与计算方法

变量	变量说明与具体计算方法
经济绿色增长水平（Sustain）	经济增长的环境代价，强调增长数量，也注重增长的方式。刻画单位经济的能源消耗、生态破坏、环境污染程度，参照钞小静和任保平（2011）、Mentzelou（2017）、王敏和黄滢（2015）、Liu 等（2018）的做法，选取指标包括单位能耗 GDP、单位电力 GDP、单位废水 GDP、单位废气 GDP 以及单位固体废弃物 GDP
两化融合水平（IC）	两化融合水平的测度方法详见谢康等（2012）的研究
产业结构偏离度（产业结构合理化的反向指标，Stru_dev）	计算的是各个产业增加值的比重与该产业的劳动力比重的差异程度，偏离度越高，产业结构合理性越低。具体计算公式为 $stru\_dev = \sum_{i=1}^{n} \left\| \frac{Y_i}{Y} \middle/ \frac{L_i}{L} \right\|$，其中 Y 表示地区生产总值，$Y_i$ 表示第 i 个产业的生产总值，L 表示总就业人数，L_i 表示第 i 个产业就业人数，n 表示产业部门数量，n = 3，分别为第一、第二和第三产业
产业结构高级化（Stru_up）	第三产业产值比与第二产业产值比的比值［借鉴干春晖等（2011）、李虹和邹庆（2018）的做法］
人均地区实际 GDP 对数（Lngdppc）	通过国内人均地区生产总值指数（上年=100）计算地区生产总值的环比人均 GDP 平减指数，接着用各个时期环比指数的连乘计算出以 2000 年为基年的定基指数，用当年价的人均 GDP 除于 2000 年为基年的人均 GDP 平减指数得到各个省市的人均地区实际 GDP。最后将该值取对数
经济增长率（GDPg）	地区实际 GDP 年增长率，以 2000 年作为基年的实际 GDP 年增长率
经济开放度（Open）	用贸易依存度刻画，计算方式为进出口贸易总额与地区 GDP 的比值
单位产值污染治理投资（Pollinv）	单位工业产值污染治理投资，用各省市工业污染治理投资额与各个省市的工业总产值比值表示
人均技术成交额（Lntectradp）	各个城市的技术市场成交额处于总人口，并求对数。MacLean（2007）研究表明，如果没有在广泛范围内进行技术和知识的交换与传递，难以实现经济可持续发展
资源禀赋（Endow）	借鉴李虹和邹庆（2018）的做法，用采掘类从业人员与总人口的比例表示

表 5-15 列出的相关变量所需的基础指标数据，来源于中国统计年鉴、中国人口和就业统计年鉴、新中国 60 年统计汇编、中国人口和就业统计年鉴、各省份统计年鉴、中国信息年鉴、互联网发展报告。研究时间跨度为 2000~2016 年，包含 30 个省份（因西藏数据缺失较为严重，因此不包含西藏），表 5-15 列出的各个变量的统计性结果如表 5-16 所示。

表 5-16　模型中变量统计性描述

变量	样本	均值	标准差	最小值	最大值
绿色增长（Sustain）	420	0.3073	0.1324	0.0605	0.9049
两化融合水平（IC）	420	0.9457	0.0338	0.8281	1.0000
产业结构偏离度（Stru_dev）	420	2.062587	0.902729	0.8625236	6.700202
产业结构高级化（Stru_up）	420	0.9741893	0.502316	0.4970531	4.165265

续表

变量	样本	均值	标准差	最小值	最大值
经济开放度（Open）	420	0.32217	0.4115	0.03215	2.0236
人均实际 GDP 对数（Lngdppc）	420	9.890	0.6509	8.1575	11.4793
地区 GDP 增长率（GDPg）	420	11.4817	2.8965	-2.5000	23.8300
单位产值污染治理投资（PollInv）	420	0.0453	0.0368	0.0036	0.2804
人均技术成交额对数（Lntectradp）	420	5.2089	1.6313	1.0097	10.3986
资源禀赋（Endow）	420	0.4646212	0.447147	0.0021779	2.837996

二、数实融合影响产业结构的机制

两化融合影响经济绿色增长的作用机制的实证结果如表 5-17 所示。表 5-17 中结果（1）为基础模型（5-4）的估计结果，结果（2）～（4）为模型（5-5）分别加入和同时加入中介变量产业结构高级化、产业结构偏离度的各模型估计结果。

表 5-17　两化融合对经济绿色增长的影响结果

变量	(1)	(2)	(3)	(4)
IC	-20.01***	-16.86***	-19.85***	-17.66***
	(2.210)	(2.044)	(2.206)	(2.118)
ICsq	10.42***	8.706***	10.32***	9.154***
	(1.170)	(1.083)	(1.169)	(1.122)
Stru_up		0.0808***		0.0767***
		(0.00910)		(0.00953)
Stru_dev			-0.0100*	-0.00256
			(0.00571)	(0.00547)
Open	-0.0554***	-0.0571***	-0.0540***	-0.0362***
	(0.0165)	(0.0151)	(0.0165)	(0.0132)
Lngdppc	-0.508***	-0.213*	-0.561***	-0.304***
	(0.119)	(0.114)	(0.123)	(0.117)
Lngdppc2	0.0266***	0.0120**	0.0290***	0.0173***
	(0.00626)	(0.00593)	(0.00639)	(0.00596)
GDPg	-0.000269	0.00107	-0.000220	0.00121
	(0.000962)	(0.000889)	(0.000960)	(0.000909)
PollInv	-0.111*	-0.137**	-0.120*	-0.174***
	(0.0653)	(0.0596)	(0.0653)	(0.0616)
Lntectradp	0.0167***	0.0133***	0.0169***	0.0132***
	(0.00308)	(0.00283)	(0.00307)	(0.00285)
Endow	-0.0853***	-0.0811***	-0.0855***	-0.0898***
	(0.0185)	(0.0169)	(0.0185)	(0.0147)
D_{t1}	-0.0310***	-0.0192*	-0.0321***	-0.00818
	(0.0115)	(0.0105)	(0.0114)	(0.0104)
D_{t2}	-0.0193***	-0.00930	-0.0187***	-0.00435
	(0.00674)	(0.00624)	(0.00674)	(0.00627)

续表

变量	（1）	（2）	（3）	（4）
_cons	12.31***	9.297***	12.54***	10.03***
	(1.095)	(1.053)	(1.100)	(1.088)
N	420	420	420	420
r^2	0.7014	0.7530	0.7038	0.7493
Hausman Test	31.79***	31.81***	30.81***	44.03***

注：经济绿色增长水平为被解释变量；括号内为系数估计的标准误；*、**、***表示分别在10%、5%、1%的水平上显著；Hausman检验的原假设是随机模型。

表5-17的研究结果显示，两化融合对经济绿色增长的影响呈U形，经济增长水平对经济绿色增长的影响也是呈U形，该结果与现有研究一致。研究结果还显示，中国加入WTO后的经济开放程度对经济绿色增长的影响也是负向显著的，表明中国对外贸易中的确存在"天堂效应"，在一定程度上承担了发达国家的"污染避难所"的角色，这在微观层面或产业层面表现为引进高污染产业，或直接进口工业垃圾产品进行处理等。同时，实证结果表明，单位工业生产总值污染投资对经济绿色增长水平的影响也为负的，表明"先污染、后治理"的道路在经济绿色发展道路上可行性较差。在此，自然资源禀赋对经济绿色增长水平的负向影响，也表明在利用自然资源实现经济增长的同时，更应该注重自然资源利用与挖掘过程中绿色技术的开发与应用。诚然，这是理论分析的结果，现实中当各地政府面临诸多挑战或发展需求时，政策制定与实施变得非常现实。

就产业结构变迁对经济绿色增长水平的影响来看，通过表5-17的结果（2）~（4）列分析可知：产业结构高级化对经济绿色增长水平的影响是积极显著的，而产业结构偏离度对经济绿色增长水平的影响是负向的，显著性水平不高。这意味着从整体上，产业结构合理化水平的提高尽管一定程度上对经济绿色增长水平表现出积极的影响，但显著性水平并不高。

为了进一步验证两化融合对经济绿色增长的产业结构变迁维度上的作用渠道，分别以产业结构高级化和产业结构偏离度作为被解释变量，两化融合水平作为解释变量，同时加入相关控制变量的研究模型（5-6）做进一步的检验与分析①。在模型中，控制经济发展水平、经济发展速度、经济开放程度及人均技术成交额、资源禀赋等。表5-18为两化融合对产业结构偏离度和产业结构高级化水平的影响估计结果。研究结果发现：两化融合对产业结构高级化具有显著正向的影响，两化融合对产业结构偏离度具有显著负向的影响。该结果表明：在整体

① 模型（5-4）和模型（5-5）中的控制变量单位工业生产总值污染治理投资是属于污染治理策略，对经济绿色增长产生直接的影响，但现有研究并未提及其对于产业结构变迁具有影响，因此在模型（5-6）中不包含该控制变量。

上，两化融合具有促进产业结构高级化与合理化发展的作用。

表 5-18　两化融合水平对结产业结构变迁的影响结果

变量	产业结构偏离度	产业结构高级化
IC	−2.135***	0.979***
	(0.643)	(0.373)
Open	0.155	−0.0151
	(0.147)	(0.0856)
Lngdppc	−5.141***	−3.897***
	(1.064)	(0.617)
Lngdppc2	0.234***	0.192***
	(0.0560)	(0.0325)
GDPg	0.00673	−0.0172***
	(0.00856)	(0.00496)
Lntectradp	0.0219	0.0431***
	(0.0273)	(0.0159)
Endow	−0.0156	−0.0513
	(0.166)	(0.0964)
D_{t1}	−0.0870	−0.181***
	(0.102)	(0.0589)
D_{t2}	0.0722	−0.139***
	(0.0602)	(0.0349)
_cons	31.69***	19.82***
	(4.722)	(2.739)
N	420	420
r^2	0.4175	0.3884
Hausman Test	23.33***	36.32***

注：括号内为系数估计的标准误；*、**、***分别表示在 10%、5%、1%的水平上显著；Hausman 检验的原假设是随机模型。

综上所述，两化融合在通过产业结构变迁路径影响经济绿色增长上，从整体上看，产业结构高级化的作用路径是显著的，但产业结构合理化的作用路径并不稳定。为了得到更为细分的研究结论，将分别对沿海和内陆地区的两化融合对经济绿色增长的影响展开分析。

下面，进一步探讨沿海地区的具体影响。沿海组的分析思路与整体样本的做法一致，表 5-19 列出沿海组的模型估计结果。表 5-19 的结果显示，在沿海地区，与整体样本结果一致，产业结构高级化有助于提升经济绿色增长水平，而产业结构偏离度在一定程度上表现出促进经济绿色增长水平的趋势，这也就意味着，在沿海地区，产业结构的合理化水平一定程度上表现出了不利于经济绿色增长的特征。

表5-19 两化融合对经济绿色增长的影响结果（沿海组）

变量	(1)	(2)	(3)	(4)
IC	−2.988	−3.777	−3.441	−4.703
	(2.967)	(2.875)	(2.973)	(2.848)
ICsq	1.442	1.844	1.695	2.353
	(1.583)	(1.533)	(1.587)	(1.520)
Stru_up		0.0600***		0.0720***
		(0.0185)		(0.0188)
Stru_dev			0.0271	0.0359*
			(0.0191)	(0.0188)
Open	−0.106***	−0.1000***	−0.103***	−0.0934***
	(0.0234)	(0.0226)	(0.0234)	(0.0224)
Lngdppc	−0.912***	−0.629***	−0.842***	−0.453**
	(0.192)	(0.205)	(0.197)	(0.214)
Lngdppc2	0.0467***	0.0321***	0.0440***	0.0247**
	(0.00981)	(0.0105)	(0.00995)	(0.0107)
GDPg	0.000406	0.00185	−0.000131	0.00122
	(0.00137)	(0.00140)	(0.00142)	(0.00140)
PollInv	0.0582	−0.125	0.109	−0.0753
	(0.126)	(0.134)	(0.131)	(0.133)
Lntectradp	−0.00224	−0.00239	−0.00353	−0.00462
	(0.00527)	(0.00509)	(0.00532)	(0.00507)
Endow	−0.132***	−0.147***	−0.121**	−0.131***
	(0.0496)	(0.0481)	(0.0500)	(0.0477)
D_{t1}	−0.0227	−0.0267	−0.0194	−0.0218
	(0.0169)	(0.0163)	(0.0170)	(0.0162)
D_{t2}	−0.0258***	−0.0253***	−0.0241**	−0.0224**
	(0.00970)	(0.00937)	(0.00974)	(0.00928)
_cons	6.457***	5.410***	6.185***	4.740***
	(1.533)	(1.515)	(1.539)	(1.513)
N	154	154	154	154
r^2	0.8213	0.8346	0.824	0.8418
Hausman Test	113.76***	105.97***	113.46***	107.32***

注：经济绿色增长水平为被解释变量；括号内为系数估计的标准误；*、**、***分别表示在10%、5%、1%的水平上显著；Hausman检验的原假设是随机模型。

为进一步检验沿海组的两化融合对产业结构变迁的影响，分别以产业结构偏离度和产业结构高级化为因变量，两化融合水平为自变量，并加入相应的控制变量。模型结果如表5-20所示。表5-20的结果表明：在沿海省市和地区，两化融合对产业结构变迁的产业结构高级化和产业结构合理化两个维度的影响是一致的，即一方面两化融合能够显著提高产业结构高级化水平，另一方面两化融合能够显著降低产业结构偏离度，即两化融合能够显著提高产业结构合理化水平。

表5-20　两化融合水平对结产业结构变迁的影响结果（沿海组）

变量	产业结构偏离度	产业结构高级化
IC	−1.3184***	1.451***
	(0.424)	(0.457)
Open	−0.2127**	−0.0335
	(0.093)	(0.102)
Lngdppc	−1.9537**	−4.911***
	(0.83431)	(0.901)
Lngdppc2	0.0682	0.247***
	(0.0425)	(0.0459)
GDPg	0.0177***	−0.0241***
	(0.0063)	(0.0068)
Lntectradp	0.0515**	−0.0134
	(0.0236)	(0.0254)
Endow	−0.3274	0.1051
	(0.1883)	(0.2060)
D_{t1}	−0.0898	−0.0603
	(0.0730)	(0.0786)
D_{t2}	−0.0385	−0.0618
	(0.0428)	(0.0461)
_cons	15.408***	24.24***
	(3.92)	(4.238)
N	154	154
r^2	0.7323	0.5778
Hausman Test	5.371	5.45

注：括号内为系数估计的标准误；*、**、***分别表示在10%、5%、1%的水平上显著；Hausman检验的原假设是随机模型。

　　接下来，分析内陆地区的实证结果。表5-21为内陆地区两化融合对经济绿色增长的影响结果。结果发现：在内陆地区，产业结构高级化水平的提升有助于提高经济绿色增长水平，产业结构偏离度对经济绿色增长水平的影响是负向显著的，表明产业结构偏离度对经济绿色增长的影响是不利的，即在内陆地区，产业结构合理化水平的提升有助于提高经济绿色增长水平。

表5-21　两化融合对经济绿色增长的影响结果（内陆组）

变量	(1)	(2)	(3)	(4)
IC	−38.30***	−31.53***	−36.54***	−31.48***
	(3.356)	(3.391)	(3.353)	(3.506)
ICsq	19.98***	16.38***	19.03***	16.35***
	(1.764)	(1.785)	(1.764)	(1.846)
Stru_up		0.0583***		0.0454***
		(0.0105)		(0.0114)
Stru_dev			−0.0169***	−0.0123**
			(0.00563)	(0.00584)

续表

变量	（1）	（2）	（3）	（4）
Open	−0.0122	−0.0222	−0.0202	−0.0341*
	（0.0229）	（0.0217）	（0.0227）	（0.0203）
Lngdppc	−0.279	−0.119	−0.484**	−0.292
	（0.192）	（0.183）	（0.200）	（0.207）
Lngdppc2	0.0158	0.00783	0.0258**	0.0165
	（0.0100）	（0.00956）	（0.0104）	（0.0107）
GDPg	−0.00124	−0.000276	−0.00103	−0.000577
	（0.00116）	（0.00110）	（0.00114）	（0.00113）
PollInv	−0.217***	−0.194**	−0.238***	−0.251***
	（0.0676）	（0.0638）	（0.0669）	（0.0664）
Lntectradp	0.0180***	0.0155***	0.0186***	0.0152***
	（0.00339）	（0.00323）	（0.00334）	（0.00331）
Endow	−0.117***	−0.106***	−0.116***	−0.0989***
	（0.0185）	（0.0175）	（0.0182）	（0.0154）
D_{t1}	−0.00627	−0.000974	−0.0117	−0.00177
	（0.0136）	（0.0129）	（0.0135）	（0.0129）
D_{t2}	−0.00185	0.00511	−0.0000764	0.00711
	（0.00778）	（0.00744）	（0.00768）	（0.00753）
_cons	19.82***	15.78***	20.08***	16.66***
	（1.421）	（1.524）	（1.400）	（1.628）
N	266	266	266	266
r^2	0.7443	0.7743	0.7541	0.7752
Hausman Test	15.47*	15.74*	27.39***	31.49***

注：经济绿色增长水平为被解释变量；括号内为系数估计的标准误；*、**、***分别表示在10%、5%、1%的水平上显著；Hausman检验的原假设是随机模型。

为进一步地检验内陆组的两化融合对产业结构变迁的影响，分别以产业结构偏离度和产业结构高级化为因变量，两化融合水平为自变量，并加入相应的控制变量，构建固定效应模型。模型结果如表5-22所示。表5-22结果表明：在内陆地区，两化融合对产业结构变迁的影响与整体以及沿海地区是一致的，均能够促进产业结构高级化与产业结构合理化。

表5-22　两化融合水平对结产业结构变迁的影响结果（内陆组）

变量	产业结构偏离度	产业结构高级化
IC	−2.985***	1.245**
	（1.098）	（0.595）
Open	−0.178	−0.108
	（0.246）	（0.133）
Lngdppc	−9.458***	−5.468***
	（2.014）	（1.091）
Lngdppc2	0.458***	0.272***
	（0.106）	（0.0576）

变量	产业结构偏离度	产业结构高级化
GDPg	0.0126	−0.0116
	(0.0131)	(0.00712)
Lntectradp	0.0241	0.0657***
	(0.0383)	(0.0208)
Endow	0.0259	−0.121
	(0.212)	(0.115)
D_{t1}	−0.196	−0.249***
	(0.149)	(0.0808)
D_{t2}	0.134	−0.172***
	(0.0882)	(0.0478)
_cons	53.39***	27.15***
	(8.838)	(4.788)
N	266	266
r^2	0.44	0.3286
Hausman Test	20.05**	70.69***

注：括号内为系数估计的标准误；*、**、***分别表示在10%、5%、1%的水平上显著；Hausman检验的原假设是随机模型。

综上所述，两化融合在通过产业结构变迁对经济绿色增长水平的影响上，产业结构高级化路径是稳定的，并且在沿海地区的影响力度强于内陆地区。但在产业结构合理化路径上，存在空间差异性，在内陆地区，两化融合能够通过提升产业结构合理化水平进而提升经济绿色增长水平。而在沿海地区，两化融合无法通过提升产业结构合理化水平进而促进经济绿色增长，甚至可能出现逆反现象。具体表现在以下两方面：一方面，在两化融合对产业结构变迁的作用方面，无论是在沿海还是在内陆的省市和地区，两化融合的作用并没有本质的差别，均表现为两化融合能够促进产业结构高级化水平和产业结构合理化水平的提升，只是在产业结构变迁的两个不同维度中，在沿海和内陆地区，两化融合的作用强度上有所差异，具体地，两化融合对内陆省市和地区的产业结构合理化的影响程度要高于沿海地区，而两化融合对产业结构高级化水平的影响在沿海地区要高于内陆地区。另一方面，产业结构变迁对经济绿色增长水平的影响方面，在沿海和内陆，产业结构高级化维度的作用无本质差别，均能够显著促进经济绿色增长，并且沿海地区产业结构高级化的影响程度要大于内陆。产业结构合理化对经济绿色增长水平的影响在内陆和沿海之间存在本质的差别。在内陆省市和地区，产业结构合理化水平能够显著提高经济绿色增长水平，而在沿海省市和地区，产业结构合理化水平无法提高经济绿色增长水平，并且一定程度上表现出不利于经济绿色增长的趋势。

三、产业结构的绿色合理化

上述结果引发我们的一个思考。数字经济产业结构的合理化是否有别于以工业经济形态为主的产业结构合理化内涵？本节重点对此进行探讨。

数字经济在影响经济绿色增长中的产业结构高级化作用路径稳定有效，这反映出中国已经进入了后工业化时代，要促进经济可持续增长，除了应该继续加强数字经济在工业生产中的技术支持作用，更应当强化服务业的技术含量。产业结构高级化的理论内涵突出表现为不同产业之间比例关系的改变，主要体现在以下两个方面：一是指产业结构从劳动密集型到资本密集型，再到知识技术密集型的顺次转换，或由低附加值产业向高附加值产业转变，或由初级产品产业占优势向制造中间产品、最终产品产业占优势的转换；二是指传统产业生产技术的持续升级创新或产品技术含量的提高。研究表明，在工业化时期，产业结构高级化发展对经济增长的带动作用可能并不持续，但在工业化后期，产业结构高级化对经济增长的正面影响则更为稳定。

下面，结合数字经济发展中信息与网络技术的高渗透性特征，对数字经济时代不同产业之间的关联性展开讨论，着重论述数字经济时代对产业结构变迁尤其是产业结构合理化进行重新界定的必要性。

数字经济的技术高渗透性以及产业高融合性特征使产业结构之间的边界趋于模糊（Kordoš，2019），甚至实现了跨边界融合，如智能制造、人工智能产业的发展既包含了原有第二产业的部分，也离不开原有第三产业的软件支持与服务等。在现有研究中，在清晰产业结构边界条件下界定的产业结构变迁，难以完全适用于数字经济时代的产业结构变迁逻辑。尽管现有研究也从技术创新与技术融合的视角提出数字经济发展对产业结构变迁的重要性，并从产业融合、数字技术要求等视角提出数字经济推动产业结构优化与调整方向的理论与实践指导。但是，整体上尚未深度结合数字经济特征对数字经济时代的产业结构变迁进行重新界定与刻画。

数字经济属于一种新经济形态，新经济的运行在基础支撑、技术特征、组织结构、产业组织等方面都迥然有别于传统经济。有形实物资源与社会无形资本之间的融合创新，将重构经济增长的内生逻辑。当社会经济基础从工业经济转变为数字经济时，将会形成一系列更为高效的迂回生产方式，或使原有迂回生产方式以更高效率更短路径运行时，将会对原有资源配置过程和机制形成变革。因此，数字经济时代产业结构合理化的调整方向，应该基于数字经济的特征以及技术应用的特点展开。表5-19的结果表明，将数字经济的作用方向局限于产业结构增长合理化的逻辑框架进行产业结构调整，并不能够很好地促进经济绿色增长。主要原因在于按照原有的逻辑，当第二产业的生产效率较低时，解决思路应该是将更多的要素投往比第二产业生产效率更高的产业。然而，在数字经济时代下，三大产业结构之间的界限模糊与不确定的同时，产业之间相辅相成的作用更加突显。这样，相应的解决思路可能变成强化第三产业的高技术含量成果作为第二产业的投入要素，进而起到支撑第二产业生产效率提升的效果。这样的结构优化或结构红利逻辑与工业化时代的三大产业界线清晰条件下的产业结构递进逻辑是不同的。

首先，不同经济增长导向下的产业结构合理化在产业结构变迁的主导逻辑上存在差异。现有研究对产业结构合理化的重要性探讨，主要聚焦在经济数量增长或经济增长速度范畴，体现的是经济增长中投入产出效率逻辑，产业结构合理化实现过程更多的是基于要素投入与经济产出两者关系的合理调整与变更。产业结构合理化与经济增长间存在稳定的关系。在合理的产业结构下，生产要素在不同产业之间配置合理，三大产业生产效率的均衡与协调发展，有助于产业发展更好地与自身的要素禀赋相结合，提高专业生产的效率，进而获得"结构红利"。

其次，应当从经济环境效率逻辑出发构建产业结构合理化。投入产出视角并未对经济增长过程中所带来的环境代价给予充分的考虑，但经济绿色增长的要领是降低经济产出的环境代价。尽管投入产出效率逻辑与经济环境效率两者不存在本质上的逻辑悖论，但基于单位要素产出效率优势产业与单位经济环境代价的经济效益优势产业之间可能不吻合，研究指出，只考虑经济数量的增长将影响经济的可持续发展，偏离了经济增长的最终目的（Fritz & Koch，2018）。因此，只有突破产业结构的增长合理化范畴，才能从根本上保证产业结构变迁在经济可持续发展上的作用。表 5-19 的实证结果也表明，沿用原有经济增长逻辑的产业结构合理化对经济绿色增长作用具有不稳定性，甚至在产业结构合理化水平相对较高的沿海地区，还呈现出负面影响的趋势。

最后，在非数字经济时代，研究者所分析的产业结构合理化是相对割裂地看待三大产业之间关系的。据此，我们将这种以经济增长为导向的、基于三大产业结构之间的投入产出效率所提出的产业结构合理化，界定为产业结构的增长合理化。这种产业结构增长合理化在相当长一段时间内指导着经济的快速增长。然而，在数字经济时代以及追求经济高质量增长的时代，产业结构之间的界限模糊，并且三大产业之间的关系耦合程度更强，不同产业结构之间的同等的生产效率并不意味着相同的增长环境代价。因此，在数字经济时代，产业结构增长合理化并不一定能够成为经济绿色增长的重点努力方向。在数字经济时代，有必要围绕着产业结构跨界融合与经济增长的环境效率构建产业结构的绿色合理化。产业结构的绿色合理化，指以经济绿色增长为导向的、基于三大产业之间经济-环境效率所提出的产业结构合理化。其中，经济-环境效率指单位经济增长的环境成本。

诚然，构建经济绿色增长导向下的数字经济时代产业结构的绿色合理化，并不意味着全然摒弃产业结构的增长合理化。新一轮科技革命和产业变革对经济增长的影响本质上是一种"创造性毁灭"，新一轮科技革命和产业变革有助于中国产业结构转型升级、催生新的经济增长动能，但也会带来新的结构性矛盾。因此，应当抓住产业结构调整是一个创造与破坏并存的过程这一本质，结合不同地区在经济基础、资源禀赋以及产业结构现状，真正做到因地制宜地制定出符合本地区的政策的、分层分类的产业结构调整政策。

研究发现：在沿海地区，产业结构的增长合理化水平已经较高，并且以绝对的优势高于内陆地区①，并且可能已经达到了产业结构合理化对经济数量的增长与环境代价的最优影响临界值。而在内陆地区，产业结构的增长合理化水平还较低，因此，在通过数字经济继续推进产业结构增长合理化的过程中，由于产业结构增长合理化所实现的经济数量的增长可以很大程度上弥补这个过程中由于要素流向环境效率非最优的产业所带来的环境代价。另外，在数字经济时代初期，对于内陆地区，新兴技术与产业的融合程度相对较低，不同产业结构之间的耦合与融合程度也较低，边界相对清晰。因此，在数字经济发展初期，内陆地区继续借助新兴技术促进相关要素流向经济产出效率更高的产业，即促进产业结构的增长合理化是合理的也是必要的。在沿海地区，应该尽快改变数字经济在产业结构中的角色，重视数字经济在产业结构绿色合理化方面的作用，重点将生产要素投往经济增长中经济环境效率相对较高的产业和行业，或者将新兴技术大力应用于能够为经济带来新增长点的环境污染较低的产业。

综上所述，形成三个主要观点：

首先，既有基于三大产业结构比例的产业结构合理化，一方面反映了从农业化向工业化和服务化发展的特征，另一方面集中体现了工业化时代的经济发展理念。然而，工业化时代的产业结构合理化分析，可以相对割裂地看待三大产业之间关系，因为三大产业之间的界限相对清晰。然而，新一代数字技术与实体经济的深度融合，三大产业之间的界线变得复杂、多样、易变、模糊和不确定，如智能制造促进制造服务化，产品研发、生产、消费一体化等现象，三大产业的互动使各自的边界与内涵发生变革。因此，既有产业结构合理化理念面临新的挑战。从经济增长导向的投入产出率视角与经济绿色增长的经济环境

---

① 通过数据分析得出沿海和内陆省市和地区的产业结构偏离度均值分别为 1.601919 和 2.441773。

效率视角出发，提出产业结构绿色合理化的概念，认为产业结构的绿色合理化指以经济绿色增长为导向的、基于三大产业之间经济—环境效率所提出的产业结构合理化。在此基础上，将产业结构合理化区分为增长合理化与绿色合理化，并对两者的异同点进行了逻辑梳理。这项创新工作一方面为产业结构变迁在经济绿色增长中的作用提供了更为全面的解释视角；另一方面为中国步入高质量增长阶段后，数字经济在促进产业结构变迁上的重点与方向提供了新的分析视角。

其次，产业结构调整是一个典型的供给侧改革问题，经济绿色增长属于经济高质量增长的范畴。既有产业结构调整、供给侧改革研究，多属于工业化背景下三大产业结构变动的语境分析，经济高质量增长的研究也多聚焦于产业结构高级化与增长合理化的方向，如中国产业结构沿全球价值链高端攀升的探讨等，缺乏从产业结构合理化内涵变革的视角重新考察产业结构、供给侧改革与经济高质量增长三者的关系。通过提出产业结构绿色合理化的概念，在理论上将新一代数字技术与实体经济深度融合培育新增长点和形成新动能，与通过供给侧改革促进经济高质量增长在经济逻辑上联系起来，较好地解释了新一代数字技术与实体经济深度融合构建数字经济新增长点和新动能的机理，以及数字经济如何促进供给侧改革与经济高质量增长的内在结构效率，凸显了从经济数量增长导向转变为效率提升导向的内涵式发展特征。因此，这项创新工作不仅丰富和深化了供给侧改革与经济高质量增长的理论内涵，而且为供给侧改革与经济高质量增长研究拓展新的方向，从数字经济视角为供给侧改革和经济高质量增长的变革思路与方向提供了理论基础。

最后，尽管工业化理念下的产业结构增长合理化也强调因地制宜、分层分类的产业结构调整政策，但其本质上是建构在三大产业边界稳定、清晰、递进的条件下的。因地制宜、分层分类更多地体现在工具理性与政策落实层面。结合沿海和内陆地区在产业结构、数字经济发展等方面的差异，对数字经济通过产业结构变迁对不同区域经济绿色增长的影响分析表明，在数字经济时代的产业结构绿色合理化理念下，因地制宜、分层分类本身就属于产业结构绿色合理化的内涵。或者说，基于三大产业之间经济-环境效率的产业结构合理化，必然体现因地制宜、分层分类的产业结构效率，经济-环境效率本质上需要通过因地制宜、分层分类的方式来实现。因此，数字经济时代的产业结构绿色合理化，与因地制宜、分层分类的产业结构调整政策是高度融合的，是密不可分的政策-措施一体化的经济制度，这与工业化时代的产业结构政策与措施可以各自分离存在区别。因此，这项创新工作可以为数字经济时代中国不同地区因地制宜、分层分类推进产业结构调整提供理论依据。

第四节　数据要素促进高质量的微观机制①

数字经济也存在高质量发展问题，如数字化能源消耗的抑制效应与增强效应并存，创造就业与替代就业并存，效率提升与公平性降低并存。现阶段中国涌现出华为、美的等企业数字化转型代表，但转型总体处于低水平低质量阶段，亟待从基础发展阶段转向高质量发展。数字化转型不是企业高质量发展的灵丹妙药"一吃就灵"，对大量企业而言如何提高数字化转型质量仍然是一项管理难题。企业如何实现高质量数字化转型，成为当今中国企业数字化转型管理理论研究与实践面临的新课题、新挑战。

什么是企业高质量数字化转型呢？既有研究延续全要素生产率的高质量发展内涵，隐含假定数字化转型提高企业全要素生产率即为高质量数字化转型，但企业存在诸多提高全要素生产率的转型实践，如何界定数字化转型与企业其他转型提高全要素生产率的区别？缺乏系统的理论阐述。此外，数据作为生产要素在企业数字化转型中的重要驱动作用已在学术界达成共识，但数据要素如何驱动转型的过程仍不清晰，难以从企业要素配置的底层逻辑上为数字化转型的商业模式创新、数字生态系统创新创业等活动提供理论解释。据此，本节以索菲亚2008~2022年从大规模定制到智能制造的实践展开纵向案例研究，尝试弥合实证与案例研究均缺乏数据要素驱动转型路径研究的理论缺口。

一、数据要素促进高质量的研究模型

数据资源不会直接创造企业绩效，数据要素化过程是数据资源转变为生产要素的必要条件。数据生产要素是指一组能够被用于生产经济物品的指令（Jones & Tonetti，2020），具有生产要素的降本增效，需求可识和可交易特征，也具有高流动性、非排他性和高度融合性特征，优化和重新配置企业技术、资源、能力和组织资源成为数字化转型的重要体现，企业只有对内部资源进行合理配置并使用才算成功转型，因为不同的数据资源配置会对企业绩效产生不同影响。因此，数据要素配置创造价值的过程就是数字化转型过程，该转变过程是以企业信息化为起点和基础。

一般地，企业数字化转型是指从信息化转变为数字化引发的一系列适应性管

---

① 以谢康、胡杨颂、刘意、罗婷予《数据要素驱动企业高质量数字化转型：索菲亚智能制造纵向案例研究》（《管理评论》2023年第2期）为基础重新撰写、修改和增补。

理变革过程或状态，是企业一项多维度、多层次的综合性管理变革活动。企业高质量发展是指企业在经营发展过程中经济价值实现的高水平、高附加值和高效率，通常用全要素生产率、创新、效率、公平、绿色、共享、协调等指标来刻画。全要素生产率代表除去劳动、资本等有形要素投入后的"残值"，反映企业管理模式改进、结构升级的系统生产率。研究强调提升生产效率构成中国企业现阶段高质量发展的重要特征，也将环境-社会-治理（ESG）表现、绿色、共享、品牌等综合指标纳入企业高质量发展评价中。

综合企业数字化转型与企业高质量发展两个概念，企业高质量数字化转型是指企业更高效配置数据要素从信息化转变为数字化从而提高全要素生产率的一系列适应性管理变革过程或状态。其中，数据要素驱动转型：一是指以数据要素为核心促进企业改善生产要素在组织内的配置状况来提升企业资源配置效率，资源配置效率的改善反映为管理效率提升和管理成本下降，从而提高企业的全要素生产率；二是指数据要素化过程即企业数字化转型过程，企业更高效配置数据要素形成对既有要素配置效率的提升，直接创造新商业模式，进而改善企业内外部协同效率、组织公平性、绿色发展、社会责任等综合发展指标。当前，智能制造成为中国企业推动高质量数字化转型的集中体现，其通过重构资源配置实现数字技术与制造过程的深度融合，形成以数据为基础优化计划、生产、能源、人力资源等要素配置来提高产能利用率，进而提升企业全要素生产率。其中，企业数字孪生生态系统能有效提高制造柔性和智能化程度，缩短产品开发销售周期，更好地满足用户对高品质产品的个性化需求。

探讨数据要素促进高质量的微观机制，必然涉及数据要素驱动企业高质量数字化转型路径与适应性管理。根据现有文献，数据要素驱动企业高质量数字化转型的实现路径大体有三条：

首先，企业通过数据要素与劳动、资本、技术、管理、知识等既有生产要素结合，提高既有要素利用率、边际产出率或要素配置效率，使既有要素边际收益递减的拐点向后移动或递减下降幅度放缓，从而提高企业全要素生产率。企业为此需要建立数据管理能力，对数据要素与传统要素结合形成的绩效进行评估与问责，因为数字化转型对现有资源配置调整将引发新挑战，管理团队要具备更高的数据处理能力和组织领导力，从个体和组织层面分析数字资源配置规律以实现更高效率的数字资源供给。据此，认为，企业数据要素重构既有要素配置效率从而提高企业全要素生产率，构成数据要素驱动企业高质量数字化转型的实现路径之一，简称要素重构。

其次，数据共享集成、数据分析、人工智能算法能力等企业新资源基础的形成，使数据要素自身具有价值创造功能而形成数字孪生场景创新或智能制造模式创新等。企业产生更高效、更符合客户需求的产品和服务，如基于数据要素缩短创新过程和新产品上市时间而形成价值创造。企业高质量数字化转型是通过资产的重新配置使企业提升既有商业模式运营效率，催生以数据要素为核心的新产业、新业态和新模式，促进数字化商业模式与商业战略保持一致来实现卓越竞争绩效。据此，认为，数据要素自身具有新价值创造功能，提高企业全要素生产率，构成数据要素驱动企业高质量数字化转型的第二个实现路径，简称要素创造。

最后，随着数据要素累积的增加，数据要素在传统要素配置中桥梁型生产要素的作用越来越大，形成随累积增加而价值增大的数据网络外部性。基于数据网络外部性，数据要素构成传统要素之间的连接网络，关联企业价值链中的其他资源和要素节点，并通过网络协同效应形成数字生态系统。基于数据要素创生形成的数字生态系统类似成长品，企业与用户互动形成自发、及时、自主响应的物理流和数据流变化，具有信息即时反馈、系统即时调整、参与者实现最大限度互补性的价值共创网络特征。据此，认为，基于数据要素网络外部性，要素重构与创造发展形成数字生态系统要素创生，进而提高企业全要素生产率，构成数据要素驱动企业高质量数字化转型第三条路径，简称要素创生。

上述分散在不同文献的研究虽对三条转型路径有或多或少论述，但对三条路径缺乏系统考察和过程分析，数据要素驱动高质量数字化转型的实现路径依然属于理论研究盲点。由于缺乏对路径过程及关键节点的具体考察，难以深入探讨高质量数字化转型管理适应性变革问题。管理适应性变革是指企业针对既有的组织适应性管理进行创新或调整优化，以形成更好地与外部环境、内部资源相适应的能力。区别于研究适应性管理情境，在情境中，高质量数字化转型管理适应性变革主要解决企业不同发展阶段选择或侧重哪条转型路径的问题，具体表现为不同发展阶段企业如何平衡数据要素与传统要素之间的配置结构。

综上所述，数据要素驱动企业高质量数字化转型路径研究由三部分构成：一是数据要素驱动的内涵；二是数据要素驱动企业高质量数字化转型的实现路径；三是在不同发展阶段企业对数据要素与传统要素配置及其数字化转型路径选择的适应性管理。据此，构建如图5-3所示的数据要素促进高质量发展的微观机制与路径研究模型。

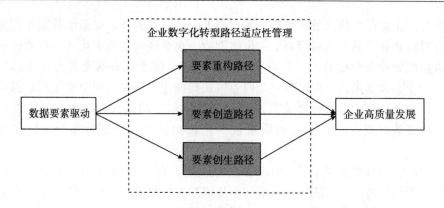

图 5-3　数据要素促进高质量发展的微观机制与路径研究模型

下面阐述研究案例的选择。根据案例研究抽样原则，选择索菲亚家居股份有限公司（以下简称索菲亚）智能制造发展历程为纵向案例研究对象。该案例的典型性有三个：①企业成立于 2003 年至今已 20 年，业务发展涵盖从单一衣柜橱柜品类到家具家居定制，再到全屋整屋定制的行业完整变迁过程，2011 年成为中国定制家居行业首家上市企业，2016~2019 年在中国定制衣柜细分领域营收占总市场份额的 7%~12%，2021 年营业收入高达 104 亿元，与 2020 年相比增长了 25%，总资产高达 124 亿元，长期稳居行业首位，表明企业符合纵向案例研究的对象具有发展稳定性和发展线索完整性要求；②企业数字化转型高度融合于索菲亚业务中，易于观察数据要素化过程及其驱动路径的形成与变迁，2011 年上市后率先在行业内大规模投资和引进自动化、智能化生产线和运营系统，并购 3D 引擎设计等相关技术资产，在湖北黄冈、广州增城等地率先建成行业内智能制造基地，以行业领先的数据管理能力支撑品牌战略创新，企业市值、销售总额、利润总额等核心财务指标长期位居行业前三，表明索菲亚符合研究情境所需的代表性要求；③索菲亚所在的定制家居行业具有板材加工制造、定制服务、分销零售三种业态特征，先进制造业与现代服务业高度融合，具有品牌美誉与用户推荐影响并存、消费决策周期长、一次性投资比例高、服务链条环节复杂等特征，涉及制造运营效率与灵活二元性、产品绿色环保、服务公平、利益共享、品牌声誉、消费升级等企业高质量发展的多个维度。相比单一行业案例，研究结论更具跨行业管理启示的典型性。

在确定案例对象后，展开数据收集工作。一是增补 2021~2022 年第三季度的半结构性访谈、参与式观察等一手数据，采集上市公司年报、行业调研报告等二手数据，以一手数据为主、二手数据为辅来满足研究结论三角验证要求。例如，研究团队在半结构化访谈中获悉，数字技术帮助索菲亚集团成功应对疫情等外部环境压力，随后，研究团队从二手上市公司财报数据中印证了这一观察。二是增加对索菲亚智能制造基地、品牌矩阵实施、新品牌米兰纳及索菲亚两家合作供应商的实地调研、半结构化访谈和参与式观察等，以达到数据饱和，具体见表5-23。

表5-23　案例数据来源及核心内容

	数据来源	量化信息		数据描述
索菲亚	半结构化访谈	第一轮，2015年	9人次　482分钟	创始人、集团总经理（2*）、集团副总经理、家具营销副总经理、电商业务负责人、信息与数字化中心副总经理、研发专员a、研发专员b
		第二轮，2016~2018年	9人次　404分钟	IT副总裁（2）、营销副总裁、大家具业务总经理、信息与数字化中心副总经理（2）、总经理助理、制造调度专员、仓储专员
		第三轮，2019~2020年	6人次　367分钟	营销副总裁、电商业务负责人、市场专员、商务分析专员a、商务分析专员b、客户服务专员
		第四轮，2021~2022年	24人次　1440分钟	生产运营：产品部总监（2）、产品企划负责人、产品管理负责人、产品功能负责人（2）、产品设计负责人、运营系统部负责人、运营系统主工程师、运营支持系统负责人（2）、采购系统负责人、ERP系统负责人。营销系统：营销系统负责人、渠道策略负责人、消费者子系统负责人。数据系统：数据架构负责人、营销数据系统负责人、数据应用负责人。战略计划：集团总经理（2）、信息与数字化中心总经理（2）、直营整装事业部总经理
	档案数据	学术报告	44份　150页	中国知网以索菲亚定制家居为主题的学术报告（2011~2022年）
		媒体文档	152份　304页	60份行业主流媒体中的企业相关报道（2011~2022年）；72份微信公众号推送（2015~2022年）；12份行业研报（2011~2022年）；7份管理层采访（2018~2022年）；1份政府工作报告（2018年）
		上市公司报告	15份　2310页	15份上市公司年/季报（2011~2022年三季度）
		内部文档	7份　92页	3份企业内部培训文档；4份经销商培训PPT文档
	现场观察	田野笔记	6次交流会议　7页	1次企业数字化营销讨论会议（2018年）；1次新零售总结交流会议（2022年）；1次信息与数字化中心业务研讨会（2022年）；2次产品企划交流会（2022年）；1次营销系统分享会（2022年）。
			4次工厂调研　64页	2次总部自动化工厂参观（2018~2019年）；1次华南生产基地参观（2018年）；1次增城工厂参观（2022年）
			7次工作会议　21页	3次月度运营数据分析会（2022年）；1次运营部门周会（2022年）；3次创新项目周会（2022年）
			10次工作观察　19页	2次营销数据管理系统运作（2022年）、信息与数字化中心参观（2022年）、产品部工作（2022年）、2次广告投放执行工作（2022年）、平台店铺执行工作（2022年）、3次电商直播工作（2022年）

数据来源		量化信息		数据描述
合作生态	半结构化访谈	第一轮，2015 年	6 人次	154 分钟	经销商 A 店长、经销商 A 数据分析专员 a、经销商 A 数据分析专员 b、经销商 A 设计师、经销商 A 销售 a、经销商 A 销售 b
		第二轮，2017~2018 年	8 人次	201 分钟	经销商 A/B 投资人、经销商 B 店长、经销商 B 设计师 a、经销商 B 设计师 b、经销商 B 销售 a、经销商 B 销售 b、经销商 B 客服 a、经销商 B 客服 b
		第三轮，2019~2020 年	7 人次	170 分钟	经销商 A/B 投资人、经销商 C 投资人、经销商 C 店长、经销商 C 设计师 a、经销商 C 设计师 b、经销商 C 客服 a、经销商 C 客服 b
		第四轮，2021~2022 年	5 人次	180 分钟	经销商 C 店长、经销商 D 店长、经销商 E 店长、经销商 F 店长、经销商 C 数据系统专员
	档案数据	媒体文档	117 份	172 页	117 份雪球平台与索菲亚经销商相关主题讨论（2016~2022 年）
		内部文档	7 份	20 页	3 份服务规范文档；2 份店内管理制度文档；2 份业务展示 PPT 文档
	现场观察	田野笔记	7 次门店调研	18 页	6 次广州市区门店 ［2017 年、2019 年、2022 年（4）］；1 次增城门店（2018 年）
			2 次合作洽谈	10 页	1 次皮具供应商入网洽谈会议（2020 年）；1 次厨具供应商入网洽谈会议（2021 年）

注：＊括号中数字表示访谈/观察次数，未标注对象为访谈/观察一次。

采用与吴瑶等（2022）相同的数据编码与分析方法。在研究人员对关注"数据要素驱动""高质量数字化转型""全要素生产率提升"主题达成一致认知的前提下，进行分阶段和迭代式的编码，以满足数据信度效度要求，主要结果见图 5-4。在案例发现部分，将分别呈现由核心构念、分类维度组成的数据结构，以呈现数据要素驱动高质量数字化转型路径的具体证据。

二、数据要素促进高质量的微观过程

通过案例数据分析发现，数据要素驱动企业高质量数字化转型主要有数据要素重构型驱动、创造型驱动和创生型驱动三个路径，并在数字化补课、自动化网络化、智能制造基础发展，及智能制造高质量发展四个阶段表现出不同路径的过程特征。

（一）数字化补课阶段（2008~2011 年）

2008~2011 年，中国房地产红利推动索菲亚定制家具产品供不应求。为突破产能不足瓶颈，2008 年开始索菲亚对原有机械化半机械化制造进行信息化改造，解决传统生产模式效率低的矛盾，形成初步的数据资源累积。然而，信息系统内嵌的标准化、流程化、精细化标准或要求，导致原有机械化半机械化基础上形成

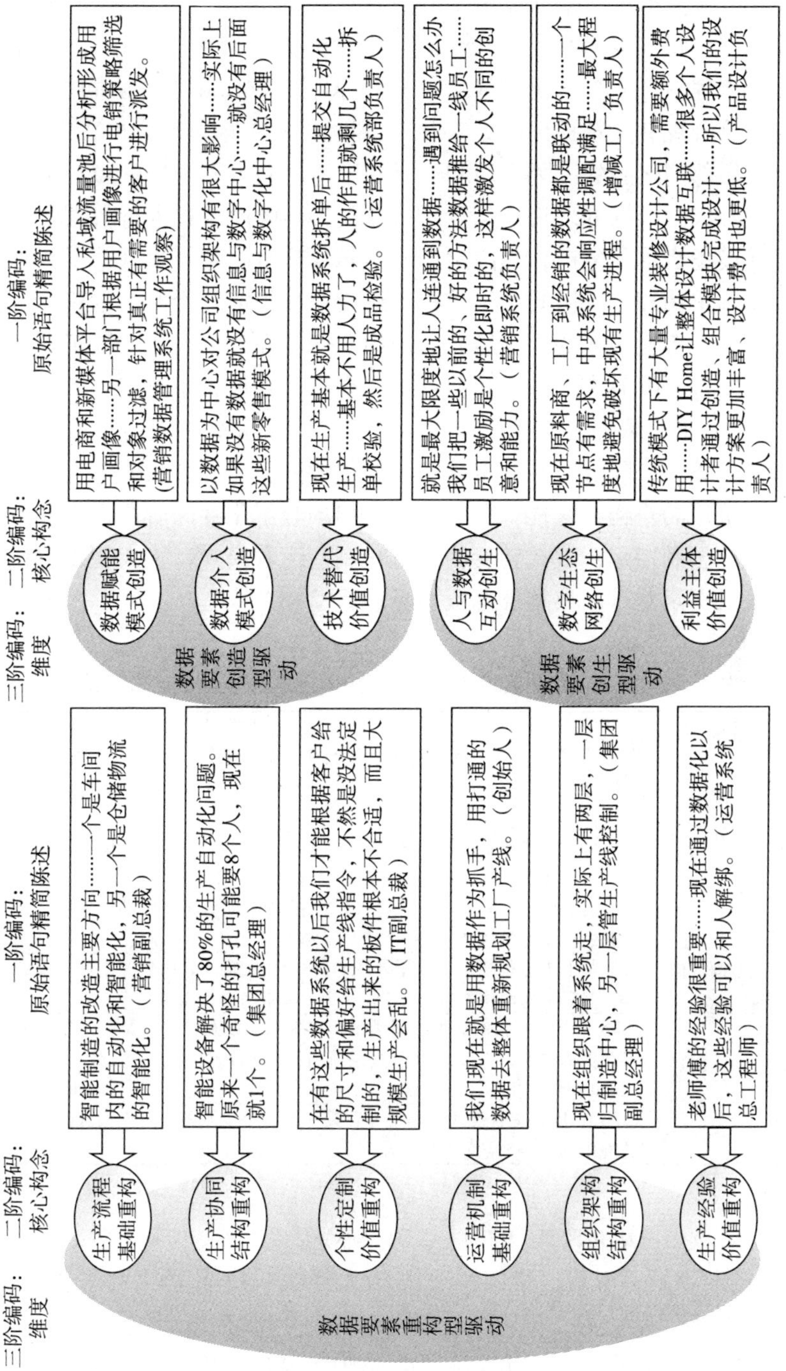

一阶编码：原始语句精简陈述

用电商和新媒体平台引导人私域流量池后分析后分析成用户画像……一部门根据用户画像进行电销策略筛选和对象创造，针对真正有需要的客户进行派发。（营销数据管理系统工作观察）

以数据为中心公司组织架构有信息与数字化中心……实际上如果没有数据就没有数字化营售模式。（信息与数字化中心总经理）

现在数据基本就是数据系统拆单后……基本不用人力了，人的作用就减少几个……拆交自动化生产……然后是成品检验。（运营系统部负责人）

就是最大限度地让人连通到数据……遇到问题怎么办我们把一些以前的，好的方法给一线员工……数据推给一线员工，好的方法是个性化即时的，这样激发每个人不同的创意激励他的利润能力。（营销系统负责人）

现在原料商，工厂到经销的数据都是数据联动的……一个最大节点需求，中央系统会调配应性满足……最大限度地避免破坏环现有生产进程。（增减工厂负责人）

传统模式下有大量专业装修设计……DIY Home让整体设计数据互联，很多个人设计者通过创造，组合模块完成设计……所以我们的设计设计方案更加丰富，设计费用也更低。（产品设计负责人）

三阶编码：维度　二阶编码：核心构念

数据赋能模式创造

数据介入模式创造

技术替代价值创造

数据要素创造型驱动

人与数据互动创造

数字生态网络创造

利益主体价值创造

数据要素创生型驱动

一阶编码：原始语句精简陈述

智能制造的改造主要方向……一个是车间内的自动化和智能化，另一个是仓储物流的智能化。（营销副总裁）

智能设备解决了80%的生产自动化问题。原来一个奇怪的打孔可能要8个人，现在就1个。（集团副总经理）

在有这些数据系统以后我们才能根据客户给定的尺寸和偏好给生产线指令，不然是没法定制的，生产出来的板件根本不合适，而且大规模生产会乱。（IT副总裁）

我们现在就是用数据操作作为抓手，用打通的数据去整体重新规划工厂产线。（创始人）

现在组织跟着系统走，实际上有两层，一层（集团）归制造中心，另一层管生产线整体。（集团副总经理）

老师傅的经验很重要……现在通过数据化以后，这些经验可以和人解邦。（运营系统总工程师）

二阶编码：核心构念　三阶编码：维度

生产流程基础重构

生产协同结构重构

个性定制价值重构

运营机制基础重构

组织架构结构重构

生产经验价值重构

数据要素重构型驱动

图5-4　索菲亚案例的数据结构

的流程和规范无法适应。索菲亚根据数据分析结果决定按信息系统要求重构原有生产流程基础，将"老师傅+简单设备"生产流程转变为"标准件+非标准件"结合的制造流程，形成信息化倒逼生产流程基础的重构和生产协同结构的重构，该转型过程符合现有文献提出的数字化补课阶段（肖静华等，2021）。原有生产协同主要依靠部门之间的人际沟通和规章制度，协同效率低严重影响生产计划安排，信息中心成立数据处理机构负责对产品设计与生产流程进行数据化映射，利用数据指导设备自动化生产，提高生产流程各环节协同度。通过基于数据要素的生产流程基础重构和生产协同结构重构，形成个性化定制价值的重构。以往个性化定制主要依赖专业工人的手工经验，制约了产能提升，正如增城工厂生产中心经理提到："每年10月左右，负责打孔的三排钻师傅就忙不过来，而且还容易出错。"信息中心基于数据要素优化配置生产管理系统和数控设备形成对手工操作的全部或部分替代，降低对专业定制工人的依赖度，在制造价值链环节上形成对个性化定制价值的重构。这样，在大规模定制的数字化补课阶段，索菲亚通过要素重构从粗放型制造运营模式转变为规范化制造运营模式，为大规模定制的自动化网络化发展奠定基础，典型证据援引见表5-24。

表5-24 数字化补课阶段企业数字化转型典型证据援引与编码结果

维度	核心构念	部分典型证据援引
数据要素重构型驱动	生产流程基础重构	在IT帮助下，2008年开始我们进行生产流程重构，分标准件加非标件生产。有一部分完全个性化的订单，订单来了才开始生产，标准订单则订单来了立刻从仓库打包发出去。（创始人）
		由于订单出错率较高，当遇到工序或流程问题时，直接现场进行解决，那时候我基本就住在工厂，有问题随时带人解决。（创始人）
	生产协同结构重构	分解需求后，我们的工厂可以根据数据系统对不规则件进行加工，这是我们索菲亚的核心竞争优势之一。（IT副总裁）
		设计师下单后就是图纸，数据处理部同事将图纸一个一个拆，拆出来的是加工数据，然后发送给生产部门生产。（大家具业务总经理）
	个性定制价值重构	2008年开始，我们陆续应用了生产管理系统以及采用了条码系统，实现了原材料数据的追踪，以及可以根据系统进行计料和管控，降低对专业工人的依赖。（信息与数字化中心总经理）
		应用CAD制图软件代替前端专业设计师的手工画图，可以极大地提高订单数据的准确性。（产品设计负责人）

（二）自动化网络化阶段（2011~2017年）

2011年索菲亚上市后，集团高管团队大规模投资自动化网络化生产设备，进而提升大规模定制能力，该转型过程符合自动化网络化阶段特征。该阶段，要素重构得到强化体现在以下三方面：①制造设备基础重构。索菲亚引进德国豪迈14条家具智能制造产线，实现生产线物料数据、工艺数据、设备运行数据实时连通，数据贯穿设备和流程中。②组织职能重构。例如，数字化补课阶段数据处理部负责各部门协同实现个性化定制，此阶段系统自动处理订单数据的下载、拆分、组合与传送，完全替代数据处理部原先的协同职能，员工主要负责运行监控与异常管理，生产中心重构了组织职能。③大规模定制价值重构。在制造设备重构与数字系统支持下，实现大规模定制形成降本增效。例如，生产中心与信息中心基于数字系统的历史价格分析，发现采购招投标过程存在材料浪费情况，基于数据要素推出新的采购管理制度，当年为生产中心节约 7000 万元采购成本，数据要素驱动形成降本增效的成效明显。

该阶段形成要素创造路径。区别于要素重构，要素创造主要体现在数据介入模式创造、用户参与场景创造及技术替代价值创造。首先，信息中心成立数据架构部，负责公司整体数据库建设与数据应用运营。数据架构部挖掘运营数据的潜在价值，帮助生产中心做出更敏捷的针对性业务决策。同时，与法国最大橱柜企业司米开展数据资源合作，从用户购买视角创造更多的数据介入生产运营新模式，使生产中心获取数据要素驱动的业务价值。通过上述管理变革，企业形成数据要素的介入模式创造。其次，2014 年开始与 Oracle 等软件企业合作建立营销协同系统，允许用户自主设计定制化产品，通过人工智能系统自动匹配和推荐相应方案，构建起企业与用户互动创新数字化场景。通过上述管理变革，企业形成用户参与的场景创造实践。最后，与国内外领先的智能制造企业合作按汽车制造标准重新设计生产流程，生产中心负责人提到："现在到我们工厂去，所有工段设备，已经可以根据系统自动运营和操作，无须我们工人参与调试，什么时候开料、什么时候封装、什么时候打孔都是设备自动运行。"通过重新设计生产流程，企业形成技术替代的价值创造实践。

综上所述，在自动化网络化阶段，索菲亚从生产制造规范化运营模式转变为信息化与工业化初步融合的大规模定制模式，为智能制造起步发展提供技术基础。典型证据援引见表 5-25。

表 5-25　自动化网络化阶段企业数字化转型典型证据援引与编码结果

维度	核心构念	部分典型证据援引
数据要素重构型驱动	制造设备基础重构	我们目前设备是引进德国豪迈公司，是板式家具行业最先进的……柔性化生产本质是按照数据的要求来生产，每个生产部件对数据要求不一样，设备可以读取数据自动生产，设备是智能的。（制造调度专员）
	组织职能结构重构	以前我们是靠人去拆解订单，现在系统自动产生数据，而不是靠人……现在业绩增长了，我们数据处理部人员没有增加。（商务分析专员 a）
	规模制造价值重构	我可以从生产数据里面分析出很多产品有规律的部分，可以提升我的板材利用率，提升设备的利用率，提升我们车间工人效率，这些数据都是非常宝贵的。（信息与数字化中心总经理）

续表

维度	核心构念	部分典型证据援引
数据要素创造型驱动	数据介入模式创造	我们今年成立数据架构部，负责整个公司数据平台搭建，大数据体系梳理。（信息与数字化中心总经理）
		法国最大的橱柜公司和我们进行合作，按照消费者购买的三个阶段我想、我买、我等进行信息化，在互联网终端把门店和工厂进行数据联通。（信息与数字化中心总经理）
	用户参与场景创造	我们准备推出一个线上移动化的消费者参与互动 APP，希望消费者在自己的家里面、地铁、公园都可以参与自己设计，你画一个房间、窗帘等，我们系统就自动推荐匹配的方案给你。（营销副总裁）
	技术替代价值创造	这两年我们通过智能制造的公司，在我们内部做了大量的这种机器取代人的工作。当前，每一块板件在车间的任何一个位置，我都可以通过机器人提前把它计算好和模拟好，大大提高了生产效率。（增城工厂生产中心经理）

（三）智能制造基础发展阶段（2017~2020 年）

索菲亚 2011~2017 年的发展突破了供不应求的制造瓶颈。然而，2017 年开始中国房地产市场红利消失，定制家具行业从卖方市场转变为买方市场，争夺消费者的竞争日益激烈。同时，新一代消费者呈现多层次小众化消费特征。为应对挑战，索菲亚投资智能制造以提升需求个性化与大规模定制的灵活效率二元管理能力，该转型过程符合智能制造基础发展阶段的主要特征。与上两个阶段相比，该阶段的要素重构与要素创造的内涵和管理焦点发生改变。

要素重构的管理焦点转变为运营机制基础、组织架构和生产经验价值重构：①持续使用数字技术替代操作工人形成生产制造运营机制的基础性重构，黄冈 4.0 工厂从供应商物料运回、生产线产品切割与封装到产品自动装载运输，实现数据要素驱动的无人化运营机制。②形成数据要素驱动的组织架构变革，使生产中心与信息中心在组织效能和组织架构上形成深度融合，生产中心根据信息中心动态数据筛选、培育和提拔适应智能制造发展的技术型和知识型员工，以降低非专业员工比例。信息中心被赋予数据赋能生产中心变革职能，同时根据生产中心需求动态调整数据治理策略。③通过数据要素驱动生产知识管理形成生产经验价值重构。例如，借助数字技术将生产员工的隐性知识结构化和显性知识结构化，并转化为组织惯例和流程，从而降低员工经验学习与试错学习成本，形成生产经验价值的重构实践。

要素创造的管理焦点转变为数据赋能模式创造、用户互动场景创造和技术协同价值创造。该阶段，数据要素真正形成赋能模式为业务提供新价值。以黄冈工厂物料运输管理为例，信息中心利用运输管理系统实时调度不同仓库不同区域不同批次物料，及不同车辆在不同时段运输多少吨物资，实现数据要素赋能物料调度管理提高运营效率。同时，基于用户大数据和智能制造条件开发 DIY Home 用户创新工具箱，为研发中心、品牌营销、经销商终端提供用户偏好与个性化产品多维组合的用户互动场景，形成数据要素驱动的用户参与场景创造实践。2017年，收购智能制造公司宁基智能，提升原有经销商系统与新增智能设备的融合能力，推动经销商进入索菲亚物联网平台与智能工厂共享数据与实时互动，形成原有软件与新增硬件、品牌与经销商之间数据要素驱动的技术协同价值创造。由此，聚焦解决智能制造效率高低问题，索菲亚从自动化网络化的精细化管理发展为智能制造基础发展的数字化工业化中度融合。典型证据援引见表5-26。

表5-26 智能制造基础发展阶段企业数字化转型典型证据援引与编码结果

维度	核心构念	部分典型证据援引
数据要素重构型驱动	运营机制基础重构	索菲亚智能制造大体两个方向：一是针对现有生产线和工段进行改造和升级；二是推倒重来，建立新工厂。（增城工厂生产中心经理）
		我们黄冈工厂是黑灯工厂，供应商把物料运回工厂，直接进入生产线到最终切好，全部在线上走，不需要人的干预。（华南生产基地厂长）
	组织架构结构重构	生产操作一线员工越来越少，我们的业务增长他们基本上不用增长。我们内部有大量的培训体系，去重新培训好工人。（总经理助理）
		我将IT部门定位为半支撑半生产的部门，逐步替代生产中心职能，帮助他们完善生产流程。（集团总经理）
	生产经验价值重构	如何去打孔，就需要老师傅的当年的经验，这是一个转换，将他的知识转换成数字化的东西。（运营支持系统负责人）
数据要素创造型驱动	数据赋能模式创造	我们做了TMS运输管理系统，该系统通过数据可以精准告诉物流到哪个区域，运输多少吨物资，司机的联系方式是什么，完全数字化管理。（信息与数字化中心总经理）
	用户互动场景创造	由于我们要支撑千亿销售目标，所以决定收购一家3D软件设计公司极点三维，大力开发与客户互动的3D产品。（营销副总裁）
	技术协同价值创造	我们希望通过物联网等自动化技术，帮助供应商作流程优化和精益生产，如实现精益仓库、外部新产品研发、产品全生命周期联动管理等，这些都必须要和供应商价值共创。（信息与数字化中心总经理）

（四）智能制造高质量发展阶段（2020~2022年）

自2020年以来，中国消费需求呈现更加碎片化和圈层化特征，索菲亚集团总经理在多次演讲中强调"当前的消费需求不是碎片化而是粉尘化"。企业推出品牌矩阵以应对细分市场"粉尘化"需求的挑战。与前三个阶段相比，该阶段要素重构和要素创造的管理焦点发生改变外，第三条路径即要素创生路径初现端倪。

该阶段，要素重构焦点转向产品创新基础、管理机制和数字系统价值重构。形成以品牌矩阵为导向的数字创新服务要素重构，全国不同区域的智能制造基地依靠数据要素服务集团四个品牌以满足不同细分市场的即时需求，即时需求形成的流数据迅速积累，倒逼智能制造进行面向数字创新的体系升级，该转型过程符合智能制造高质量发展阶段的主要特征。为适应品牌矩阵战略和制造体系升级，形成管理机制重构。例如，信息中心基于数据重新配置管理要素，运用数据实时监控四个品牌的生产制造流程，使数据要素配置管理成为常态机制。数字系统价值重构的一个典型是数字孪生极大提升制造资源配置效率，如增城工厂每天需完成4000~5000个差异化订单，数字系统将这些订单细分为20万个不同颜色、大小与厚度的板件，管理者基于数字孪生系统模拟与实时同步的生产计划、节拍、产能调度与流程优化，动态调控制造过程资源配置方案从而实现制造技术范式的数字化跃升。

要素创造焦点则转向数据主导模式创新、用户主导场景创新和技术主导价值创新。以产品创新为例，产品设计从设计师经验主导转变为数据主导，设计师从数字系统中寻找最适合用户的产品方案，并根据客户实际情况做出相应调整，这种数据主导模式创造降低了设计师的工作成本。同时，用户搜寻、比对、消费决策、安装与售后服务全流程每一步均形成数字留痕，依托用户数据化参与创新过程的数据资源进行用户主导场景设计，帮助用户在各个环节参与互动设计，将用户隐性知识与显性评价应用到后端智能制造过程中，有效提高用户服务满意度、品牌忠诚度和公平感，或满足用户对产品绿色环保的需求偏好。要做这一点，依赖于智能制造体系升级，数据要素自适应关联能力初步涌现，形成制造体系禀赋、制造专家禀赋、市场创新禀赋融合的技术创新主导价值创造。

尽管索菲亚智能制造发展的要素创生路径处于起步，但区别于上述两条路径的特征已清晰展现：①人与数据互动创生，使数据要素得以自我强化形成创生循环。例如，索菲亚挖掘直播间用户大数据，发现直播间用户的产品偏好与线下店明显差异，迅速推动制造工厂快速调整，形成数据要素自我强化机制使制造流程更依赖数据要素；②数字生态网络创生。2022年应用企业智慧大脑指导全国制造基地网络化协同生产，基于实时数据配置各地工厂生产负荷，为全网5000多家经销商数万名工程师提供网络协作与安装工序数字化服务支撑，基于用户互动反馈数据即时调整数字生态网络互动策略，为上下游供应商协同生产采购配送计划等。这种数字生态网络创生实践同步形成第三个路径特征，即利益主体价值共创。例如，与大型电商平台数据合作获取平台数据精准捕捉目标客户需求，企业向电商平台开放制造端数据为平台提供实时供应链运行数据，使平台更精准地分析预测产业动态和趋势，两者各取所需优势互补，形成要素创生路径。这样，索菲亚由智能制造基础发展阶段跃升为工业化、数字化与服务化深度融合的高质量发展阶段，依托智能制造体系升级初步解决发展质量与数量平衡问题。典型证据援引见表5-27。

表5-27　智能制造高质量发展阶段企业数字化转型典型证据援引与编码结果

维度	核心构念	部分典型证据援引
数据要素重构型驱动	产品创新基础重构	我们的极点三维软件会不断固化艺术元素在里面，降低设计师的艺术设计要求，通过数字化技术帮助客户设计好产品。（产品部总监）
	管理机制结构重构	IT部门其实更像一把尖刀，哪个地方已经僵化了，我们就举起这把"刀"，让这块业务更加顺畅。（信息与数字化中心副总经理）
	数字系统价值重构	我们集团服务中心非常关注用户评价数据，如数据显示××地区消费者对经销商服务一直不满意，通过数据挖掘我们发现，在投诉中安装师傅态度不好超50%，于是我们派出专员前往该地进行督查整改。（数据应用负责人）
数据要素创造型驱动	数据主导模式创造	营销部门在数据分析中发现，随着生活水平提升，消费者对定制家具绿色环保非常看重，因此我们在业内率先推出EO级板材产品，并且在广告宣传中重点强调。（营销系统负责人）
	用户主导场景创造	从定制环节开始就是数字化的，每个用户安装东西都以数据形式存放在系统里，每个用户都可以评价我们，我们每年会做大量用户回访，这些数据指导我们生产。（数据架构负责人）
	技术主导价值创造	目前智能设备之间数据是完全联通的，制造机器系统MES的拉通，会使机器之间可以互联互通，相互交流，互联网知道对方是什么状态，这在国内是非常少见的。（集团总经理）
数据要素创生型驱动	人与数据互动创生	在供应商采购系统帮助下，供应商可以直接看到他的货物占比、生产情况及评价，还可以看到其他脱敏供应商的供货质量与成本，通过横向数据对比，供应商清楚知道哪些地方需要改进，会更积极更主动创新。（供应链中心经理）
	数字生态网络创生	完善的全国产能布局（实体工厂）以及贯穿前中后台的信息平台（虚拟工厂），虚实有机结合，形成了全国智能制造网络体系，作为大脑全面支撑并指导实体工厂的日常运作。（运营支持系统负责人）
	利益主体价值共创	我们和外部的合作伙伴共享数据库，我们做了很多数据方面的合作项目，包括消费品零售分析、市场判断、产品判断，都需要外部合作方的数据来支撑我们发展。当然我们也还在不断地学习。（数据架构负责人）

三、数据要素促进产业升级的适应性机制

案例表明，高质量数字化转型指基于要素重构、要素创造和要素创生，企业更高效配置数据要素从信息化转变为数字化，从而提高全要素生产率的一系列适应性管理变革过程或状态。引言提出如何界定数字化转型与企业其他转型提高全要素生产率的区别？基于案例认为，可从企业内部、合作伙伴及用户资源配置三方面辨析其中的区别：首先，高质量数字化转型更高效地完成数据要素化过程形成数据网络外部效应。研究认为，数字技术与大数据资源的持续投入会带来生产效率的提升，需要推动数字技术在组织层面的全方位采纳。本节案例发现，在智能制造高质量发展阶段不要求数据要素持续增加投入，通过数据要素重构产品创新基础等即可实现要素再配置。其次，高质量数字化转型也存在与合作伙伴股权投资、社会资本等关系纽带，但数据要素成为企业与合作伙伴资源配置的重要载

体。研究指出，数字技术需要与组织制度结合来合理利用合作伙伴资源。其中，股权投资、社会资本、正式合同等组织的正式与非正式制度发挥连接合作伙伴资源的重要作用。本节案例发现，高质量数字化转型主要依赖数据要素创生型驱动实现上下游合作伙伴的高度协同，如索菲亚建立的数字生态网络可以基于数字技术指导上游供应商的采购运营活动，同时为下游经销商提供数据要素驱动的销售策略。最后，高质量数字化转型中用户数字化参与创新构成企业合作网络资源配置的重要方式。虽然有研究指出企业可借助数字技术更好地利用用户参与创新，强调数字技术作为用户参与的重要工具，但缺乏从企业合作网络资源配置角度考察用户参与的商业价值，本节案例发现，数字技术与数据要素不仅是工具与合作载体，而且成为智能制造高质量发展阶段数字生态系统价值共创的参与主体，这区别于提高全要素生产率的企业其他转型实践。

案例表明，数据要素通过重构、创造和创生三条路径驱动企业高质量数字化转型。研究强调数据要素通过重构既有要素配置效率，使传统要素边际收益递减拐点向后推移。强化了该结论，同时剖析了数据要素再配置过程，揭示数字化补课阶段与自动化网络化阶段配置过程的差异。针对要素创造路径，发现在数字化补课阶段是缺失的，原因在于该阶段企业主要进行数据的"原始资本积累"，尚不具备要素创造的条件。要素创造形成于自动化网络化阶段，通过数据介入模式创造等实现人工智能数据算法能力的激活。同时，发现数据介入模式创造依赖于生产中心与信息中心的高效协同建立内部数据资产，并基于数据资产创造出用户参与场景，实现技术替代价值创造。在本案例中，要素创生只出现在智能制造高质量发展阶段，原因在于要素创生依赖于数据要素累积，只有当数字生态系统演化为近似成长品那样，具有数据要素驱动的即时与自主响应特征，要素创生才会真正形成。索菲亚要素创生路径尚属起步，但已呈现区别于上述两条路径的三个特征。

数据要素驱动企业高质量数字化转型路径的形成逻辑如图5-5所示。在转型初期，数据资源与传统资源分离（见图5-5左下方）。通过数据要素化过程，在传统要素方向形成要素重构路径，在数据要素方向形成要素创造路径。当要素重构与创造路径形成的数据累积均达到一定程度，数据网络外部性推动两条路径协同演化出第三条路径，即要素创生路径。要素创生路径的形成逻辑表明该路径既是前两条路径要素再配置的结果，也是前两条路径要素配置形成的数字创生性结果。

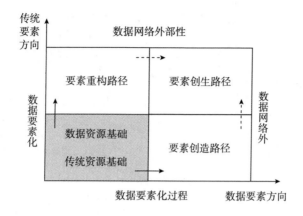

图 5-5　数据要素促进高质量发展机制与路径的形成逻辑

　　讨论表明，区别于数字化转型提高企业全要素生产率的实证研究，揭示数字化转型不同阶段降本增效、优化人力资本结构、促进两化融合、增强要素配置水平，提高决策效率和公司治理水平等中介机制实现路径的特征变化。区别于从战略、能力、研发、供应链、生产、营销、渠道、组织与人力资源等价值链环节揭示转型过程及路径的案例研究，从数据要素配置视角探讨数字化转型，从路径及其形成逻辑上回答了企业数字化转型究竟如何提高全要素生产率的问题，为数字化转型提高企业全要素生产率的路径及过程提供了理论解释，形成企业高质量数字化转型的管理理论创新。例如，现有研究侧重关注数字生态系统如何构建与维持，对于数字生态系统在智能制造领域的创生价值缺乏关注，推进了该研究缺口的弥合，从企业要素配置的底层逻辑上为数字化转型商业模式创新、数字生态系统创新创业等活动提供了理论解释。

　　根据案例发现与讨论，将索菲亚四个阶段转型路径的特征变迁与要素再配置结果归纳为表 5-28，表明更高效配置数据要素以提高全要素生产率是企业高质量数字化转型的集中体现，高质量转型也体现在数据要素再配置形成公平、绿色、共享、协调和品牌等综合价值上，企业从信息化转变为数字化只是转型的显性化载体。

　　表 5-28 较好地反映出数据要素促进高质量的微观过程机制，揭示出企业从大规模定制阶段向智能制造阶段转变的具体过程，表明在不同发展阶段，数据要素促进高质量发展存在显著差别，或高质量数字化转型过程存在显著差异，需要对数据要素与传统要素配置以及要素驱动路径选择进行适应性管理。

　　具体地，在大规模定制阶段，企业即面临如何平衡数据要素与传统要素之间的配置矛盾，过快或过慢都会导致企业内外部资源配置效率低下，因此需要在数据要素重构型驱动和数据要素创造型驱动之间进行路径选择。在智能制造阶段，

表 5-28　数据要素促进高质量发展的适应性变革特征

| | | 大规模定制阶段（2008~2017 年） | | 智能制造阶段（2017~2022 年） | |
		数字化补课阶段（2008~2011 年）	自动化网络化阶段（2011~2017 年）	基础发展阶段（2017~2020 年）	高质量发展阶段（2020~2022 年）
数据要素重构型驱动	路径	➢ 生产流程基础重构 ➢ 生产协同结构重构 ➢ 个性定制价值重构	➢ 制造设备基础重构 ➢ 组织职能结构重构 ➢ 规模制造价值重构	➢ 运营机制基础重构 ➢ 组织架构结构重构 ➢ 生产经验价值重构	➢ 产品创新基础重构 ➢ 管理机制结构重构 ➢ 数字系统价值重构
	结果	➢ 降低生产运作成本 ➢ 提高生产运营效率	➢ 提高业务决策效率 ➢ 优化人力资源结构	➢ 优化人力资源结构 ➢ 提高生产创新能力	➢ 持续提高创新能力 ➢ 数字技术赋能业务
数据要素创造型驱动	路径	—	➢ 数据介入模式创造 ➢ 用户参与场景创造 ➢ 技术替代价值创造	➢ 数据赋能模式创造 ➢ 用户互动场景创造 ➢ 技术协同价值创造	➢ 数据主导模式创造 ➢ 用户主导场景创造 ➢ 技术主导价值创造
	结果	—	➢ 数字创新业务模式 ➢ 与用户共创价值	➢ 场景化创新 ➢ 用户互动创新	➢ 数字化与智能化运营 ➢ 多品牌全品类发展
数据要素创生型驱动	路径	—	—	—	➢ 人与数据互动创生 ➢ 数字生态网络创生 ➢ 利益主体价值共创
	结果	—	—	—	➢ 数智网络促进数字创生 ➢ 实现两化深度融合

企业既平衡数据资源与传统资源配置问题，也要解决不同要素驱动路径之间的平衡问题，形成不同侧重的适应性管理实践，由此形成与上一阶段不同的数据要素创生型驱动路径。推进现有适应性管理研究的探索，在于强调人机协同资源配置构成要素创生路径适应性管理的基础，提出要素创生路径的适应性管理范畴不仅包括人机协同的管理，而且也包括数字生态系统互动网络与价值共创主体的管理。

总体而言，可从以下三方面推动数据要素促进高质量的微观变革。首先，可通过数据要素适应性驱动路径实现高质量数字化转型。当前，中国企业普遍意识到数字化转型的重要性，在产品研发、市场营销、供应链管理等环节加大数字技术的投入，然而成效普遍不足，核心原因在于缺乏有效的数字化转型实现路径选择。因此，企业需充分了解不同阶段下既有要素资源的配置效率现状，根据阶段特征采取适应性数据要素再配置策略。其次，明确高质量数字化转型的核心目标是提升企业内外部既有要素资源配置效率。研究发现，与数字化转型基础发展阶段不同，高质量数字化转型更强调企业内外部要素资源的再配置，企业需要考察内外部资源配置效率现状，选择适应性数据要素驱动策略转型升级。最后，数据要素驱动高质量数字化转型需要数据部门与业务部门高效协同。企业数字化转型过程中，业务部门与数据部门可能存在价值冲突、权力冲突与利益冲突，高管团队需要基于数据要素推动两个部门更好沟通。

第六章 人工智能驱动的数实融合

目前，学术界对于数实融合有不同理解，其中的"数"既有数字技术的含义，也有数字经济的含义（夏杰长，2022；何德旭等，2024）。对于数实融合的实现路径，多强调数字产业化和产业数字化既构成数字经济的两个实现路径，也构成数实融合的实现方式。从微观层面来看，企业的数实产业技术融合行为显著提升企业的全要素生产率，机制分析表明，数实产业技术融合有助于拓展企业知识宽度，提升技术创新质量。同时，数实产业技术融合能够强化企业对融合技术扩散的吸收能力，提升产品竞争力，从而提升企业全要素生产率（黄先海和高亚兴，2023）。本书上述章节的论述表明，两化融合构成数实融合的内核或基础，或者说，数实融合是两化融合在社会经济更广泛和更深刻层面的延伸。

在此过程中，人工智能（AI）进一步强化了这种内核基础或外部延伸的影响范围和作用深度。ChatGPT 成为 2023 年度 Nature 期刊十大人物之一，这是首个非人类实体入选，旨在认可 AI 大模型在科学发展中的新社会主体作用，表明以往结构化的 BI（商务智能）转变为 AI 的非结构化 BI 时代。按照 IBM 给出的定义，BI 是指在一系列数字技术支持下简化信息收集、分析的策略集合，以充分运用企业数据资产来制定更好的商务决策。AI 既依赖大数据同时也创造大数据，两者密不可分。因此可以认为，AI 代表了大数据环境或资源基础，大数据的有效使用意味着 AI 应用的实现。AI 使两化融合向数实融合变迁的速度加快，为分析 AI 的这种变迁加速影响，需要构建新的理论分析框架。

第一节　主体—战略—流程（SSP）分析框架①

理论上，AI 如何影响产品创新商务智能的发展，其影响机制在产品创新的战略层和开发层分别构建哪些新基础等问题，尚未有清晰的答案。据此，以大数据合作资产为理论基础，从企业与用户互动的适应性创新视角，以 AI 影响制造产品创新的新机制为研究对象，提出 AI 驱动的数实融合主体—战略—流程（Subject-Strategy-Process，SSP）分析框架，探讨 AI 时代的数实融合机制分析框架。

一、AI 的核心创新特征与 SSP 分析框架

AI 的概念具有多视角、多维度和多层次特征，以下三个视角的 AI 概念具有代表性：技术视角认为，AI 是一种利用机器执行原本由人类完成的特定复杂任务的软件和硬件技术。过程视角认为，AI 是利用机器学习、深度学习、计算机视觉等技术通过编程和算法处理来模仿人类。创新视角认为，AI 是一种拟人目标的创新系统，即在机器中创造类似人类行为的感知、推理和行动。综合上述三个视角的观点，我们认为，AI 是指人类智能嵌入机器智能的技术、经济和社会的实现方式。据此，探讨 AI 区别于其他数字技术或以往技术进步的三个核心创新特征，即新社会主体、生成性和知识积累方式突变性。

（一）AI 核心创新特征

新社会主体构成 AI 区别于其他数字技术或以往技术进步的第一个核心创新特征。相关代表性研究主要从通用目的技术（GPT）与社会主体两个视角探讨 AI 对企业管理中组织、信息系统、技术和人员等诸多方面的影响：一是将 AI 视为技术工具的研究以结构化理论为基础，强调 AI 对社会主体的价值取决于社会主体的环境和条件，虽然技术和人的主体性都影响人的行为，但技术仅发挥补充作用；二是将 AI 视为社会主体的研究以行动者网络理论为基础，强调机器智能的高拟人度使学习、情感、伦理等原本适用于人类主体的特征被大量迁移到算法、模型等机器智能中，视频、音乐软件等推荐算法反向塑造人的动机、意向性、审美和价值取向，使 AI 具有人类主体性的部分核心内容特征。

区别于以往的技术进步，也区别于互联网、大数据等其他数字技术，AI 既

---

①　根据谢康、卢鹏、夏正豪《大数据驱动的产品创新商务智能：SSP 框架的分析》（《财经问题研究》2024 年第 4 期）重新撰写、修改和增补。

具有 GPT 的主要特征，也具有区别于人类的新社会主体的特征，但 AI 作为社会主体（AI 员工）既不是纯正意义的"经济人"，也不是"社会人"，AI 是一种行动者联合体。可以认为，AI 作为技术工具的结构化理论与 AI 作为社会主体的行动者网络理论，分别阐述了 AI 影响的一枚硬币的两面。因此，AI 区别于其他数字技术或以往技术进步的核心创新特征之一，是一种区别于人类主体的新社会主体，可以从 AI 作为 GPT 与新社会主体的复合体视角，探讨其技术、经济和社会影响。基于此，将 AI 作为复合体的主要特征归纳为三个：①AI 复合体高度集成劳动、资本、技术、管理、知识和数据六种生产要素，是既有生产要素与数据作为新生产要素深度融合的智能体；②生产要素的多种组合使 AI 复合体具有生成性，形成具有自我升级能力的社会网络智能体；③AI 复合体的技术、经济和社会价值与外部环境条件密切相关，如技能偏向型或资本偏向型进步等，因而 AI 对经济社会的影响通常具有正面与负面影响并存的两面性。

生成性构成 AI 区别于其他数字技术或以往技术进步的第二个核心创新特征。基于数字技术的分层模块化结构及技能偏向型技术进步，AI 应用会出现快速反馈与即时调整的生成性（generative）。在产品创新中，会出现区别于成品的成长品现象（肖静华等，2020），因为人类不可能审查全部的计算过程，机器认识中的不透明性会导致人类"理解"的缺失，使机器智能的结果对人类认知而言产生不确定性。这种不确定性带来产品创新、运营管理和营销中的诸多难以预测的变化，形成诸多适应性创新活动，构成 AI 区别于其他数字技术或以往技术进步的第二个核心创新特征。

从社会行动理论来看，AI 带来的社会行动场景的变化集中体现在由传统社会行动情境转向新网络数字场景，使社会行动的主体从单一人类主体的行动转向人与 AI（非人行动者）协同的混合社会主体行动。从冯·诺伊曼关于人脑语言和计算机语言具有不同的逻辑深度和计算深度的观察来看，AI 形成社会知识生产与积累的新模式，区别于传统的以个体探究为主的知识生产与积累方式。在 AI 知识生产与积累的新方式中，AI 既是知识生产与积累的工具，也是知识生产与积累的非人行动者。在此过程中，人类主体通常采用算法规避等方式来获取 AI 的知识生产收益而不愿承担其风险与可能损失，或将风险与可能损失转嫁到社会而损害社会公平，因而 AI 算法规避本质上是社会行动者的治理规避，需要构建算法责任等 AI 社会治理机制。可见，相比其他数字技术，在产品创新中，AI 的生成性会带来更多的机会主义行为，使 AI 对产品创新的影响具有更加明显的两面性。

知识积累方式的突变性构成 AI 区别于其他数字技术或以往技术进步的第三个核心创新特征。AI 的知识积累方式与其生态系统密切相关。AI 难以独立存在发挥作用，AI 的进化必然形成 AI 生态系统。在这里，AI 生态系统指 AI 领域中不同行动者、利益相关者相互联系、相互影响构成的系统。该系统主要包括技术基础、人才、数据、投资环境、社会环境五个方面，强调构建 AI 生态系统有利于克服 AI 发展面临的问题，为 AI 的快速发展做好准备。日本 AI 技术战略委员会认为，在国家层面主要从加大研发力度、培养人力资源、维护数据环境、提供启动支持、促进居民理解五个方面展开 AI 生态系统建设。

从企业或产业层面来看，制造企业或制造业的 AI 生态系统与智能制造密切相关，因而 AI 形成的知识积累方式突变性集中体现在智能制造中。智能制造的概念有狭义、广义和宏观意义之分，强调智能制造的本质包含软件化的工业技术、软件定义的生产关系及其在此基础上的生产关系优化和重构。区别于以往的制造模式，智能制造是数字技术与制造业务高度匹配的制造模式，体现了技术与管理的深度融合。因此，智能制造是 AI 与工业自动化、制造资源、管理基础融合的制造业转型升级的集中体现。通过剖析智能制造中知识积累方式的突变性，可以较好地洞察 AI 的第三个核心创新特征。

具体而言，复合视角下的 AI 生成性会对智能制造推动制造业转型升级产生两面性影响，使制造企业或制造业的知识积累方式具有突变性特征。在企业层面，AI 应用影响的两面性体现在企业绩效与组织员工行为两方面，如 AI 在企业定价决策中比人类决策有更好的绩效，AI 应用提高企业能源效率，但对技术效率的影响不显著。又如，AI 的部署与反馈对员工绩效的影响存在两面性。在产业层面，AI 对产业结构转型升级产生正向还是负向影响，取决于不同产业部门应用 AI 后的产出弹性和 AI 与传统生产方式的替代弹性之间的差别。例如，AI 对制造业形成部分劳动替代，降低劳动力就业水平，减少劳动报酬，同时又创造新工作岗位，增加劳动者收入等。在国家或区域层面，AI 应用影响的两面性主要受国家或区域资源禀赋的影响，AI 不仅影响制造业的发展模式，而且会对相关产业劳动者技能水平提出更高要求，从而形成更高的人力资本积累。同时，国家或区域将 AI 整合进制造业的工业运作中会改变一国或区域的技术知识结构，进而形成更强的竞争力，但也会带来更多的隐私保护、数据安全、职业健康等风险。该领域研究表明，在企业、产业、国家层面，AI 对制造业转型升级的两面性与 AI 作为 GPT 与社会主体的复合特征密切相关，使其对制造企业或制造业知识积累方式的影响具有突变性。

综上所述，新社会主体、生成性、知识积累方式突变性构成 AI 区别于其他数字技术或以往技术进步的三个核心创新特征。接下来将基于该结论阐述 AI 驱动的数实融合 SSP 分析框架。

（二）SSP 分析框架

该部分以 AI 驱动的产品创新商务智能为研究对象，提炼出 AI 驱动的数实融合分析框架。通常，创意生成的模糊前端、详细设计与开发、测试与商业化构成产品创新的三个主要环节，因而创新管理视角的 AI 定义，指融入企业战略及创新开发，实现跨业务、跨流程、跨时间维度价值创造和产品创新的数字生态系统。该定义强调 AI 带来的创新主体、创新战略和创新流程的新变革构成产品创新机制的基础。其中，产品创新机制是指产品创新过程中各要素之间的结构关系和运行方式。刻画产品创新通常有两种视角：一是从技术创新和进步的视角；二是从要素组合的方式的视角。综合这两种视角，以大数据合作资产为理论基础，结合内生经济增长理论和熊彼特创新理论，从企业与用户互动的适应性创新视角，分析 AI 对产品创新流程一体化与要素组合方式转变的影响，来刻画 AI 影响产品创新的新机制。

AI 对创新主体产生结构性变革的影响是基于企业与用户互动的适应性创新来实现的，企业与用户互动的适应性创新构成数字经济的主流创新模式，企业与用户互动的适应性创新活动构成 AI 赖以演化进步的大数据基础。从企业与用户互动的适应性创新视角剖析 AI 影响产品创新的新机制，可以从 AI 技术进步的底层逻辑上更好地阐述影响机制的源头所在。同时，我们提出的大数据合作资产理论（Xie et al.，2016）为理解企业和用户互动的适应性创新的本质特征提供了重要理论指引，可作为研究的理论基础。首先，该理论强调，企业与用户互动构成大数据合作资产赖以存在的基础和条件。其次，该理论强调，大数据合作资产具有高度情境依赖性，大数据发展、企业与用户互动行为、行动者价值共创这三个条件是形成合作资产价值的前提。在 AI 应用于产品创新的过程中，人与 AI 互动形成的数据化结果本质上属于大数据合作资产。进一步来说，大数据合作资产不仅构成人与 AI 互动的结果，更是两者互动的动力源泉和基础。因此，大数据合作资产理论适合于作为构建 AI 影响产品创新机制的理论基础。

其一，在创新主体层面，AI 影响产品创新的新机制和新路径主要通过人与 AI 双向卷入形成的反馈式增强机制来实现。在产品创新的过程中，人与 AI 的交互是其核心和基础，交互中的双向卷入会增益企业的技术变迁效应、劳动力替代效应和知识溢出效应，不仅改变了既有生产要素组合方式，也改变了知识积累方式。人类为产品创新提供经验和直觉判断，AI 使企业在产品创新中实现更高效准确的市场洞察、用户偏好分析和舆情实时监控，对于已存在或尚未被意识到的需求产生更多可商业化的新解决方案，从而提高创新效率，稳固创新产品的差异化竞争力。人与 AI 按照上述创新分工，在创意上相互反馈、补足和完善，产品创新便得以在此基础上获得反馈式增强。

其二，在创新战略层面，AI 影响产品创新的新机制和新路径主要通过战略匹配的流程整合来实现，由于各类创新具有交互性和共同演化性，任何产品创新都不是独立的，需要与之相匹配的创新战略和互补资产作为支撑。因此，产品创新、AI 技术与组织中的其他要素存在动态交互的共同演化效应，企业需要战略性地使用 AI，将 AI 的认知战略整合到组织战略中，使认知战略与竞争战略、商业模式、组织文化和生态系统相匹配，才能够通过产品和服务创新创造价值。

其三，在创新流程层面，AI 影响产品创新的新机制和新路径主要通过前端、中端和后端的一体化动态协同来实现。在创意生成的模糊前端，AI 投资尽管并未显著改变产品结构，但其显著地提高了商标数量和产品专利。例如，AI 投资促进了产品创新在前端的创意生成，通过处理现有知识领域中的大量信息，AI 系统可以快速捕获其中的潜在知识，从而开发或识别大量的创意，形成创意网络。在设计与开发的中端，AI 还可以突破本地知识搜索的限制，从不同领域的产品知识中汲取灵感，形成产品原型网络。例如，Autodesk 使用基于黏菌和哺乳动物骨骼生长模式的 AI 模型，为空中客车公司生成了新的机组人员隔断的产品原型。又如，AI 接受大体量、多类别绘画作品的训练后，通过鉴别器学习艺术风格分类，通过生成器学习风格模糊性，最终生成了偏离所学风格的新服装设计原型。在测试与商业化的后端，AI 驱动的产品创新能够形成智能产品网络，其产品功能是高度相关的，并可以通过人与 AI 的深度互动反馈进行自我测试与优化，从中再提取出新的创意，为下一个周期的产品创新提供潜在的依据和方向。

综上所述，AI 在创新主体、创新战略与创新流程三个层面上的影响，构成大数据驱动的产品创新商务智能三个分析维度。其中，AI 作为新的社会主体，融入组织活动中带来新的生产要素投入，形成生产要素的新组合而推动产品创新进步。特别是，AI 带来时空压缩效应，从而提升产品开发效率，引发组织创新战略与流程的根本性变革，三者相互联动构成产品创新的 AI 生态系统，形成大数据驱动的产品创新商务智能，在每个维度内部存在不同的要素组合结构。由此，依据大数据合作资产理论，从企业与用户互动的适应性变革视角，以大数据驱动的产品创新商务智能主体—战略—流程（SSP）分析框架为参照，提出 AI 驱动的数实融合 SSP 分析框架，用于探讨 AI 时代的数实融合创新机制（见图 6-1）。

在图 6-1 中，创新主体、创新战略和创新流程三个维度内部存在不同的要素组合结构。在创新主体层中，人通过新生产要素组合的方式重新配置 AI 及其他生产要素，使知识积累方式产生突变，产品创新知识再反馈到人，去补充现有产品知识库。在这种反馈式循环中，人与 AI 形成双向卷入的深度协同与互动模式；在创新战略层中，AI 的认知战略通过与竞争战略、组织文化、商业模式和生态系统的匹配来嵌入前中后端；在创新流程层中，人与 AI 的深度交互使得创新的前中后端分别产生了创意网络、原型网络和产品网络，三者在 AI 的启发、纠偏和自测中形成一体化动态协同。

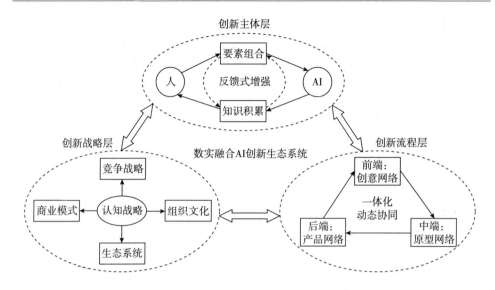

图 6-1 AI 驱动数实融合的 SSP 分析框架

从主体、战略和流程三者相互联动结构的角度，图 6-1 展示了产品创新中的 AI 生态系统运行结构及特征，创新主体、创新战略和创新流程之间两两互相影响。因此，SSP 分析框架也可被视为 AI 驱动的数实融合创新生态系统分析框架。其中，创新主体通过要素组合、知识积累的反馈式增强路径影响创新战略，进而指导创新流程层前中后端一体化。在创新主体层中，人与 AI 协同通过要素组合和知识积累路径影响创新流程，形成模糊前端的全流程扩散、需求—解决方案对的非线性迭代和智能制造的生成式自测，从而支持创新战略层中认知战略与竞争战略、组织文化、商业模式和生态系统的匹配。

首先，创新主体与创新战略的双向影响主要体现在以下两个方面：①在创新主体影响创新战略方面，AI 认知战略与竞争战略、组织文化、商业模式和生态系统相匹配，实现前中后端的一体化；②在创新战略影响创新主体方面，AI 认知战略促进了要素组合与知识积累的反馈式循环，迭代间隔越来越小，最终循环次数增加，人与 AI 协同机制更加稳定地产出创新结果。

其次，创新主体与创新流程的双向影响也有两方面体现：①在创新主体影响创新流程方面，人与 AI 的产品创新协同机制，在创新流程的前中后端的时间逻辑上分别发挥不同的作用：位于创新流程的前端时，即产品创意产生阶段，AI 的自我生成特征与 AI 对人的互动启发，有助于快速生成多样化的创意网络；位于创新流程的中端时，即产品设计开发阶段 AI 可以为组织提供产品设计的纠偏功能，根据市场上已有产品分析及小范围内部客户反馈结果进行分析，对设计人员经验的局限进行纠偏，形成原型网络；位于创新流程的后端时，即产品测试及商业化阶段，AI 可以提供自我测试，对产品的功能预先进行错误排查、AI 自我模拟用户数据进行 AB test 等，形成产品网络。②在创新流程影响创新主体方面，前中后端一体化使产品开发的固定流程变得灵活，前中后端组合的可能性增加，使要素组合方式多样化，进一步促进知识积累形成质变，最终反映在人与 AI 协同机制上。

最后，创新战略与创新流程的双向影响体现在以下两方面：在创新战略影响创新流程方面，创新战略中 AI 认知战略与其他要素的匹配，实现前中后端一体化。在创新流程营销创新战略方面，前中后端一体化的创新流程中，人与 AI 的启发、纠偏机制可以有助于战略方向的实现；同时需要注意战略并不是一成不变，而是企业需要及时调整、优化战略方向，来适应新的市场和技术环境，保证企业在竞争激烈的市场环境中保持领先地位。

在 SSP 分析框架中，AI 的介入直接影响创新主体的结构，从而引发创新战略和创新流程的一系列连锁反应，因此，AI 对创新主体的结构性改变是产品创新 AI 生态系统的核心特征。为了阐明这一核心特征为产品创新带来的具体影响，下面分别对 AI 创新主体结构性改变构建产品创新战略变革的新基础及对产品创新流程变革的影响两部分内容展开具体阐述。

二、基于主体结构性变革的融合

总体来看，AI 创新主体结构性改变构建创新战略变革的新基础，主要体现在以下三个方面：

首先，要素组合方式与知识积累方式的新变革。AI 使决策和学习自动化成为产品创新的核心，也是知识积累方式新变革的体现。将 AI 技术有机融合进组织流程内，是解决 AI 技术在创新开发中遇到的问题的重要保障。在创新开发过程中，AI 不断从与客户的互动过程中，或是组织所在的生态系统中收集实时数据。而嵌入产品中的 AI，通过解读这些数据，进行自然语言建模并做出预测，从而实时解决问题。借助算法，AI 可以自动为用户生成新的特定解决方案，并不需要人工干预。在这个循环中，随着新数据的不断采集，AI 可以利用其学习能力优化其对用户需求和可能产生的行为的预测精准度。AI 可以为人类提供决策支持，从而促进产品创新的出现。在 AI 驱动的系统中，较多创新开发的知识是依靠算法自动化采集和积累，再将数据传递给 AI。AI 在解决问题的过程中整合来源多样化的数据，这些处理和决策的过程又进一步促进开放式创新和分布式创新，从而形成有价值的生态系统。值得注意的是，AI 增加知识积累的方式更多是探索新知识，而不是利用现有知识。因此，人与 AI 协同的主体结构特征对创新战略形成要素组合方式与知识积累方式的新变革，即人与 AI 协同的主体结构特征使得产品创新战略层面中，知识积累速度大大加快，知识积累不仅依靠组织或人作为主体的探索式和利用式学习，AI 在训练数据后生成的大模型也可以基于已有数据，生成可以复用或启发人的新知识。

其次，企业 AI 认知战略的适应性匹配。人与 AI 协同的创新主体特征，使得产品创新战略变革形成新基础，即企业 AI 认知战略的适应性匹配。前中后端是产品创新的三个阶段：早期创意生成阶段、产品设计与开发阶段、产品测试与商业化阶段。通过将 AI 认知战略与竞争战略、组织文化、商业模式和生态系统匹配，从而实现前中后端的一体化的 AI 战略性应用。在竞争战略方面，技术需要与业务动态融合才可以获得竞争优势，AI 技术在组织的竞争战略指导下，嵌入产品创新业务的前中后端赋能，为组织带来竞争优势。在组织文化方面，基于资源基础观和动态能力理论，Chaudhuri 等（2021）认为，AI 在组织里集成到业务分析工具中，能够而激发出数据驱动文化，可以极大地影响产品创新战略和组织流程，扩散到前中后端带动一体化。在商业模式方面，已有组织开发出基于 AI 的商业模式，开发相应的产品，为利益相关者创造了新价值，改变整个原有的价值链的前中后端。在生态系统方面，AI 的引入让组织的价值创造、传递和获取过程超越了现有边界，为产品创新的新活动和新流程提供了更为有利的运作环境，这一环境涵盖了产品开发的前中后端。

最后，在上述四类匹配中，AI 认知战略与竞争战略的匹配处于首要位置，为企业提供竞争优势，是认知战略实现的首要条件，对于组织文化、商业模式和生态系统的匹配起着决定性作用。AI 认知战略与组织文化的匹配是企业内部运营层面的重要因素，在 AI 时代，企业需要建立开放、创新和包容的组织文化，以适应不断变化的市场环境和技术进步。这种文化可以激发员工的创造力和创新精神，促进 AI 技术的研发和应用。AI 认知战略与商业模式的匹配是企业产品投放及盈利的重要因素，企业可以借助 AI 不断探索新的商业模式。AI 认知战略与生态系统的匹配是实现 AI 战略性应用的全局性因素，AI 时代的企业需要与其他企业、机构和政府等建立良好的生态系统，从而为自身竞争战略的实施创造环境。这种生态系统可以促进信息共享、合作创新和共同发展。

这四类匹配机制也是前中后端一体化的必要条件，四类匹配机制在前中后端均有体现，如企业在前中后端的产品开发行为均是在竞争战略的指导下进行。人与 AI 协同的创新主体结构性变革，通过要素组合和知识积累两种路径，对产品创新战略层变革产生重要影响。

三、基于流程变革的融合

流程变革构成 AI 驱动数实融合的最基础性的影响。从创新流程视角来看，人与 AI 形成的协同创新主体带来了有别于以往产品创新的三个新特征，即模糊前端的全流程扩散、需求——解决方案对的非线性迭代和智能制造的生成式自测。这三个新特征本质上是 AI 创新主体结构性改变对产品创新流程变革的三个关键性影响的结果。

首先，模糊前端的全流程扩散。产品创新的模糊前端通常指在新产品详细设计和开发之前进行的机会识别、机会评估、创意生成、创意筛选和概念开发等活动，具有数据的非结构性、管理的动态性和决策的不确定性三个特征。在产品创新中，有效地实施前端流程可以直接促进新产品的成功，如产品 80% 的成本是在模糊前端确定的。AI 介入对产品创新模糊前端的影响最明显地体现在全流程扩散领域，如 AI 驱动的认知战略使企业在产品创新中实时进行信念更新，因而产品的边界始终处于流动状态，进而将模糊前端扩散到全流程中，因为企业有效利用 AI 技术创造价值的能力源于将 AI 创造性地绑定到新的或改进的流程中的能力。因此，AI 的应用需超越单一业务单位而覆盖到全运营流程中，包括产品创新的创意生成、设计开发和测试与商业化等环节。例如，通过机器学习的 Apriori 算法等技术，利用文本挖掘和分析方法，企业获取用户在线评论中包含的顾客需求和市场竞争的客观信息，将其转化为数据并输入到模型中来推动产品创新。又如，在模糊前端阶段，参与产品概念开发的员工通常较少，AI 作为社会主体的参与也可以补足人类在创意上的不足，然而，前端的扩散可能会在后续的开发过程中增加因为模糊性而导致的部门间冲突，因为 AI 技术的黑盒特征会导致其产出的产品概念缺少人类的理解，员工会担心增加模糊前端在产品创新中的误导性，从而抗拒对 AI 的使用，这就需要对 AI 模糊前端的全流程扩散进行治理。

可以认为，在模糊前端阶段，用于决策的信息通常是定性的、非正式和不精确的，AI 的分析能力可以有效地处理这些信息，提供更深入、准确的洞察，帮助决策者更好地理解市场和用户。在 AI 情境中，由人与 AI 构成的双创新主体在保持人类对于产品创新的经验、直觉和理解的同时，凸显了 AI 快速反馈与即时调整的生成性，在知识的本地搜索与远程搜索的过程中，人类受到 AI 的启发，诞生以前从未想过的产品创意。由此，知识被重组为创意网络，在后续设计原型和测试产品的流程中，创意网络中的想法与产品可能性始终保留，以便随时对产品细节进行按需调整。AI 的跨业务单元特性使得模糊前端的可能性扩散到产品创新全流程的各个环节，打通产品创新相关部门的创意壁垒，使其"用同一种语言说话"，AI 在其中扮演着 GPT 与社会主体的复合身份。

其次，需求——解决方案对的非线性迭代。需求——解决方案本质上是一个问题解决过程，是指在不预先将问题形式化的前提下，通过搜寻和聚合信息，构建需求和解决方案景观，如果从解决方案中获得的收益不低于在该配对中提供解决方案的成本，则该配对是可行的。AI 技术的介入改变由人主导的信息聚合和知识积累方式，以不透明的认知形式产生更多样化的需求与解决方案匹配场景，如 AI 模型快速反馈和即时调整的生成性为异质性知识提取提供了丰富的机会，使新产品开发团队能够将一个模型应用于多种任务。由此，通过扩展产品创新团队可以操作的问题和解决方案空间，AI 使组织发现更多的问题和解决方案之间的可能联系。用户出于自身需求、经验和专业知识对产品进行超前改进，企业产品开发人员在市场上利用 AI 同时挖掘全域用户对于新产品的需求和解决方案信息，判断需求的普遍性和解决方案的商业化可行性，从而实现产品创新的新型创新分工。在此过程中，AI 的文本摘要、情感分析和客户洞察感知能力在理解给定文本中的重要联系并提取相关信息和知识方面起着关键作用。

以 BI 为例，多方主体数据资源依托 AI 平台进行松散耦合的互动，算法不断迭代增强，使企业突破了"需求识别—问题解决"的传统线性范式。AI 既可以管理非线性复杂关系、进行多任务处理、增加学习中的容错，也可以同时处理定量和定性信息。由此，AI 技术应用的知识溢出效应会使多个产品领域相互连通，单品类产品的创新往往会启发式带动多品类产品的创新。因此，AI 对需求-解决方案对的影响体现在非线性迭代中，且这种非线性迭代体现在产品创新流程中的模糊前端与详细设计开发阶段，因为 AI 与人双创新主体的介入使产品创新流程由传统的线性模式变革为非线性反馈迭代模式，需求与解决方案将缺少明确的界限，一个阶段的解决方案可能会成为另一个阶段的需求，某一阶段的需求也可能成为另一阶段的解决方案，需求构成的创意网络与解决方案构成的原型网络在相互纠偏的过程中，构成下一轮适应性产品创新的迭代基础。全品类产品大数据将会支撑 AI 精确识别需求，同时 AI 作为预测技术的本质将会推动对于解决方案的智能化识别，在非线性的迭代中形成多产品需求-解决方案协同创新网络。

最后，智能制造的生成式自测，集中体现出 AI 驱动的数实融合自适应变革特征，这是以往两化融合所缺乏或不具备的新特征。例如，产品创新流程的后端包括产品的测试、生产以及市场投放，这里聚焦于讨论测试和生产这两个模块，阐述人与 AI 双创新主体结构性变革对产品创新流程后端的影响。在测试与商业化的后端，由人与 AI 深度协同进行测试与生产，构建起物理实体、虚拟模型和表征物理-虚拟交互连接的人-网络-物理实体系统，并在医疗保健、制造业和航空等众多应用领域被使用。由此，AI 技术赋能的智能制造将测试与生产进行统合，具有自主适应和自我优化的特点，能够在虚拟空间中进行实体产品的测试和改进，在缺少人为干预和控制的情况下独立运行，并将最终成果投射回物理实体的世界。

人类数字孪生体从主体层面为智能制造提供基础，其应用包括但不限于生产数据收集和分析，基于 RFID 的生产监控和基于数字孪生的物理融合等。例如，面向智能制造的知识驱动数字孪生制造单元具备自我思考、自我决策、自我执行和自我完善的能力，可以实现智能工艺规划、智能生产调度和生产过程分析与动态调节。又如，利用创造性对抗网络，鼓励生成性对抗网络偏离现有的绘画风格，从而生成原创的产品设计。这样，创造性对抗网络允许生成多样化、非常规的产品，同时重视产品的原创性，该模型提供的超过60%的生成设计被认为是由人类设计师创作的，表明生成性自测构成 AI 影响智能制造过程中产品开发的关键特征之一。

由此，在产品创新的后端，人与 AI 的深度互动和融合有助于 AI 在虚拟空间中展现其生成性，根据人类对于奖励算法的调整，AI 能够适应性地将产品向更具创新性的方向进行优化，有助于提升 AI 的创造力。在产品测试的过程中，AI 可以丰富人类在物理世界中开展的 A/B test 所形成的结论，利用算法实现产品的生成式自测。在智能制造的生产过程中，基于人类数字孪生体、动态知识库和自学习技术，AI 可以通过智能感知、模拟、理解、预测、优化和控制策略来支持制造过程，使产品创新与制造流程更好地融合起来。

总之，AI 创新主体结构性改变对产品创新流程变革的影响具有全流程、非线性迭代和生成性自测三个特征，形成产品创新前端、中端和后端的一体化动态协同。一方面，模糊前端的全流程扩散凸显了 AI 在产品创新前端的动态介入，使创新流程变得更为流动、实时。AI 的应用不再局限于狭隘的业务领域，而是覆盖了整个产品创新流程。这种前端的扩散打破了原有的创新阻碍，为不同部门之间的协同创新提供了可能性。虽然 AI 在数据分析和创意生成方面具有显著优势，但需要注意在扩散过程中保持协同的平衡，以防止部门间的冲突。另一方面，AI 与人的双创新主体通过异质性知识提取，扩展了产品创新团队可以操作的问题和解决方案空间，形成了一个多产品需求-解决方案协同创新网络。这种非线性的迭代模式使得需求与解决方案之间的边界变得模糊，为下一轮适应性产品创新提供了迭代基础。此外，人与 AI 的深度互动和融合构建了人类数字孪生体，为智能制造提供了基础。在产品创新的后端，AI 展现了其生成性，通过智能感知、模拟、理解、预测、优化和控制策略来支持自主的制造。这种生成式自测的方式使产品测试和生产变得更具自主性和适应性，并加速了产品从虚拟空间到物理实体的迭代过程。由此，AI 应用使产品创新流程中的创意生成、详细设计与开发、测试与商业化环节之间的门槛变模糊或低门槛化，形成流动、循环和反馈为特性的产品创新模式。这种整体流程的协同和动态性为企业提供了更为灵活、适应性更强的创新环境，也为不断迭代的产品提供了更多可能性。由此，人与 AI 的协同成为推动数实融合深化的组织创新方式，推动着两化融合向数实融合的创新变迁。

第二节　AI 驱动数实融合的过程机制[①]

一、AI 驱动数实融合机制的理论基础

由于 AI 对制造产品创新的影响是 AI 影响制造业转型升级的集中体现之一，因而可以从 AI 影响制造产品创新视角，探讨 AI 对制造业转型升级的影响规律与特征，以此阐述 AI 驱动数实融合的过程机制。其中，制造业转型升级指制造企业、产业、国家或区域层面的产品、技术、流程、商业模式或管理能力等的根本性变革与提升，或转变制造技术、生产与发展方式。这里，遵循国内转型升级研究的习惯不对转型与升级两者做严格区分，英文文献中两者的概念有区别，如升级指企业或产业通过获取技术和市场能力以提升竞争力，从事高附加值的活动。转型指通过社会主体调整或转换战略目标，改变结构以创造出适应未来市场需要的新经营模式。

区别于服务产品创新，制造产品创新着重对产品策划、结构工艺、模具开发、设备调试与试产环节的精益管理，尤其强调对产品制造的可行性、产品的精益化、产品的时效性和可靠性的流程控制与开发。目前，AI 对产品创新影响的研究主要集中在产品开发环节与过程、开发模式及开发价值链升级三个主要领域，探讨产品创新中人类智能与 AI 的协同关系，AI 作为新社会主体参与的新型开发模式及 AI 促进制造业价值链变革，如 AI 改变了产品开发的分工模式，使人类更专注于焦点问题及其解决方案。

剖析 AI 驱动数实融合的过程机制，主要涉及中介机制、价值链重构、转型升级路径三个领域的研究。

AI 影响制造转型升级的中介机制研究认为，AI 通过人力资本、知识溢出、技术创新、管理变革等提升全要素生产率，进而促进产业升级。同时，AI 通过降本增效、推动创新、优化资源配置等价值链地位攀升促进产业转型升级，但对中等技术行业的促进作用不显著，此外，AI 通过提升价值链的智能化，产业结构高级化与合理化促进产业升级。研究发现，AI 对离散型制造的影响最主要体现在个性化与敏捷性上，对流程型制造的影响最主要体现在绿色制造与循环经济领域，如 AI 对不同制造行业劳动力结构的影响不同，表明 AI 影响制造业转型升

---

① 以谢康、卢鹏、盛君叶、肖静华、孙浩博《人工智能、产品创新与制造业适应性转型》(《北京交通大学学报（社会科学版）》2024 年第 1 期)为基础重新撰写、修改和增补。

级具有适应性变革特征。其中，制造业适应性变革指因新技术应用而引发的制造流程与过程、商业模式与制度创新活动等调适过程，如数据驱动的产品适应性创新活动。

AI 影响制造业价值链重构路径的研究，主要从知识积累与要素组合两方面展开：①从内生经济增长理论出发，考察 AI 对人力资本、人与 AI 协同的新型组织学习等知识积累的影响，如将 AI 的自我积累能力和非竞争特性引入内生增长模型中考察 AI 对制造价值链重构的影响，认为 AI 等新一代信息技术通过更好地满足消费者个性化需求、提升模块化设计的技术创新水平及降低模块交易成本等路径来重构制造业价值链。研究大体认同 AI 相关的知识积累对于制造业生产率的提升具有积极影响，如 20 世纪 90 年代以来发达国家的 AI 创新增加了 3 倍，与 AI 相关的知识占其观察到的生产率变化的 3%~8%。②从产品（技术）创新、商业模式创新和制度创新等视角，考察 AI 影响技术、劳动、管理等要素组合重构制造业价值链的路径，强调 AI 通过要素增益技术变迁效应、劳动力替代效应、知识溢出效应三种路径影响制造业创新，从而促进产业升级。

AI 对制造业转型升级路径的影响的研究形成三个视角的探讨：①探讨 AI 对企业-产业-产业集群的影响，包括 AI 对制造过程升级、产品升级、功能升级到跨产业升级的影响，如 AI 影响产品开发流程形成产品功能升级等；②探讨 AI 对企业经营模式与管理的影响，包括技术升级、模块化升级、品牌与渠道升级，跨产业协同相关多元化升级等，如智能制造以劳动力结构和资本结构为中介变量，或打破或弱化劳动密集型产业的路径依赖，或破坏其自我强化机制从而间接作用于劳动密集型产业转型，促进 AI 技术新产业、新业态、新模式，搭建服务产业转型升级的 AI 发展平台；③探讨 AI 对企业-产业-国家-国际的影响，如 AI 影响企业内部升级、企业间升级、本土或国家内部升级及国际性区域升级。例如，通过 AI 应用、智能制造与互联网、大数据等商业创新模式相结合引发价值链重构，形成中国制造业"中间突破、两端发力"的转型升级路径，实现中国制造的跨越式转型升级。

综上所述，AI 对制造业转型升级的影响机制研究具有多视角、多维度和多层次特征，但核心研究议题依然是围绕 AI 对价值链重构与地位攀登、转型升级中介机制与路径来展开的，主要从知识积累方式与要素组合方式两个视角剖析 AI 影响制造业转型升级的内在机制。其中，这两个视角的研究在微观层面又都聚焦于产品创新或新产品开发、智能运营及智能营销三个关键链环节。无论在理论上，还是在实践中，这三个关键价值链环节紧密相关，如 AI 营销与产品开发密切相关，AI 产品开发与智能制造密切相关。可以认为，AI 对产品开发、运营和营销等企业全价值链产生的影响正在改变制造业转型升级的实现机制与路径，由此可以较好刻画 AI 驱动的数实融合过程机制的主要特征。

二、AI 驱动数实融合的方式与路径

AI 区别于其他数字技术的三个核心创新特征，不仅影响 AI 驱动数实融合的方式，也影响数实融合的创新路径。

以 AI 驱动的产品创新方式为例，具体阐述 AI 驱动数实融合的方式特征。从制造业转型升级的内在过程来看，AI 对制造产品创新的影响方式主要通过以下两种方式来完成的：①AI 作为新社会主体角色介入产品企划、结构工艺、模具开发及设备调试与试产等新产品开发价值链环节。以产品企划环节为例，市场需求等外部信息，及企业既有供给条件等内部信息既影响产品企划人员，也影响 AI 模型。具体地，AI 模型的大数据分析结论既对产品企划人员的知识分布或积累方式形成直接影响，进而影响产品企划人员对新产品开发的决策或知识结构。同时，AI 的大数据分析结论也可能以群决策方式直接影响新产品开发的决策或知识结构。②AI 改变或增强了人类智能的产品开发思维，扩展了人类智能对产品开发知识边界的认识和理解。以美的集团某灯塔工厂中的新产品结构工艺和模具开发为例，AI 基于大数据分析获得的结论可以有效弥补结构工艺人员对产品企划人员创意或意图理解的偏差，也可以增强结构工艺人员对产品企业人员创意或意图在制造可行性领域的深化水平，使产品结构工艺设计更好地体现新产品的原有创意或意图，从而避免了因为结构工艺设计的局限而降低产品创新的新颖性或独特性。同理，AI 在模具开发、设备调试与试产环节中对产品企划的创意或意图也具有增强理解的效果。

AI 影响产品创新的主要路径体现在内部和外部两条路径上，内部强化了不同开发环节之间的协同，外部强化了产品开发与运营流程的全过程协同，即产品创新中 AI 的影响路径不仅体现在从产品企划到试产的过程，而且也体现在智能制造全运营流程中。其中，AI 强化产品开发与运营流程的全过程协同主要体现在以下两个方面：

第一，AI 形成运营的即时数据反馈路径。为使智能制造运营中涌现出来的数字化分工模式高效运转起来，企业发现数据如果不是即时反馈会影响不同分工模式的响应能力。为此，智能化运营需要建立即时数据反馈环节，即对客户需求和生产流程相关数据即时反馈，以提升制造时效性和可靠性。以美的集团智能制造中的客户需求数据为例，产品企划根据即时反馈的消费行为数据和品类销售数据挖掘创新机会和开展产品规划，形成需求分析、确定售价、概念设计和外观造型，为提高制造时效性赢取更多的市场竞争时间。从生产流程数据来说，产销计划的平衡既需要以即时客户订单评估为基础，又需要即时了解工厂端的生产能

力，还需要即时确认供应链协商物料需求计划是否足以供给，从而有效提高制造可靠性。

第二，AI形成即时运营调整。智能制造中即时运营调整指企业根据即时数据反馈实现运营的即时动态调优，提高制造可行性和可靠性。以美的集团智能制造中家用空调新产品上市为例，首先，事业部的计划运营部接收客户订单、评审订单、制定产销计划以平衡供给和需求。确认订单后，灯塔工厂准备物料、开展生产、中转入库并最后交由安得物流发运，将产品传递到客户。产品投放市场后，产品企划部通过上市发布、产品力复盘、品类市场监控、新品上市监控、用户口碑监控和新品人群校准等监控数据分析客户需求变化，即时调整产销计划平衡状态，确定是否需要开发新模具来满足消费需求，提升制造可行性。

由上述美的集团智能制造的两个例子可以认为，在企业层面，AI增强了产品创新与运营、市场营销和销售的全价值链即时互动和调整，在制造敏捷性与用户敏捷性之间形成即时自适应调节，推动制造业在产业层面逐步形成转型升级新机制和新路径。通常，产品创新中AI的影响方式及路径直接影响制造业的转型升级机制，机制指各要素之间的结构关系和运行方式。制造业转型升级机制，指制造业转型升级过程中各要素之间的结构关系和运行方式。制造业转型升级机制或者以知识溢出、技术创新等中介路径来刻画，或从价值链地位及其攀升来刻画，或从多要素组合方式来刻画，或以产业结构高级化与合理化来刻画。

综合前三种刻画方式，基于内生经济增长理论和熊彼特创新理论，从产品创新视角分析AI对制造业知识积累方式的转变和要素组合方式转变的影响来刻画AI影响制造业转型升级的过程机制。这样，AI影响制造业转型升级的路径，即指AI使制造业实现更高附加值的产业变革与提升道路，或制造业投入产出比率不断提升的实现道路。路径既包括从产品升级、模块升级、商业模式升级到生态系统升级的方式，也包括制造服务化、制造平台化等新业态涌现的方式。

根据肖静华（2017）提出的智能制造价值链－价值网－价值曲面三阶段转型升级模型，可以将AI在制造业中的应用与扩散视为一种数字创新服务，形成产品与服务融合的随机价值曲面。该随机价值曲面存在于两个层面：一是AI对产品开发、供应链、生产、营销、渠道等制造价值链环节层面的影响机制；二是制造价值链整体重构层面（如微笑曲线）的AI影响机制。前述分析表明，AI可以使制造企业在切入价值链初期凭借新的竞争优势占据价值链高端，呈现与以往常规轨迹不同的跃升式、非线性的转型升级路径特征。在中国企业前沿实践中，AI影响的制造业转型升级路径既可能是阶梯式的线性转型升级路径，也可能是跃升式的非线性转型升级路径，或两者的间断平衡路径。那么，AI影响制造业转型升级的新机制和新路径是怎样的呢？从产品创新视角来看，AI影响制造业转型升级的新机制和新路径主要是通过组织敏捷性形成适应性变革来实现的。

组织敏捷性的概念虽然也存在多维和模糊理解，但敏捷性强调的核心是刻画可变性迅速转变的一种组织整合战略，不单指反应的速度，还包括对意外的、不可预见的变化，迅速且前瞻性地进行企业要素调整。这里，组织敏捷性指组织利用内部资源和流程快速处理各种不确定性，响应市场需求变化的能力，是一种使企业可以快速适应商业环境急剧变化的战略性资源和能力，可以分为制造导向的敏捷性（以下简称制造敏捷性）和客户导向的敏捷性（以下简称客户敏捷性）。研究表明，在智能制造情境下，无论是制造敏捷性还是客户敏捷性，它们都采取数字孪生的方式来解决智能制造过程系统中效率与灵活的二元性问题，尤其在成本约束下，大规模投资智能制造的设备和技术未必总能有效提升制造效率获取投资回报，也未必会实现组织敏捷性。

以智能制造实现组织敏捷性的难点为例，首先，低成本约束下自动化与柔性制造冲突。当智能制造兼顾柔性制造与自动化时，不仅建设和维护成本高，而且两者的动态调整存在资源定位冲突，柔性制造意味着对自动化每个环节要根据产品情况进行适应性调整，而自动化增强会带来系统的刚性架构而削弱适应性调整，难以低成本实现组织敏捷性过程的资源定位；其次，资源约束下标准化和个性化生产冲突。制造过程中标准化和个性化并存时，个性化意味着需要分析多类、多属性产品与多产线之间的资源部署，标准化要求短时间同质化实现部分产线与某类产品的紧密耦合，不仅产品研发、产品制程到产品投产的成本高，而且在满足动态涌现的两类市场需求时存在资源部署冲突，降低组织敏捷性实现中的资源部署效率；最后，时间约束下自动化与柔性制造冲突。时间约束之所以在现阶段智能制造发展中凸显的原因是消费品的可替代性增强，企业竞争中的时间约束成为比拼竞争力的重要维度，所谓"快鱼吃慢鱼"，产品推向市场的速度既会影响企业的同质化竞争优势，也会创造企业的异质化竞争优势，进而影响组织敏捷性实现后的价值创造。因此，制造敏捷性与客户敏捷性之间也存在效率与灵活的二元冲突。

三、AI 驱动数实融合的适应性机制

如前所述，制造业适应性转型指面对复杂环境反馈与非线性问题时，制造业适应环境的转型方式。需要说明的是，制造业适应性转型与制造业转型的概念区别在于对适应性的理解。在社会治理视角下，适应性被视为治理体系运行的一种理想状态，保证治理体系在复杂动态环境中的应变能力。在组织管理视角下，适应性指基于已有知识积累和组织实践，制定管理决策方案，进行严格实施，适应性可以分为主动适应机制和被动适应机制。产业转型升级情境中，适应性是指制

造业针对已有的知识与实践，进行创新或调整优化，以形成更好地与外部环境、内部资源相适应的能力。

从产品创新视角来看，AI 影响制造业转型升级的适应机制在于对两者效率与灵活冲突的解决上，即在制造敏捷性与客户敏捷性之间形成即时自适应调节的组织敏捷性。理论研究和实践观察表明，制造业转型升级路径是由其转型升级机制决定的，复合视角下 AI 影响制造业转型升级机制对制造敏捷性与客户敏捷性之间冲突具有即时自适应调节，进而使 AI 影响制造业转型升级路径兼具渐进式路径与激进式路径交互出现，相互影响的间断平衡新特征。从管理变革视角来看，AI 对制造业转型升级的影响集中体现在提升转型升级的适应性水平上，适应性转型构成 AI 推动的制造业转型升级的本质。

这种适应性转型体现在 AI 影响制造业转型升级的间断平衡新路径上。新路径源于 AI 区别于其他数字技术或以往技术进步的三个核心创新特征，新社会主体角色在产品创新中形成明显的交叉网络外部性，使人类行为不再是唯一的社会网络主体行为，AI 脱离以往的客户角色转变为社会主体角色，因而这种转变是本质性的跨越。同时，AI 的生成性不仅带来经济社会影响的多重两面性，而且使产品创新的知识积累方式形成明显的突变性。这三个核心特征既影响产品创新的内在价值链环节，又影响产品创新价值链环节与智能运营、智能营销或销售等全价值链环节之间的相互协同关系，在企业制造敏捷性与客户敏捷性之间形成即时自适应调节的敏捷性，构建起企业层面的 AI 影响转型升级的新机制。随着这类新机制在制造企业转型升级过程中的普及和推广，形成制造产业中的 AI 生态系统及在 AI 生态系统影响下的制造业快速自适应调节的产业敏捷性，在产业层面较好地应对制造敏捷性与客户敏捷性之间的冲突，在制造业转型升级的渐进式与激进式转型路径之间，逐步形成自适应调节的间断平衡转型新路径。区别于以往间断平衡转型路径具有较长时间段的变化特征，新的转型路径间断时间短、突变性强。

综上所述，以产品创新视角的 AI 影响制造业转型升级机制的概念模型为参照，提出如图 6-2 所示的 AI 驱动的数实融合适应性机制模型。其中，AI 推动的制造业适应性转型体现在企业和产业两个层面，企业层面涌现的自适应调节形成产业层面的快速自适应调节，进而形成制造业间断平衡的转型路径，逐步形成制造业适应性转型升级。

图 6-2 提供了一个包含个体、企业、产业三个层面的 AI 影响转型的跨层次分析框架，以此解释 AI 如何从对社会主体的影响演化为对产业转型升级影响的过程机制。在个体层面，强调 AI 是作为 GPT 和新社会主体的复合体，该复合体的决策或知识积累具有群决策或知识积累互补性特征；在企业层面，强调 AI 对

产品企划、结构工艺、模具开发、设备调试与试产等开发价值链环节的影响特征及数字孪生对智能制造产线的影响，由此刻画企业层面 AI 对产品创新的影响机制特征——即时自适应调节；在产业层面，强调制造业 AI 生态系统对制造敏捷性与客户敏捷性冲突的快速自适应调节，强调从企业即时自适应调节形成产业快速自适应调节，到制造业转型升级的自适应间断平衡路径三者间的逻辑一致性，即从产品创新视角看，AI 应用影响企业制造敏捷性与客户敏捷性之间的即时自适应调节，使制造业具有区别于其他数字技术影响的产业快速自适应调节能力，推动制造业转型升级在渐进式与激进式路径基础上涌现出自适应间断平衡的新路径，而非以往研究的较长周期的、相对稳定的间断平衡转型路径，这是 AI 影响制造业转型升级机制与路径的适应性变革新规律。其中，图 6-2 刻画的 AI 影响制造业转型升级的适应性变革新规律，还主要体现在形成新的信息反馈机制上，正如相关研究所强调的，通过信息反馈机制更快速地形成知识积累来扩大 AI 的应用范围。区别于制造业以往转型升级路径的信息反馈机制，该新机制主要体现为双路径信息反馈机制，除人的信息反馈外，AI 的信息反馈对于提升智能体的智能水平具有重要意义。

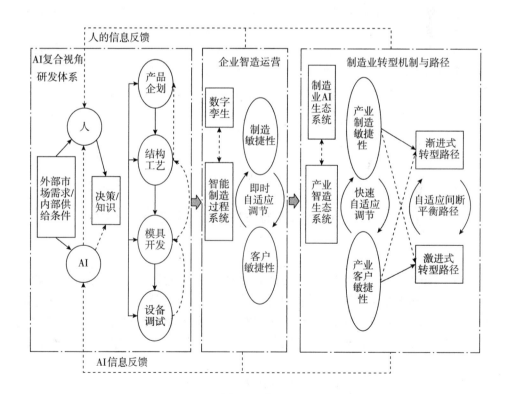

图 6-2 AI 驱动数实融合的适应性机制模型

图 6-2 的机制是一个基础概念模型，没有区分离散型与流程型制造过程的区别。AI 对离散型与流程型制造业的影响存在异质性，离散型制造过程包括制造装备的总体设计，加工装备的零件，组装制造装备，如上汽、一汽、二汽等汽车行业，三一重工、中联重工等机械行业，华为、中兴等电子行业，美的、海尔、格力等家电行业。对于离散型制造产业，目前 AI 的影响主要在个性化定制效率与敏捷性领域。相反，流程型制造过程由多个工业过程组成的不可拆分的物理化学过程，如国药集团等医药行业，中石油、中石化、中海油等石油行业，宝洁、上海家化、立白等精细化工行业。对于流程型制造产业，目前 AI 的影响主要在绿色制造与促进循环经济领域。在分析异质性时，可根据图 6-2 的结构，侧重从上述两方面探讨，如在讨论流程型制造过程时将敏捷性可替换为绿色制造。

通过上述讨论，可以认为，AI 驱动数实融合的基础来自其区别于其他数字技术或以往技术进步的三个核心创新特征，即 AI 是 GPT 与新社会主体的复合体，具有鲜明的生成性，且这种生成性使 AI 的知识积累方式具有突变性。在此基础上，以产品创新为例，AI 作为新社会主体角色介入产品企划、结构工艺、模具开发、设备调适与试产等开发价值链环节，改变或增强了人类智能的产品开发思维，拓展了产品开发的知识边界，形成企业智造运营中针对制造敏捷性与客户敏捷性的即时自适应调节。AI 驱动数实融合的适应性变革机制，体现在企业微观层面，AI 增强产品创新与运营过程、市场营销和销售的全价值链即时互动和调整，构建起平衡制造敏捷性与用户敏捷性冲突的自适应调节机制，推动制造业通过产业快速自适应调节涌现，形成 AI 驱动的数实融合的不断深化和扩散。在这个过程中，AI 模型训练中的用户参与行为管理，发挥重要的影响作用。

第三节　AI 驱动数实融合的用户管理[①]

自 ChatGPT-3.5 发布以来至 2024 年 2 月，中国大模型总数达 238 个，视频生成模型 Sora 更是引发大模型新一轮的关注和讨论。大模型等 AI 已成为推动各领域创新的重要手段（Brown et al.，2020）。然而，大模型也存在能效比不高、缺乏决策能力、重度依赖超大规模数据等发展瓶颈，商业应用受限（戴琼海，

---

① 本节内容根据谢康、李晓东、夏正豪、邹波《激发用户潜在创造力提升数字产品创新绩效——兼论大模型训练的用户参与创新》（中山大学管理学院工作文件，2024 年 2 月）修改而成。

2023)。大模型等 AI 商业应用受限与其技术实现缺乏多场景的现实基础密切相关，夯实多场景现实基础需要用户广泛参与。然而，现有 AI 训练研究主要关注数字技术能力及实现，对与多场景现实基础直接相关的用户参与行为及其创新潜力的探讨不足，因此，在 AI 技术设计与迭代开发过程中出现技术实现与商业场景脱节的窘境。因缺乏具体明确的商业化路径和模式，全球能够实现盈利的大模型产品寥寥无几。

大模型本质是一种平台数字产品创新，突破大模型等 AI 通用性、可靠性和泛化性瓶颈，需要用户广泛参与，如在有监督微调、基于人类反馈的强化学习等训练中，需要用户广泛参与帮助 AI 学习数据的分布特征和高级抽象特征，提升 AI 的泛化和适应能力。如何激发用户潜在创造力提升平台数字产品创新绩效，是当前亟待深入探讨的一个前沿理论问题。

探讨用户潜在创造力提升平台数字产品创新绩效，主要涉及用户参与创新管理、平台数字产品创新绩效及 AI 环境下用户对数字技术双元性使用三个领域的研究。用户参与创新属于开放式创新研究的重要领域，相关代表性文献关注领先用户与普通用户等创新主体的异质性，或关注用户参与对创新绩效的影响等，强调用户参与创新过程中的黏性知识对于解决特定问题的重要性。从用户参与管理视角来看，相关代表性文献主要从两方面探讨用户参与创新的行为管理：一是从用户动机识别与激发视角分析用户参与企业创新的内在动机及企业如何设计相应的激励机制；二是从用户参与创新的能力利用与培养视角，阐述企业如何吸收和培养用户能力来促进企业创新。实际上，这两者具有内在联系，用户动机识别与激发，用户能力利用与培养构成激发用户潜在创造力的两个主要方面，在用户参与创新中对产品创新绩效发挥重要影响。

AI 环境下用户对数字技术的利用式与探索式双元性使用过程，往往是人与 AI 的协同过程。因此，用户对数字技术双元性的使用本质上是人与 AI 协同的组织学习。代表性文献主要从组织学习内在变革与外在影响两方面探讨人与 AI 协同的组织学习。内在变革研究强调，人与 AI 协同创造出基于机器个体、机器集群智能与人类智慧相互作用与融合的新型组织学习机制，形成确定场景利用式学习与不确定场景探索式学习两类新型组织学习，从而对人类创新行为产生增强效应（吴小龙等，2022；Bouschery et al.，2023）。外在影响研究主要从主体与客体两个方向拓展，主体影响强调人与 AI 协同的组织学习对人的心理和行为影响，如个体认知、情感体验、心理健康、适应和反抗行为等的影响（谢小云等，2021；Yin et al.，2024）。客体影响侧重人与 AI 协同的组织学习对组织管理系统的多维度影响，形成数字化战略转型、产品开发与创新模式、团队合作与协调、成本结构与盈利模式、运营流程与控制、员工自主权与职业生涯等领域的研讨

（吴小龙等，2023；Berkers et al.，2023）。AI 环境下用户对数字技术的双元性使用属于人与 AI 协同的组织学习内在变革，通过探讨平台如何激发用户潜在创造力参与大模型训练，可以较好地考察 AI 驱动数实融合的用户参与管理机制与特征，从中提炼出促进 AI 驱动数实融合的创新机制。

一、参与大模型训练的用户管理模型

大模型具有极大参数维度和复杂计算结构，这些参数需要通过数据训练或估计。经过训练后的大模型能够在多种自然语言处理和其他领域的任务中表现出卓越的能力（Vidgof et al.，2023）。然而，大模型的训练是一个复杂而耗时的过程，需要大量的数据、计算资源（算力）和设备。根据不同的目标和约束，大模型的训练模式、方式或路径可以进行选择和优化，目前主要包括以下三个方面：①预训练和有监督微调（SFT）。预训练指在大规模的通用语料库上训练大模型，以学习语言的通用知识和表示。SFT 指在特定的下游任务上对预训练的大模型进行参数调整，以适应任务的需求。预训练和 SFT 在提高模型泛化能力和可迁移性的同时，可能导致模型的灾难性遗忘。②连续学习和训练，指让大模型在不断变化的数据流上持续地学习、训练和适应，而不需要重新训练或 SFT。该方法在提高模型可靠性和灵活性的同时，可能导致模型的灾难性干扰。③分布式协同学习和训练，指多个大模型在分布式环境中协作地学习和训练，以实现更好的性能和效率。该方法在提高模型的准确性和可靠性的同时，模型负载和隐私风险剧增（Das et al.，2024）。可见，就大模型训练的技术实现而言，存在通用性、可靠性和泛化性局限。

从技术实现来看，大模型通用性、可靠性和泛化性重度依赖超大规模数据的学习与训练。因此，用户广泛参与大模型训练成为其通用性、可靠性和泛化性的关键一环。大模型不仅能够以对话方式与用户进行交互，而且能够根据用户的提示通过回忆以往的谈话内容保持上下文感知，因而大模型能够根据用户持续调整的输入，以越来越精确的方式响应用户。具体而言，大模型训练绩效与提示词工程息息相关，核心在于如何与 AI 对话，让 AI 做用户想做的事情。提示词工程或称提示，是指用户通过微调输入来实现预期输出的过程，通常结合任务描述进一步指导特定模型。用户广泛参与大模型的行为价值，主要体现在通过提示词工程，不断减少大模型生成看似正确但实际上不正确，或完全捏造的输出，或产生不准确甚至有害的输出等关联偏差，从而持续提高大模型的通用性、可靠性和泛化性。

目前，大模型训练在技术角度上涵盖了不同的主题，如更好的训练策略、上下文长度改进、SFT、多模态大模型、数据集、基准测试和训练效率等，但忽略

了用户因素在大模型训练过程中的影响。除极少数文献外，多数文献隐含地假设用户是完全理性的，会自觉地激发潜在创造力，参与到大模型训练的过程中进而实现原先设计和开发的预期。然而，该假设不符合现实。尽管用户可以通过提供数据、反馈信息、调整参数、选择任务和评估结果等方式，参与到大模型训练的各个环节中，但用户的参与行为和创造力受到多种因素的影响，如动机、认知和能力等，这些因素都会影响大模型训练的性能和效果。

因此，学术界开始重视 AI 或大模型训练中用户参与的管理问题，强调用户参与 AI 训练对于其通用性、可靠性和泛化性的商业价值。可以认为，仅重视大模型训练技术能力与实现，欠缺从用户行为和创造力管理视角探讨大模型训练对其通用性、可靠性和泛化性的影响，是导致大模型训练难以实现最初技术设计和开发预期，大多数大模型企业未能探索出成功商业化路径的瓶颈之一。

平台数字产品创新问题。按照熊彼特对创新的经典定义，创新是投入新的生产要素，实现对生产要素或生产条件的新组合，建立起一种新的生产函数。数字产品创新是数字创新的一种具体形式，数字产品创新指信息、计算、沟通和连接技术的新组合，或被这些数字技术所支持的新的产品或服务（刘洋等，2020），主要包含像音乐 App 这类纯数字产品及智能家居产品那样的数字技术与物理部件相结合的产品。两者的相同点体现在均需要企业战略与数字战略协同支撑、不同知识主体的人员共同参与创新及依赖于数字基础设施开展创新活动，差别在于是否与物理部件相组合，纯数字产品具有高复用性和即时调整特征，组合产品强调数字技术与硬件设备结合改变产品体系，形成数字技术的实体性。平台数字产品创新指基于数字平台形成的数字产品创新，通常具有数字平台生态系统创新的特征。

现有平台数字产品创新绩效研究主要关注影响创新成功的关键因素。这些因素总体可以归纳为三个领域：①平台组织战略与组织能力的影响因素。文献强调市场导向、生态系统导向、数字化创新导向、捕获数字创业机会、数字化兼并和组织规范化等因素对平台数字产品创新的影响，如认为平台数字产品创新更为明显地促进了纯数字产品与组合产品融合的创新特征。②平台数字产品创新特征与技术扩散机制的影响因素。研究强调产品模块化、扩展性、使用频率、独特性和产品意义建构等因素，或技术模仿和创新扩散机制因素对平台数字产品创新的影响，如认为产品模块化构成平台开展数字产品竞争的重要手段。③平台数字产品创新的基础设施与能力视角的影响因素。研究强调数字技术应用广度与深度，IT/数字化能力、用户参与等因素对平台数字产品创新的影响，如探讨用户参与的奖励力度与方式对数字产品创新绩效的不同影响。

此外，大模型等 AI 创新已构成一种流行的平台数字产品创新形式，但大模型等 AI 也存在能效比不高、缺乏决策能力、重度依赖超大规模数据等发展瓶颈（戴琼海，2023）。解决现阶段 AI 商业应用受限难题的方案之一，是广泛发动用户参与训练，将 AI 真正应用于垂直行业的自然语言处理、图像和语音识别、文本、图像和视频生成等的业务场景，进行预训练、有监督微调、基于人类反馈的强化学习等训练，从而明确市场创新发展趋势和数字产品创新方向。

用户潜在创造力与数字产品创新的研究，聚焦于如何激发用户广泛参与大模型训练的问题，实质是如何激发有价值的用户或激发用户潜在创造力参与大模型训练的问题。个体创造力研究聚焦个体的实际创造力问题，较少关注个体的潜在创造力以及潜在创造力显化为实际创造力的机制。一般地，认为个体创造力是个体特质、认知风格、内在动机、环境因素和社会文化背景互动作用的结果。或认为，个体创造力是个体对知识和动机等创造性资源的投资行为的结果。近年来，相关代表性文献不仅从多个视角考察个体实际创造力，而且开始关注个体潜在创造力，即个体所具有的创造新颖和有用的解决方案而未被激发或识别的潜力。潜在创造力的概念表明个体创造力不仅包含已经表现出来的创新能力，而且也包含尚未显现但有可能在适当条件下被激发的潜能，从而扩展了个体创造力的研究视角。在用户参与创新和数字产品创新领域，用户潜在创造力的概念逐渐受到重视，研究表明，企业可能会从激发用户潜在创造力促使用户积极参与创意生成过程而受益。其中，用户潜在创造力可以通过合适的激励和工具被激发，从而促进数字产品的创新。

潜在创造力是用户参与创新的重要的个人因素，代表着用户的创新意愿和能力，影响着用户的创新贡献和价值。综合现有创造力理论及领先用户理论的相关文献，可以发现，动机和能力是用户潜在创造力的两个核心要素，前者代表着创新的驱动力或创新意愿，后者代表着创新的能力基础或创新能力。因此，通过整合以往的个体实际创造力分析框架，分别以用户内在动机和用户领先性作为创新意愿和创新能力的表征，进而构建一个关于用户潜在创造力的框架，该框架捕捉了用户对数字产品创新造成影响的潜在创造力倾向。

一方面，内在动机是用户潜在创造力的重要组成部分，当用户对创新任务本身感兴趣，出于好奇心、成就感或满足感而进行创新活动时，用户潜在创造力水平往往更高。相反，当用户对创新任务结果具有获得外部的奖励或认可期望以及具有逃避外部惩罚的压力时（即外在动机），用户潜在创造力水平往往较为有限。据此，内在动机是数字产品创新的重要的驱动因素，它可以使用户体验到积极情感而更愿意参与创新活动，增强用户的自主性、探索性和持续性，更积极地提供创新创意和反馈，使数字产品的设计和开发在不断地探索过程中涌现出新的可能性和潜能。内在动机能够通过拓宽认知信息的范围，扩大注意力的范围以吸收更多信息，进而提高认知灵活性，促进用户对创造性任务的深入理解和投入，如创意生成和评价，提高创造性思维和行为的水平和质量，促使数字产品具有高度可塑性、可重组性和可扩展性。因此，我们提出以下假设：

假设1a：与外在动机相比，具有内在动机的用户更能促进平台数字产品创新绩效的提升。

另一方面，用户领先性是指用户在某一领域相对于其他用户的领先程度，它反映了用户的知识水平、经验积累和技能掌握。用户领先性从根本上与个体潜在创造力相关，尤其是在领域和创造性相关技能方面。领先用户通常具有领先于市场趋势的需求以及高于普通用户的解决问题能力，往往能够在创新过程中提供重要的贡献，领先用户能够更快发现和解决创新问题，更有效地利用和整合创新资源，这些特质使得在激发他们潜在创造力时具有独特优势。较高的用户领先性能够更好地理解和评估数字产品的现状和需求，提出更多的新颖和有用的想法和建议。同时，用户领先性决定了用户对新技术的认知和态度，从而影响了用户的创造力思维和行为，较低的用户领先性可能会受到现有的数字产品的限制和惯性，从而抑制数字产品创新绩效的提升。因此，我们提出以下假设：

假设1b：与普通用户相比，领先用户更能促进平台数字产品创新绩效的提升。

综合而言，内在动机可以增强用户的创新参与度和创新质量，而用户领先性特征使个体在创新过程中能够提供更加前瞻性和有价值的洞察和解决方案。因此，具有内在动机的领先用户往往会根据自己的兴趣和享受参与到创新过程中，并且他们有较高创新能力提供具有独特性、新颖性和有用性价值的数字产品。所以，当领先用户的内在动机得到激发时，他们在数字产品创新上的绩效贡献将超过其他用户。因此，我们提出以下假设：

假设1c：与其他用户相比，具有内在动机的领先用户更能促进平台数字产品创新绩效的提升。

AI环境下用户对数字技术的双元性使用研究，侧重人与AI的协同关系探讨。人与AI协同的组织学习通过确定场景利用式学习与不确定场景探索式学习，对人类创新行为产生增强效应，不仅对企业数字化战略转型、产品开发与创新模式、团队合作与协调、成本结构与盈利模式、运营流程与控制、员工自主权与职业生涯等形成广泛影响，而且对个体心理与行为产生深刻的影响。在AI环境下，用户参与创新的行为通常是一种人与AI协同的组织学习行为。同时，数字产品创新成果一般是通过数字技术使用来体现的，且用户使用数字技术能够接触到多源异质性的信息和资源等，通过组合过程整合知识，增强所掌握的知识和信息而提高创造力，产生新颖、有用的创意和解决方案。因此，在用户参与创新中，人与 AI 的协同过程往往是用户对数字技术的利用式与探索式双元性使用过程。因此，在用户参与创新情境下，人与 AI 协同的组织学习可以通过用户对数字技术的双元性使用来刻画。

利用式使用是指用户使用数字技术来完成特定的任务或目标，而不是出于兴趣或乐趣进行探索或学习新的功能或特性，这种使用方式通常是任务驱动的、功能性、重复的和惯性的，不利于用户发现和创造新的价值。在这种情境下，数字技术成为完成任务的工具，而不是作为激发创造力的源泉和创新助手。探索式使用是指用户使用数字技术来探索或学习新的功能或特性，或者为了满足好奇心或享受乐趣，而不是为了完成某个特定的任务或目标，这种使用方式通常是主动的、探索的和创新的，有利于用户发现和创造新的价值。

在数字产品创新的领域中，内在动机被广泛认为是个体创造力和创新绩效的关键驱动力。当数字技术的使用被视为一种实现任务目标的手段而非创新的催化剂时，用户可能会更加关注技术的功能性，而非其潜在的创新价值。这种利用式使用方式可能会导致用户的注意力从探索和实验转移到完成特定任务上，用户可能会感受到更多的外部压力或期望，从而降低用户对创新任务本身的兴趣和乐趣。此外，用户对数字技术的利用式使用可能会导致用户过度依赖数字技术，导致用户对数字技术的功能和特性产生惯性和固化现象，缺乏对创新问题的深入思考和分析的自主性，降低了用户创造性的相关技能。因此，用户对数字技术的利用式使用可能减少用户的创新行为，降低认知和思维的灵活性，以及抑制对新颖和创造性解决方案的探索，进而削弱内在动机对数字产品创新绩效的促进作用，因此，我们提出以下假设：

假设 2a：与外在动机相比，利用式使用数字技术削弱内在动机用户对平台数字产品创新绩效的促进作用。

用户对数字技术的利用式使用主要是为了提高工作效率和质量，而不是为了探索新的可能性和创造新的价值。领先用户通常具备一定的行业知识和专业技能，对产品或服务有丰富的使用经验，这些具有强烈创新意识的用户能够提出新颖、有效的解决方案。尽管利用式使用能够帮助领先用户根据自身的需求和偏好，对产品的功能、界面、内容等进行定制化的修改或扩展，可以使用户更好地利用现有的数字资源，提高数字产品的可靠性和稳定性，但当数字技术的使用被简化为完成特定任务的工具时，也可能限制用户的创新思维和能力。利用式使用由于缺乏对探索和实验的鼓励，可能会导致领先用户的创新空间受到限制，使他们难以为数字产品创新提供有价值的信息、洞见和解决方案，从而降低创新贡献和创新价值。此外，利用式使用可能会导致领先用户的注意力从创新转移到效率和生产力上，分散他们参与创新活动的时间和资源，数字技术被用于提高任务完成的速度和质量而不是探索新的可能性，这在一定程度上可能会损害数字产品创新绩效。因此，数字技术利用式使用可能会削弱领先用户对数字产品创新绩效的促进作用，即提出以下假设：

假设2b：与普通用户相比，利用式使用数字技术削弱领先用户对平台数字产品创新绩效的促进作用。

同时，用户对数字技术的探索式使用不仅是满足于完成既定的任务，而且主动地通过实验性、探索性和开放式地方式寻求新的功能和体验（Shao et al.，2022）。探索式使用允许用户自由地实验和探索数字技术的可能性，满足用户的自我决定需求中不受外部约束和限制的自主性方面，从而激发内在动机，提升数字产品创新绩效。通过探索式使用，用户能够通过不断地尝试去学习新技能并解决问题，扩展自己的知识和技能，提高自己的创新能力和满足感，这种成功体验和能力感的增强可以进一步提升内在动机对数字产品创新绩效的积极影响。因此，探索式使用数字技术能够有效地增强内在动机提升数字产品创新绩效的作用，提出以下假设：

假设3a：与外在动机相比，探索式使用数字技术增强内在动机用户对平台数字产品创新绩效的促进作用。

领先用户通常对新技术具有高度的敏感性和对市场趋势具有敏锐的洞察力，他们倾向于采用探索式的方式使用数字技术，往往不满足于仅仅使用现有技术解决问题，而是不断寻求通过技术探索来发现新的机会和解决方案。探索式使用鼓励领先用户不断试错、学习和适应，通过实验和探索发现新的可能性，这种不受限于预设的目标和规则而根据自己的兴趣和需求进行自主选择和调整的探索性创新行为促使领先用户发现或创造新的解决方案和应用（Shao et al.，2022）。此外，领先用户通过探索式使用不仅能够打破对现有知识和经验的依赖惯性，而且也能够通过尝试新的方法和策略发现新的知识和机会，帮助领先用户不断地积累和扩展新的知识和技能，提升创造力和解决问题的能力，从而提高数字产品创新绩效。因此，我们提出以下假设：

假设3b：与普通用户相比，探索式使用数字技术增强领先用户对平台数字产品创新绩效的促进作用。

综合上述分析与研究假设，从数字产品创新视角提出如图6-3所示的大模型训练用户参与研究模型。

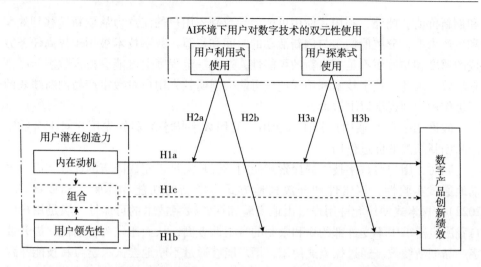

图 6-3　数字产品创新视角的大模型训练用户参与研究模型
注：以数字产品创新绩效刻画用户参与大模型训练的绩效。

二、激发用户参与平台数字产品创新模型

通过针对图 6-3 模型的研究设计，采集数据展开实证研究，探讨用户参与大模型训练的管理特征，为讨论 AI 驱动的数实融合用户行为管理提供实证基础。

选择全球最大的 3D 打印平台 Thingiverse 作为研究对象，收集设计和打印 3D 模型的用户数据来验证研究假设，此实证背景是适合的，因为与其他的众多平台所不同，Thingiverse 既提供众多连接内外部软件程序的工具支持用户持续实验、试错、探索以生成新颖的 3D 模型，又提供连接各种打印设备的接口帮助用户便捷地调整、修改和实现已有的 3D 模型，形成一整套从各个方面支持用户进行创新设计和打印实现的创新工具箱。在本质上，以数字化形式呈现出来的设计、打印工具和接口都是相关数字技术应用的具体体现，旨在帮助平台用户参与到创新过程，通过反复试错促使数字创新设计快速生成、定制和打印，同时用户在设计和打印 3D 模型时也会报告所使用的软件程序和打印设备。鉴于此，Thingiverse 的情境为研究所提出的问题提供了高度契合且具有可获得性的数据基础。

研究团队成员注册为 Thingiverse 社区用户，长期通过 Python 网络爬虫从 Thingiverse 的 APIs 合法合规地随机采集该社区的设计作品及其创建用户的数据，采集 2023 年 12 月 31 日之前的所有历史数据，主要涉及 Thingiverse 社区设计作品特征和用户特征两个方面：一是设计作品特征数据，如浏览、点赞、收藏、评论、回复评论、下载、重混和打印的数量，以及所采用的 Apps 数量和类型；二是用户特征数据，如个人简介、加入时间和所处行业，以及能够熟练掌握和使用

的数字技术。为了确保数据质量，研究将所收集的数据进行重复值删除与筛选处理。一方面，为缓解异常值的干扰，对所有连续型变量进行 1% 和 99% 的缩尾处理，删除极端值；另一方面，删除重复采集、关键变量维度缺失、数据缺失维度在 10% 以上以及没有使用任何数字技术的数据。完成以上数据清理步骤之后，最终匹配出由 2537 位用户总计创建的 3370 个 3D 模型样本构成的数字产品创新数据。

实证模型的变量定义与测量有以下四个：

（1）被解释变量：数字产品创新绩效。一般地，产品创新绩效通常采用产品销售量或者市场份额来测量，但是在线 3D 打印社区中往往无法获得数字产品创新相关的销售数据，因此，参考 Claussen 和 Halbinger（2021）、Kyriakou 等（2022）及 González-Ramos 等（2023），通过综合考虑设计被浏览的次数、设计被点赞的次数、设计被评论的次数、设计包含的文件被下载的次数、设计被重混的次数以及设计被打印制作的次数来构建数字产品创新绩效变量。参考现有研究做法，将它们取自然对数后进一步通过主成分分析，抽取出特征值大于 1 且方差贡献率最大的因子，最终复合成数字产品创新绩效的综合衡量。之所以能够选择以上指标的原因是它们都涉及对于数字产品创新的认知和评估，于是在很大程度上能够作为产品创新绩效的代理变量。由于所选择的指标都是大于等于 0 且高度分散的计数变量，对此，首先将它们在取自然对数之前加 1，其次将对数化后的指标进行 PCA，复合而成因子变量，最后进行规范化，从而形成数字产品创新绩效的衡量变量。

（2）解释变量：内在动机和用户领先性。参考 Stanko 和 Allen（2022）、Yang 等（2022），通过机器学习（ML）方法来构建描述内在动机的虚拟变量，取值为 1 时，认定为用户具有内在动机；反之，取值为 0 时认定为用户具有外在动机。具体地，采用适合处理分类数据的 K-modes 聚类算法将与用户动机相关的衡量指标：是否接受赞赏、是否提供 Patron、Shapeways 商店、PayPal 和比特币等外部网址链接、是否提供 Twitter 账户以及参与社区是商业化或成为创客还是学习教育目的进行聚类，最终区分出内在动机和外在动机。参考 Globocnik 和 Faullant（2021）、Mulhuijzen 和 de Jong（2024），通过 ML 方法来构建描述用户领先性的虚拟变量，取值为 1 时，认定为领先用户；反之，取值为 0 时认定为普通用户。具体地，采用适合处理既包含连续数据又包含分类数据的混合数据的 K-prototypes 聚类算法，将与用户领先性相关的技能水平、设计的总数、设计合集的总数、打印设计的总数、喜欢设计的总数、是否有收藏的设计、收藏设计的总数等指标进行聚类，最终区分出领先用户和普通用户。

（3）调节变量：数字技术利用式和探索式使用。根据文献分析，从数字技术双元性使用的两个维度，即利用式和探索式使用分别进行考察和衡量。借鉴 Gu 等（2021）和 Shao 等（2022），以用户能够掌握和使用与 3D 模型打印、微调和实现等相关的硬件设备的数量来衡量数字技术利用式使用程度，因为这种使用方式更加注重个体以重复、完善和扩展的方式使用数字技术从而实现数字产品创新获得学习体验；以用户能够掌握和使用与 3D 模型设计、更改、定制和修复等相关的应用程序的数量来衡量数字技术探索式使用程度，因为这种使用方式更加强调个体以实验和创新的方式使用数字技术从而获得新颖的想法。由于利用式和探索式使用均是大于等于 0 的计数变量，后续也将进行规范化处理。

（4）控制变量。除以上的主要研究变量外，Thingiverse 平台还提供了有关于 3D 模型和用户层面的较多特征维度，可以用于控制平台中的时间累积效应，以及个体异质性差异对研究结果产生的可能影响。参考 Kyriakou 等（2017，2022）、Dahlander 和 Frederiksen（2023）等文献，处理 3D 模型在社区中存留的时间即设计可获得性，详细描述的总字数即长度，隶属的具体细分类别，所需要付出的努力程度以及新颖度和复杂度，用户加入平台至数据采集的时长即任期，个人简介的长度，以往进行设计和创新的经验以及所处的行业类型（例如教育领域、非教育通用领域和专业领域，分别取值为 0、1、2）等。

不同于现有研究基于文献选择控制变量的方式，为避免由于难以穷尽所有可能影响数字产品创新绩效的控制变量，以及回归模型中过多控制变量引发多重共线性等问题，参考董直庆等（2023）、蒋为等（2021）和 Tibshirani（1996），对参数估计效果的影响，采用 ML 的 Lasso 算法来科学性地选择出恰当的控制变量。最终筛选出以下控制变量：①数字产品层面包括可获得性、描述长度、付出努力程度和所隶属的类别。②用户层面包括任期、简介长度、经验和所属行业类型。其中，①设计可获得性采用设计发布或者更新至数据采集时的月数取自然对数来衡量；②设计付出努力程度采用设计所提供的标签和图片总和取自然对数来衡量；③用户任期采用用户自注册至数据采集时的月数取自然对数来衡量；④用户经验采用在焦点 3D 模型设计发布前完成的设计总数取自然对数来衡量；⑤将相应文本中所包含的总字数取自然对数后获得设计描述长度和用户简介长度。除虚拟变量和分类变量外，其他变量均在 0 和 1 之间进行规范化处理。各变量的具体定义见表 6-1。

表 6-1　变量定义与衡量

变量类型	变量名称	变量符号	变量定义
被解释变量	数字产品创新绩效	InnovPerf	由设计被浏览的次数、设计被点赞的次数、设计被评论的次数、设计包含的文件被下载的次数、设计被重混的次数以及设计被打印制作的次数取自然对数后复合成因子变量，表征设计取得的创新绩效水平

续表

变量类型	变量名称	变量符号	变量定义
解释变量	内在动机	IntrMot	采用 ML 的 K-modes 算法对与用户动机相关的衡量指标进行聚类而构建的虚拟变量，用户参与平台进行创新是否是基于内在动机，如果是值为 1；反之则取值为 0
	用户领先性	LUserness	采用 ML 的 K-prototypes 算法对与用户领先性相关的衡量指标进行聚类而构建的虚拟变量，用户是否是领先用户，如果是取值为 1；反之则取值为 0
调节变量	利用式使用	EiUse	用户所使用过的与 3D 模型打印、微调和实现等相关的硬件设备的数量
	探索式使用	ErUse	用户所使用过的与 3D 模型设计、重混、定制、更改和修复等相关的应用程序的数量
控制变量	可获得性	Avail	设计发布或者更新至数据采集时的月数取自然对数
	描述长度	DesLen	设计的详细描述所包含的总数取自然对数
	付出努力程度	Effort	设计所提供的标签和图片总和取自然对数
	设计类别	Categ	设计所属的具体分类，例如，"Household" "Tools" 等
	任期	Tenure	用户自注册至数据采集时的月数取自然对数
	简介长度	BioLen	用户个人简介所包含的总字数取自然对数
	行业	Industry	用户所处的行业类型，教育领域、非教育通用领域和专业领域和分别取值为 0、1、2

注：部分变量符号是英文缩写，全称分别是：Innovation Performance, Intrinsic Motivation, Lead Userness, Exploitative Use, Explorative Use, Availability, Description Length, Effort, Category, Tenure, Biograph Length, Industry。

基于从 Thingiverse 获取的 2537 位用户创建的 3370 个 3D 模型所构成的客观数据，使用基于最小二乘法（OLS）的分层回归来探究在数字产品创新情境下用户潜在创造力促进数字产品绩效提升的过程和机制，首先，通过考察潜在创造力不同维度，即内在动机和用户领先性，以及内在动机与用户领先性的交互作用对数字产品创新绩效的影响。其次，分别构造利用式使用、探索式使用与利用式使用和探索式使用的交互项，进而来检验用户对数字技术的不同使用方式，即利用式使用和探索式使用的调节效应。

这里，所有连续型变量经过对数平滑化和规范化处理。描述性统计显示，平台数字产品创新绩效均值为 0.39，表明大部分 3D 模型在社区中的创新绩效表现平平；内在动机和用户领先性均值分别为 0.41 和 0.47，表明大部分的用户参与平台并不是期望获得经济收益，而且技能水平居于初、中级，领先用户群体在整个平台中占比较低；用户对数字技术的利用式使用、探索式使用均值分别为 0.22 和 0.21，表明大部分用户较少使用或者使用较少的数字技术，均值大致相等说明使用数字技术的用户，整体而言对于两种使用方式可能相对均衡。综上，根据 Kokkodis 等（2020）和 Kyriakou 等（2022），分析数据较为符合多数的在线社区或平台用户构成的一般规律。

主要变量的相关性系数显示，内在动机和用户领先性与平台数字产品创新绩效分别呈现出负、正相关关系，后续将进行回归分析深入探讨。其余所有变量之间的相关系数绝对值大多均小于0.5，初步表明不存在严重的多重共线性问题，Lasso算法筛选的控制变量合理。为进一步诊断多重共线性问题，采用方差膨胀因子（VIF），结果表明各变量的VIF值最大为2.63，最小为1.05，平均为1.44，远低于经验法则所建议的严格阈值5，表明多重共线性问题不会对研究结果产生实质性影响。据此，展开实证研究。

（一）用户潜在创造力对平台数字产品创新绩效的回归分析

在检验内在动机和用户领先性对平台数字产品创新绩效的影响的回归分析中，分别将平台数字产品创新绩效作为被解释变量，内在动机和用户领先性作为解释变量，逐次加入控制变量、解释变量以及交互项到设定模型里进行层次回归分析。针对于平台数字产品创新绩效的回归结果如表6-2所示，为避免异方差所带来的潜在问题，所有的回归模型均采用稳健标准误。

表6-2 平台数字产品创新绩效的层次回归结果

变量	InnovPerf				
	(1)	(2)	(3)	(4)	(5)
IntrMot		0.0201**		0.0195**	0.0065
		(0.0081)		(0.0081)	(0.0099)
LUserness			0.0134*	0.0127*	0.0016
			(0.0070)	(0.0070)	(0.0087)
IntrMot×LUserness					0.0275**
					(0.0126)
Avail	0.2791***	0.2891***	0.2796***	0.2893***	0.2879***
	(0.0192)	(0.0196)	(0.0192)	(0.0196)	(0.0196)
DesLen	0.2225***	0.2209***	0.2221***	0.2206***	0.2221***
	(0.0169)	(0.0169)	(0.0169)	(0.0169)	(0.0169)
Effort	0.1057***	0.1071***	0.0982***	0.0999***	0.1006***
	(0.0208)	(0.0207)	(0.0214)	(0.0213)	(0.0213)
Tenure	−0.0157	−0.0027	−0.0200	−0.0072	−0.0093
	(0.0292)	(0.0298)	(0.0292)	(0.0299)	(0.0299)
BioLen	0.0022	0.0005	−0.0048	−0.0061	−0.0064
	(0.0100)	(0.0100)	(0.0108)	(0.0108)	(0.0108)
Constant	0.0116	−0.0034	0.0157	0.0009	0.0068
	(0.0266)	(0.0272)	(0.0266)	(0.0273)	(0.0274)
Categ	控制	控制	控制	控制	控制
Industry	控制	控制	控制	控制	控制
Observations	3370	3370	3370	3370	3370
R^2	0.1683	0.1699	0.1692	0.1707	0.1719
调整的 R^2	0.1641	0.1654	0.1648	0.1660	0.1670
F检验	41.4101***	39.3258***	39.3235***	37.4726***	36.0692***

注：括号内为稳健标准误，除特殊说明之外，以下各表同。

表 6-2 列示了有关于平台数字产品创新绩效的检验结果。其中，第（1）列仅包含所有控制变量；第（2）、（3）列是在第（1）列的基础上分别加入内在动机或用户领先性；第（4）列则是同时加入内在动机和用户领先性；第（5）列则是在第（4）列的基础上加入内在动机与用户领先性的交互项。结果显示，第（2）列中内在动机的系数在 5% 的水平下显著为正，表明内在动机与平台数字产品创新绩效均之间具有正相关关系，因此，实证结果支持假设 H1a。第（3）列中用户领先性的系数在 10% 的水平下显著为正，表明用户领先性与平台数字产品创新绩效均之间具有正相关关系，因此，实证结果整体上支持假设 H1b。第（4）列中同时考虑内在动机和用户领先性的作用时，结果与上述基本相一致，进一步说明了结论的稳健性，假设 H1a 和 H1b 得到支持。第（5）列中考虑内在动机与用户领先性的交互项的系数在 5% 的水平下显著为正，表明相比于其他用户而言，具有内在动机的领先用户更能促进平台数字产品创新绩效的提升，假设 H1c 得到支持。

（二）用户对数字技术双元性使用调节作用的回归分析

通过检验用户对数字技术的使用方式的调节效应来进一步考察用户潜在创造力影响平台数字产品创新绩效的机制。在构造双因素交互效应乘积项之后，逐次加入控制变量、解释变量、调节变量、交互项到设定模型里进行层次回归分析。针对于数字技术利用式使用、探索式使用调节效应的回归结果如表 6-3 所示，为避免异方差带来的潜在问题，所有回归模型均采用稳健标准误。

表 6-3　用户对数字技术双元性使用调节效应的层次回归结果

变量	InnovPerf			
	(6)	(7)	(8)	(9)
IntrMot	0.0218 ***		0.0207 **	
	(0.0082)		(0.0083)	
LUserness		0.0142 **		0.0133 *
		(0.0071)		(0.0071)
EiUse	−0.0327 *	0.0382		
	(0.0197)	(0.0233)		
ErUse			−0.0407 **	0.0135
			(0.0169)	(0.0210)
IntrMot×EiUse	0.0329			
	(0.0314)			
IntrMot×ErUse			0.1128 ***	
			(0.0309)	
LUserness×EiUse		−0.0949 ***		
		(0.0312)		
LUserness×ErUse				−0.0247
				(0.0283)

变量	InnovPerf			
	(6)	(7)	(8)	(9)
Avail	0.2875 ***	0.2808 ***	0.2864 ***	0.2802 ***
	(0.0197)	(0.0193)	(0.0195)	(0.0192)
DesLen	0.2210 ***	0.2219 ***	0.2221 ***	0.2223 ***
	(0.0169)	(0.0168)	(0.0168)	(0.0168)
Effort	0.1068 ***	0.0959 ***	0.1054 ***	0.0982 ***
	(0.0207)	(0.0215)	(0.0207)	(0.0214)
Tenure	−0.0009	−0.0227	−0.0057	−0.0203
	(0.0299)	(0.0294)	(0.0296)	(0.0293)
BioLen	0.0027	−0.0029	−0.0002	−0.0048
	(0.0103)	(0.0110)	(0.0102)	(0.0109)
Constant	−0.0046	0.0183	0.0037	0.0169
	(0.0274)	(0.0266)	(0.0272)	(0.0266)
Categ	控制	控制	控制	控制
Industry	控制	控制	控制	控制
Observations	3370	3370	3370	3370
R^2	0.1704	0.1716	0.1731	0.1694
调整的 R^2	0.1655	0.1667	0.1681	0.1645
F 检验	35.6841 ***	35.6074 ***	36.7578 ***	35.4709 ***

表 6-3 列示数字技术双元性使用调节效应的检验结果。结果显示，第（6）列中内在动机与利用式使用的交互项的系数为正，但不显著，表明利用式使用对内在动机与平台数字产品创新绩效之间的正相关关系不具有显著的调节作用，假设 2a 未得到验证。第（7）列中用户领先性与利用式使用的交互项的系数在 1% 的水平下显著为负，表明利用式使用对用户领先性与平台数字产品创新绩效之间的正相关关系具有显著的负向调节作用，利用式使用则会减弱用户领先性对平台数字产品创新绩效的促进作用，实证结果支持假设 2b。第（8）列中内在动机与探索式使用的交互项系数在 1% 水平下显著为正，表明探索式使用对内在动机与平台数字产品创新绩效之间的正相关关系具有显著的正向调节作用，探索式使用会加强内在动机对平台数字产品创新绩效的促进作用，假设 H3a 得到验证。第（9）列中用户领先性与探索式使用的交互项的系数为负，但不显著，表明探索式使用对用户领先性与平台数字产品创新绩效之间的正相关关系不具有显著的调节作用，假设 H3b 未得到验证。

为进一步验证上述回归结果有效性与可靠性，采用以下两种方式进行稳健性检验：

首先，替换解释变量和调节变量的测量指标。针对于解释变量，综合考虑与用户内在动机或领先用户性相关的衡量指标，通过 ML 方法中的聚类算法构建出衡量内在动机或领先用户性的虚拟变量，将 K-modes 聚类算法中使用的 Hamann

距离替换成 Yule 或 Kulczynski 相似性系数度量方法，进而构建内在动机的替代测量变量；针对调节变量，以用户掌握和使用与 3D 模型打印、微调和实现等相关的硬件设备，以及与 3D 模型设计、更改、定制和修复等相关的应用程序的数量分别衡量数字技术利用式、探索式使用程度，以均值为标准构建数字技术利用式、探索式使用的虚拟变量作为替代测量变量，对拟定模型重新回归进行稳健性检验，即大于均值的观测值视作具有较高的数字技术利用式或探索式使用水平，取值为 1，否则为 0。按照以上方法替换解释变量和调节变量的测量方式后，所有的检验结果，与上述实证分析结果基本一致

其次，内生性问题检验。具有较高领先性的用户可能会提升平台数字产品创新绩效，但由于"干中学"效应的影响，产生较高平台数字产品创新绩效的用户往往可能倾向于具有较高领先性，这种潜在的双向因果关系可能会造成内生性问题。为缓解可能存在的内生性问题，以用户网络中心性为用户领先性变量的工具变量（IV），使用两阶段最小二乘法（2SLS）检验模型。结果表明，与上述实证结果基本一致。

上述检验结果表明，无论是替换变量的测量方式，还是采用其他的回归模型后，主效应和调节效应的稳健性检验结果均与前文一致，进一步地说明回归拟合模型选择的合理性。综上，拟合模型的多重共线性问题不会对研究结果产生实质影响，结论具有较好的稳健性，研究结果总结归纳为表 6-4，除假设 2a 和假设 3b 没有得到验证，其他研究假设均得到验证。

表 6-4 研究结果总结

研究假说	研究发现
假设 1a：与外在动机相比，具有内在动机的用户更能促进平台数字产品创新绩效的提升	√
假设 1b：与普通用户相比，领先用户更能促进平台数字产品创新绩效的提升	√
假设 1c：与其他用户相比，具有内在动机的领先用户更能促进平台数字产品创新绩效的提升	√
假设 2a：与外在动机相比，利用式使用数字技术削弱内在动机用户对平台数字产品创新绩效的促进作用	×
假设 2b：与普通用户相比，利用式使用数字技术削弱领先用户对平台数字产品创新绩效的促进作用	√
假设 3a：与外在动机相比，探索式使用数字技术增强内在动机用户对平台数字产品创新绩效的促进作用	√
假设 3b：与普通用户相比，探索式使用数字技术增强领先用户对平台数字产品创新绩效的促进作用	×

三、参与 AI 模型训练的用户管理机制

上述结果表明，用户潜在创造力是平台数字产品创新绩效的重要影响因素，用户尤其是具有内在动机领先用户的潜在创造力能激发平台数字产品创新绩效。

同时，用户使用数字技术的方式在其中发挥重要的调节作用，探索式使用数字技术会增强内在动机用户对平台数字产品创新绩效的促进作用。因此，激发用户潜在创造力提升平台数字产品创新绩效的管理机制，需要考虑用户类型、用户数字技术双元性使用及激励机制三方面管理，形成参与对象、参与工具、参与激励三位一体的管理体系。

首先，考虑提升平台数字产品创新绩效的用户类型管理。用户潜在创造力是影响平台数字产品创新绩效的一个关键因素，在考虑用户参与平台创新的方式和策略时，需要根据用户潜在创造力的不同进行用户类型管理。内在动机和用户领先性是个体潜在创造力的核心要素，因此，需要聚焦分析参与平台创新的用户内在动机和领先性。据此，以用户内在动机刻画创新意愿，以用户创新能力刻画领先性构建"2×2"分析框架，基于潜在创造力将用户划分为四种管理类型（见图6-4）。

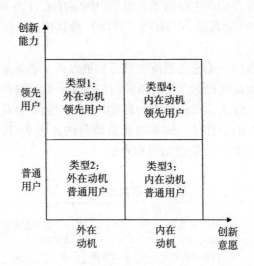

图6-4 参与平台数字产品创新的用户分类管理框架

在图6-4中，①具有外在动机的领先用户（类型1）；②具有外在动机的普通用户（类型2）；③具有内在动机的普通用户（类型3）；④具有内在动机的领先用户（类型4）。根据表6-2，具有内在动机的领先用户更能促进平台数字产品创新绩效的提升。进一步地，通过单因素方差分析，以确定平台数字产品创新绩效对于不同类型的用户是否具有差异，类型1、2、3、4四组样本量分别为963、1036、759和612，平台数字产品创新绩效分别为0.41±0.19、0.39±0.18、0.35±0.21和0.41±0.20（平均值±标准误差）。为避免异方差带来的问题，使结果更为稳健，采用校正的单因素方差分析，Welch检验结果显示，各类型间的平台数字产品创新绩效均值不全相等（$W=11.70$，$P<0.01$）。

为探讨具体哪些用户类型之间存在差异，进行两两比较的事后检验，分别以类型 1、2、3 作为参照组，检验其他组与参照组对平台数字产品创新绩效的影响差异，对应表 6-5 中的第（10）、（11）、（12）列。结果显示，类型 1、2、3 两两之间的差异均不显著。与类型 1、2、3 相比，类型 4 对平台数字产品创新绩效的影响均在 1% 的水平下显著更高，即具有内在动机的领先用户更能促进平台数字产品创新绩效的提升。该结果进一步验证了假设 H1c。

表 6-5　用户类型两两比较的事后检验的回归结果

变量	InnovPerf		
	（10）	（11）	（12）
类型 1		0.0016	−0.0049
		(0.0085)	(0.0108)
类型 2	−0.0016		−0.0065
	(0.0085)		(0.0100)
类型 3	0.0049	0.0065	
	(0.0108)	(0.0100)	
类型 4	0.0340 ***	0.0355 ***	0.0290 ***
	(0.0104)	(0.0104)	(0.0101)
Avail	0.2879 ***	0.2879 ***	0.2879 ***
	(0.0207)	(0.0207)	(0.0207)
DesLen	0.2221 ***	0.2221 ***	0.2221 ***
	(0.0167)	(0.0167)	(0.0167)
Effort	0.1006 ***	0.1006 ***	0.1006 ***
	(0.0186)	(0.0186)	(0.0186)
Tenure	−0.0093	−0.0093	−0.0093
	(0.0321)	(0.0321)	(0.0321)
BioLen	−0.0064	−0.0064	−0.0064
	(0.0106)	(0.0106)	(0.0106)
Categ	控制	控制	控制
Industry	控制	控制	控制
Observations	3370	3370	3370
R^2	0.1719	0.1719	0.1719
调整的 R^2	0.1670	0.1670	0.1670
F 检验	34.7616 ***	34.7616 ***	34.7616 ***

注：括号内为标准误。

　　根据图 6-4 和表 6-5，可以认为，激发用户潜在创造力提升平台数字产品创新绩效，最关键是激励具有内在动机的领先用户参与。因此，识别出具有内在动机的领先用户，成为提升平台数字产品创新绩效的一项关键且高价值的管理工作。与相关代表性文献相比，这个结论一方面强化了现有研究，另一方面深化了现有研究对领先用户价值的认识。这主要体现在两方面：①现有对用户内在动机与创造力之间关系的探讨，主要通过实验室或田野实验方法来进行，研究结果不一致甚至矛盾。根据图6-4和表6-5，与金钱、声誉或其他外部奖励等外在动机相比，用户兴趣、好奇心和自我实现感等内在动机更能够促进创新绩效。②现有领先用户研究中，用户创造力的问题迄今尚未得到充分的理论解析，对于普通用户还是领先用户更能促进创新绩效存在不一致看法。根据图6-4和表6-5，可以认为，与普通用户相比，领先用户更能够促进平台数字产品创新绩效。该结论与领先用户研究的基本假设一致，领先用户在市场和技术趋势上的敏锐洞察和领先地位，能够帮助平台更好地识别和满足尚未被广泛认知的潜在需求，从而提升创新绩效。

其次，考虑管理参与创新用户对数字技术的双元性使用问题。根据表6-4实证结果，与普通用户参与相比，利用式使用数字技术会削弱用户领先对平台数字产品创新绩效的促进作用。同时，与外在动机用户相比，探索式使用数字技术会增强内在动机用户对平台数字产品创新绩效的促进作用。通过表6-6可以考察数字技术利用式使用和探索式使用对具有内在动机的领先用户的激励作用，如表6-6中第（13）、（14）列所示，与其他用户相比，利用式使用对具有内在动机的领先用户不具有显著的创新激励作用，而探索式使用对具有内在动机的领先用户则具有显著的创新激励作用。因此，企业需要高度重视不同内在动机用户采用何种数字技术使用方式，这本质上是选择何种人与AI协同的组织学习方式以最大化提升数字产品创新绩效的问题。表6-6表明，企业要高度关注和激发内在动机领先用户的潜在创造力，通过管理参与创新用户对数字技术的双元性使用，可以更有效地提升平台数字产品创新绩效。

表6-6　用户类型与数字技术使用方式交互的回归结果

变量	InnovPerf	
	（13）	（14）
IntrMot	0.0076	0.0100
	(0.0100)	(0.0102)
LUserness	0.0019	0.0054
	(0.0088)	(0.0088)
EiUse	−0.0133	
	(0.0180)	
ErUse		−0.0328**
		(0.0157)
IntrMot×LUserness	0.0306**	0.0163
	(0.0129)	(0.0130)
IntrMot×LUserness×EiUse	−0.0383	
	(0.0381)	
IntrMot×LUserness×ErUse		0.1283***
		(0.0411)

续表

变量	InnovPerf	
	（13）	（14）
Avail	0.2865***	0.2874***
	(0.0197)	(0.0195)
DesLen	0.2219***	0.2211***
	(0.0169)	(0.0169)
Effort	0.1001***	0.0993***
	(0.0213)	(0.0212)
Tenure	−0.0062	−0.0091
	(0.0300)	(0.0298)
BioLen	−0.0040	−0.0062
	(0.0110)	(0.0109)
Constant	0.0043	0.0082
	(0.0275)	(0.0274)
Categ	控制	控制
Industry	控制	控制
Observations	3370	3370
R^2	0.1727	0.1745
调整的 R^2	3370	3370
F 检验	0.1727***	0.1745***

现有研究对用户数字技术使用对企业创新绩效的影响存在不一致的结论。部分研究认为，为用户提供相关的数字技术并且确保这些数字技术能够被充分利用，将有助于激发用户创造力提升数字创新绩效。部分学者强调，在某些情况下，用户对数字技术的使用并没有给企业带来预期的创新绩效，某些用户甚至会出现数字技术使用导致创新贡献下降现象。揭示出这类现象背后的缘由，用户对数字技术的不同使用方式会影响其潜在创造力的发挥效果。因此，可以认为，用户对数字技术的双元性方式会影响用户潜在创造力发挥的效果，进而影响创新绩效。

当用户对数字技术采取利用式使用方式时，主要目的是为了解决自身的问题或满足自身的需求，会由于过于注重数字技术的现有功能和效果，使用户陷入惯性思维和行为的惯性，而忽视利用其潜在的创新空间和可能性，从而降低用户创新的动力和意愿，使用户在创新中失去对市场和技术变化的敏感性。然而，当用户对数字技术采取探索式使用方式时，主要目的是为了寻求新奇或挑战，能够激发用户对数字产品的兴趣、好奇心和满足感，增加其创新的乐趣，进而激发用户的创造力和主动性，会使用户在创新中对市场和技术变革保持敏感，帮助平台识别出更符合市场和技术趋势的模型和情境。

最后，探讨激发用户潜在创造力参与平台创新的激励机制，以此阐述如何激励用户参与大模型训练以提高训练的绩效。根据表6-4和表6-6可以认为，激励不同类型的用户采用不同的数字技术双元性使用方式，构成激发用户潜在创造力促进平台数字产品创新绩效的激励机制。下面，进一步探讨用户类型与数字技术使用方式之间的适配性。同理，基于校正的单因素方差分析结果，进行两两比较的事后检验，分别以类型 1、2、3 作为参照组，检验数字技术的不同使用方式对不同类型用户影响平台数字产品创新绩效的激励差异（见表 6-7）。表 6-7 中的第（15）~（17）列对应利用式使用，第（18）~（20）列对应探索式使用。针对于数字技术利用式使用的结果显示：①与类型 1 相比，利用式使用对类型 2 和类型 3 具有显著更强的激励作用；②与类型 2 相比，利用式使用对类型 4 具有显著更弱的激励作用；③与类型 3 相比，利用式使用对类型 4 具有显著更弱的激励作用。针对于数字技术探索式使用的结果显示：①与类型 1 相比，利用式使用对类型 2、类型 3 和类型 4 均具有显著更强的激励作用；②与类型 2 相比，探索式使用对类型 4 具有显著更强的激励作用。

表 6-7　用户类型与数字技术使用方式交互的事后检验的回归结果

变量	InnovPerf					
	（15）	（16）	（17）	（18）	（19）	（20）
类型 1		0.0009	−0.0050		0.0046	−0.0037
		(0.0086)	(0.0108)		(0.0088)	(0.0108)
类型 2	−0.0009		−0.0058	−0.0046		−0.0083
	(0.0086)		(0.0102)	(0.0088)		(0.0106)
类型 3	0.0050	0.0058		0.0037	0.0083	
	(0.0108)	(0.0102)		(0.0108)	(0.0106)	
类型 4	0.0373***	0.0382***	0.0324***	0.0245**	0.0291**	0.0208**
	(0.0106)	(0.0108)	(0.0103)	(0.0109)	(0.0113)	(0.0105)
EiUse	−0.0848***	0.0286	0.0441			
	(0.0292)	(0.0312)	(0.0378)			
ErUse				−0.0650***	0.0000	0.0125
				(0.0225)	(0.0300)	(0.0401)
类型 1×EiUse		−0.1134***	−0.1289***			
		(0.0420)	(0.0476)			
类型 2×EiUse	0.1134***		−0.0155			
	(0.0420)		(0.0488)			
类型 3×EiUse	0.1289***	0.0155				
	(0.0476)	(0.0488)				
类型 4×EiUse	0.0334	−0.0800*	−0.0955*			
	(0.0433)	(0.0446)	(0.0494)			
类型 1×ErUse					−0.0650*	−0.0775*
					(0.0364)	(0.0458)
类型 2×ErUse				0.0650*		−0.0125
				(0.0364)		(0.0499)
类型 3×ErUse				0.0775*	0.0125	
				(0.0458)	(0.0499)	

续表

变量	InnovPerf					
	（15）	（16）	（17）	（18）	（19）	（20）
类型 4×ErUse				0.1610 ***	0.0960 **	0.0835
				（0.0430）	（0.0473）	（0.0541）
Avail	0.2888 ***	0.2888 ***	0.2888 ***	0.2880 ***	0.2880 ***	0.2880 ***
	（0.0208）	（0.0208）	（0.0208）	（0.0207）	（0.0207）	（0.0207）
DesLen	0.2221 ***	0.2221 ***	0.2221 ***	0.2215 ***	0.2215 ***	0.2215 ***
	（0.0167）	（0.0167）	（0.0167）	（0.0167）	（0.0167）	（0.0167）
Effort	0.0977 ***	0.0977 ***	0.0977 ***	0.0986 ***	0.0986 ***	0.0986 ***
	（0.0186）	（0.0186）	（0.0186）	（0.0186）	（0.0186）	（0.0186）
Tenure	−0.0118	−0.0118	−0.0118	−0.0118	−0.0118	−0.0118
	（0.0322）	（0.0322）	（0.0322）	（0.0322）	（0.0322）	（0.0322）
BioLen	−0.0038	−0.0038	−0.0038	−0.0065	−0.0065	−0.0065
	（0.0107）	（0.0107）	（0.0107）	（0.0106）	（0.0106）	（0.0106）
Categ	控制	控制	控制	控制	控制	控制
Industry	控制	控制	控制	控制	控制	控制
Observations	3370	3370	3370	3370	3370	3370
R^2	0.1752	0.1752	0.1752	0.1757	0.1757	0.1757
调整的 R^2	0.1693	0.1693	0.1693	0.1698	0.1698	0.1698
F 检验	29.6069 ***	29.6069 ***	29.6069 ***	29.7083 ***	29.7083 ***	29.7083 ***

注：括号内为标准误。

现有文献强调，对于所有类型的用户，认同创新贡献，提供更先进的数字技术使用工具，均属于有效的激励用户参与创新的措施，表明数字技术使用方式也是用户参与创新的重要激励手段。然而，既有研究缺乏针对不同类型用户与数字技术使用方式适配的激励机制探讨。根据表 6-7，企业不仅需要针对不同类型的用户采取不同的激励机制，而且需要激励不同类型的用户采用不同的数字技术使用方式，才会使用户与 AI 协同的组织学习的目的性更强。具体地，利用式使用对具有外在动机的用户具有较强的激励作用，探索式使用则对具有内在动机的用户更有效，具有内在动机的领先用户可能不太受利用式使用的激励，但探索式使用可以显著提高平台数字产品创新绩效。

据此，在激励用户参与平台数字产品创新的行为管理中，针对类型 1 的用户，企业应激励其采用利用式为主，探索式为辅的数字技术使用方式；针对类型 2 的用户，企业应激励其采用利用式方式来使用数字技术；针对类型 3 的用户，应激励其采用探索式为主，利用式为辅的数字技术使用方式；针对类型 4 的用户，应激励其采用探索式数字技术使用方式。由此，根据图 6-4，形成激发用户潜在创造力参与平台数字产品创新的分类管理激励框架（见图 6-5）。

根据图 6-5，综合现有相关代表性文献，提出激发用户潜在创造力参与平台数字产品创新的分类管理激励机制，具体如下：

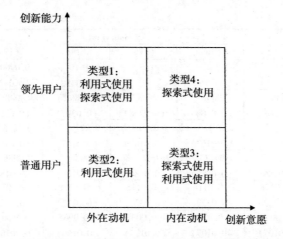

图6-5 激发用户潜在创造力参与平台数字产品创新的激励框架

首先，针对具有外在动机的领先用户激励机制。这类用户对新技术和新产品产生深厚的兴趣，多数情况下为了获取先进知识和技能而愿意参与平台数字产品创新活动，需求呈现高度个性化和多样化特征。激发这类用户潜在创造力参与平台数字产品创新，企业应从知识共享、参与决策和个性化激励三方面，激励用户采用利用式为主、探索式为辅的数字技术使用方式来满足用户需求和期望：①平台企业提供多种方式促进用户分享知识和经验，如分配专利权益、认可知识贡献和提供职业发展机会等制度安排；②平台企业为这类用户提供参与决策的机会，使用户在参与决策过程中感知贡献被重视，如用户参与产品设计、策略制定和创新方向选择等制度安排；③平台企业为这类用户提供个性化激励方案，如提供定制化工具、资源及访问特定信息的权限等。

其次，针对具有外在动机的普通用户激励机制。这类用户参与企业创新活动时关注物质性或象征性的外在激励，具有潮流性跟随的群体参与特征。激发这类用户潜在创造力参与创新，平台应激励用户采用利用式方式使用数字技术，从直接物质激励、强化用户身份及提高用户忠诚度和满意度三方面满足用户需求和期望：①提供即时的直接物质回报，满足用户的外在动机，如金钱奖励、优惠券和礼品卡等；②强化用户身份的社会认可，提高用户的社会地位，满足其归属和尊重的需求，如公开表彰、排行榜和徽章系统等；③通过多种方式提高用户忠诚度和满意度，如加强用户参与产品设计、评论和反馈管理，增强用户自主感和胜任感等，激励这类用户低成本、便捷地参与平台数字产品创新。

再次，针对具有内在动机的普通用户激励机制。这类用户参与创新主要出于个人兴趣、乐趣和满足感，虽然也会关注物质奖励，但更倾向于寻求个人成长和发展机会，尤其对于建立良好关系和社区归属感的需求明显。激发这类用户潜在创造力参与创新，平台应激励用户采取探索式为主，利用式为辅的数字技术使用方式，从社区归属感、创造发展机会，提供自我实现机会三方面满足用户需求和期望：①提升用户在社区中的地位和影响力，使这类用户获得满足感和成就感而强化其社区归属感，如这类用户对贡献被置顶或标记为精华等被赞赏和表彰的激励措施更敏感；②为用户创造个人成长和发展的机会，激励用户持续参与并提升其技能和知识，如为用户提供在线课程、研讨会或专业指导等；③为用户提供自我实现的平台，通过提供展示用户创造力和才能的平台激发用户内在动机从而促进用户的积极贡献，如通过博客、作品展示或竞赛等机制，激励这类用户参与创新。

最后，针对具有内在动机的领先用户激励机制。这类用户通常对某个领域充满热情，且拥有专业知识，参与动机源自个人对活动本身的兴趣，对掌握新技能的渴望，以及对实现个人价值的追求。因此，激发这类用户潜在创造力参与创新，激励机制应当超越一般意义的物质奖励，更多地关注满足用户深层次心理需求和提供个人成长的机会。企业激励用户采用探索式数字技术使用方式，从用户自主性、社会文化及竞争性合作三方面满足用户需求和期望：①为用户提供选择的自由，用户参与创新过程中拥有高度的自主性，从而激发其内在参与动机，如通过增强用户参与感来激发其内在动机；②为用户提供更具归属感的社区文化，如强大的社区文化能够让用户感受到自身的不可或缺性，从而激发其内在参与动机；③为用户提供竞争性合作的环境，鼓励用户间的正向互动和知识共享，同时保持适度的竞争激发用户的创新潜力。

总之，本节基于 Thingiverse 数字产品实证研究，剖析如何激发用户潜在创造力提升平台数字产品创新绩效这一新兴的组织管理问题，由此通过类比推理探讨AI 驱动的数实融合用户行为管理特征和实现机制。通过提炼和总结激励用户潜在创造力参与大模型训练，有助于大模型等 AI 突破通用性、可靠性和泛化性瓶颈，从而更好地促进数实融合的产出绩效。具体体现在以下三个方面：①用户潜在创造力是大模型训练产出的重要影响因素，内在动机的领先用户对大模型训练绩效的正向影响最为显著。②参与大模型训练的用户，其数字技术使用方式构成潜在创造力影响大模型训练绩效的重要调节因素。其中，数字技术利用式使用削弱用户领先性对大模型训练绩效的促进作用，探索式使用则增强内在动机用户对大模型训练绩效的促进作用。③提升大模型训练绩效的用户行为管理机制，包括参与训练的用户类型管理、参与训练用户对数字技术的双元性使用管理，激发用户潜在创造力参与大模型训练的激励机制三个子管理，形成参与对象、参与工具、参与激励三位一体的管理体系。由此，可以较好地促进 AI 驱动数实融合的广度和深度。

第七章 技术-制度融合的中国模式

近 20 年来，学术界从人口红利、土地财政、投资驱动、外贸引擎、产业结构、制度变革等多视角、多层次和多维度，探讨中国经济持续高速增长的内在机制，以破解中国经济高速增长之谜，形成了诸多研究成果和学术观点。本章以此为讨论的逻辑起点，试图从技术-制度融合的视角，考察助力中国经济高速增长的内在动力，阐述两化融合到数实融合，再到人工智能社会化创新的技术-制度融合变迁，总结和提出技术-制度融合的中国模式。

如第一章所述，区别于发达国家，中国两化融合的环境、基础和发展道路有自身的约束条件，但中国的两化融合不可能脱离全球两化融合形成的大背景，尤其是随着 20 世纪末 21 世纪初全球兴起的信息高速公路建设，互联网、信息通信技术（ICT）在全球扩散和应用普及带来的技术变革，中国快速抓住两化融合发展的新趋势，在经济全球化发展潮流下，通过技术-制度融合的持续变革，在经济持续高速增长的推动下，构建起两化融合的中国模式，同时反哺助力经济的持续高速增长。

第一节 全球两化融合的形成及特征

20 世纪 50 年代以来全球逐步形成以 ICT 为代表的新工业革命，20 世纪 70~80 年代个人电脑在全球快速普及，20 世纪末 21 世纪初形成了以信息高速公路为代表的经济信息化发展趋势，21 世纪 10 年代前后形成了全球两化融合的新经济形态。据此，本节选取 1990~2014 年共 25 年的相关数据，聚焦全球两化融合趋势的形成过程，分析其主要特征，作为探讨两化融合中国模式的理论背景。

选择 1990 年作为分析两化融合中国模式全球大背景的时间起点，有两个重要原因：一是 1990 年 11 月 28 日中国国家顶级域名 ".CN" 完成注册；二是美国国防部 1969 年建立的实验型网络架构 APRANET 在 1990 年中止了与非军事有关的营运活动，20 世纪 80 年代美国国家科学基金会建立的网络架构 NSFnet 成为国际互联网初期的主干网。1991 年，时任美国国会参议员的戈尔率先提出建立信息高速公路的设想，1993 年，时任美国总统克林顿宣布正式实施国家信息基础设施行动计划。选择 2014 年为观察结束的时间节点，也有两个原因：一是 2014 年大数据首次写入中国政府工作报告，标志着由此中国以大数据、人工智能等数字技术为代表的数字经济新时代；二是 2015 年 3 月党的十二届全国人大三次会议上审议的政府工作报告中，首次在政府层面提出"互联网＋"行动计划，同年国务院发布《关于积极推进"互联网＋"行动的指导意见》，"互联网＋"正式成为中国政府的经济发展政策之一，标志着 2014～2015 年之交构成中国两化融合向数实融合变迁的转换点。

一、全球两化融合兴起的测度与数据

构建全球两化融合兴起的测度模型类似于构建第三章的两化融合测度模型。首先，构建全球工业化与信息化发展水平的测量指标与数据采集。其次，根据第三章模型，结合国际指标获取的可行性和可比性，选取如表 7-1 所示的指标作为全球工业化与信息化发展水平的测度指标。

表 7-1　工业化与信息化发展水平评价体系

	指标	单位	数据来源
工业化发展水平	生产价格指数	—	国际货币基金组织《国际金融统计》
	制造业增加值占比	%	世界银行《世界发展指标》
	工业增加值占比	%	世界银行《世界发展指标》
	工业就业人员占比	%	世界银行《世界发展指标》
	城市化率	%	世界银行《世界发展指标》
信息化发展水平	固定电话拥有率	部/百人	国际电信联盟数据库
	移动电话拥有率	台/百人	国际电信联盟数据库
	专利申请量	个/百万人	世界银行《世界发展指标》
	互联网与宽带普及率	户/百人	国际电信联盟数据库
	第三产业就业比	%	世界银行《世界发展指标》

表 7-1 的指标均可以从世界银行《世界发展指标》、国际货币基金组织《国际金融统计》和国际电信联盟的数据库中获取。其中，专利申请量、互联网与宽带普及率和第三产业就业比 3 项指标无法直接获得，需要通过其他指标数据进行二次计算得到。① 此外，在第三章研究两化融合路径和融合水

---

① 专利申请量＝（居民专利申请量＋非居民专利申请量）/人口数×1000000；互联网与宽带普及率＝互联网普及率×70％＋固定宽带普及率×30％；第三产业就业比用服务业就业比替代。

平地经济增长的影响时，以人均 GDP 代表经济发展水平，因此还需要获取人均 GDP 指标。①

为此，采集 1990~2014 年的 15 项指标数据。从数据库获取指标后，将数据缺失较严重的国家和地区剔除，减少数据不完整对分析结果的影响。经过筛选，选出 65 个国家和地区作为研究对象，由此总共收集 24375 个指标数据，个别国家和地区仍有部分数据缺失，数据缺失率约为 8%，采用标准方法处理缺失数据。依照世界银行的划分标准，在 65 个国家和地区中，高收入水平国家或地区超过 50%，中等收入国家和地区达 40%，低收入国家和地区仅有 5 个，因为经济发展水平越高，数据越完善，对于分析更有利。同时，低收入水平国家和地区的工业化与信息化发展均较弱。在地域分布上，亚欧国家和地区占 60%，其中亚洲国家和地区达 43.1%，估计与亚洲以发展中国家为主、工业化与信息化均处于上升阶段且各有差异有关。65 个国家和地区的收入水平与地域分布的描述性统计见表 7-2。

表 7-2　65 个国家和地区的收入水平与地域分布的描述性统计

	变量	样本量（个）	所占比重（%）
收入水平	高收入	34	52.31
	中高收入	14	21.54
	中低收入	12	18.46
	低收入	5	7.69
地域	亚洲	28	43.08
	欧洲	16	24.62
	拉丁美洲和加勒比②	11	16.92
	非洲	7	10.77
	大洋洲	2	3.08
	北美洲	1	1.53

65 个国家和地区的人均 GDP、工业增加值占比、服务业增加值占比等发展情况见表 7-3。在表 7-3 中，国家和地区人均 GDP 均值和标准差均不断增加，表明全球总体经济发展水平在不断提高，但贫富差距也变得越来越大。同时，工业增加值占比缓慢下降，服务业增加值占比缓慢上升，表明存在向第三产业转移的总体趋势。此外，服务业增加值占比的标准差大于工业增加值占比的标准差，说明全球的工业占比相对一致，但第三产业的差异性较大。总体来看，65 个国

---

①　选取 PPP 计算的人均 GDP 以及 GDP 平减指数，通过处理消除不同年份和不同经济规模国家所造成的偏差。

②　按照世界银行对国家区域的划分，美国属于北美洲，墨西哥、古巴及南美洲等国均属于拉丁美洲和加勒比。

家和地区的经济在不断增长，工业增加值占比和服务业增加值占比却有不同的变化趋势，说明两者对经济增长可能会有不同的影响。为此，需要具体分析两化融合与经济增长的关系。

表7-3　65个国家和地区工业化和信息化水平的描述性统计

年份	变量	均值	标准差	最小值	最大值
1990	人均GDP	9579.74	7327.20	421.64	26765.46
	工业占比	30.95	8.37	9.78	49.94
	服务业占比	55.18	12.88	26.32	88.53
1991	人均GDP	9871.70	7613.63	390.53	27062.77
	工业占比	30.76	8.36	7.61	50.49
	服务业占比	55.39	13.15	23.93	88.55
1992	人均GDP	10101.26	7876.79	351.94	27364.18
	工业占比	30.53	8.12	6.30	50.91
	服务业占比	55.77	13.55	17.58	88.57
1993	人均GDP	10421.96	8134.73	393.38	28122.14
	工业占比	30.25	8.03	7.76	46.09
	服务业占比	56.63	12.82	23.49	88.59
1994	人均GDP	10914.87	8609.25	400.43	30875.42
	工业占比	30.22	8.15	8.64	47.52
	服务业占比	56.85	12.50	32.18	88.61
1995	人均GDP	11392.38	8982.55	419.65	32724.80
	工业占比	29.86	7.71	9.22	46.68
	服务业占比	57.11	12.20	30.95	88.38
1996	人均GDP	11918.10	9354.41	465.45	34404.86
	工业占比	29.65	7.70	10.38	47.04
	服务业占比	57.36	12.14	31.96	88.51
1997	人均GDP	12547.84	9860.05	473.68	36644.23
	工业占比	29.75	7.23	11.27	47.02
	服务业占比	57.80	12.10	29.24	88.64
1998	人均GDP	12905.18	10125.70	448.90	35007.69
	工业占比	29.18	7.20	11.14	45.72
	服务业占比	58.78	11.60	35.13	88.77
1999	人均GDP	13441.35	10638.46	465.61	37409.80
	工业占比	29.22	7.06	11.03	46.46
	服务业占比	59.56	11.38	37.02	88.88
2000	人均GDP	14434.29	11512.86	490.73	40949.55
	工业占比	29.86	7.17	12.20	48.32
	服务业占比	59.70	11.07	31.86	87.54
2001	人均GDP	15007.65	11847.34	528.08	40380.14
	工业占比	29.39	6.94	11.58	46.45
	服务业占比	60.42	10.79	33.78	88.33
2002	人均GDP	15600.59	12267.15	528.86	42338.02
	工业占比	29.01	6.86	10.84	45.12
	服务业占比	61.27	10.37	38.97	89.07

续表

年份	变量	均值	标准差	最小值	最大值
2003	人均GDP	16146.54	12564.59	512.88	45768.28
	工业占比	29.06	6.88	10.06	46.58
	服务业占比	61.50	10.56	40.14	89.86
2004	人均GDP	17239.71	13375.87	581.84	50875.75
	工业占比	29.46	7.39	9.41	48.53
	服务业占比	61.37	10.66	41.04	90.51
2005	人均GDP	18235.12	14056.11	653.12	55134.21
	工业占比	29.47	7.80	8.67	46.87
	服务业占比	61.67	10.97	40.33	91.26
2006	人均GDP	19875.05	15177.26	725.96	59957.25
	工业占比	29.95	8.48	8.22	47.40
	服务业占比	61.55	11.15	37.36	91.72
2007	人均GDP	21212.58	16025.32	808.52	64421.36
	工业占比	29.76	8.33	7.17	46.80
	服务业占比	62.16	11.12	37.65	92.76
2008	人均GDP	22169.10	16473.26	889.27	63394.30
	工业占比	29.36	8.26	7.25	48.06
	服务业占比	62.43	11.44	37.46	92.69
2009	人均GDP	21678.74	15826.89	949.49	61603.79
	工业占比	27.98	7.95	7.11	47.65
	服务业占比	63.88	11.38	37.06	92.83
2010	人均GDP	22515.62	16486.52	1053.80	70598.32
	工业占比	28.50	8.20	7.11	46.17
	服务业占比	63.50	11.31	40.67	92.83
2011	人均GDP	23576.92	17209.69	1165.22	74949.07
	工业占比	28.70	8.378	6.97	46.14
	服务业占比	63.00	11.64	39.00	92.98
2012	人均GDP	24131.18	17516.87	1256.10	76988.10
	工业占比	28.43	8.42	7.07	44.97
	服务业占比	63.55	11.68	40.03	92.88
2013	人均GDP	24684.75	17719.85	1373.29	80295.03
	工业占比	28.07	8.31	7.20	43.68
	服务业占比	64.00	11.51	40.85	92.75
2014	人均GDP	25190.43	17932.58	1436.71	82763.36
	工业占比	27.73	7.80	7.11	42.95
	服务业占比	64.19	11.50	42.25	92.67

本节的数据处理、非参数随机前沿分析、非参数固定效应模型与第三章相同。分位数回归模型如下：构建两个分别以包括两化融合水平 IC、人均 GDP（代表经济增长水平）为因变量的分位数回归模型，以刻画两化融合对经济增长的影响。具体地，分别将工业化水平和信息化水平依次作为联系 GDP 函数和融合水平函数的变量，以同时反映经济增长与融合水平的变化。该模型通过以下三

步求得结果。

第一步：估计 GDP 函数和融合水平函数参数。首先估计 GDP 水平函数参数。设定随机变量 z（解释变量）的概率密度函数：

$$F(z) = Pr(Z<z) \tag{7-1}$$

利用式（7-1）的反函数，可求出其 θ 分位数：

$$F^{-1}(z) = \inf\{z: F(z) \geq \theta\} = Q_\theta(z) \tag{7-2}$$

假定 2 个随机变量 g 和 z，g 是 z 的因变量（此处 g 是指人均 GDP，z 是指人均 GDP 的解释变量）。在 z 确定时，g 的条件分位数可由式（7-2）得到，即

$$F_z^{-1}(\theta) = \inf\{g: F(g \mid z) \geq \theta\} = Q_\theta(g \mid z)$$

该条件的分位数估计系数为：

$$\min_{\psi \in R^k} \sum_{i: \; g_i \geq z_i\psi} \theta |g_i - z_i\psi_\theta| + \sum_{i: \; g_i < z_i\psi} (1 - \theta)|g_i - z_i\psi_\theta| \tag{7-3}$$

式（7-3）为人均 GDP 的分位数回归估计式。其中 θ（$0<\theta<1$）为回归估计式的分位数；g_i 为 i 地区的人均 GDP，z_i 为估计人均 GDP 的解释变量；ψ_θ 为通过分位数求得的第 θ 分位数的系数。

同理，估计两化融合水平函数的参数。假设随机变量 e 的分布函数：

$$R(e) = Pr(E<z) \tag{7-4}$$

利用式（7-4）的反函数，可求得第 φ 位分位数：

$$R^{-1}(\varphi) = \inf\{e: R(e) \geq \varphi\} = Q_\varphi(e) \tag{7-5}$$

假定 2 个随机变量 c 和 e，c 是 e 的因变量（c 是指两化融合水平 IC，e 是指两化融合水平的解释变量）。在确定 e 时，c 的条件分位数可由式（7-5）给出，即：

$$F_e^{-1}(\varphi) = \inf\{c: R(c \mid e) \geq \varphi\} = Q_\varphi(c \mid e) \tag{7-6}$$

该条件分位数的系数估计为：

$$\min_{\xi \in R^k} \sum_{j: \; c_j \geq e_i\xi} \varphi |c_j - e_i\xi_\theta| + \sum_{j: \; c_j < e_j\xi} (1 - \varphi)|c_j - e_i\xi_\theta| \tag{7-7}$$

式（7-7）为融合水平的分位数回归估计式。其中，Φ（$0<\Phi<1$）为回归估计式的分位数；c_i 为 i 地区的融合水平，e_i 为估计融合水平的解释变量；ζ_Φ 为通过分位数求得的第 Φ 分位数的系数。在 Φ 和 θ 的调节下，模型的估计将更具有灵活性和弹性。

第二步：估算共同边界技术效率比（Meta−Technical Ratio，MTR）。现以 MTR_p 和 MTR_y 分别刻画相应的地区和时间效应。MTR 方法有两个主要部分：在 MTR 中，全部样本计算得到的结果称为共同边界技术效率（用 TE_M 表示），由分组后的样本计算得到的结果称为群组边界技术效率（用 TE_p 或 TE_y 表示）。在此基础上，根据不同的分组情况，获得相应的 MTR 对两者的对应比值。

首先，采用 MTR 方法，要求出技术效率。设 g、c、x 分别表示决策单位的产出 1，产出 2（分别指人均 GDP 和两化融合水平）和投入（指工业化水平和信息化水平），g、c、x 为负实数向量，得到决策单位的方向距离函数是：

$$\overrightarrow{D}(g, c, x; k) = \max_{\beta}[\beta : (g+\beta \times k_g, c-\beta \times k_c) \in P(x)] \tag{7-8}$$

式（7-8）中 P(x) 是由样本数据形成的边界 $[P^M(x)$ 是共同数据样本，$P^G(x)$ 为分组数据样本$]$，$P(x)=\{(g, c) : x$ 生产 $(g, c)\}$，k_g，k_c 分别为决策单元（Decision Making Unit，DMU）的主要产出向量和次要产出向量，β 为 1 减去技术效率。在求出 DMU 的方向距离函数后，可由 $1-\overrightarrow{D}(g, c, x; k)$ 求出技术效率 TE。TE 介于 0~1。TE 越大，表示 DMU 越有效率；反之越无效率。

进行 MTR 求解时，首先求出共同技术效率函数：

$$\overrightarrow{D^M}(g, c, x; k) = \max_{\beta}[\beta : (g+\beta \times k_g, c-\beta \times k_c) \in P^M(x)] \tag{7-9}$$

之后根据研究需要将数据进行分组。个别群组方向距离函数为：

$$\overrightarrow{D^G}(g, c, x; k) = \max_{\beta}[\beta : (g+\beta \times k_g, c-\beta \times k_c) \in P^G(x)] \tag{7-10}$$

接下来展示如何得到代表时间效应的 MTR_Y：①将数据指标按不同国家和地区分组。各组数据分别是同一国家和地区在不同年份的数据，采用这种方法就可以避免国家和地区经济基础，自然情况等原因引起的差异。②分别用式（7-9）求出每一个组别的时间群组边界技术效率值 TE_y。③利用式（7-10）求出代表时间效应的 MTR_Y

$$MTR_Y = \frac{TE_M}{TE_Y} \tag{7-11}$$

求解代表地区效应的 MTR_P 也是类似的过程，这里不再赘述。

其次，测度 MTR 需要确定投入产出项目。利用人均 GDP 作为主要产出，融合水平 IC 作为次要产出，以工业化水平 IND_{it} 和信息化水平 INF_{it} 作为投入要素，然后根据式（7-8）到式（7-11）求解相应的 MTR。

第三步：建立回归模型。利用信息化和工业化水平连接人均 GDP 函数和两化融合水平函数，以信息化水平，工业化水平和 MTR 为自变量，GDP 对数，融合水平对数分别为因变量，建立回归模型如下：

$$\ln\text{人均 GDP}_{it}^{\theta} = \alpha_0^{\theta} + \psi_1^{\theta}\ln IND_{it} + \psi_2^{\theta}\ln INF_{it} + \psi_3^{\theta}MTR_{Yit} + \psi_4^{\theta}MTR_{Pit} + \varepsilon_{it}$$

$$\ln IC_{it}^{\varphi} = \gamma_0^{\varphi} + \xi_1^{\varphi}\ln IND_{it} + \xi_2^{\psi}\ln INF_{it} + \xi_3^{\varphi}MTR_{Yit} + \xi_4^{\varphi}MTR_{Pit} + \mu_{it}$$

其中，α、γ 为截距，ε、μ 为随机误差，θ、φ 分别为人均 GDP 和融合水平 IC 的分位数，i 表示国家和地区，t 表示年份。

以上分位数回归过程可以通过 STATA 实现。

二、全球两化融合兴起的特征

根据第三章，借助统计软件对工业化和信息化指标进行主成分分析，测算 65 个国家和地区的工业化水平和信息化水平。根据第三章介绍的非参数随机前沿方法计算工业化促进信息化路径系数和信息化带动工业化路径系数，求得两化融合系数，最后求解两化融合对经济增长的影响。

经计算，1990~2014 年 65 个国家和地区工业化促进信息化路径系数、信息化带动工业化路径系数、两化融合水平系数的平均值如表 7-4 所示。根据对表 7-4 中融合系数值的观察，发现不同收入水平的国家和地区，在不同的融合水平上呈现出不同的特征。工业化促进信息化路径系数排名靠前的主要是中等收入国家和地区，其中巴西排名第一，中国香港排名最后。在信息化带动工业化路径系数中，排名靠前的主要是高收入国家和地区，如英国（第 1 名）、法国（第 2 名）、中国香港（第 3 名）和韩国（第 4 名）等，秘鲁排名最后。在两化融合系数值中，靠前的主要是中等收入国家和地区，巴西排名第一，中国香港排名最后。此外，期间属于中高收入水平的中国，指标均排在中间偏后的位置，如工业化促进信息化路径系数排名 34 位，信息化带动工业化路径系数排名 45 位，两化融合系数排名 28 位。

表 7-4　1990~2014 年工业化与信息化融合系数平均值

平均值 国家和地区	工业化促进 信息化路径系数	排序	信息化带动 工业化路径系数	排序	两化融合系数	排序
澳大利亚	0.2575	58	0.9172	14	0.2804	58
奥地利	0.7073	9	0.7146	51	0.7257	14
比利时	0.2620	57	0.9056	15	0.2871	57
巴西	0.8994	1	0.9687	8	0.9247	1
瑞士	0.3261	47	0.9259	12	0.3461	54
智利	0.4956	27	0.7819	35	0.6353	24
中国	0.4189	34	0.7474	45	0.5670	28
哥伦比亚	0.7584	6	0.6624	59	0.8187	6
古巴	0.5245	25	0.7729	38	0.6850	18
塞浦路斯	0.2977	50	0.8053	28	0.3636	52
捷克	0.6501	13	0.7737	36	0.7065	16
德国	0.7195	8	0.9906	6	0.7227	15
丹麦	0.3090	49	0.8446	20	0.3749	50
厄瓜多尔	0.6328	16	0.5888	64	0.6321	25
埃及	0.5969	18	0.7428	46	0.8171	7
西班牙	0.3747	41	0.9977	5	0.3759	49
爱沙尼亚	0.4021	37	0.8960	16	0.4420	44
芬兰	0.4840	28	0.7577	42	0.6446	23

平均值 国家和地区	工业化促进 信息化路径系数	排序	信息化带动 工业化路径系数	排序	两化融合系数	排序
法国	0.2501	59	0.9996	2	0.2502	61
英国	0.2622	56	1.0000	1	0.2622	60
希腊	0.1805	62	0.9217	13	0.1920	63
中国香港	0.0807	65	0.9996	3	0.0807	65
洪都拉斯	0.5363	24	0.7729	37	0.6925	17
匈牙利	0.3988	38	0.8391	21	0.4668	42
印度尼西亚	0.7034	10	0.6793	57	0.7545	13
爱尔兰	0.5428	23	0.9655	10	0.5613	29
冰岛	0.2086	61	0.9665	9	0.2123	62
意大利	0.4145	35	0.8377	22	0.4916	40
牙买加	0.3639	43	0.7925	32	0.4477	43
日本	0.4358	32	0.8091	27	0.5372	34
吉尔吉斯斯坦	0.3746	42	0.7681	40	0.4950	39
韩国	0.7598	5	0.9992	4	0.7602	11
斯里兰卡	0.6716	12	0.6890	56	0.8212	5
摩洛哥	0.8048	2	0.6159	63	0.7570	12
摩尔多瓦	0.3819	40	0.7703	39	0.4960	37
墨西哥	0.4516	30	0.8156	24	0.5508	31
蒙古国	0.6293	17	0.7112	52	0.8484	3
毛里求斯	0.4461	31	0.8356	23	0.5438	33
马来西亚	0.7857	3	0.7977	30	0.9186	2
尼加拉瓜	0.3478	45	0.7377	48	0.4786	41
荷兰	0.2870	52	0.7937	31	0.3632	53
挪威	0.2964	51	0.7493	44	0.4084	48
新西兰	0.2773	53	0.8596	17	0.3182	56
巴基斯坦	0.5518	22	0.7101	53	0.7859	8
秘鲁	0.7369	7	0.5219	65	0.6608	22
菲律宾	0.5017	26	0.7498	43	0.6713	20
波兰	0.4604	29	0.8136	26	0.5555	30
葡萄牙	0.4116	36	0.9736	7	0.4218	47
罗马尼亚	0.6908	11	0.7228	50	0.7747	9
俄罗斯	0.5724	20	0.8511	19	0.6680	21
新加坡	0.5745	19	0.7382	47	0.6308	26
斯洛伐克	0.5581	21	0.8143	25	0.6751	19
斯洛文尼亚	0.7839	4	0.9646	11	0.7638	10
瑞典	0.3887	39	0.7853	34	0.5035	35
泰国	0.6394	14	0.6558	60	0.8391	4
土耳其	0.4214	33	0.7667	41	0.5497	32
乌克兰	0.6374	15	0.7882	33	0.6064	27
乌拉圭	0.3464	46	0.8041	29	0.4221	46
美国	0.2768	54	0.8518	18	0.3248	55
越南	0.3538	44	0.7291	49	0.4972	36

续表

平均值 国家和地区	工业化促进 信息化路径系数	排序	信息化带动 工业化路径系数	排序	两化融合系数	排序
柬埔寨	0.2679	55	0.6543	62	0.4276	45
乌干达	0.3090	48	0.6550	61	0.4952	38
埃塞俄比亚	0.0980	64	0.6974	55	0.1572	64
马达加斯加	0.1780	63	0.7088	54	0.2701	59
布基纳法索	0.2394	60	0.6771	58	0.3713	51

为更清晰地观察不同收入水平国家和地区的融合系数情况，按照世界银行对收入水平的划分标准，将 65 个国家和地区分为四类，对每一个收入水平的国家和地区的工业化促进信息化路径系数，信息化带动工业化路径系数，及两化融合水平系数求平均值，各收入水平的融合系数如表 7-5 所示。

表 7-5　1990~2014 年工业化与信息化融合系数平均值（按收入水平划分）

平均值 按收入水平	工业化促进信息化路径系数	信息化带动工业化路径系数	工业化与信息化融合系数
高收入组	0.4183	0.8720	0.4572
中高收入组	0.5999	0.7400	0.6508
中低收入组	0.5385	0.7294	0.6608
低收入组	0.2185	0.6785	0.3371

观察 7-5 中各融合系数中不同收入水平国家和地区的排序发现，工业化促进信息化路径系数最高的是中高收入水平的国家和地区，中低收入水平的国家和地区次之；信息化带动工业化路径系数最高的是高收入水平的国家和地区，中高收入水平国家和地区次之；两化融合水平最高的是中低收入水平的国家和地区，中高收入水平国家和地区次之；低收入水平的国家和地区，在 3 项指标中均排在最后。

表 7-4 和表 7-5 中的融合系数是 1990~2014 年的系数平均值，为观察该期间融合系数的变化情况，对每年 65 个国家和地区的各项融合系数求平均，总体变动如图 7-1 所示，以反映期间全球两化融合形成的发展态势。由图 7-1 中的走势可以清晰地发现，65 个国家和地区的信息化带动工业化路径系数明显高于工业化促进信息化路径系数和两化融合水平系数，且工业化促进路径与两化融合水平的走势较为相似，说明期间全球两化融合主要以工业化促进信息化路径为主。观察图中两条路径和融合系数可以发现：信息化带动工业化路径系数相对较高但缓慢下降，两化融合水平系数和工业化促进信息化路径系数相对较低，前期较平衡，但从 2001 年前后开始下降明显。图 7-1 的总体态势清晰地表明，自 20 世纪

90年代以来全球范围内形成了信息化带动工业化路径（产业信息化）的强劲发展潮流，这与同期ICT技术的进步与扩散、经济全球化带来的产业转移和产业升级、国际关系和环境相对稳定等宏观环境和趋势密切相关。同时，**工业化促进信息化路径（信息产业化）的总体趋势在下降，且在2000年和2006年两个节点下降明显，使全球两化融合整体水平或态势在2001年后下降明显。**从全球范围来看，两化融合水平的形成与发展态势在20世纪90年代是稳定发展的，2001年后开始下降，主要受到工业化促进信息化路径（信息产业化）技术变革或产业化水平逐步下降的影响。从内在机制上来看，这种工业化促进信息化路径对两化融合发展态势的影响要小于信息化带动工业化路径，因为后者对产业、经济或社会影响的广度更广、深度更深，形成持续不断的演进迭代。

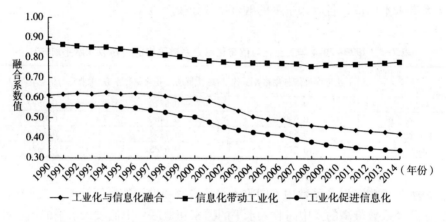

图7-1 1990~2014年65个国家和地区两化融合形成的变动趋势

然而，即使产业信息化带动作用强势，但全球范围内传统经济形态或工业经济形态的比重和发展依然占据绝对位置，因而在图7-1中两化融合系数曲线与工业化促进信息化路径更为贴近，即全球两化融合依然主要以工业化促进信息化路径（信息产业化）为主。图7-1反映了全球两化融合形成态势中的一个有趣现象，即信息化带动工业化路径虽然总体有所下降，但20多年间似乎没有下降多少，总体大约下降0.1个标准单位，而同期信息化带动工业化路径则大约下降了0.2个标准单位，是同期信息化带动工业化路径变化的1倍左右。这表明，期间全球信息产业化的驱动作用在持续下降。

下面，对全球两化融合形成态势进行具体分析。同样地，在每条路径中，观察不同收入水平的国家和地区的变化情况。

首先，两化融合系数按不同收入水平分组的形成态势如图7-2所示，四条曲线表现出了不一样的走势。高收入国家与中等收入国家和地区在 1990~1995 年融合水平接近，但随后开始有差异，高收入国家和地区从 1996 年开始快速下降，在 2007 年后较为稳定，但仍处于较低水平，似乎表明全球经济中 1996 年后高收入组两化融合面临种种新挑战。相反，同期低收入组两化融合则在快速提升，从 1996 年开始明显上升，在经历 2001~2005 年波动后 2008 年开始继续上升，直到 2014 年与中高收入组的两化融合水平相当。同期，中等收入国家和地区从 1996 年起缓慢上升，2003 年开始下降，其中中低收入国家和地区的两化融合水平最高。图 7-2 蕴含了全球化背景下发达国家与发展中国家在两化融合领域的不同发展机遇和态势，似乎为 2015 年之后的反全球化浪潮提供了某些洞察依据。

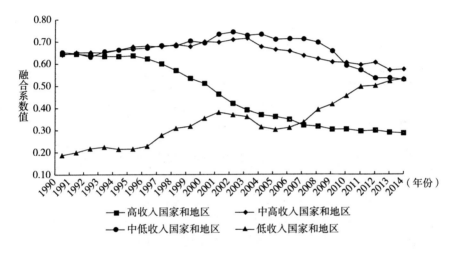

图 7-2 1990~2014 年全球两化融合发展的形成态势

其次，工业化促进信息化路径（信息产业化）系数按不同收入水平分组的形成态势如图 7-3 所示，四个收入水平国家和地区的态势变化趋势与两化融合系数的变化趋势相似，高收入与中等收入国家和地区在 1996 年前的工业化促进路径系数接近，1997 年开始高收入国家和地区的路径系数下降明显，至 2003 年开始下降放缓但仍继续下降，并在 2014 年处于最低水平。中等收入国家和地区在 1997 年起缓慢上升，2003 年开始下降，其中中高收入国家和地区的路径系数最高。反观低收入水平国家和地区，虽然一直处于最低水平，但在缓慢增长，从 2007 年开始上升明显，甚至在近年超过了高收入国家和地区的工业化路径水平。

图 7-3 反映的全球信息产业化路径变动态势表明，发达国家在该领域的确面临着诸多严重挑战，20 世纪 90 年代末发达国家一方面从经济全球化中获取大量收益，将信息技术产业大量向发展中国转移，形成全球 ICT 产业大转移，虽然发

达国家紧紧掌握核心技术主导权，但也带来了本土 ICT 产业规模缩小等不利影响。另一方面中高收入和中低收入组则是全球化的受益者，持续到 2000 年前后信息产业化路径的发展才开始降低下来，但依然高于高收入组，且期间中高收入组信息产业化路径在全球范围内是最高的。

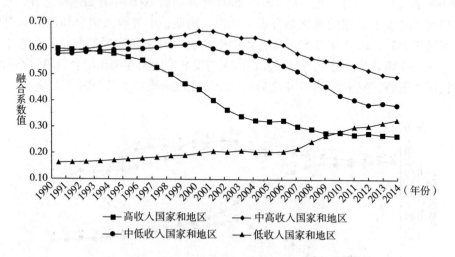

图 7-3 1990~2014 年工业化促进信息化路径的变化态势

最后，信息化带动工业化路径系数按不同收入水平分组的变化态势如图 7-4 所示。图 7-4 中，变化态势曲线表现出了与图 7-2 和图 7-3 不一样的变化趋势。从整体来看，四组收入水平国家和地区的信息化带动工业化路径系数值均较为接近，系数曲线的走势也比较相似。具体来看，不同收入水平国家和地区的信息化带动路径系数从 1996 年开始拉大了差距。其中，高收入水平国家和地区的路径系数略有下降，但一直保持在最高水平。中等收入国家和地区的路径系数从 1996 年开始下降，并在 2008 年起上升，但与高收入国家和地区的水平仍有一定差距。低收入国家和地区的路径系数一直处于最低水平且变化不明显，从 1996 年开始下降，并从 2003 年起进入平台期。

图 7-4 似乎揭示全球两化融合形成过程中的一个关键特征，即高收入组的信息化带动工业化路径（产业信息化）在 25 年期间虽然总体来看略有下降，但非常稳定，表明发达国家在该路径上的基础牢固，结构稳定，并非日薄西山。相反，低收入组不仅持续下降而且波动剧烈，中国等中高收入组及中低收入组，期间产业信息化路径则在总体下降，但在 2008 年国际金融危机后则有所上升，在 2014 年前后逐步恢复到 2008 年国际金融危机前水平，但总体与发达国家之间的差距依然明显。

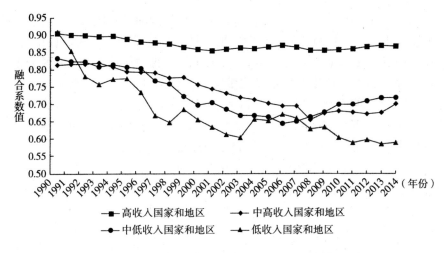

图 7-4 1990~2014 年信息化带动工业化路径的变化态势

为了更具体地了解不同国家和地区的融合路径情况，按照两条融合路径系数的排名，将各国家和地区进行分类，分别将工业化促进信息化路径与信息化带动工业化路径按路径系数值排序分为四组，按表 7-6 中每个国家和地区两条路径的排名，纳入 16 个区间中如表 7-6 所示。

表 7-6 1990~2014 年全球两化融合路径的分组

		工业化促进信息化路径			
		第 1~16 名	第 17~32 名	第 33~48 名	第 49~65 名
信息化带动工业化路径	第 1~16 名	德国、巴西、韩国、斯洛文尼亚	爱尔兰	葡萄牙、西班牙、爱沙尼亚、瑞士	英国、比利时、澳大利亚、法国、冰岛、希腊、中国香港
	第 17~32 名	马来西亚	日本、俄罗斯、斯洛伐克、波兰、墨西哥、毛里求斯	意大利、匈牙利、乌拉圭、牙买加	美国、丹麦、塞浦路斯、荷兰、新西兰
	第 33~48 名	捷克、乌克兰	新加坡、智利、芬兰、古巴、埃及、洪都拉斯、菲律宾	中国、瑞典、土耳其、摩尔多瓦、吉尔吉斯斯坦、尼加拉瓜	挪威
	第 49~65 名	奥地利、哥伦比亚、秘鲁、罗马尼亚、泰国、厄瓜多尔、摩洛哥、印度尼西亚、斯里兰卡	蒙古国、巴基斯坦	越南、乌干达	柬埔寨、布基纳法索、马达加斯加、埃塞俄比亚

将工业化促进信息化路径排名靠前，但信息化带动工业化路径排名靠后的国家和地区，视为工业化路径为主；同样地，将信息化带动工业化路径排名靠前，但工业化促进信息化路径排名靠后的国家和地区，视为信息化带动路径为主。可以发现：19 个高收入国家是以信息化带动工业化路径（产业信息化）为主，占 34 个高收入国家的 56%。15 个中高收入国家是工业化促进信息化路径（信息产业化）为主，占 26 个中高收入国家的 58%。5 个低收入国家的两条融合路径水平均排名靠后。这与上述对融合路径趋势的观察是一致的。

具体来看，主要以工业化促进信息化路径的有奥地利，哥伦比亚、秘鲁、罗马尼亚、泰国、厄瓜多尔、摩洛哥、印度尼西亚、斯里兰卡 9 个国家和地区，8 个是中等收入国家和地区，其中 5 个是中高收入水平，3 个是中低收入水平。主要以信息化带动工业化路径的有英国、比利时、澳大利亚、法国、冰岛、希腊、中国香港 7 个国家和地区，全部为高收入国家和地区。两条路径的融合水平较接近的有韩国、德国、俄罗斯、波兰、摩尔多瓦、吉尔吉斯斯坦、尼加拉瓜、布基纳法索 8 个国家和地区，其中 4 个为高收入国家，其两条融合路径均排名前列；另外 4 个为低收入或中低收入的国家，其两条路径均排名靠后。此外，德国、巴西、韩国、斯洛文尼亚的两条路径都排在前列，其中 3 个为高收入国家，巴西是其间两条路径融合相对最好的国家。

这里对工业化促进信息化路径、信息化带动工业化路径及两化融合水平的平均值，按年份的变化趋势以及按收入水平的分组情况通过图表进行了分析。对比发现，不同国家和地区同样存在两化融合的两条路径，而且各国和地区的路径存在差异，这种差异可能来源于收入水平的差距：高收入国家和地区以信息化带动工业化路径为主，中高收入国家和地区以工业化促进信息化路径为主，中低收入国家和地区的两化融合水平较高。

三、融合路径影响经济增长的非对称结构

为更准确地分析全球两化融合与经济增长的关系，需要从样本中剔除新加坡、中国香港、希腊、比利时、巴基斯坦、吉尔吉斯斯坦、蒙古国、布基纳法索、乌干达、爱尔兰 10 个国家和地区。被剔除国家和地区的主要特征为发展结构较单一，如中国香港和巴基斯坦以服务业为主，爱尔兰和蒙古以农牧业为主等，这些样本可能不适合两化融合发展，因此讨论其工业化水平和信息化水平与经济增长的关系，缺少参考价值，也可能对结果造成一定影响。

对两化融合水平指标和人均 GDP 指标之间的正向和反向关系进行格兰杰因果关系检验，结果是显著的。在估计人均 GDP 函数的过程中，筛选出的 55 个国家和地区按 1990~2014 年人均 GDP 的平均值划分为高收入、中等收入和低收入

三组。三组的人均 GDP 平均值所处的分位数分别是 0.78、0.51 和 0.24，最终得到人均 GDP 函数的估计结果如表 7-7 所示。观察发现，信息化水平对经济增长的影响比工业化水平的影响更加明显。

表 7-7　重新分组后的人均 GDP 函数的估计结果

变量	分位数		
	0.24	0.51	0.78
IND_{it}	0.005	0.016***	0.018*
INF_{it}	0.653***	0.634***	0.576***
MTR_{Pit}	1.110***	1.022***	0.947***
MTR_{Tit}	−0.030*	−0.021*	−0.008
α	9.795***	9.864***	9.992***
R^2	0.881	0.831	0.736

注：*、**和***分别表示 10%、5% 和 1% 的显著性水平，下同。

在表 7-7 中，工业化水平和信息化水平的影响系数值差别较大。可以发现，随着分位数值即经济规模的增加，工业化水平对经济增长的影响均为正且递增。增加不同水平的分位值作图并进行观察，发现不一样的特征（见图 7-5），当经济发展水平很低时，工业化对经济增长的促进作用非常明显，但随着经济水平的提升，工业化水平的影响程度下降明显。虽然随着经济水平的提升，工业化水平的影响有所加强，但其影响力仍小于在低发展水平时的影响。然而，当经济发展水平很高时，图 7-5 中又出现了向下的拐点，表明工业化水平对经济增长的促进作用再次减弱。以国家为例，工业化对于低收入水平的埃塞俄比亚，促进作用明显，对于经济水平高于埃塞俄比亚的中国而言，虽然工业化水平仍能促进经济增长，但促进作用并不如前者明显，而美国受工业化的正向影响也小于中国。

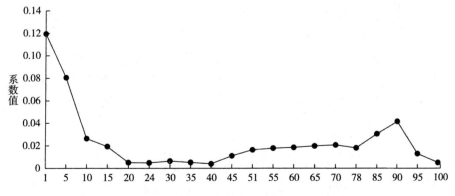

图 7-5　工业化水平对人均 GDP 不同水平分位的影响系数

反观信息化水平，其对经济增长的影响与工业化水平的影响有一定差异。如表7-7所示，信息化水平在所给出的3个水平分位值时，对经济增长的影响均为正但是递减。同样地，我们观察不同水平分位的情况，以进一步了解信息化水平的影响力（见图7-6）。当经济发展水平很低时，信息化水平对经济增长的促进作用非常明显，但随着经济水平的提升，其影响程度下降明显。随着经济水平的提升，信息化的影响虽然仍然是正向的，但在慢慢减弱。当经济发展水平很高时，图7-6中也同样出现了向下的拐点，表明信息化水平对经济增长的促进作用再次减弱。以国家为例，信息化水平对于低收入水平的越南而言，其促进作用非常明显，对于经济水平高于越南的中国而言，虽然信息化水平仍能促进经济增长，但促进作用并不如前者那么明显。韩国由于信息化发展成熟，受信息化的正向影响也小于中国。

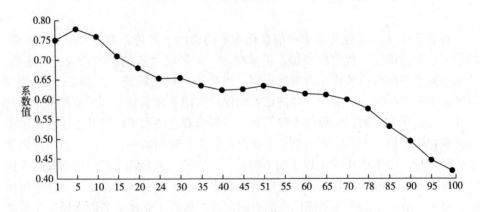

图7-6　信息化水平对人均 GDP 不同水平分位的影响系数

为分析两化融合路径对经济增长的影响，借助统计软件将工业化路径，信息化路径和人均 GDP（分别取对数）进行非参数估计，首先，用 ADF 检验分别对面板数据的平稳性进行单位根检验，基于单位根检验结果，对部分指标进行对数化处理，以增加其平稳性。其次，采用 Huasman 检验，得出 Wald 统计量大于 χ^2 分布临界值，保证面板数据适合采用固定效应模型而非随机效应模型。数据处理结果如表7-8所示。

表7-8　全球工业化与信息化路径对经济增长的非参数估计

年份	1990	1991	1992	1993	1994	1995	1996	1997	1998
工业化路径	1.29***	1.03**	0.76	0.48	0.21	−0.05	−0.29	−0.50	−0.67
信息化路径	1.56	2.24*	2.69*	2.82*	2.71	2.81*	3.40**	4.16**	4.78**

年份	1999	2000	2001	2002	2003	2004	2005	2006	2007
工业化路径	-0.82	-0.95	-1.06	-1.15*	-1.21**	-1.25**	-1.26**	-1.25***	-1.23***
信息化路径	5.02**	4.92**	4.90**	4.95**	5.00**	5.02***	4.93***	4.67***	4.34***

年份	2008	2009	2010	2011	2012	2013	2014
工业化路径	-1.19***	-1.15***	-1.11**	-1.07**	-1.06**	-1.05**	-1.06**
信息化路径	4.07***	3.95**	3.94**	3.99**	3.93**	3.75**	3.34**

　　表 7-8 分别给出了不同年份工业化促进信息化路径和信息化带动工业化路径对经济增长的影响系数值，其中大部分结果是显著的。由表 7-8 中数值的正负可以看出，信息化带动工业化路径和工业化促进信息化路径对于经济增长的影响表现出不同的变化趋势。其中，工业化促进信息化路径在最开始对经济增长的影响是正向的，但其影响的程度下降明显，并很快变成负向影响。在 2000 年后，工业化促进信息化路径对经济增长的负向影响基本维持稳定，总体上，工业化促进信息路径的影响变化如图 7-7 所示。

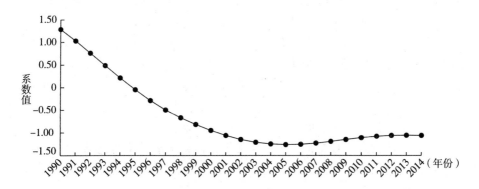

图 7-7　全球工业化促进信息化路径（信息产业化）对经济增长影响系数

　　与工业化促进信息化路径不同的是，信息化带动工业化路径对经济增长的影响一直是正向的。信息化带动路径刚开始对经济增长的影响较弱，但影响程度增长较快。到 2000 年前后，信息化带动路径对经济增长的促进作用最大，而这期间也是工业化促进路径到经济增长负向作用最大时。但随后信息化带动路径的影响力缓慢下降，但依然维持着正向影响。因此，信息化带动工业化路径对经济增长的影响，整体表现出一个缓慢上坡后缓慢下坡的走势，具体如图 7-8 所示。

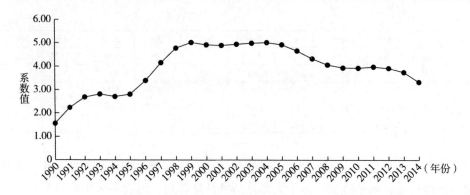

图 7-8　全球信息化带动工业化路径（产业信息化）对经济增长影响系数

对比图 7-7 和图 7-8 可以看出，全球两化融合呈现出两条非对称的影响经济增长结构，信息产业化路径表现为总体的向下趋势，但在 2003 年前后逐步稳定下来；而产业信息化路径的影响持续上升到 2000 年前后形成稳定，其后在 2005 年前后逐步下降，但依然保持较高的影响水平。全球两化融合两条路径的非对称结构表明，信息产业化路径促进经济增长的影响总体上是逐步衰减的，产业信息化促进经济增长的影响总体上则是增长的，虽然 2005 年前后有所下降。其中的机制在于信息化跨越或数字跃迁，从图 7-8 来看，全球两化融合发展中的数字跃迁最主要出现在 1990~1999 年，足足提高了约 3.5 个标准单位。从全球两化融合发展的这个大背景特征来看，中国推动从两化融合到数实融合的变迁，具有与时俱进的把握全球数字经济发展态势的国家战略特征。

上述对两化融合路径特征，工业化水平、信息化水平及两化融合路径对经济增长影响的分析结果，归纳为表 7-9 的形式。

表 7-9　1990~2014 年全球两化融合发展态势的主要特征

观察维度	主要特征
全球两化融合的路径	（1）高收入国家和地区以信息化带动工业化路径为主
	（2）中高收入国家和地区以工业化促进信息化路径为主
	（3）中低收入国家和地区的两化融合水平较高
全球两化水平 对经济增长的影响	（4）随着经济规模增加，工业化水平对经济增长的影响呈 U 形
	（5）随着经济规模增加，信息化水平对经济增长的影响程度递减
	（6）信息化水平对经济增长的影响比工业化水平的影响更加明显
全球两化融合路径 对经济增长的影响	（7）工业化路径对经济增长的正向影响程度递减，并转为负向影响
	（8）信息化路径正向影响经济增长，影响程度先增加后平稳
	（9）1990~1999 年产业信息化影响经济增长存在明显的数字跃迁

根据表 7-9 可以认为，两化融合系数值在 1995 年以前走势均较平稳，随后

呈现差异。1997 年和 2008 年前后成为路径趋势变化的拐点：高收入国家和地区的两条路径系数在两个时间点均下降，其中 1997 年下降明显；低收入国家和地区的工业化路径系数在两个时间点均上升，其中 2008 年上升明显。具体地，1997 年和 2008 年发生的国际金融危机，对路径的变化造成一定影响。从产业层面分析：两场金融危机使受到重大影响的、以工业和制造业为主的发达国家，意识到优化产业结构、转变发展方式的重要性，希望顺应信息化发展的时代要求，把技术改革工作同推进信息化与工业化结合起来，注重利用信息技术改造提升传统产业。当产业重心由工业化向信息化转移，这解释了高收入水平的国家和地区工业化路径系数下降明显的原因。对于低收入水平国家和地区而言，一方面由于其农业为主的经济结构，受到金融危机的影响较小；另一方面发达国家产业结构调整将制造业转移至成本更低的发展中国家，带来当地工业化水平的提升。此消彼长，这解释了低收入国家和地区在 2008 年后的工业化路径系数提升明显的原因。

从全球来看，工业化路径系数与两化融合系数的趋势更接近，在中国，信息化路径与两化融合的相关性更高，因为中国省市层面占经济主导的沿海城市大力发展信息产业并表现出信息化带动的特征，使中国整体表现为信息化带动路径为主。目前，全球大部分国家仍以工业化发展为主，使各国的工业化路径系数平均值与两化融合系数的趋势更接近。因此，两者并不矛盾，这两个结论的不一致恰恰说明不同经济规模国家和地区融合路径存在差异。

对于不同经济发展水平的国家和地区，信息化带动工业化的问题表现为不同的紧迫性，工业化与信息化发展的螺旋式轨迹和速度也不会相同。因此，工业化与信息化融合的两条路径虽然同时存在于一个国家和地区中，但呈现出不同的路径特征。发达国家在工业化较成熟的情况下大力发展信息化，中高收入国家目前仍在通过发展工业化带动经济增长，因而发达国家的信息化路径特征更加明显，中高收入国家则以工业化路径为主。中低收入国家和地区因为工业化和信息化的发展均相对较弱，双低水平造成了高融合水平的表象特征。从内在机制来看，这似乎与创新机制相关。

四、融合影响全球经济增长的创新机制

考察全球两化融合影响经济增长的创新机制。对于创新的概念，有广义和狭义的理解。本书前面章节中多采用熊彼特的创新定义，即新要素投入及其要素新组合，两化融合本身就属于广义的创新范畴。狭义的创新定义主要聚焦在研究与开发领域，侧重于专利等知识产权的范畴。为更具体地探讨全球两化融合影响经济增长的创新机制，本节采用狭义范畴的创新概念。其中，工业化与信息化发展水平的指标与表 7-1 相同。对于创新能力水平，参照世界经济论坛《2015—2016年全球竞争力报告》中对国家创新水平的评价指标，选取 2 项原始投入指标，1 项中间投入指标，2 项结果指标，作为对一国或地区创新能力的度量，见表7-10。

表 7-10　创新能力水平的评价指标

	指标	单位	数据来源
创新能力水平	R&D 研究人员	人/百万人	世界银行《世界发展指标》
	研发支出占比	%	世界银行《世界发展指标》
	知识产权使用费	美元	世界银行《世界发展指标》
	专利申请量	个/百万人	世界银行《世界发展指标》
	高科技出口占比	%	世界银行《世界发展指标》

根据表 7-1 和表 7-10 的指标采集相关数据开展实证研究，得到表 7-11 的实证结果，可以认为，全球两化融合、创新与经济增长的关系，存在三条可能路径：①创新→两化融合→经济增长路径；②两化融合→创新→经济增长路径；③创新与两化融合共同影响经济增长路径。利用弹性估计，分别观察三组中各变量的作用。其中，Dgdp 即 gdp 增长率，inn 即创新水平，innic 即 inn×ic，innindic即 inn×indic，inninfic 即 inn×infic。可以发现，两化融合水平、工业化促进信息化路径及信息化带动工业化路径，与创新和经济增长的关系较为一致。下面以"融合"代表融合水平及四条路径的含义：①融合对创新有促进作用，并可以通过创新促进经济增长，即创新是融合与创新的中介变量；②融合与创新的互补可以共同促进经济增长，同时融合与创新之间是相互促进的，且融合对创新的促进作用更加明显，这与我们的经验判断相一致；③在融合与创新的相互关系中，信息化带动路径与创新的相互作用更强，两化融合水平次之，工业化促进路径最弱；④从收入水平视角来看，在中低发展水平时，创新对经济增长的促进作用更强，但不显著。该结论与中国区域分析的结论相似，即在经济发展的起步阶段，融合对增长的促进作用不会明显，经济起飞阶段主要依靠劳动、土地、资本等要素，融合对经济增长的促进作用主要体现在经济规模达到一定程度后才会逐步显现出来。

表 7-11　全球两化融合、创新与经济增长的关系（总体）

代码	被解释变量	解释变量	IC	INDIC	INFIC
Xtreg dgdp l. lngdp inn ic	GDP 增长率	GDP 滞后项	0.0152***	0.0086***	0.0163***
		创新水平	0.0180***	0.0198***	0.0161**
		两化融合水平	−0.1290***	−0.0998***	−0.0360
Xtreg ic inn	两化融合水平	创新水平	0.0264***	0.0168***	0.0517***

续表

代码	被解释变量	解释变量	IC	INDIC	INFIC
xtreg inn ic	创新水平	两化融合水平	0.2275***	0.2406**	0.6456***
Xtreg dgdp l. lngdp ic	GDP 增长率	GDP 滞后项	0.0144***	0.0063**	0.0172***
		两化融合水平	-0.1146***	-0.0964***	-0.0011
Xtreg dgdp l. lngdp inn	GDP 增长率	GDP 滞后项	0.0061**	0.0061**	0.0061**
		创新水平	0.0196***	0.0196***	0.0196***
Xtreg dgdp l. lngdp inn ic innic	GDP 增长率	GDP 滞后项	0.0171***	0.0094***	0.0166***
		创新水平	-0.0343**	0.0186	-0.0076
		两化融合水平	-0.1501***	-0.0994***	-0.0310
		创新与融合水平的交互项	0.0887***	0.0009	0.0319

表 7-12 从 GDP 分组视角考察全球工业化促进信息化路径、创新与经济增长的关系。表明，全球创新促进经济增长，且在中发展国家和地区中促进作用最为强劲，在低发展国家和地区中次之，在高发展国家中促进作用相对较弱。当纳入创新要素后，全球工业化促进信息化路径（信息产业化）抑制经济增长，且这种抑制作用在低发展国家和地区中更强。同时，创新与工业化促进信息化路径是相互促进的，在高发展国家和地区中促进作用最弱，创新对工业化促进信息化路径的促进作用相对而言更强。在低发展和中发展水平阶段，创新与工业化促进路径的互补反而会抑制经济增长，表明两化融合在低发展和中发展阶段存在一个效率转轨区间。然而，当经济进入高发展水平阶段时，两者的互补则会促进经济增长。

表 7-12　全球信息产业化路径、创新与经济增长的关系

代码	被解释变量	解释变量	低发展	中发展	高发展
Xtreg dgdp l. lngdp inn indic	GDP 增长率	GDP 滞后项	0.0050	0.0109*	0.0195***
		创新水平	0.0037	0.0250	0.0022
		工业化促进信息化路径	-0.2073**	-0.0446	-0.0508**
xtregindic inn	工业化促进信息化路径	创新水平	0.2187***	0.1494***	0.0055
xtreg innindic	创新水平	工业化促进信息化路径	0.5743***	0.6860***	0.0940
xtregdgdpl. lngdpindic	GDP 增长率	GDP 滞后项	0.0050	0.0103*	0.0168***
		工业化促进信息化路径	-0.2044**	-0.0326	-0.0550**
xtregdgdpl. lngdp inn	GDP 增长率	GDP 滞后项	0.0037	0.0103*	0.0191***
		创新水平	-0.0369	0.0212	0.0020
xtregdgdpl. lngdp inn indicinnindic	GDP 增长率	GDP 滞后项	0.0044	0.0121**	0.0187***
		创新水平	0.1294	0.3997**	0.0009
		工业化促进信息化路径	-0.3052**	-0.4386**	-0.0544**
		创新与融合水平的交互项	-0.2465	-0.5822**	0.0027

表 7-13 从 GDP 分组视角考察全球信息化带动工业化路径（产业信息化）、创新与经济增长的关系。表明，在低发展水平阶段时，信息化带动工业化路径和

创新水平均会抑制经济增长，且在中发展水平阶段，信息化带动路径对经济增长的抑制作用会进一步增强，但创新水平对经济增长转为促进作用。当经济进入高发展水平阶段时，信息化带动路径和创新均促进经济增长。可以认为，在低发展和中发展水平时，信息化带动工业化路径与创新水平之间相互抑制；在高发展水平时，两者之间则转变为相互促进的结构。在低发展水平阶段，创新与信息化带动路径的结构会抑制经济增长，当经济进入中发展和高发展水平阶段，两者的结构则转变为促进经济增长，且在中发展阶段的促进作用更强。诚然，这个从全球两化融合视角获得的结论未必适合于一国或一个地区的情况，或者适合发达国家或发展中国家的情况。

表 7-13　全球两化融合、创新与经济增长的关系

代码	被解释变量	解释变量	低发展	中发展	高发展
Xtreg dgdp		GDP 滞后项	0.0021	0.0089	0.0210 ***
l. lngdp inn	GDP 增长率	创新水平	−0.0252	0.0135	0.0000
infic		信息化带动工业化路径	−0.3536 ***	−0.9142 ***	0.0221
xtreginfic inn	信息化带动工业化路径	创新水平	−0.0046	−0.0124	0.0473 ***
xtreg inn infic	创新水平	信息化带动工业化路径	−0.0466	−0.0756	1.1160 ***
xtregdgdpl.		GDP 滞后项	0.0019	0.0086	0.0210 ***
lngdpinfic	GDP 增长率	信息化带动工业化路径	−0.3597 ***	−0.9160 ***	0.0221
xtregdgdpl.		GDP 滞后项	0.0037	0.0103 *	0.0191 ***
lngdp inn	GDP 增长率	创新水平	−0.0369	0.0212	0.0020
xtregdgdpl.		GDP 滞后项	−0.0010	0.0101 *	0.0220 ***
lngdp inn	GDP 增长率	创新水平	0.0557	−0.2380 *	−0.0082
inficinninfic		信息化带动工业化路径	−0.5442 ***	−0.1738	0.0189
		创新与融合水平的交互项	−0.3862	0.9434 **	0.0100

表 7-14 从 GDP 分组视角考察全球两化融合、创新与经济增长的关系。表明，在低发展和中发展水平阶段，两化融合水平和创新水平均会抑制经济增长，似乎说明两化融合与创新之间存在发展过程中的结构性矛盾，如何破解这种结构性矛盾是每个国家或地区在推动两化融合时需要考虑的。然而，当经济进入到高发展水平阶段后，两化融合与创新水平均会促进经济增长。同时，在低发展水平阶段，创新水平会促进两化融合的发展，但在中发展和高发展水平阶段，创新水平又会表现出对两化融合的抑制作用。在低发展和中发展水平阶段，两化融合也会抑制创新水平，但在高发展水平阶段，两化融合则促进创新水平。在低发展和中发展水平阶段，创新与两化融合的互补会促进经济增长，在高发展水平时两者的结构会抑制经济增长，但不显著。因此，从总体视角来看，全球两化融合、创新水平与经济增长的内在关系，并非是一种简单的线性结构，或均表现出稳定的

互补结构，甚至可能出现相互抑制的替代结构，导致两者对全球经济增长的影响呈现不确定性特征。

表 7-14　全球两化融合、创新与经济增长的关系（GDP 分组）

代码	被解释变量	解释变量	低发展	中发展	高发展
xtregdgdpl. lngdp inn ic	GDP 增长率	GDP 滞后项	−0.0028	0.0036	0.0181 ***
		创新水平	−0.0377	−0.0059	0.0022
		两化融合水平	−0.5851 ***	−0.4342 ***	0.0109
Xtreg ic inn	两化融合水平	创新水平	0.0264 ***	−0.0396	−0.0975 ***
xtreg inn ic	创新水平	两化融合水平	−0.0521	−0.1786 ***	0.4866 ***
xtregdgdpl. lngdpic	GDP 增长率	GDP 滞后项	−0.00313	0.00375	0.01559 ***
		两化融合水平	−0.5848 ***	−0.4324 ***	0.0122
xtregdgdpl. lngdp inn	GDP 增长率	GDP 滞后项	0.0037	0.0103 *	0.0191 ***
		创新水平	−0.0369	0.0212	0.0020
xtregdgdpl. lngdp inn icinnic	GDP 增长率	GDP 滞后项	−0.0012	0.0078603	0.0177 ***
		创新水平	−0.1510 *	−0.3426 ***	0.0025
		两化融合水平	−0.4563 ***	0.1707	0.0113
		创新与融合水平的交互项	0.3147	0.7844 ***	−0.0003

综合表 7-11 至表 7-14 可以认为，全球两化融合、创新与经济增长的三者间的关系，并非呈现结构清晰的正向促进关系，而是在经济的不同发展阶段、不同的两化融合路径、不同的两化融合水平与创新的结构下，呈现出互补与替代交替出现的影响机制，因而需要各国或地区政府采取因地制宜的融合政策，来尽可能地抑制不利结构，通过技术-制度的互补结构获取更多的数字经济创新红利。

第二节　两化融合的适应性变革模式

第一节对全球两化融合形成态势与特征的分析与阐述，为本节探讨两化融合的中国模式问题提供了全球背景和分析思路。中国模式的崛起是 21 世纪国际发展的一件大事，通常，中国模式泛指中国改革开放的经验，是中国改革开放政策的产物，或者侧重从经济模式考察，或者聚焦政治模式分析（郑永年，2009）。时任德国杜伊斯堡-埃森大学政治学研究所/东亚学研究所所长托马斯·海贝勒（2005）认为，当代中国经济、政治和社会的发展进程有鲜明的适应特征。回顾 2000~2024 年中国经济社会这四分之一世纪的发展进程，我们赞成托马斯·海贝勒的这个观点，本节主要从技术与制度融合创新的视角来考察和定义中国模式，该模式突出地体现为一种技术-制度融合的适应性变革特征。

一、技术–制度融合的适应性变革

从经济视角来看，复合型或者混合型经济模式被定义为中国模式，其中的混合不仅包括混合所有制模式，也包括对外开放与内部需求的平衡，政府与市场在经济领域作用的平衡等（郑永年，2009）。从技术–制度融合视角来看，中国模式包含技术–制度融合的适应性变革主线，以及国家战略与产业政策的融合、举国体制与市场竞争的融合、创新发展与动态治理的融合三个核心融合领域的内涵，如图7-9所示。在图7-9中，1997～2004年，中国融合模式的技术–制度变迁主要沿着适应性变革的主线发展，同时受国家战略与产业政策的融合、举国体制与市场竞争的融合、创新发展与动态治理的融合三个核心融合领域的影响，形成三者相互作用的技术–制度融合的适应性变革过程。

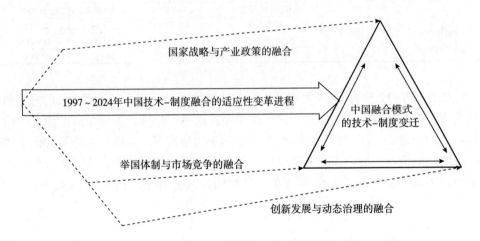

图7-9　中国技术–制度融合的适应性变革模式

1997～2024年中国技术–制度融合适应性变革模式的变迁，大体可以分为兴起、形成和演变三个阶段。

第一阶段为兴起阶段（1997～2002年），1997年党的十五大提出推进国民经济信息化，2000年党的十五届五中全会提出以信息化带动工业化，发挥后发优势，实现社会生产力的跨越式发展，在国家"十五"规划中，再次强调以信息化带动工业化，实现生产力跨越式发展，形成了初步的国家信息化战略框架。

第二阶段为形成阶段（2002～2012年），2002年，党的十六大提出以信息化带动工业化，以工业化促进信息化的两化融合发展路径思想及政策方向，国家"十一五"规划进一步强调了这一思想。2007年，党的十七大提出坚持走中国特色新型工业化道路，大力推进信息化与工业化融合，促进工业由大变强。为此，国家"十二五"规划强化了两化融合与新型工业化道路的发展模式思想。

第三阶段为演变阶段（2012年至今），2012年，党的十八大提出走中国特色新型工业化、信息化、城镇化、农业现代化道路，推动信息化和工业化深度融合、工业化和城镇化良性互动、城镇化和农业现代化相互协调，促进工业化、信息化、城镇化、农业现代化同步发展。国家"十三五"规划提出提质增效、转型升级的要求更加紧迫，需要工业化和信息化融合发展水平进一步提高。2017年，党的十九大明确提出以新一代信息技术和实体经济深度融合为主攻方向，形成新时代的两化深度融合主线。具体地，强调建设网络强国、数字中国、智慧社会，推动互联网、大数据、人工智能和实体经济深度融合，发展数字经济、共享经济，培育新增长点、形成新动能。2022年党的二十大提出，加快发展数字经济，促进数字经济和实体经济深度融合，打造具有国际竞争力的数字产业集群。

综合上述三个发展阶段，可以认为，1997~2024年中国技术−制度融合创新的适应性变革进程三阶段发挥了不同的作用：第一阶段是推进技术−制度融合创新的初始进入阶段，明确了融合的总体战略方向；第二阶段是技术−制度融合创新的初步形成阶段，着力于两化融合的进程；第三阶段是技术−制度融合创新的扩散阶段，从两化融合向各领域渗透的数实融合变迁阶段。通过与图7-10全球产业信息化路径进程的比对可以发现，在制度期内中国技术−制度的融合变迁与全球融合的发展具有同步性。

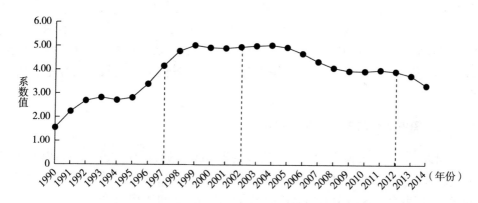

图7-10 中国技术−制度融合变迁与全球产业信息化路径进程的比较

根据图7-10的外部情境变迁，对图7-9中的适应性变革内涵进行具体阐述。从图7-10可以看出，中国经济增长从1992年邓小平南方谈话到1997年这段时间，全球产业信息化形成态势非常明显，数字跃迁与产业全球化转移促进了经济增长。中国学术界早在20世纪90年代提出，中国工业化任务仍很艰巨，工业化与信息化互补共进是历史的选择，需要走中国式的信息化道路（乌家培，1993，1995）。在此大背景下，1997年中共十五大提出国民经济信息化的发展方向。在20世纪90年代，发达国家先工业化后信息化的发展顺序清晰，没有出现中国工业化与信息化并举的环境，因而国际学术界主要关注经济增长中技术或信息技术的影响，以及信息技术生产率悖论等论题，较少涉及两化融合及其影响的理论问题。

2002年后，随着全球产业信息化路径影响的持续扩散，中共十六大提出信息化带动工业化，以工业化促进信息化的两化融合思想，形成持续推进和发展的两化融合、深度融合的理论框架等，形成了中国技术-制度融合创新的适应性变革进程。从国民经济信息化，到信息化带动工业化，以工业化促进信息化两条路径，再到两化融合、两化深度融合及数实融合，"互联网+"和人工智能+等行动计划。

在此主线进程上，逐步形成国家战略与产业政策的融合、举国体制与市场竞争的融合、创新发展与动态治理的融合三个核心融合领域，三者相互影响，构建起技术-制度融合创新的中国模式。首先，两化融合是中国政府政策部门基于中国经济发展要求和理论提出的一项理论和政策命题，从知识产权的角度说，该命题是一项具有自主知识产权的宏观经济理论命题。因此，在西方经济学和管理学文献中难以找到直接相关的研究成果，需要中国理论和政策研究者独立自主地根据中国国情和经济发展规律来构建两化融合的分析框架。2017年，中共十九大报告提出互联网、大数据、人工智能和实体经济深度融合。这是对既有两化融合国家战略的一个政策创新，也是对两化融合政策的继承和发展。两化融合是中国转变经济发展方式的国家战略，构成当代中国经济社会发展的重大理论和实践课题。

二、国家战略与产业政策的融合

国家战略与产业政策的融合，构成技术-制度融合适应性变革中国模式的核心创新领域。可以说，国家战略与产业政策的融合本身就是一种更加广泛意义上技术-制度融合，这与中国如何借助融合构建后发优势密切相关。

通常，后发优势是指后发国家通过学习和吸收发达国家的技术扩散实现更快的经济增长。通常，后发优势指发展中国家通过学习、引进、吸收、利用已有的知识和技术来增加自己的知识要素，以较低成本、较快速度实现可持续的较快增长（樊纲，2023）。由于发展中国家与发达国家的本质差异在于要素结构的差异，要素结构包括技术水平、体制效率、人力资本结构和资本积累水平等。因此，发展中国家通过较低的学习成本和试错成本改变要素结构，进而改变产业结构和收入结构以获得加速发展，成为实现后发优势的关键机制（樊纲，2019）。在企业战略变革领域，也形成针对新兴市场中后发企业与后发优势的研究方向，后发企业是指不需要复制完整的先进技术轨迹，而是通过有效学习和利用先进技术，借助合作秩序与国家机构等方式，就有机会超越领先企业而进入全球主流市场的企业（Mathews，2002）。在企业层面，后发优势指后发企业通过对先发企业进入市场的战略、行为和效能进行学习，采取合适的行动进入市场从而获得先发企业难以获得的竞争优势和更大的市场份额（罗珉和马柯航，2013）。

实现后发优势的战略路径包括通过追赶、蛙跳、机会窗口参与全球创新网络、捕捉机会窗口、嵌入全球价值链等实现路径。后发国家或后发企业在追赶中既需要加速变革以争取竞争机会，又需要避免由于加速过度、基础不牢而产生的欲速则不达结果。例如，加速工业化在创造后发国家工业化奇迹的同时，不可避免地会留下工业基础不扎实、工艺水平偏低、精益管理能力较弱等问题。将中国制造业纳入全球工业化历史来看，由于历史短、积累少，在先进制造、高端装备、核心知识产权和关键行业标准上存在明显短板。显然，激进式与渐进式转型的划分难以有效解释加速、渐进、同步并存下的中国等发展中国家或后发企业的变革实践。相比以变革速度与幅度来划分变革路径，以变革加速度与协同度为标准更适合于剖析后发企业实现后发优势的路径特征，因为中国情境的加速工业化为变革提供了加速的基础，先进技术与工业化基础之间的协同度因不同环节而不同，在协同度要求相对较高的环节，需要降低加速度而夯实基础，而在协同度要求相对较低的环节，则可以提高加速度而实现跨越。

落实国家战略，需要相应的产业政策支撑。长期以来，尽管产业政策备受争议，但其依然是政府为解决产业结构失衡或低层次发展实现产业转型升级、促进经济增长的政策工具。例如，数字经济的产业结构绿色合理化，使其自身具有促进构建现代产业体系的功能，为此，应大力推进数字经济在三大产业调整中的创新性应用。借助两化融合或数实融合，推动产业结构的高级化与绿色合理化，培育结构效率型的现代产业，构筑绿色合理化的现代产业体系，通过技术-制度融合创新推动数字经济创新，使之成为中国经济的新增长点。

由图7-9和图7-10可知，中国通过技术-制度融合创新的适应性变革模式，借助后发优势实现了数字经济发展的追赶与蛙跳，通过即时捕捉数字技术创新的机会窗口广泛参与全球创新网络，较好地将产业嵌入全球价值链，实现数字跃迁，在全球数字经济领域的地位得到快速提升。近年来，美国数字经济规模在全球依然独占鳌头，但中国也连续多年位居世界第二。中国数字经济规模约为美国的40%，但增长速度全球第一。

针对竞争，2019年以来，美国颁布《维护美国人工智能领导力的行政命令》

《临时国家安全战略指南》《2021 年战略竞争法案》《2021 年美国创新和竞争法案》等，以及《数字战略 2020-2024》等，力图通过政策确保美国在数字经济领域的领先地位，在全球范围构建以美国为主导的数字生态系统。数字经济成为在位者与后来者博弈的主战场，面对后来者的挑战，在位者会利用市场与非市场方式遏制后来者的发展，通过"断供""脱钩""禁运"、停止科学交流等手段，阻断后来者学习、引进、吸收先进技术和知识的各种渠道，以达到遏制后来者实现后发优势的目的（樊纲，2023）。

为此，中国持续推进技术-制度融合的创新模式，进一步强化国家战略与产业政策的深度融合。以 AI 产业为例，据作者不完全统计，2020 年至今，中国各级政府出台近 70 部与数字经济相关的政策，其中约 50% 政策内容涉及 AI 相关技术和产业发展。研究结论对于中国各级政府研究和制定与 AI "数据底座"相关的政策具有启示价值。2022 年 7 月，科技部等六部门《关于加快场景创新以人工智能高水平应用促进经济高质量发展的指导意见》针对中国场景机会开放程度不够，场景创新生态不完善等问题，要求集聚 AI 场景数据资源，推动城市和行业的 AI "数据底座"建设和开放。2023 年 7 月，国家网信办等 7 部门《生成式人工智能服务管理暂行办法》要求，充分考虑中国训练数据的海量性和异质性，规定生成式 AI 服务提供者依法开展预训练、优化训练等训练数据处理活动，采取有效措施提高训练数据质量，增强训练数据的真实性、准确性、客观性和多样性，促进生成式 AI 创新发展。2024 年 1 月国家数据局等 17 个部门《"数据要素×"三年行动计划（2024-2026 年）》要求提升数据供给水平，工信部《国家人工智能产业综合标准化体系建设指南》（征求意见稿）提出，规范机器学习的训练数据、数据预处理、模型表达和格式等标准，及规范 AI 训练、推理和部署等环节的技术要求。2024 年 3 月，中国政府提出"人工智能+"行动，大力鼓励各行各业重视 AI 技术的应用和落地。

这些相关政策或措施表明政府高度重视"数据底座"对 AI 产业发展的重要性，但对于如何激活数据要素潜能，① 既有政策亟待加强充分发挥中国海量数据和丰富应用场景优势的具体政策和促进措施。对激发用户潜在创造力提升平台数字产品创新绩效这一新兴的组织管理问题，对中国各级政府开展"人工智能+"行动，深化 AI 多场景应用支持 AI 向垂直化、产业化方向发展，提供了用户行为管理视角的理论依据。同时，结论为相关政策提升数据供给水平，增强 AI 训练数据的真实性、准确性、客观性和多样性，创新 AI 创新场景系统建设，制定规范 AI 训练、推理和部署等相关政策和管理措施，提供了充分发挥中国海量数据

---

① 2022 年 12 月《中共中央、国务院关于构建数据基础制度更好发挥数据要素作用的意见》，https：//www.gov.cn/zhengce/2022-12/19/content_5732695.htm。

和丰富应用场景优势的思路和实现方式，具有促进"人工智能+"行动的政策启示意义。

据中国信息通信研究院初步统计，2023年中国AI产业规模达到5784亿元，增速达13.9%。据工信部数据，2023年AI核心产业规模达5000亿元，AI企业数量超4400家。其中，10多个大模型通过《生成式人工智能服务管理暂行办法》备案，陆续向全社会公众开放服务，2023年10月科大讯飞与华为联合发布中国首个全国产支持万亿参数大模型训练的平台，进一步逼近GPT-4Turbo的最新水平，表明中国AI产业在高速发展。然而，AI企业也面临运营成本高与盈利能力低的双重挑战。一方面，AI运营成本高昂，除计算成本外，数据成本也占重要比重，如训练一个类似ChatGPT的模型，需要投入数据采集、准备和维护的庞大开支以构建大规模的文本数据集。部分社交平台和问答社区为了防止数据被滥用，开始进行数据收费，进一步地提高了AI训练的数据版权和许可成本。另一方面，AI企业的核心业务商业应用受限，缺乏可持续商业模式，基础业务盈利能力低。为应对双重挑战，AI企业开始重视生成式人工智能（AIGC）兴趣用户的特征及其增长，QuestMobile数据显示，2024年1月位列国内AIGC排名前10的企业APP聚合活跃用户规模达5376万，同比增长3725%，反映出用户参与AI训练的潜在趋势。

在AI训练的国家战略与产业政策融合上，强化AI企业构建良性的用户创新生态来促进模型训练，以应对高运营成本和低盈利能力的双重挑战：首先，突破AI通用性、可靠性和泛化性瓶颈，激发用户广泛参与模型训练，关键是识别出内在动机的领先用户，激发这类用户广泛参与训练，这是平台提高AI通用性、可靠性和泛化性的用户管理战略；其次，将用户参与训练的数字技术使用方式，视为用户与AI协同的新型组织学习方式，强化探索式使用数字技术，增强内在动机用户对参与训练的促进作用，这是平台提高AI通用性、可靠性和泛化性的激励战略；最后，针对不同类型的用户采取不同的激励机制，建立激发用户潜在创造力、参与训练的分类管理激励框架，形成不同的激励组合管理，构成平台提高AI通用性、可靠性和泛化性的用户激励机制。

三、举国体制与市场竞争的融合

举国体制是中国政府开展国家层面战略行动的重要手段，是集中力量办大事制度优势的一种国家意志体现。在数实融合情境下，又逐步形成了数据驱动的新型举国体制，对当代中国科技创新发展和参与全球市场竞争发挥重要作用（蔡跃洲，2021）。举国体制与市场竞争的融合，是技术-制度融合创新的第二个核心领域。

为什么中国情境下的两化融合或数实融合需要举国体制与市场竞争的融合。首先，中国两化融合发展道路具有特殊性与一般性。特殊性表现在，与发达国家从工业化到信息化的梯度发展特征不同，中国面临工业化任务尚未完成，又面临实现信息化艰巨任务的并行发展挑战，难以照搬或照套发达国家的经验，工业化与信息化并举是必然选择。在全球信息技术快速发展的环境下，2000年以来中国政府持续创新两化融合政策，以指导各级政府的相关经济发展。一般性表现在，工业化与信息化并行情境是中国、印度、南非、东南亚等绝大多数发展中国家共同面对的挑战，中国成功探索出来的两化融合发展道路对其他发展中国家具有借鉴意义。同时，德国工业4.0、美国再工业化或工业互联网等概念，其实质都体现了两化融合。从这个角度来看，中国两化融合发展道路对发达国家的再工业化进程同样具有一般性。因此，通过举国体制解决两化融合或数实融合的特殊性挑战，通过市场竞争化解两化融合或数实融合的普遍性难题。从另一角度看，中国经济改革是为了将国家推上一条可持续发展的道路。渐进与跨越发展，或渐进与激进转轨发展，通常构成发展经济学或转轨经济学关于发展模式的争论点。跨越式转轨强调转型是一次完成的，跨越深渊不能用两步，该模式的支持者认为转型中的各种因素和制度是相互关联的，因此，一次性的彻底转型效率最高。因此，跨越式发展模式认为，发展中国家可以跨越工业化国家最初遵循的一些步骤，并将当前可用的现代化技术应用于其发展过程而形成跨越。渐进式发展模式则认为一项新的体制的构建和成熟需要经历学习和适应的过程，因而转型应逐步推进。渐进发展模式强调经济发展规律和协同的重要性，强调转型发展中制度安排的渐进和排序的政治与经济价值。同时，转型过程中体制变革的互补性，或者说渐进模式与跨越模式的互补性正在受到重视。在两化融合中，对工业化任务尚未完成的中国而言，工业化促进信息化路径与信息化带动工业化路径同样重要，这两种实现路径之间的融合形成的互补性，对中国经济转型升级构成多维度、多层次的不确定性影响，既需要发挥有效市场的刺激，也需要发挥有为政府的作用，形成两化融合或数实融合的举国体制与市场竞争的相互促进与融合演化。

从发展经济学角度来看，发展模式可以看成是一种发展战略，不同的发展情境决定了无论是国家经济转轨还是企业进行战略更新都会选择不同的两种实现路径：一种是激进式转型；另一种是渐进式转型。因此，理论上可以构建两种两化融合的发展模式：一种是渐进发展模式；另一种是跨越发展模式。发达国家遵循从工业化到信息化的阶梯发展模式，是其发展环境与技术进步的情境决定的，当数字化创新涌现和扩散时，在其工业化进程中自然而然地形成以工业化促进信息化的渐进发展模式。伴随着国民收入水平的提高和教育普及，发达国家工业化与信息化之间互补性的协调成本要低于发展中国家，因而更易于从工业化促进信息化路径转变为工业化促进与信息化带动两者相对均衡路径，这种转变是相对平滑的，因而发达国家的两化融合发展道路总体体现为渐进发展模式。然而，中国等发展中国家，尤其是中国二元经济结构和区域发展不平衡特征，决定了中国等发展中国家的两化融合模式不会是单一渐进或单一跨越的发展模式，而应同时兼有渐进与跨越两种发展模式，甚至在这两种发展模式内部可能还会有不同的模式。因此，中国等发展中国家两化融合发展道路的复杂度要高于发达国家，如果采用发达国家那样的纯市场竞争，难以应对中国复杂的二元经济结构等复杂系统情境，需要通过举国体制来抑制经济快速发展中涌现出来的多种不利因素影响，同时通过市场竞争来放大比较优势，逐步形成了技术-制度融合创新的举国体制与市场竞争融合方式。

就融合本质来看，无论是德国工业4.0，还是美国工业互联网，其战略目标及重点规划都是在欧美发达国家实现两化深度融合基础上提出来的，德国机床产品中的软硬件高度一体化和智能化、美国高科技产品中的软件与产品体系高度集于一体的深度融合，无论在局部还是在整体上形成的复杂系统智能体系，使欧美发达国家的两化融合发展模式具有高度智能制造的特征，制造环节已经成为其具有高度竞争力的环节。但是，中国智能制造依然建构在两化初步深度融合基础上，再次面临工业智能化与信息智能化并行发展的挑战。为此，需要基于举国体制来构建和推动落实国家数字经济创新战略。

另外，虽然从中央部委到地方政府都大力推动两化融合或数实融合，包括建立多种示范城市、重点行业、示范企业或示范产业园建设等，但缺乏从全国范围针对不同地区两化融合不同发展模式推动的产业政策或扶持措施。需要从两化融合发展模式角度，推动地区的深度融合，对于以工业化发展起步的省市而言，面对两种不同的两化融合发展模式，充分考虑其工业化发展基础以及工业化促进信息化发展的潜力，同时兼顾对数字技术的利用和发展能力，选择合适的融合路径。对于工业化基础相对较好的地区，在两化融合渐进发展模式下，在重视维持经济增长速度的同时，强化对经济质量的投入和要求，形成工业化促进与信息化带动相对均衡发展的路径。

因此，需要举国体制与市场竞争相互调适。针对不同融合发展模式的省市采取分层分类指导，提高产业指导政策和市场竞争政策的针对性和有效性。例如，在两化融合发展战略与政策研究制定过程中，基于各省市不同的两化融合发展模式结构，制定不同发展模式下不同发展起点的省市两化融合发展扶持政策，在全国范围内实现对各地区两化融合推进政策宏观指导的精准支持，使国家战略层面的两化融合政策措施与地区层面的融合政策措施实现高效联动与协同。又如，在渐进发展模式的省份中，针对北京、浙江和广东等省份采取一种政策措施，针对安徽等省份则采取另一种政策措施。同时，给予上海单独一种政策措施，给予天津、重庆和福建一种政策措施。再如，在跨越发展模式的省份中，分别给予东北三省等省份与江苏等省份不同的政策措施，形成市场化的竞争分类指导，促进市场竞争为主、举国体制为辅的技术-制度融合方式。

四、创新发展与动态治理的融合

创新发展与动态治理的融合构成两化融合或数实融合中国模式的第三个核心领域，中国政府对平台经济发展与治理的动态平衡政策是其中的代表性体现之一。对此，在我们出版的《数字经济创新极点：平台创新、竞争与就业》（经济管理出版社，2024年）中有诸多论述。下面，从创新驱动创业和平台网络效应两个方面来剖析技术-制度融合创新中发展与治理协同演进，不断融合的内在机制。

创新驱动创业的理念最早由熊彼特提出，其认为创业者也是创新的实施者，该理念将创业和创新融为一体。Zhao（2005）强调，创新是创业的重要要素之一，并将创新视为创业导向的一个重要维度。蔡莉等（2021）认为，创新驱动创业指在技术创新、制度创新、商业模式创新等的触发下，通过多要素迭代互动，实现多主体共同开发机会、创造价值的过程。具体来看，创新驱动创业过程中，创新能够触发要素发生改变，并促进要素新组合的出现，从而不断释放新机会，促进价值创造。这表明，两化融合或数实融合与创新也是高度相关，甚至集于一体的活动中。其中，平台创新构成两化融合或数实融合的重要载体，平台具有网络外部性。我们知道，网络外部性指双边市场中一边用户的规模会影响另一边用户使用该平台的价值。梅特卡夫法则表明，网络的价值取决于网络节点数的平方。网络外部性的特点和梅特卡夫法则充分表明平台经济存在显著的网络效应，这能够迅速推动平台经济的扩张。融合中发展的基础在于平台创新创业活动带来的就业互补效应，融合中治理的需求来自平台网络外部性与就业的替代效应。

例如，2022年12月，中央经济工作会议强调支持平台企业在引领发展、创造就业、国际竞争中的社会经济价值，平台与就业的关系成为面向国家需求的重要理论课题。一方面，以消费性平台为例，我们出版的《数字经济创新极点：平台创新、竞争与就业》（经济管理出版社，2024年）表明，2021年京东、淘宝等消费性平台带动就业的规模约1.15亿，2020年依托各类消费性平台兴起的灵活就业新业态吸纳就业规模约占就业总人口的7%~8%（马晔风和蔡跃洲，2021），表明平台经济的发展通过设备创新、产品创新和模式创新，产生了明显的就业创造效应。另一方面，消费性平台会替代部分就业岗位，我们出版的《数字经济创新极点：平台创新、竞争与就业》（经济管理出版社，2024年）也表明，2021年以消费性平台为代表的平台企业替代就业的规模约1亿，消费性平台为代表的互联网平台对就业具有明显的替代效应。

从理论上分析，消费性平台对社会就业率的影响，主要体现在劳动力供给、劳动力需求以及劳动力供给与需求匹配三个层面。首先，基于萨伊定律的劳动力供给，消费性平台一方面能够依托自身信息载体的优势帮助提升劳动力的技能水平，从而提升劳动力供给的质量；另一方面，消费性平台衍生的新兴灵活就业岗位的优势，会促使劳动力由传统行业的就业岗位向灵活就业岗位迁移。其次，基于有效需求理论的劳动力需求，消费性平台能够促进创新，创造大量新兴就业岗位，从而拉动就业。同时，消费性平台能够有效提高产业上下游的生产效率，扩大产业上下游企业的规模来带动就业。此外，以消费性平台为代表的互联网平台有效提升社会生产率，替代部分就业。最后，基于结构性失业的劳动力供给与需求匹配层面，消费性平台利用自身优势能够有效降低劳动力供给和需求双方的信息不对称，促进劳动力供给和需求的匹配，另外，消费性平台的发展会促进产业结构升级，从而导致结构性失业。杨伟国和吴邦正（2022）的研究表明，消费性平台的发展在促进产业结构升级的同时，也会推进就业结构的升级，因此消费性平台带来的结构性失业能够得到一定程度上的缓解。由此，在推进两化融合或数实融合中，既需要刺激发展的政策措施，也需要平衡发展与风险关系的治理政策，推动数字经济发展与治理的协同演化。

第三节　中国融合模式与突破双向挤压[①]

适应性变革构成技术-制度融合中国模式的明显特征，这种适应性变革对于中国经济发展有何作用或影响呢？突破双向挤压是其作用或影响之一。

一、中国经济发展的双向挤压态势

中国经济内部结构的资本投入与全要素生产率（TFP）呈反向角力态势，外部环境面临发达国家再工业化与发展中国家同类竞争的双向挤压，经济增长由 β 趋同逐步转变为 α 趋同。中国经济内部结构的反向角力与外部环境"双向挤压"困局相互影响且交织在一起，对国家、产业和企业多个层面形成挑战。近年来，AI 在中国制造中的应用态势引起发达国家关注，智能制造也面临发达国家与发展中国家双向挤压，发达国家通过发展智能制造来应对中国竞争，如中国出口欧

---

① 以谢康、廖雪华、肖静华《突破"双向挤压"：信息化与工业化融合创新》（《经济学动态》2018年第 5 期）为基础重新撰写、修改和增补。

盟的竞争力每提高 0.47，就会引发欧盟国家工业机器人密度提升 1%以应对中国的竞争。

2023 年，发达国家先后成立相关机构，如美国成立 AI 监管机构（AI 安全研究所）以保护产业安全，促进制造业回流，提升本国制造业竞争力。在新一轮产业转移中，发展中国家制造业也积极推动 AI 应用来应对中国智能制造转型升级的竞争，扩大对中国制造业转移的吸引力。实证研究表明，AI 通过影响全要素生产率促进产业升级和长期增长，如欧盟国家机器人密度每增加一个标准差，全要素生产率就会提高 6%。同时，AI 影响产业结构转型升级与劳动收入份额变动，带来全球价值链分工的重构。然而，AI 虽然通过推动价值链地位攀升促进产业升级，但其对高、中、低技术的产业升级影响不同，对发展中国家的劳动力发展战略提出挑战。

苹果等企业的产品服务化、德国工业 4.0 或中国"互联网+"行动计划，两化融合均构成创新和政策实施的主体内涵。从两化融合视角分析突破双向挤压困局，可以更聚焦地体现突破困局的具体实现方向和理论内涵。同时，欧美发达国家跨越中等收入阶段主要面临同类竞争，韩国等新兴经济体跨越中等收入阶段虽然也面临双向挤压，但当时发达国家大力推动经济全球化与贸易自由化。中国现阶段跨越中等收入阶段的情境，与欧美发达国家、韩国等新兴经济体跨越中等收入阶段的情境均不相同，中国面临反全球化与新型贸易保护主义兴起、发达国家再工业化及产业和企业从工业化体系向互联网体系的跨体系转型升级等情境的重大变迁。从两化融合视角分析突破双向挤压困局，可以将内部技术效率模式创新与外部竞争压力两者之间联系起来，考察突破困局的比较优势思路和政策方向，可以更清晰地分析中国突破困局的思路与政策方向的整体性。

二、融合路径与水平的竞争性影响

根据表 7-1 至表 7-3 的指标和数据及表 7-7 的 55 个经济体实证结果，分析中国两化融合如何影响其突破双向挤压，通过剖析全球两化融合路径与水平的不同结构，如何对其他国家的经济发展形成竞争影响，以此阐述中国融合模式在全球竞争中的作用。

如本章第一节所述，将 55 个经济体按 1990~2014 年人均 GDP 的平均值划分为高收入、中等收入和低收入三组①，分别估计增长模型，得到人均 GDP 函数的

---

① 世界银行按收入水平将经济体划分为低收入、中低收入、中高收入和高收入四组，考虑数据的可获得性，将经济体按收入水平划分为低收入、中等收入及高收入三组。其中，低收入组包含世界银行分组中的低收入组及中低收入组排序后面的约 80%成员，中等收入组包含世界银行分组中的中低收入组排序前面的约 20%成员及中高收入组。高收入组与世界银行高收入组相同。

估计结果如表 7-15 所示。其中，以 IND_{it} 表示一国或经济体 i 在年份 t 工业化的实际水平，INF_{it} 表示一国或经济体 i 在年份 t 信息化的实际水平。MTR_{Pit} 和 MTR_{Yit} 分别表示地区效应和时间效应。观察发现，信息化水平对经济增长的影响比工业化水平的影响更加明显。

表 7-15　55 个经济体人均 GDP 模型的估计结果

变量	分位数		
	0.20（低收入）	0.53（中等收入）	0.80（高收入）
IND_{it}	0.0410 ***	0.0270 *	0.0228
INF_{it}	0.1176 ***	0.1081 ***	0.1031 ***
MTR_{Pit}	1.0934 ***	0.9847 ***	0.9139 ***
MTR_{Yit}	− 0.0316 ***	− 0.0307 ***	− 0.0570 ***
α	9.9674 ***	10.0380 ***	10.0961 ***
R^2	0.8932	0.8291	0.7173

接下来，对 55 个经济体的两化融合路径进行排序，分为高融合、中融合和低融合 3 组。同时，按初始收入分低收入、中收入和高收入三组，考察两化融合和发展水平对经济增长的影响。表 7-16 列出工业化促进路径弹性值的估计结果，可以发现，不同工业化促进路径对不同收入水平经济体经济增长的作用不一致，对于中低发展水平的经济体，工业化促进路径或者不显著或者是负向影响，只有在高收入及中高融合情形下，工业化促进路径才对经济增长产生正向影响。这似乎表明工业化促进路径对经济增长的影响是有条件的，而非在不同经济发展阶段都是适用的。

表 7-16　工业化促进路径弹性值的估计结果

	低收入	中等收入	高收入
低融合	− 0.6656 ***	0.5592	− 0.2807 ***
中融合	0.3787	0.0848	0.2147 **
高融合	− 1.3402 ***	− 0.5831 ***	0.1813 ***

表 7-16 表明，低融合意味着该国家或地区的工业化和信息化两个系统之间的影响力差距较大，较高水平的工业化促进路径意味着该国家和地区主要实行的是资本深化模式，需要投入较大的资本和人力，且工业化促进路径具有边际报酬递减特点。因此，在低融合情境下，低收入和高收入国家和地区的工业化促进路径对经济增长的影响为负。在高融合情形下，信息化与工业化两个系统之间的影响力相当，工业化促进路径的水平越高，一方面意味着该国家和地区投入了较大的资本，另一方面为了保证两个系统之间影响力的平衡，需要进行知识和技术的

投入。由于低收入和中等收入国家和地区在技术和知识管理上经验相对欠缺，因此，工业化促进路径对经济增长的影响为负。对于高收入国家和地区而言，不仅具备了较强的经济实力用于投资，也拥有较好的技术和知识管理能力，因此，高收入国家和地区的工业化促进路径对经济增长的作用为正。同时，对于高收入国家和地区，只要工业化促进路径的水平达到一定程度，即达到中等融合水平时，工业化促进路径也能够提高经济增长。

与上述分析相似，将信息化带动路径的融合系数进行排序分组，分别研究不同路径融合水平对经济增长的影响，表7-17为信息化带动路径弹性值的估计结果。可以发现，对于低发展水平经济体，信息化带动路径对经济增长的促进作用明显，且无论融合程度如何，其在中等收入阶段对经济增长的影响均显著，且高融合在不同收入水平下也均显著，表明该路径对经济增长的影响与融合程度和发展阶段密切相关，强调不同阶段与不同融合程度之间的匹配。例如，低收入低融合、中等收入中融合、高收入高融合三种情形下对经济增长的影响均显著。

表7-17 信息化带动路径弹性值的估计结果

	低收入	中等收入	高收入
低融合	0.4623***	0.5309***	−0.1035***
中融合	−0.1115	0.3680***	−0.5953***
高融合	1.2762**	0.7019***	0.2810***

表7-17表明，信息化带动路径的主要特点是知识深化，主要借助知识和技术改变传统的运作模式，具有边际报酬递增或不变的特点。在高融合情境下，意味着该国家和地区的信息化体系和工业化体系相对均衡，较高的信息化带动路径水平能够提高工业生产效率，进而增加经济产出。因此，无论是低收入、中等收入还是高收入国家和地区，信息化带动路径均促进经济增长。值得注意的是，对于中等收入国家和地区而言，无论信息化带动路径处于哪个发展水平，该路径均能提高经济增长，原因可能是中等收入国家具有相当程度的技术应用经验积累，但生产运营体系依然相对不够成熟而存在较大的可优化空间，对AI、大数据、区块链等新兴信息技术应用的吸收能力较强，因而表现出无论哪个融合水平，信息化带动路径均能显著提高经济增长。

下面，考察全球融合水平对经济增长的影响。依然以人均GDP代表一国或经济体经济发展水平，计算人均GDP相对于两化融合水平IC的变动弹性。遵循第三章方法，计算人均GDP对融合水平IC变动弹性的公式为 $\varepsilon_D = \dfrac{\partial \ln GDP_{it}^{\theta}}{\partial \ln IC_{it}^{\varphi}}$。在该模型中，按照经济发展水平分位和按照融合水平分位的不同，无法直接求解弹性值，因而需要对样本进行分组。将55个经济体的融合水平和经济发展水平分别分为三组进行计算，表7-18列出两化融合影响增长的弹性系数估计。

表7-18 两化融合水平弹性值的估计结果

	低收入	中等收入	高收入
低融合	0.2167*	0.2017*	−0.1347***
中融合	0.2180	0.0560	0.1823*
高融合	−1.0943	−0.5731*	0.1907***

可以发现，表7-18中主对角线的系数值均为正，而其他大部分为负值，即融合水平与发展水平一致时，融合水平促进经济增长；反之则会抑制经济增长。例如，在低收入低融合、中等收入低融合、高收入中融合及高收入高融合四种情形下，融合水平对经济增长的影响均显著且为正，高收入高融合情形下融合水平对经济增长的影响是最显著的。相反，在高收入低融合或低收入高融合及中等收入高融合三种情形下，融合水平对经济增长的影响为负，且高收入低融合的负向影响最为显著，表明如果融合水平与经济发展水平不匹配，反而会抑制经济增长。由于融合水平代表技术效率，反向对应社会协调成本，因此，在不同经济发展阶段技术效率对经济增长的影响是不确定的。

表7-18的结果表明，在中等收入中融合、低收入中融合两种情形下，融合水平对经济增长的影响不显著，尤其在中等收入中融合阶段，这种影响尤其不显著。该实证结果验证了肖静华等（2006）及本书中提出的工业化促进路径与信息化带动路径相持阶段的技术效率具有不确定性的结论。这种不确定性特征往往与经济体发展到中等收入阶段密切相关，从两化融合创新来看，中等收入陷阱的发生及影响既与经济体两化融合创新技术效率模式相关，也与经济环境、经济结构、制度变革等多种因素相关。

三、中国突破双向挤压的融合创新

上述表明，在中等收入阶段，两化融合水平对经济增长的影响不显著，即出现失灵现象，原因在于工业化促进路径对经济增长的影响随经济发展程度大体呈U形，在中等收入阶段对经济增长影响不显著，信息化带动路径对经济增长的影响总体显著，尤其在中等收入阶段，无论哪种融合程度影响均是显著的，一方面说明经济体需要从工业化促进路径转变为信息化带动路径，实现两化融合路径创新，即中等收入阶段存在一个由相对低的技术效率路径转变为相对高的技术效率路径的转轨区间，类似于从"+互联网"向"互联网+"的结构转换区间。另一方面说明两条路径在中等收入阶段既可能形成互补或渗透，也可能形成反向角力而使经济增长丧失动力。具体地，在中低收入阶段，经济体工业化促进路径对经济增长的影响或者不显著或者为负，反而工业化水平影响经济增长更加显著，因而中低收入阶段经济体主要以投资工业化来促进经济增长，而不是采取工业化促进路径来影响经济增长。这样，中低收入阶段工业化促进路径的技术效率不对经济增长发挥主导作用，但需要对此进行培育。有必要指出的是，由于就全球而言，中等收入阶段本身也是在变化的，因而实际发展中两化融合路径转轨的时空区间可能因经济体的不同而不同。

现有国家间的研究也发现要素积累是中低收入阶段经济增长的主要动力，高收入阶段则需要转换为制度变革和技术进步，但技术创新对经济增长方式转变的作用是不确定的，例如，中国技术创新与经济增长集约化水平负相关，技术水平过低会导致落后经济的资本回报率低于发达经济而不利于资本积累。因此，经济体的技术效率需要与其发展水平相适应才会对经济增长形成推动作用。在中等收入阶段的两化融合路径转轨区间，经济体是以工业化促进路径为主还是以信息化带动路径为主形成融合是不确定的，因而两种路径对经济增长的影响也是不确定或不显著的。在这种情境下，经济体在资源重新配置效率和微观生产率上有可能出现比较优势真空、技术进步与效率改进之间严重失衡，由此导致技术效率失效，使技术效率在技术创新低迷时无法形成对技术创新的替代和互补，难以维持技术进步的有效性，从而使经济体逐渐陷入中等收入陷阱。又如，拉美国家因产业结构不能适应过度人口城市化而被中等收入陷阱锁定，实质上也是中等收入阶段技术效率无法对技术创新形成互补或替代，从两化融合视角分析，这是无法实现两化融合路径转轨导致的。

相反，如果中等收入阶段经济体由工业化促进路径转换为信息化带动路径，可以借助信息技术的快速迭代更新来抵消或部分抵消工业化促进路径边际递减的影响。由此，可以这样看待经济体的经济发展过程：从借助新技术和制度突破打破"临界最小努力"均衡状态，实现经济起飞到迈过刘易斯拐点，经济体进入中等收入阶段的路径转轨区间，如果经济体在转轨区间成功实现由工业化促进路径转变为信息化带动路径，即由资本深化过程的技术效率转轨为知识深化过程的技术效率，经济体将获得更高效率的增长动力而有望进入高收入阶段。否则，经济体的资本深化效应与知识深化效应相互抵消，导致其很可能在转轨区间来回徘徊。

创新驱动无疑是经济体中等收入阶段的重要战略方向和手段，但中国经济创新驱动发展外部受到发达国家和发展中国家双向挤压，形成资本投入与TFP反向角力态势，表明处于中高收入阶段的中国经济正步入多目标平衡的路径转轨区间。具体地，一方面，各种社会矛盾需要中国政府维持相当高力度的投资来稳定增长，但资本深化过程拉低中国的 TFP，使中国工业增长效率进一步恶化；另一方面，中国跨越中等收入阶段需要向 TFP 型经济转型，以从技术进步和体制改善中获得更高效率，但这种知识深化过程存在着初始动力难以建构的不足，因为知识深化过程与制度改善密切相关，如国家技术创新能力与知识产权保护制度密切相关。因此，中等收入阶段经济体推动知识深化过程，面临着旧动力过快丧失而新动力尚未培育起来的战略风险。

本文通过对全球 55 个经济体的发展水平进行划分的基础上，深入研究不同融合路径及不同融合水平对经济发展水平的作用，并对作用的异质性展开分析，根据研究结论得出以下中国突破双向挤压，避开中等收入陷阱的路径。

突破双向挤压的差序比较优势。从两化融合视角分析，处于中高收入阶段的中国经济创新驱动中，可以采取差序比较优势策略来突破双向挤压困局：一方面以信息化带动路径为主、工业化促进路径为辅，形成市场领先的融合创新来应对发达国家再工业化挑战；另一方面以工业化促进路径为主、信息化带动路径为辅，形成体系性领先的融合创新应对发展中国家同类竞争。

首先，通过以信息化带动路径为主、工业化促进路径为辅培育新兴市场的潜力，以知识深化为主、资本深化为辅创造多维新市场形成应用性创新的比较优势，由此应对发达国家再工业化的挑战。具体地，面对发达国家的再工业化竞争，中国经济的创新驱动不是高收入经济体的领先式创新驱动，而是一种点穴式创新与应用性创新相结合的创新驱动，形成市场领先、技术局部超前的比较优势。例如，虽然中国 ICT 制造企业多未掌握高端核心技术，但掌握这些高端核心技术的企业几乎都以中国为主要目标市场，中国在国际 ICT 领域处于市场应用的领先地位。同时，中国互联网市场的迅速普及，推动着中国经济从人口红利转变为网民红利，通过网民红利的社会资本创造中国经济增长的第二波人口红利，为中国制造企业加速掌握和消化吸收高端核心技术创造了积极条件。

其次，以工业化促进路径为主、信息化带动路径为辅的竞争策略，对部分发展中国家采取资本深化的转型升级竞争策略，对部分发展中国家采取知识深化的竞争策略，或者两者兼而使用，形成资本深化和知识深化兼备的比较优势来应对发展中国家同类竞争的挑战。具体地，中国作为世界上最大的发展中国家，且与其他发展中国家相比建立了最为完备的工业化体系，全球唯有中国最有可能形成这种体系性的融合创新，因而也构成中国面对发展中国家同类竞争时最具竞争力的比较优势。目前，这种体系性融合创新的比较优势正随着中国推动"一带一路"倡议而逐步得到体现、增强和扩展。在"一带一路"倡议中，面对发展中国家的同类竞争，中国采取转型升级与创新并举、应用性创新与探索性创新互补的复合式创新驱动。所谓转型升级与创新并举，就是既重视传统经济增长中以资本深化为核心的投资、消费和外贸"三驾马车"作用，又培育互联网经济中以知识深化为核心的投资、消费和外贸的"新三驾马车"作用，推动传统经济或产业结构转型升级，推动劳动密集型产业、外贸导向型产业的发展，动态平衡处理好各利益方的社会诉求和经济利益，又积极构建国家知识创新体系，借助应用性创新与探索性创新互补来推动创新驱动发展。所谓应用性创新与探索性创新互补，就是推动应用性创新与探索性创新相辅相成，相互补充。通过应用性创新积累资本，通过探索性创新积累知识，因而前者侧重资本深化过程，后者侧重知识深化过程。例如，在中国"一带一路"倡议中，针对发达国家更多地采取探索性创新的两化融合创新活动，针对发展中国家则更多地采取应用性创新的两化融合创新活动，构成面向发达国家与发展中国家不同类型的两化融合创新差序结构。

综上所述，从两化融合创新视角，中国针对发达国家与发展中国家采取要素相同而结构顺序不同的比较优势来突破双向挤压困局。这种要素禀赋相同而结构顺序不同的比较优势，可以称为差序比较优势，在行业或企业微观层面类似于互联网金融与传统金融之间错位竞争形成的比较优势，进而形成互利共生的良性循环。与经典的要素禀赋比较优势有所区别的是，我们认为一个经济体的比较优势既与其要素禀赋相关，也与其所处竞争位置上采用的要素禀赋结构和顺序相关就。该思想与全球产品空间理论的思想类似，均强调要素禀赋的数量和质量固然重要，但要素禀赋之间形成的结构和顺序差异也构成经济体比较优势的来源之一。总之，通过两化融合创新，中国可通过不同的两化融合结构和顺序分别形成针对发达国家和发展中国家的比较优势，由此突破双向挤压困局。

如前所述，工业化促进与信息化带动路径分别是资本深化与知识深化过程。由于工业化促进路径对经济增长的影响随经济发展程度大体呈 U 形，信息化带动路径在不同发展程度上对经济增长的影响都表现得更加敏感，经济体在中等收入阶段存在着由工业化促进路径向信息化带动路径的重塑技术效率模式的创新过程，一方面说明经济体在中等收入阶段需要实现两化融合的路径创新，另一方面说明两条路径在中等收入阶段既可能形成互补或渗透，也可能形成反向角力而使经济增长丧失动力。在这个经济发展阶段内，结构的反向角力与外部环境的双向挤压相互影响且交织在一起，构成当今中国宏观经济发展需要面对和解决的重大战略问题和风险管控方向。解决该问题，正如"解铃还须系铃人"一样，需要将经济体内部技术效率模式创新与外部环境的双向挤压联系起来，借助中等收入阶段两化融合路径的差序结构，面向发达国家再工业化的竞争压力，中国以信息化带动路径为主、工业化促进路径为辅，形成市场领先的融合创新来应对；面对发展中国家同类竞争的挑战，中国以工业化促进路径为主、信息化带动路径为辅，形成体系性领先的融合创新来应对，由此在国家技术效率创新领域形成两化融合要素禀赋相同而结构顺序不同的差序比较优势，这本质上是一种融合的适应性变革活动。

第四节　技术效率转轨与数字经济动能转换[①]

在第三节讨论及其结论基础上，接下来阐述中国融合模式在技术效率转轨与突破中等收入陷阱方面的作用或影响。

一、融合与经济发展阶段的动能转换

本章第一节论述的全球两化融合形成与发展态势表明，在两化融合情境下，经济体或地区的发展水平异质性对经济增长的影响不同。为刻画这种关系，借鉴 Mankiw 等（1992）和 Islam（1995）关于经济增长的建模方法，假设经济体的产出由下列生产函数给出：

$$Y_{it} = K_{it}^{\alpha_1} H_{it}^{\alpha_2} (A_{it} L_{it})^{1-\alpha_1-\alpha_2} \tag{7-12}$$

其中，Y 表示产出，K 和 H 分别表示实物资本和人力资本，A 表示技术，L 表示劳动。由此可知，单位有效劳动的产出 $y_{it} = Y_{it}/(A_{it} L_{it})$ 在经济稳定状态下的值为：

$$y^* = \left[\left(\frac{s_K}{x+n+\delta_K} \right)^{\alpha_1} \left(\frac{s_H}{x+n+\delta_H} \right)^{\alpha_2} \right]^{1/(1-\alpha_1-\alpha_2)}$$

或

$$\ln(y^*) = \frac{1}{1-\alpha_1-\alpha_2} [\alpha_1 \ln s_K + \alpha_2 \ln s_H - \alpha_1 \ln(x+n+\delta_K) - \alpha_2 \ln(x+n+\delta_H)] \tag{7-13}$$

其中，s_K 和 s_H 分别是 K 和 H 投入占产出的比重，x 和 n 分别是 A 和 L 的增长率（假设是外生的常数），δ_K 和 δ_H 分别是 K 和 H 的折旧率。

如果式（7-13）中的参数对所有经济体都是常数，则不同经济体在稳定状态下的人均产出收敛于同一值。然而，在达到稳定状态之前，不同经济体将以不同的速度增长，且在具有相同初始人均产出 y_{io} 之下，y_{it} 的实际值离稳定状态值 y^* 越远，经济体增长的速度就越快。这种速度可用趋同速度刻画，其定义是下式

---

① 以谢康、肖静华、周先波《跨越中等收入的数字经济动能转换：理论与实证》（《北京交通大学学报》（社会科学版）2021 年第 4 期）为基础重新撰写、修改和增补。

中的 λ：

$$e^{-\lambda\tau} = \frac{\ln(y_{i,t_2}) - \ln(y^*)}{\ln(y_{i,t_1}) - \ln(y^*)} \tag{7-14}$$

其中 $\tau = t_2 - t_1$。在我们的研究中，取 $\tau = 1$。将式（7-14）写为随机形式：

$$\ln(y_{it}) - \ln(y_{i,t-\tau}) = \beta\ln(y_{i,t-\tau}) - \beta\ln(y^*) + u_i + v_{it} \tag{7-15}$$

其中 $\beta = -(1 - e^{-\lambda\tau})$，$u_i$ 是个体效应，可能与 $\ln(y_{i,t-\tau})$ 相关，v_{it} 是均值为零、方差有限的随机扰动项。由式（7-13）和式（7-15）得，

$$\ln(y_{it}) - \ln(y_{i,t-\tau}) = \beta\ln(y_{i,t-\tau}) + \gamma_1\ln x_{1,it} + \gamma_2\ln x_{2,it} + \gamma_3\ln x_{3,it} + \gamma_4\ln x_{4,it} + u_i + v_{it} \tag{7-16}$$

其中

$$\gamma_1 = -\frac{\alpha_1\beta}{1-\alpha_1-\alpha_2}, \quad \gamma_2 = -\frac{\alpha_2\beta}{1-\alpha_1-\alpha_2}, \quad \gamma_3 = \frac{\alpha_1\beta}{1-\alpha_1-\alpha_2}, \quad \gamma_4 = \frac{\alpha_2\beta}{1-\alpha_1-\alpha_2}$$

及

$$x_{1,it} = \ln s_K, \quad x_{2,it} = \ln s_H, \quad x_{3,it} = \ln(x+n+\delta_K), \quad x_{4,it} = \ln(x+n+\delta_H) \tag{7-17}$$

经济增长的趋同有绝对趋同和条件趋同两种情形。对于绝对趋同，所有经济体具有同样的稳定状态，式（7-17）中的所有变量均为常数，经济体是否趋同仅取决于它们的初始发展水平。对于条件趋同，稳定状态以式（7-17）中的变量为条件，经济体是否趋同既取决于它们的初始发展水平，还取决于式（7-17）中的控制变量。

在实际经济运行中，实物资本 K 和人力资本 H 占产出的比重 s_K 和 s_H 以及它们的折旧率 δ_K 和 δ_H 只是数量概念，没有反映实际运行中经济体各方面因素的协调或配合情况。当今，数字技术的快速发展使投入要素已不仅是独立地作用于生产，更多的是相互影响、相互制约、相互融合地对产出发生作用，且伴随着资本的深化和知识的深化。在这一过程中，资本的深化由工业化促进信息化路径实现，知识或信息的深化由信息化带动工业化实现。信息化与工业化的发展概括了实物资本 K 和人力资本 H 在质和量两方面的效果。同样地，技术 A 和劳动 L 也是相互影响、相互制约、相互融合地对产出发生作用，如信息技术应用和企业组织变革都提高了企业的高技能劳动力比例，降低了低技能劳动力比例，或出现劳动力技能的两极化现象，信息技术的革命和劳动质量的提升无不与信息化、工业化及其融合水平相关。由于两化融合是一种技术效率表现，技术 A 和劳动 L 的增长率 x 和 n 也是由工业化与信息化的发展及两者的融合水平所决定的。因此，借鉴 Kumar 和 Russell（2002）全球经济增长分布演化机制思想，从两化融合视角的数字经济发展来看，决定稳定状态式（7-13）的各参数归根结底是由两化融合程度决定的，而增长模型式（7-16）即转化为初始发展水平及两化融合水平对经济增长的影响模型，即

$$\ln(y_{it})-\ln(y_{i,t-\tau})=\beta\ln(y_{i,t-\tau})+\gamma indinf_{i,t-\tau}+u_i+v_{it} \qquad (7\text{-}18)$$

其中，$indinf_{i,t-\tau}$ 是经济体 i 的两化融合水平。

在下述两项研究基础上对式（7-18）进行拓展。其一，如本书前述，信息化带动工业化路径（产业信息化）会存在信息化跳跃或数字跃迁现象。这种信息化跳跃或数字跃迁现象构成信息化带动工业化路径区别于工业化促进信息化路径的特征所在。同时，相对于工业化促进信息化阶段和信息化带动工业化阶段，工业化与信息化的发展有一个相持阶段，然而该阶段是极其短暂的和不稳定的。尽管如此，由此导致的两化融合程度的变化对经济增长的影响可能产生差异性，即两化融合对经济增长的影响可能与融合程度有关；其二，如本书前述，两化融合与中国地区经济发展水平有一定的相关关系。这里，可将该结果推广至全球经济体的两化融合发展中，这些国家或地区有来自经济发展水平相当好的发达国家，也有经济落后的非洲国家，还有经济处于高速发展的亚洲经济体。同时，不同国家对应的信息化、工业化水平及其融合性也存在较大的差异。因此，经济发展水平与两化融合的交错差异从整体上会对经济增长产生差异性的影响，而且这种差异性一般是在发展和融合两方面同时存在，并对经济增长产生作用的。

根据上述两点，模型式（7-18）可进一步扩展。一种是在回归函数形式上拓展，例如：

$$\ln(y_{it})-\ln(y_{i,t-\tau})=\beta\ln(y_{i,t-\tau})+\gamma indinf_{i,t-\tau}+\alpha\ln(y_{i,t-\tau})\times indinf_{i,t-\tau}+u_i+v_{it} \qquad (7\text{-}19)$$

其中 α 反映了初始发展水平和两化融合水平对经济增长影响的交互效应，或更一般地扩展为：

$$\ln(y_{it})-\ln(y_{i,t-\tau})=g\left[\ln(y_{i,t-\tau}),\ indinf_{i,t-\tau}\right]+u_i+v_{it} \qquad (7\text{-}20)$$

其中 $g(\cdot,\ \cdot)$ 是关于 $\ln(y_{i,t-\tau})$，$indinf_{i,t-\tau}$ 的二元非参数函数，它包含了初始发展水平和两化融合水平在各种情形下（如各自水平高低的不同组合）对经济增长影响的交互效应。式（7-20）可以反映两化融合与经济发展对经济增长影响关于融合和发展存在差异性，说明两化融合对经济增长的影响与经济发展水平有关，以及经济发展水平对经济增长的影响与两化融合有关。所以，估计出来的影响应与融合和发展的不同水平有关。

为便于实证研究，参照本章第三节的方法，将两化融合和发展水平进行分组，对每组使用线性回归模型式（7-18）进行估计。具体地，先将两化融合水平和经济发展水平分别分为高、中、低三类，则两化融合水平和经济发展水平的交互共有如表 7-19 所示的九种情形，由此可以深入探讨九种情形的差异性。然后，对每一类设定线性回归模型：

$$\ln(y_{jit})-\ln(y_{ji,t-\tau})=\beta_j\ln(y_{ji,t-\tau})+\gamma_j indinf_{ji,t-\tau}+u_{ji}+v_{jit} \qquad (7\text{-}21)$$

其中 j=1，2，…，9 为表 7-19 的九种情形，β_j 和 γ_j 分别是各情形下两化融合和发展水平对经济增长的影响。如果 $indinf_{ji,t-\tau}$ 也用对数形式，那么 γ_j 是两化融合对于经济增长的弹性系数。

表7-19　两化融合水平和经济发展水平的交互情形

经济发展水平	两化融合水平		
	低融合	中融合	高融合
低收入	低×低	低×中	低×高
中等收入	中×低	中×中	中×高
高收入	高×低	高×中	高×高

由第二种拓展模型式（7-21），可以较方便地探讨一些实际问题。例如，在两化高融合和高收入阶段（高×高）下，两化融合和经济发展水平对经济增长的影响分别怎样？如果一高一低（高×低、低×高），它们对经济增长的影响又分别怎样？诚然，我们更感兴趣的是，在低收入低融合和高收入高融合情形下，两化融合对经济增长的影响是否显著？在中等收入中融合情形下，两化融合对经济增长的影响是不是不显著的？如果答案是肯定的（即前者显著，后者不显著），就表明经济体在中等收入阶段增长动能出现结构失灵，需要考虑经济发展的动能转换问题。

二、中等收入陷阱与技术效率损失

中等收入陷阱发生机制研究认为，这是一种超稳定均衡的经济状态，出现该问题的实质在于经济体无法从低成本劳动力和资本的资源驱动型增长转变为生产率驱动型增长，出现比较优势真空，表明不同发展阶段经济增长的动力机制不同。从分工和交易费用视角来看，根本原因在于缺乏经济增长动能机制转换的激励。因此，中等收入陷阱既是一个经济增长及其动力转换问题，也是一个经济发展阶段及其转型升级问题，同时还是一个经济增长方式转变问题。然而，现有研究或侧重从经济增长趋同假说来解释这种经济增长均衡现象，或侧重从动力转换角度进行探讨，如从低收入和中低收入阶段以固定资本形成率、对外开放、人力资本为动力，转变为中高收入和高收入阶段以制度变革和原创性技术进步为动力。

通过全要素生产率驱动型经济增长来解决资本报酬递减问题，是一个解决中等收入陷阱的代表性思路。在全要素生产率中，无论是资源重新配置效率还是微观生产效率，均与数字技术应用引发的两化融合过程紧密相关，前者如劳动力从农业转移到非农业所创造的资源重新配置效率，两化融合可以显著减少第一产业的产值比重，促使第一产业向第二产业或第三产业转移，且工业化促进信息化路径是一个资本深化过程，信息化带动工业化路径则是一个知识深化过程。后者如提高微观生产效率的制度、管理和技术创新等因素，而信息技术应用与组织变革、技术创新和人力资本存在互补性，形成伴随性的管理创新和技术创新，表明技术效率思想的两化融合适合用于观察经济增长中全要素生产率转变机制。

为便于观察，根据本章第一节数据整理出表7-20的形式。由表7-29可以看出，信息化带动路径和工业化促进路径对经济增长的影响表现出不同的变化趋势。工业化促进路径是正向的，其影响在最开始较小，随后逐渐加强，且在2000年后该路径对经济增长的影响基本维持稳定。与工业化促进路径不同的是，尽管信息化带动路径对经济增长的影响长期正向，但呈现出较为明显的边际递减趋势。可以认为，工业化促进路径对经济体的经济增长长期贡献率小于信息化带动路径，前者长期维持在0~1的区间，且相对稳定，虽然后者呈现边际递减特征，但长期维持在1~2的区间中。同时，信息化带动路径对经济增长的影响系数在20世纪90年代中期达到高点，而工业化促进路径的影响系数在20世纪末21世纪初达到高点，在时间上滞后了5年，反映了两种路径影响经济增长的时间异质性，表明时间上存在信息化带动路径与工业化促进路径并存的可能性。

表7-20　全球55个经济体工业化促进路径与信息化带动路径对经济增长的非参数估计

年份	1990	1991	1992	1993	1994	1995	1996	1997	1998
工业化促进路径	0.01	0.23	0.44	0.63	0.79	0.93	1.04	1.15	1.23
信息化带动路径	1.49***	1.69***	1.84***	1.94***	1.99***	2.02***	2.02***	2.01***	2.00***
年份	1999	2000	2001	2002	2003	2004	2005	2006	2007
工业化促进路径	1.27	1.27*	1.24*	1.21*	1.18*	1.15	1.12	1.11	1.09
信息化带动路径	1.97***	1.94***	1.89***	1.83***	1.77***	1.70***	1.64***	1.58***	1.51***
年份	2008	2009	2010	2011	2012	2013	2014		
工业化促进路径	1.07*	1.08*	1.08*	1.08*	1.06*	1.01*	0.95*		
信息化带动路径	1.45***	1.39***	1.34***	1.28***	1.22***	1.16***	1.09**		

为更好地刻画面板数据中的固定效应和反映不随时间变动的因素，引入O'Donnell等（2008）提出的共同边界技术效率比（MTR），取代固定效应模型中以虚拟变量反映地区与时间差异的代理变量。在估计人均GDP函数的过程中，将55个经济体按1990~2014年人均GDP的平均值划分为高收入、中等收入和低收入3组，分别估计增长模型。结果发现，与工业化水平相比，总体上信息化水平对经济增长的影响更为显著，反映出数字化或数字经济对经济增长的新动能价值。具体地，在低收入发展阶段，无论是工业化水平还是信息化水平都对经济增长有显著影响，但信息化水平的影响显著高于工业化水平的影响；在中等收入发展阶段，信息化水平对经济增长的影响依然显著，而工业化水平虽然显著等程度减弱；在高收入发展阶段，信息化水平对经济增长的显著影响几乎没有变化，但

工业化水平对经济增长的影响则变得不显著。上述结论在地区效应和时间效应上均是稳定的。上述实证结果表明，就分别表示数字化和工业化普及和提升程度的信息化水平和工业化水平自身而言，与工业化普及和提升程度相比，某个经济体的数字化应用普及和提升程度的确可以发挥经济增长新动能的作用，尤其是经济体从中等收入发展阶段向高收入发展阶段转换的时候，经济体数字化新动能的价值更高。

接下来，对 55 个经济体的工业化与信息化融合路径进行排序，分为高融合、中融合和低融合三组。同时，按初始收入分为低收入、中等收入和高收入三组，由模型式（7-20）考察九种组合交错情形下各路径和发展水平对经济增长的影响。对工业化促进信息化路径弹性值估计的实证结果表明，对于不同发展阶段的经济体而言，不同的工业化促进信息化路径的资本深化过程对经济体经济增长的作用不同。具体地，对于中低收入发展阶段的经济体来说，工业化促进信息化路径的作用或者不显著或者是负向影响，只有在高收入及中高融合情形下，工业化促进信息化路径才会对经济体的经济增长产生正向影响。这表明，工业化促进信息化路径的资本深化过程对经济增长的影响是有条件的，而非适用于不同收入水平的经济发展各个阶段。该实证结果对于当今我国推动数字经济健康发展的理论研究具有重要的指导价值，因为中国正处于中等收入向高收入经济体转变的经济发展关键阶段，如何平衡好数字产业化资本深化与产业数字化知识深化两者之间的相互关系尤为重要。

将信息化带动工业化路径的融合系数进行排序分组，分别研究不同路径融合水平对经济增长的影响，形成信息化带动工业化路径弹性值估计的实证结果。实证结果表明，对于低收入发展阶段的经济体而言，在低融合情境下，信息化带动工业化路径对经济增长的促进作用十分显著，这表明低收入发展阶段与低融合情境具有很好的匹配性，产业数字化知识深化可以显著促进低收入发展阶段的经济增长，但这种匹配属于一种低发展水平的结构适应性，因为中等融合情境下对经济增长的影响不显著，但高融合情境下信息化带动工业化路径对经济增长的促进作用又变得显著。在中等收入发展阶段中，无论融合程度如何，信息化带动工业化路径或产业数字化知识深化对经济增长的影响均显著，这与高融合情境下无论是哪个收入水平的发展阶段均显著相同。表明两化融合水平或高质量的数字经济发展水平，与中等收入发展阶段不同融合水平对经济增长的作用是一致的。该实证结果对于当今中国数字经济健康发展的理论研究具有重要的指导价值，当前中国经济正处于中等收入发展阶段，该阶段虽然无论是数字经济低水平发展，中等水平发展还是高质量发展均会对经济增长产生显著影响，但数字经济高质量发展对经济增长的显著影响程度更高。

对九种情形下两化融合影响经济体增长的弹性系数估计的实证结果表明，当两化融合水平与经济发展水平一致时，两化融合水平促进经济体的增长；反之则可能会抑制经济体的经济增长，即数字经济发展水平需要与经济体不同收入发展阶段之间形成结构适应性或匹配，否则可能不仅不会促进经济增长反而抑制经济增长。或者说，在不同经济发展阶段数字经济发展对经济增长的影响是不确定的，这充分反映了数字经济发展与经济增长关系的复杂性特征。实证结果还表明，在中等收入中融合的情形下，融合水平对经济增长的影响不显著。这验证了本节理论模型中提出的假设：在低收入低融合及高收入高融合情形下，两化融合水平对经济增长的影响是显著的，而在中收入中融合情形下，融合水平对经济增长的影响不显著，表明经济体在中等收入中融合情形下增长动能出现结构失灵现象，需要进行数字经济的动能转换。

三、技术效率转轨与数字经济动能转换

根据上述讨论，这里提出中等收入陷阱发生机制的技术效率转轨假说。基本观点如下：在中等收入阶段，工业化与信息化融合水平对经济增长的影响不显著，即出现失灵现象，原因在于工业化促进路径对经济增长的影响随经济发展程度大体呈 U 形，在中等收入阶段对经济增长影响不显著，而信息化带动路径对经济增长的影响总体显著，尤其在中等收入阶段，无论哪种融合程度影响均是显著的，一方面说明两条路径在中等收入阶段既可能形成互补或渗透，也可能形成反向角力；另一方面说明经济体需要从工业化促进路径转变为信息化带动路径，实现技术效率转轨，否则经济增长将逐步丧失动力。具体地，在中低收入阶段，经济体工业化促进路径对经济增长的影响或者不显著或者为负，而工业化水平影响经济增长更加显著，因而中低收入阶段经济体主要以投资工业化来促进经济增长，而不是采取工业化促进路径来影响经济增长。这样，中低收入阶段工业化促进路径的技术效率不对经济增长起主导作用，但需要对此进行培育。因此，在中等收入阶段，理论上存在一个由相对低的技术效率路径转变为相对高的技术效率路径的转轨区间。由此，可以绘制出如图 7-11 所示中等收入阶段经济体的技术效率转轨区间示意图。对全球经济体而言，中等收入阶段本身也是变化的，因而实际发展中技术效率转轨的时空区间可能因经济体的不同而不同。

现有国家间的研究表明，经济体的技术效率需要与其发展水平相适应才会对经济增长形成推动作用，这是技术效率转轨假说的基本思想和结论。在中等收入的技术效率转轨区间内，由于两化融合水平对经济增长的影响不显著，因此，经济体在资源重新配置效率和微观生产率上有可能出现比较优势真空、技术进步与效率改进之间失衡，使技术效率在技术创新低迷时无法形成对技术创新的替代或

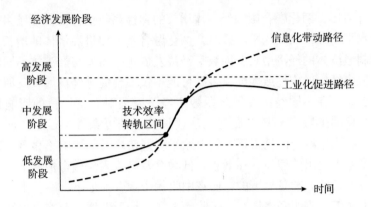

图 7-11　中等收入阶段经济体技术效率的转轨区间

互补，难以维持技术进步的有效性，从而使经济体逐渐陷入中等收入陷阱。代法涛（2014）对 44 个国家的实证分析表明技术进步对"陷阱"国家的经济增长缺乏显著影响，也说明了这一点。

如果经济体在中等收入的技术效率转轨区间由信息化带动路径为主转变为工业化促进路径与信息化带动路径并行，就能使经济体获得更高效率的增长动力，从而越过中等收入陷阱而进入高收入阶段。否则，经济体在技术效率转轨区间内徘徊，动能不足，经济体则会陷入中等收入陷阱。

上述讨论本质上与中等收入经济体应转向全要素生产率驱动型经济的观点是一致的。并且，由于两化融合水平与社会协调成本呈反向关系，本质上与分工和交易费用视角的中等收入陷阱发生机理是一致的。但与既有研究不同的是，技术效率转轨假说侧重从技术效率视角解释中等收入阶段陷阱的发生机制，指出经济增长动能的转变源于不同技术效率的转轨，突出了两种不同技术效率在转轨区间的不确定性特征。

创新无疑是经济体跨越中等收入陷阱进入高收入行列的重要手段，但是，在逻辑上，理论模型及实证分析给出的高收入经济体属于创新驱动型经济，仅仅是指出中等收入经济体成为高收入经济体的发展方向，而不意味着经济体在中等收入阶段就要采取高收入经济体采取的创新战略。相反，中等收入阶段经济体需要根据各自情境和条件采取不同于高收入经济体的创新战略。具体而言，一方面，各种社会矛盾需要中国政府维持相当高力度的投资来稳定增长，但资本深化过程拉低中国的 TFP，使中国工业增长效率进一步恶化，并造成收入分配扭曲，贫富分化激化社会矛盾；另一方面，中国跨越中等收入陷阱又需要向 TFP 型经济转型，从技术进步和制度改善中获得更高效率，但这种知识深化过程存在着初始动力难以构建的不足，因为知识深化过程与制度改善密切相关，如国家技术创新能力与知识产权保护制度密切相关。因此，中等收入阶段经济体推动知识深化过程，面临着旧动力过快丧失而新动力尚未培育起来的战略风险。这种情况与企业数字化转型中新的组织惯例还未建立，旧的组织惯例却被打破而使组织面临转型战略风险的情况相类似。

现阶段，中国经济增长转型动力首先来自技术进步效应，其次是要素价格调整效应，最后才是效率提升效应，表明中国经济增长还未从以信息化带动路径为主转变为工业化促进路径与信息化带动路径并行。根据技术效率转轨假说，可以认为，中国跨越中等收入陷阱的数字经济创新战略不是高收入经济体的领先式创新战略，而是一种中等收入情形下的复合式创新战略。该战略包含两方面含义，即数字化转型与创新并举、应用性创新与探索性创新互补。

具体如下：其一，所谓数字化转型与创新并举，就是既重视传统经济增长中投资、消费和外贸"三驾马车"的作用，又积极培育数字技术形成的数字经济增长动能，如企业从产品主导逻辑转变为服务主导逻辑，产品从以经验为主的开发决策转变为数据与经验融合的开发决策，形成企业数字化转型与创新协同发展，使知识深化过程与资本深化过程交互影响。又如，既重视传统消费对经济发展的基础作用，又强调信息消费尤其是数据消费对经济发展的拉动作用，通过数字金融、数字医疗、数字教育等提高传统消费对经济发展的价值。其二，所谓应用性创新与探索性创新互补，根据利用式学习与探索式学习的思想，在企业创新体系中推动应用性创新与探索性创新两条路径相辅相成、相互补充。通过应用性创新积累资本，通过探索性创新积累知识，前者侧重资本深化过程，后者侧重知识深化过程。由此，我们不难理解为什么中国政府一方面大力推动"互联网+"的知识深化过程制度创新，另一方面又连续出台促进智能制造、跨境电商等"+互联网"的资本深化过程制度创新，实质上是在构建复合式创新战略，通过资本深化带来的经济增长动能，促进知识深化的增长空间，通过资本深化过程为知识深化过程提供制度创新保障。可以认为，中国政府的宏观政策思路，就是在构建技术效率转轨的制度变革。中国企业智能制造转型创新的案例也表明，数字化补课和智能化创新构成中国企业数字化转型的两个重要阶段（肖静华等，2021），这是由中国两化融合的基础、社会条件和环境所决定的。

总之，经济体在中等收入发展阶段不仅存在经济增长方式的转变问题，而且期待借助的数字经济新动能本身也存在动能转换问题，通过复合式创新战略应对数字经济的动能转换问题，对于经济体借助发展数字经济转变经济增长方式和跨越中等收入陷阱，具有重要的理论价值和现实启示。

参考文献

［1］Acemoglu D. , Autor D. , Doón D. , et al. Import Competition and the Great US Employment Sag of the 2000s ［J］. Journal of Labor Economics, 2016, 34 （S1）: S141-S198.

［2］Agarwal, R. , Helfat, C. E. Strategic Renewal of Organizations ［J］. Organization Science, 2009, 20 （2）: 281-293.

［3］Akinwale, Y. O. , & Grobler, W. C. Education, Openness and Economic Growth in South Africa: Empirical Evidence from Vecm Analysis ［J］. Journal of Developing Areas, 2019, 53 （1）: 51-64.

［4］Andersen T. J. , Nielsen B. B. Adaptive Strategy Making: The Effects of Emergent and Intended Strategy Modes ［J］. European Management Review, 2009, 6 （2）: 94-106.

［5］Ang, J. H. , Goh, C. , Saldivar, A. A. F. , & Li, Y. Energy-Efficient Through-Life Smart Design, Manufacturing and Operation of Ships in an Industry 4. 0 Environment ［J］. Energies, 2017, 10 （5）: 1-13.

［6］Añón Higón, Dolores, Roya Gholami, & FaridShirazi. ICT and Environmental Sustainability: A Global Perspective ［J］. Telematics and Informatics, 2017 （34）: 85-95.

［7］Armstrong C. P. , Sambamurthy V. Information Technology Assimilation in Firms: The Influence of Senior Leadership and IT Infrastructures ［J］. Information Systems Research, 1999, 10 （4）: 304-327.

［8］Ashford, S. J. , Rothbard, N. P. , Piderit, S. K. , & Dutton, J. E. Out on a Limb: The Role of Context and Impression Management in Selling Gender-Equity Issues ［J］. Administrative Science Quarterly, 1998: 23-57.

［9］Balassa, B. Tariff Reductions and Trade in Manufactures among Industrial Countries ［J］. American Economic Review, 1966, 56 （3）: 466-473.

［10］ Bally, N. Deriving Managerial Implications from Technological Convergence along the Innovation Process: A Case Study on the Telecommunications Industry ［J］. Swiss Federal Institute of Technology, 2005 (11): 21-28.

［11］ Barro, R., Sala-i-Martin, X. Economic Growth ［M］. New York: McGraw-Hill, 1995.

［12］ Becker G., Murphy K. The Division of Labor, Coordination Costs and Knowledge ［J］. The Quarterly Journal of Economics, 1992, 107 (4): 1137-1160.

［13］ Bekaroo, G., Bokhoree, C., & Pattinson, C. Impacts of ICT on the Natural Ecosystem: A Grassroot Analysis for Promoting Socio-environmental Sustainability ［J］. Renewable & Sustainable Energy Reviews, 2016 (57): 1580-1595.

［14］ Benzell, Seth G., & Guillermo Lagarda. Can Russia Survive Economic Sanctions ［J］. Asian Economic Papers, 2017, 16 (3): 78-120.

［15］ Berawi, M. A. Managing nature 5.0 in Industrial Revolution 4.0 and Society 5.0 Era ［J］. International Journal of Technology, 2019, 10 (2): 222-225.

［16］ Berglof, E., Foray, D., Landesmann, M., Lin, J. Y., Campos, M. N., Sanfey, P., & Volchkova, N. Transition Economics Meets New Structural Economics ［J］. Journal of Economic Policy Reform, 2015, 18 (3): 191-220.

［17］ Berkers, H. A., Rispens, S., & Le Blanc, P. M. The Role of Robotization in Work Design: A Comparative Case Study among Logistic Warehouses ［J］. The International Journal of Human Resource Management, 2023, 34 (9): 1852-1875.

［18］ Bettencourt, L. A., Ulwick, A. W. The Customer-Centered Innovation Map ［J］. Harvard Business Review, 2008, 86 (5): 109.

［19］ Bouschery, S. G., Blazevic, V., & Piller, F. T. Augmenting Human Innovation Teams with Artificial Intelligence: Exploring Transformer-based Language Models ［J］. Journal of Product Innovation Management, 2023, 40 (2): 139-153.

［20］ Brown, T., Mann, B., Ryder, N., et al. Language Models Are Few-shot Learners ［J］. Advances in Neural Information Processing Systems, 2020 (33): 1877-1901.

［21］ Calcagno, P. T., Hefner, F., & Dan, M. Restructuring before Privatization Putting the Cart before the Horse: A Case Study of the Steel Industry in Romania ［J］. Quarterly Journal of Austrian Economics, 2006, 9 (1): 27-45.

［22］ Campos, N. F., Coricelli, F. Growth in Transition: What We Know, What We Don't, and What We Should ［J］. Journal of Economic Literature, 2002, 40 (3): 793-836.

［23］ Carlucci, D., Schiuma, G. Knowledge Assets Value Creation Map

[J]. Expert Systems with Applications, 2007, 32 (3): 814-821.

[24] Castellacci, F. Structural Change and the Growth of Industrial Sectors: Empirical Test of A GPT Model [J]. Review of Income and Wealth, 2010, 56 (3): 449-482.

[25] Chaudhuri, R., Chatterjee, S., Vrontis, D., & Thrassou, A. Adoption of Robust Business Analytics for Product Innovation and Organizational Performance: The Mediating Role of Organizational Data-driven Culture [J]. Annals of Operations Research, 2021: 1-35.

[26] Chen D. Q., Zhang Y., Xiao J., et al. Making Digital Innovation Happen: A Chief Information Officer Issue Selling Perspective [J]. Information Systems Research, 2021, 32 (3): 987-1008.

[27] Chen, J. S., Tsou, H. T. Performance Effects of IT Capability, Service Process Innovation, and the Mediating Role of Customer Service [J]. Journal of Engineering and Technology Management, 2012, 29 (1): 71-94.

[28] Child, J. Theorizing about Organization Cross-Nationally [J]. Advances in International Comparative Management, 2000, 13 (1): 27-76.

[29] Claussen, J., Halbinger, M. A. The Role of Pre-Innovation Platform Activity for Diffusion Success: Evidence from Consumer Innovations on A 3D Printing Platform [J]. Research Policy, 2021, 50 (8): 103943.

[30] Coelli, T. J., Rao, D. S. P., O'donnell, C. J., & Battese, G. E. An Introduction to Efficiency and Productivity Analysis [M]. New York: Spring, 2005.

[31] Cutler, D. M., A. Lleras-Muney. Understanding Differences in Health Behaviors by Education [J]. Journal of Health Economics, 2010 (29): 1-28.

[32] Dahlander, L., Frederiksen, L. The Core and Cosmopolitans: A Relational View of Innovation in user Communities [J]. Organization Science, 2012, 23 (4): 988-1007.

[33] Das, B. C., Amini, M. H., & Wu, Y. Security and Privacy Challenges of Large Language Models: A Survey. 1, 1 (February 2024), 34 pages. https://doi.org/10.1145/nnnnnnn.nnnnnnn.

[34] DeCanio, S. J. Robots and Humans-complements or Substitutes? [J]. Journal of Macroeconomics, 2016 (49): 280-291.

[35] Dutton, J. E., Ashford, S. J., Lawrence, K. A., & Miner-Rubino, K. Red Light, Green Light: Making Sense of the Organizational Context for Issue Selling [J]. Organization Science, 2002, 13 (4): 355-369.

［36］ Eberts, D. , Randall, J. E. Producer Services, Labor market Segmentation and Peripheral Regions: The Case of Saskatchewan ［J］. Growth and Change, 1998, 29 (4): 401-422.

［37］ Englmaier, F. , Reisinger, M. Information, Coordination and the Industrialization of Countries ［J］. CESifo Economic Studies, 2008, 54 (3): 534-550.

［38］ Farrell, M. J. The Measurement of Productive Efficiency ［J］. Journal of the Royal Statistical Society: Series A (General), 1957, 120 (3): 253-281.

［39］ Feder, G. On Exports and Economic Growth ［J］. Journal of Development Economics, 1983, 12 (1-2): 59-73.

［40］ Fiss P. C. Building Better Causal Theories: A Fuzzy Set Approach to Typologies in Organization Research ［J］. The Academy of Management Journal, Academy of Management, 2011, 54 (2): 393-420.

［41］ Fritz, M. , M. Koch. Potentials for Prosperity without Growth: Ecological Sustainability, Social Inclusion and the Quality of Life in 38 Countries ［J］. Ecological Economics, 2018 (108): 99-191.

［42］ Furr, N. , Shipilov, A. Digital Doesn't Have to be Disruptive: The Best Results can Come from Adaptation Rather than Reinvention ［J］. Harvard Business Review, 2019, 97 (4): 94-104.

［43］ Globocnik, D. , Faullant, R. Do Lead Users Cooperate with Manufacturers in Innovation? Investigating the Missing Link between Lead Userness and Cooperation Initiation with Manufacturers ［J］. Technovation, 2021 (100): 1-14.

［44］ Gollop, F. , Fraumeni, B. , & Jorgenson, D. W. Productivity and Us Economic Growth ［M］. Harvard University Prsess, 1987.

［45］ González-Ramos, M. I. , Guadamillas, F. , & Donate, M. J. The Relationship between Knowledge Management Strategies and Corporate Social Responsibility: Effects on Innovation Capabilities ［J］. Technological Forecasting and Social Change, 2023 (188): 1-11.

［46］ Gordon-Hecker T. , Rosensaft-Eshel D. , Pittarello A. , Shalvi S. & Bereby-Meyer Y. Not Taking Responsibility: Equity Trumps Efficiency in Allocation Decisions ［J］. Journal of Experimental Psychology: General, 2017, 146 (6): 771-775.

［47］ Graetz, G. , Michaels, G. Is Modern Technology Responsible for Jobless Recoveries? ［J］. American Economic Review, 2017, 17 (5): 168-173.

［48］ Gu M H, Yang L, & Huo B. F. The Impaet of Information Technology Usage on Supply Chain Resilience and Performance: An Ambidexterous View ［J］. Interational Journal of Production Economics, 2021, 232 (8): 1-13.

[49] Gurbaxani, V. , Dunkle, D. Gearing up for Successful Digital Transformation [J]. MIS Quarterly Executive, 2019, 18 (3): 209-220.

[50] Henderson, D. J. , Carroll, R. J. , & Li, Q. Nonparametric Estimation and Testing of Fixed Effects Panel Data Models [J]. Journal of Econometrics, 2008, 144 (1): 257-275.

[51] Henningsson, S. , Kettinger, W. J. , Understanding Information Systems Integration Deficiencies in Mergers and Acquisitions: A Configurational Perspective [J]. Journal of Management Information Systems, 2016, 33 (4): 942-977.

[52] Heyden, M. L. , Fourné, S. P. , Koene, B. A. , Werkman, R. , Ansari, S. , Rethinking "Top-Down" and "Bottom-Up" Roles of Top and Middle Managers in Organizational Change: Implications for Employee Support [J]. Journal of Management Studies, 2017, 54 (7): 961-985.

[53] Higón, D. A. , Gholami, R. , & Shirazi, F. ICT and Environmental Sustainability: A Global Perspective [J]. Telematics and Informatics, 2017, 34 (4): 85-95.

[54] Hoetker, G. Do Modular Products Lead to Modular Organizations? [J]. Strategic Management Journal, 2006, 27 (6): 501-518.

[55] Hofman, A. , Aravena, C, & Aliaga, V. Information and Communication Technologies and Their Impact in the Economic Growth of Latin America, 1990-2013 [J]. Telecommunications Policy, 2016, 40 (5): 485-501.

[56] Hou, G. , Zhou Z. , Tianran Z. , & Yue M. Analysis of the Effect of Industrial Transformation of Resource-Based Cities in Northeast China [J]. Economies, 2019, 7 (2): 40.

[57] Hutchison-Krupat J. , Kavadias S. Strategic Resource Allocation: Top-Down, Bottom-Up, and the Value of Strategic Buckets [J]. Management Science, 2015, 61 (2): 391-412.

[58] Islam, N. Growth Empirics: A Panel Data Approach [J]. The Quarterly Journal of Economics, 1995, 110 (4): 1127-1170.

[59] Iwasaki, I. , Suzuki, T. Radicalism Versus Gradualism: An Analytical Survey of the Transition Strategy Debate [J]. Journal of Economic Surveys, 2016, 30 (4): 807-834.

[60] Jarvenpaa S. L. , Ives B. Executive Involvement and Participation in the Management of Information Technology [J]. MIS Quarterly, 1991: 205-227.

［61］Jones C. I. , Tonetti C. Nonrivalry and the Economics of Data ［J］. American Economic Review, 2020, 110 (9): 2819-2858.

［62］Jorgenson, D. W. Information Technology and the U. S. Economy ［J］. American Economic Review, 2001, 91 (1): 1-32.

［63］Judd, C. M. , D . A. Kenny. Process Analysis: Estimating Mediation in Treatment Evaluations ［J］. Evaluation Review, 1981, 5 (5): 602-619.

［64］Karahanna E. , Preston D. S. The Effect of Social Capital of the Relationship Between the CIO and Top Management Team on Firm Performance ［J］. Journal of Management Information Systems, 2013, 30 (1): 15-56.

［65］Khaiata, M. , Zualkernan, I. A. A Simple Instrument to Measure IT-Business Alignment Maturity ［J］. Information Systems Management, 2009, 26 (2): 138-152.

［66］Kokkodis, M. , Lappas, T. , & Ransbotham, S. From Lurkers to Workers: Predicting Voluntary Contribution and Community Welfare ［J］. Information Systems Research, 2020, 31 (2): 607-626.

［67］Koopmans T. C. , . An Analysis of Production as an Efficient Combination of Activities ［A］//in: Koopmans T. C. (ED.) Activity Analysis of Production and Allocation ［M］. Cowles Commission for Research in Economics Monograph No 13. , Wiley, 1951.

［68］Kordoš, Marcel. The Synergies of Usa Foreign Trade Policy Agenda Challenges within the Industry 4. 0 ［J］. Ad Alta - Journal of Interdisciplinary Research, 2019, 9 (1): 137.

［69］Kumar, S. , Russell, R. R. Technological Change, Technological Catch - Up, and Capital Deepening: Relative Contributions to Growth and Convergence ［J］. American Economic Review, 2002, 92 (3): 527-548.

［70］Kumbhakar SC, Loyell CAK. Stochactic Frontier Analysis ［M］. Cambridge University Press, 2000.

［71］Kyriakou, H. , Nickerson, J. V. , & Majchrzak, A. Novelty and the Structure of Design Landscapes: A Relational View of Online Innovation Communities ［J］. MIS Quarterly, 2002, 46 (3): 1691-1720.

［72］Kyriakou, H. , Nickerson, J. V. , & Sabnis, G. Knowledge Reuse for Customization ［J］. MIS Quarterly, 2017, 41 (1): 315-332.

［73］Leaver, E. W. , Brown J. J. Machines without Men ［J］. Fortune, 1946, 34 (5): 165-204.

[74] Lee O. , Lim J. Progressive Labour Policy, Ageing Marxism and Unrepent- ant Early Capitalism in the Chinese Industrial Revolution [J]. Business Ethics: A Eu- ropean Review, 2011, 10 (2): 97-107.

[75] Lee-Nam, Kwon, Park Jun-Hwan, Moon Yeong-Ho, Lee Bangrae, Shin Young Ho, & Kim Young-Kuk. Weak Signal Detecting of Industry Convergence Using Information of Products and Services of Global Listed Companies-Focusing on Growth Engine Industry in South Korea [J]. Journal of Open Innovation, 2018, 4 (1): 10.

[76] Liu, Wen, Steve Evans. A Study of Resource-Efficient Technologies for Cities of the Future to Be Sustainable [J]. Procedia Manufacturing, 2018 (21): 830-837.

[77] MacLean, D. , Andjelkovic, M. , & Vetter, T. Internet Governance and Sustainable Development: Towards a Common Agenda [C]. Working Paper, 2007.

[78] Mankiw, N. G. , Romer, D. , & Weil, D. N. A Contribution to the Empi- rics of Economic Growth [J]. The Quarterly Journal of Economics, 1992, 107 (2): 407-437.

[79] Marsh, H. W. , Wen, Z. , & Hau, K. T. Structural Equation Models of Latent Interactions: Evaluation of Alternative Estimation Strategies and Indicator Con- struction [J]. Psychological Methods, 2004, 9 (3): 275-300.

[80] Mathews, J. A. Competitive Advantages of the Latecomer Firm: A Re- source-Based Account of Industrial Catch-Up Strategies [J]. Asia Pacific Journal of Management, 2002 (19): 467-488.

[81] Mentzelou, P. Information and Communication Technology (ICT) and Green Urban Infrastructures-Issues and Trends [J]. Fresenius Environmental Bulletin, 2017 (26): 118-123.

[82] Miao, C. , Fang, D. , Sun, L. , Luo, Q. , & Yu, Q. Driving Effect of Technology Innovation on Energy Utilization Efficiency in Strategic Emerging Industries [J]. Journal of Cleaner Production, 2018 (170): 1177-1184.

[83] Mikeladze, G. , Gelashvili, S. Gradualistic Strategy of Transition to Market Economy [J]. Theoretical & Applied Economics, 2016, 23 (4): 237-242.

[84] Mulhuijzen, M. , de Jong, J. P. Diffusion to Peers in Firm-hosted User Innovation Communities: Contributions by Professional Versus Amateur Users [J]. Research Policy, 2024, 53 (1): 1-13.

[85] Nell, P. C. , Foss, N. J. , Klein, P. G. , & Schmitt, J. Avoiding Digitalization Traps: Tools for top Managers [J]. Business Horizons, 2021, 64 (2): 163-169.

[86] North, D. Institutions, Institutional Change and Economic Performance [M]. Cambridge University Press, 1990.

[87] O'Donnell C. J. , Rao, D. P. , & Battese, G. E. Metafrontier Frameworks for the Study of Firm - Level Efficiencies and Technology Ratios [J]. Empirical Economics, 2008 (34): 231-255.

[88] Ornston, D. When the High Road Becomes the Low Road: The Limits of High-Technology Competition in Finland [J]. Review of Policy Research, 2014, 31 (5): 454-477.

[89] Park, Y. , Fiss, P. C. , & El Sawy, O. A. Theorizing the Multiplicity of Digital Phenomena: The Ecology of Configurations, Causal Recipes, and Guidelines for Applying QCA [J]. MIS Quarterly, 2020, 44 (4): 1493-1520.

[90] Patel, P. , Ali, M. I. , & Sheth, A. From Raw Data to Smart Manufacturing: AI and Semantic Web of Things for Industry 4. 0 [J]. IEEE Intelligent Systems, 2018, 33 (4): 79-86.

[91] Perkins R. Environmental Leapfrogging in Developing Countries: A Critical Assessment and Reconstruction [J]. Natural Resources Forum, 2003, 27 (3): 177-188.

[92] Piening, E. P. , Baluch, A. M. , & Salge, T. O. The Relationship between Employees' Perceptions of Human Resource Systems and Organizational Performance: Examining Mediating Mechanisms and Temporal Dynamics [J]. Journal of Applied Psychology, 2013, 98 (6): 926.

[93] Podsakoff, P. M. , MacKenzie, S. B. , Lee, J. Y. , & Podsakoff, N. P. Common Method Biases in Behavioral Research: A Critical Review of the Literature and Recommended Remedies [J]. Journal of Applied Psychology, 2003, 88 (5): 879-903.

[94] Popov, V. Putting the Success Stories in the Post-Communist World into a Broader Perspective [J]. Society and Economy, 2010, 32 (1): 83-102.

[95] Rasiah, R. , McFarlane, B. , & Kuruvilla, S. Globalization Industrialization and Labour Markets [J]. Journal of the Asia Pacific Economy, 2015, 20 (1): 2-13.

[96] Rerup, C. , Feldman, M. S. Routines as a Source of Change in Organizational Schemata: The Role of Trial-and-Error Learning [J]. Academy of Management Journal, 2011, 54 (3): 577-610.

[97] Romer, P. The Origins of Endogenous Growth [J]. Journal of Economic Perspectives, 1994, 8 (1): 3-22.

［98］Shahiduzzaman M. , Alam K. Information Technology and Its Changing Roles to Economic Growth and Productivity in Australia ［J］. Telecommunications Policy, 2014, 38 (2): 125-135.

［99］Shao, S. , Shi, Z. , & Shi, Y. Impact of AI on Employment in Manufacturing Industry ［J］. International Journal of Financial Engineering, 2022, 9 (3): 2141013.

［100］Sick, N. , Preschitschek, N. , Leker, J. , & Broering, S. A New Framework to Assess Industry Convergence in High Technology Environments ［J］. Technovation, 2019 (84): 48-58.

［101］Stanko, M. A. , Allen, B. J. Disentangling the Collective Motivations for User Innovation in A 3D Printing Community ［J］. Technovation, 2022 (111):102387.

［102］Steinmueller, W. E. ICTs and the Possibilities for Leapfrogging by Developing Countries ［J］. International Labour Review, 2001, 140 (2): 193.

［103］Sudbury-Riley, L. , Hunter-Jones, P. , Al-Abdin, A. , Lewin, D. , & Naraine, M. V. The Trajectory Touchpoint Technique: A Deep Dive Methodology for Service Innovation ［J］. Journal of Service Research, 2020, 23 (2): 229-251.

［104］Taylor, A. B. , MacKinnon, D. P. , & Tein, J. Y. Tests of the Three-Path Mediated Effect ［J］. Organizational Research Methods, 2008, 11 (2): 241-269.

［105］Tibshirani, R. Regression Shrinkage and Selection via the Lasso ［J］. Journal of Royal Statistical Society Series B: Statistical Methodology, 1996, 58 (1):267-288.

［106］Trainer, T. Transition Townspeople: We Need to Think about Transition (Just Doing Stuff is far from Enough!) ［J］. Social Alternatives, 2015, 34 (1): 64-69.

［107］Tsai, Kuen-Hung, & Wang Jiann-Chyuan. R&D Productivity and the Spillover Effects of High-Tech Industry on the Traditional Manufacturing Sector: The Case of Taiwan ［J］. World Economy, 2004, 27 (10): 1555-1559.

［108］Turley, G. , Luke, P. Transition Economics: Two Decades on ［M］. Routledge, 2010.

［109］Vidgof, M. , Bachhofner, S. , & Mendling, J. Large Language Models for Business Process Management: Opportunities and Challenges ［C］//International Conference on Business Process Management. Springer Nature Switzerland, 2023: 107-123.

［110］Wallis, J. J. , North, D. Measuring the Transaction Sector in the American Economy, 1870-1970 ［M］. University of Chicago Press, 1986: 95-162.

［111］Wei, L. Q. , Chiang, F. F. , & Wu, L. Z. Developing and Utilizing Network Resources: Roles of Political Skill ［J］. Journal of Management Studies, 2012,

49（2）：381-402.

［112］Wu, J., Yu, J. Efficiency-Equity Tradeoffs in Targeting Payments for Eco-system Services ［J］. American Journal of Agricultural Economics, 2017, 99（4）：894-913.

［113］Xiao, X., Califf, C. B., Sarker, S., & Sarker, S. ICT Innovation in Emerging Economies：A Review of the Existing Literature and a Framework for Future Research ［J］. Journal of Information Technology, 2013（28）：264-278.

［114］Xie, K., Wu, Y., Xiao, J., & Hu, Q. Value Co-creation Between Firms and Customers：The Role of Big Data-based Cooperative Assets ［J］. Information & management, 2016, 53（8）：1034-1048.

［115］Yin, M., Jiang, S., & Niu, X. Can AI Really Help? The Double-Edged Sword Effect of AI Assistant on Employees' Innovation Behavior ［J］. Computers in Human Behavior, 2024（150）：107987.

［116］You, H. M. The Contribution of Rising School Quality to U. S. Economic Growth ［J］. Journal of Monetary Economics, 2014（63）：95-106.

［117］Young, A. Increasing Returns and Economic Progress ［J］. The Economic Journal, 1928（38）：527-542.

［118］Zhao, F. Exploring the Synergy Between Entrepreneurship and Innovation ［J］. International Journal of Entrepreneurial Behavior & Research, 2005, 11（1）：25-41.

［119］Zhou, X., K. W. Li. Inequality and Development：Evidence from Semiparametric Estimation with Panel Data ［J］. Economics Letters, 2011（113）：203-207.

［120］Zhou, X., Li, K. W., & Li, Q. An Analysis on Technical Efficiency in Post-reform China ［J］. China Economic Review, 2011, 22（3）：357-372.

［121］蔡莉, 单标安. 中国情境下的创业研究：回顾与展望 ［J］. 管理世界, 2013（12）：160-169.

［122］蔡莉, 张玉利, 蔡义茹, 等. 创新驱动创业：新时期创新创业研究的核心学术构念 ［J］. 南开管理评论, 2021, 24（4）：217-226.

［123］蔡跃洲, 陈楠. 新技术革命下人工智能与高质量增长、高质量就业 ［J］. 数量经济技术经济研究, 2019, 36（5）：3-22.

［124］蔡跃洲, 付一夫. 全要素生产率增长中的技术效应与结构效应——基于中国宏观和产业数据的测算及分解 ［J］. 经济研究, 2017, 52（1）：72-88.

［125］蔡跃洲, 张钧南. 信息通信技术对中国经济增长的替代效应与渗透效应 ［J］. 经济研究, 2015, 50（12）：100-114.

［126］蔡跃洲．中国共产党领导的科技创新治理及其数字化转型——数据驱动的新型举国体制构建完善视角［J］．管理世界，2021，37（8）：30-46．

［127］茶洪旺，胡江华．信息化与工业化融合的财税政策研究［J］．北京邮电大学学报（社会科学版），2010，12（5）：67-75．

［128］钞小静，任保平．中国经济增长质量的时序变化与地区差异分析［J］．经济研究，2011，46（4）：26-40．

［129］陈佳贵，黄群慧，钟宏武．中国地区工业化进程的综合评价和特征分析［J］．经济研究，2006（6）：4-15．

［130］陈剑，黄朔，刘运辉．从赋能到使能——数字化环境下的企业运营管理［J］．管理世界，2020，36（2）：117-128+222．

［131］陈小红．工业化与信息化的互动关系及控制［J］．统计与决策，2007（19）：151-154．

［132］陈小磊，郑建明．基于菲德模型的信息化与工业化融合发展研究［J］．情报科学，2012，30（4）：510-513．

［133］陈雨露．数字经济与实体经济融合发展的理论探索［J］．经济研究，2023，58（9）：22-30．

［134］程令国，张晔，沈可．教育如何影响了人们的健康？——来自中国老年人的证据［J］．经济学（季刊），2015，14（1）：305-330．

［135］代法涛．跨越“中等收入陷阱”：理论、经验和对策——基于44个国家的跨国实证分析［J］．财经研究，2014，40（2）：54-66．

［136］戴琼海．大模型技术：变革、挑战与机遇［J］．中国科学基金，2023，37（5）：713．

［137］单宇，许晖，周连喜，等．数智赋能：危机情境下组织韧性如何形成？——基于林清轩转危为机的探索性案例研究［J］．管理世界，2021，37（3）：84-104+7．

［138］邓宏图，徐宝亮，邹洋．中国工业化的经济逻辑：从重工业优先到比较优势战略［J］．经济研究，2018，53（11）：17-31．

［139］董直庆，姜昊，王林辉．“头部化”抑或“均等化”：人工智能技术会改变企业规模分布吗？［J］．数量经济技术经济研究，2023，40（2）：113-135．

［140］杜传忠，杨志坤．我国信息化与工业化融合水平测度及提升路径分析［J］．中国地质大学学报（社会科学版），2015，15（3）：84-97+139．

［141］樊纲．“发展悖论”与“发展要素”——发展经济学的基本原理与中国案例［J］．经济学动态，2019（6）：148-151．

[142] 樊纲．比较优势与后发优势 [J]．管理世界，2023，39（2）：13-21+37+22．

[143] 干春晖，郑若谷，余典范．中国产业结构变迁对经济增长和波动的影响 [J]．经济研究，2011，46（5）：4-16+31．

[144] 龚小兵，鲁波．制造业信息化绩效评价指标研究 [J]．知识经济，2010（5）：110-111．

[145] 郭飞，贾伟．山西省企业信息化评价指标体系构建研究 [J]．科技情报开发与经济，2008（5）：97-98．

[146] 郭建峰，王莫愁，刘启雷．数字赋能企业商业生态系统跃迁升级的机理及路径研究 [J]．技术经济，2022，41（10）：138-148．

[147] 韩先锋，惠宁，宋文飞．信息化能提高中国工业部门技术创新效率吗 [J]．中国工业经济，2014（12）：70-82．

[148] 何德旭，张昊，刘蕴霆．新型实体企业促进数实融合提升发展质量 [J]．中国工业经济，2024（2）：5-21．

[149] 贺明，杨小兰，孙兴．贵州省制造业信息化评价指标体系研究 [J]．中国管理信息化，2010，13（4）：83-85．

[150] 洪银兴，任保平．数字经济与实体经济深度融合的内涵和途径 [J]．中国工业经济，2023（2）：5-16．

[151] 胡晓鹏．产品模块化：动因、机理与系统创新 [J]．中国工业经济，2007（12）：94-101．

[152] 胡艳超．湖南省工业化进程统计测度及实证分析 [J]．商业时代，2010（28）：131-133．

[153] 胡勇，谢康，肖静华．软件项目风险管理的协同过程模型 [J]．现代管理科学，2007（3）：8-10．

[154] 黄慧群．"互联网+"背景下我国人力资源行业的发展趋势 [J]．现代交际，2017（22）：55．

[155] 黄群慧，杨虎涛．中国制造业比重"内外差"现象及其"去工业化"涵义 [J]．中国工业经济，2022（3）：20-37．

[156] 黄群慧．改革开放四十年中国企业管理学的发展——情境、历程、经验与使命 [J]．管理世界，2018，34（10）：86-94+232．

[157] 黄先海，高亚兴．数实产业技术融合与企业全要素生产率——基于中国企业专利信息的研究 [J]．中国工业经济，2023（11）：118-136．

[158] 霍利斯·钱纳里，谢尔曼·鲁宾逊，摩西·赛尔奎．工业化和经济增长的比较研究 [M]．吴奇，王松宝，等，译．上海：上海三联书店，上海人民出

版社，1989.

[159] 贾怀京，谢奇志．我国各地区1994年信息化水平的测定与分析 [J]．情报理论与实践，1997 (6)：39-42.

[160] 江志斌，周利平．精益管理、六西格玛、约束理论等工业工程方法的系统化集成应用 [J]．工业工程与管理，2017，22 (2)：1-7.

[161] 姜元章，张岐山．区域经济信息化程度比较的灰关联分析方法 [J]．农业系统科学与综合研究，2004 (1)：12-13.

[162] 蒋为，周茎，向姝婷，等．方言多样性、团队合作与中国企业出口 [J]．世界经济，2021，44 (4)：103-127.

[163] 蒋震．工业化水平、地方政府努力与土地财政：对中国土地财政的一个分析视角 [J]．中国工业经济，2014 (10)：33-45.

[164] 焦勇，杨蕙馨．信息化与工业化融合的耦合程度和增值能力 [J]．社会科学研究，2017 (4)：46-55.

[165] 金玉国，张伟．1991-2002年我国外在性交易费用统计测算——兼论体制转型绩效的计量 [J]．中国软科学，2005 (1)：35-40.

[166] [以] 拉兹·海飞门 (Raz Heiferman)，[以] 习移山，张晓泉．数字跃迁：数字化变革的战略与战术 [M]．北京：机械工业出版社，2021.

[167] 李赫龙，王富喜．中国信息化水平测度及空间差异研究 [J]．情报科学，2015，33 (11)：95-99+139.

[168] 李虹，邹庆．环境规制、资源禀赋与城市产业转型研究——基于资源型城市与非资源型城市的对比分析 [J]．经济研究，2018，53 (11)：182-198.

[169] 李洪亚．产业结构变迁与中国OFDI：2003~2014年 [J]．数量经济技术经济研究，2016，33 (10)：76-93.

[170] 李金华．新工业革命进程中的信息化：发展测度与未来路径 [J]．福建论坛（人文社会科学版），2021 (1)：47-60.

[171] 李坤望，邵文波，王永进．信息化密度、信息基础设施与企业出口绩效——基于企业异质性的理论与实证分析 [J]．管理世界，2015 (4)：52-65.

[172] 李萍，马庆．我国交易行业交易效率及其影响因素——基于2004-2011年省际数据的随机前沿生产函数分析 [J]．财经科学，2013 (4)：54-65.

[173] 李政，孙圣涛，刘丰硕．两化融合与绿色全要素生产率——基于中国推动信息化与工业化融合的政策实践 [J]．中国经济问题，2023 (5)：148-163.

[174] 林春艳，姜慧．新型工业化评价指标体系构建及实证分析 [J]．技术经济，2008 (2)：58-63.

[175] 刘淑春，闫津臣，张思雪，等．企业管理数字化变革能提升投入产出

效率吗［J］．管理世界，2021，37（5）：170-190+13.

［176］刘洋，董久钰，魏江．数字创新管理：理论框架与未来研究［J］．管理世界，2020，36（7）：198-217+219.

［177］刘意，肖静华，盛君叶．组织冲突、权力转移与企业数字化转型——索菲亚2014年—2021年纵向案例研究［J］．管理科学学报，2023，26（11）：39-57.

［178］罗珉，马柯航．后发企业的边缘赶超战略［J］．中国工业经济，2013（12）：91-103.

［179］W. W. 罗斯托．经济成长的阶段——非共产党宣言［M］．国际关系研究所编译室译．北京：商务印书馆，1962.

［180］吕越，陈泳昌，张昊天，等．电商平台与制造业企业创新——兼论数字经济和实体经济深度融合的创新驱动路径［J］．经济研究，2023，58（8）：174-190.

［181］马涛，李鹏雁．DEA模型的新型工业化能力评价［J］．哈尔滨工业大学学报，2009，41（2）：172-175.

［182］马晔风，蔡跃洲．数字经济新就业形态的规模估算与疫情影响研究［J］．劳动经济研究，2021，9（6）：121-141.

［183］毛文娟，魏大鹏．天津新型工业化指标体系探索［J］．统计与决策，2005（4）：34-36.

［184］缪仁炳，陈志昂．中国交易费用测度与经济增长［J］．统计研究，2002（8）：14-21.

［185］邵文波，盛丹．信息化与中国企业就业吸纳下降之谜［J］．经济研究，2017，52（6）：120-136.

［186］石喜爱，李廉水，刘军．两化融合的演化博弈分析［J］．情报科学，2017，35（9）：36-43.

［187］史丹．绿色发展与全球工业化的新阶段：中国的进展与比较［J］．中国工业经济，2018（10）：5-18.

［188］宋华，陶铮，杨雨东．"制造的制造"：供应链金融如何使能数字商业生态的跃迁——基于小米集团供应链金融的案例研究［J］．中国工业经济，2022（9）：178-196.

［189］苏治，荆文君，孙宝文．分层式垄断竞争：互联网行业市场结构特征研究——基于互联网平台类企业的分析［J］．管理世界，2018，34（4）：80-100+187-188.

［190］覃家琦，邵新建．交叉上市、政府干预与资本配置效率［J］．经济研

究，2015，50（6）：117-130.

［191］唐晓华，张欣珏，李阳．中国制造业与生产性服务业动态协调发展实证研究［J］．经济研究，2018，53（3）：79-93.

［192］田上，李春．企业信息化建设绩效评价指标体系的构建［J］．统计与决策，2010（14）：175-176.

［193］田秀娟，李睿．数字技术赋能实体经济转型发展——基于熊彼特内生增长理论的分析框架［J］．管理世界，2022，38（5）：56-74.

［194］［德］托马斯·海贝勒．关于中国模式若干问题的研究［J］．当代世界与社会主义，2005（5）：3.

［195］万建香．信息化与工业化融合路径 KMS——企业微观层面的传导机制分析［J］．江西社会科学，2009（12）：74-77.

［196］汪大海．中国社会组织交易费用测算的实证研究——基于 2007-2011 的数据分析［J］．中国地质大学学报（社会科学版），2013，13（1）：96-102+140.

［197］汪丁丁．互补性、概念格、塔尔斯基不动点定理［J］．经济研究，2001（11）：84-93+95.

［198］汪丁丁．知识沿时间和空间的互补性以及相关的经济学［J］．经济研究，1997（6）：70-77.

［199］汪晓文，杜欣．基于模糊评价的中国工业化与信息化融合发展测度研究［J］．兰州大学学报（社会科学版），2014，42（5）：88-97.

［200］王可迪，涂维加，霍宝锋．供应链领导力：文献综述与研究展望［J］．外国经济与管理，2022，44（6）：110-134.

［201］王敏，黄滢．中国的环境污染与经济增长［J］．经济学（季刊），2015，14（2）：557-578.

［202］王维国．协调发展的理论与方法研究［M］．北京：中国财政经济出版社，2000.

［203］王晰巍，靖继鹏，刘铎，等．信息化与工业化融合的关键要素及实证研究［J］．图书情报工作，2010，54（8）：68-72+80.

［204］王永伟，马洁，吴湘繁，等．变革型领导行为、组织学习倾向与组织惯例更新的关系研究［J］．管理世界，2012（9）：110-119.

［205］乌家培．关于中国信息化道路的几个问题［J］．中国信息导报，1995（8）：7-10.

［206］乌家培．乌家培文库［M］．北京：中国计划出版社，2021.

［207］乌家培．正确处理信息化与工业化的关系［J］．经济研究，1993

（12）：70-71.

［208］乌家培．中国式信息化道路探讨［J］.科技进步与对策，1995（5）：1-4+77.

［209］吴小龙，肖静华，吴记．人与 AI 协同的新型组织学习：基于场景视角的多案例研究［J］.中国工业经济，2022（2）：175-192.

［210］吴小龙，肖静华，吴记．当创意遇到智能：人与 AI 协同的产品创新案例研究［J］.管理世界，2023，39（5）：112-127+144.

［211］吴瑶，夏正豪，胡杨颂，等．基于数字化技术共建"和而不同"动态能力——2011-2020 年索菲亚与经销商的纵向案例研究［J］.管理世界，2022，38（1）：144-164+206.

［212］吴瑶，肖静华，谢康，等．从价值提供到价值共创的营销转型——企业与消费者协同演化视角的双案例研究［J］.管理世界，2017（4）：138-157.

［213］武立东，李思嘉，王晗，等．基于"公司治理-组织能力"组态模型的制造业企业数字化转型进阶机制研究［J/OL］.南开管理评论，1-27［2024-05-09］.

［214］夏杰长．中国式现代化视域下实体经济的高质量发展［J］.改革，2022（10）：1-11.

［215］肖静华，谢康，周先波，乌家培．信息化带动工业化的发展模式［J］.中山大学学报（社会科学版），2006（1）：98-104+128.

［216］肖静华，吴小龙，谢康，等．信息技术驱动中国制造转型升级——美的智能制造跨越式战略变革纵向案例研究［J］.管理世界，2021，37（3）：161-179+225+11.

［217］肖静华，谢康，冉佳森．缺乏 IT 认知情境下企业如何进行 IT 规划——通过嵌入式行动研究实现战略匹配的过程和方法［J］.管理世界，2013（6）：138-152+188.

［218］肖静华，谢康，吴瑶．数据驱动的产品适应性创新——数字经济的创新逻辑（一）［J］.北京交通大学学报（社会科学版），2020，19（1）：7-18.

［219］肖静华，谢康，张延林．应用视角的 IT 与业务融合规律研究［J］.管理评论，2012，24（2）：122-130+162.

［220］肖静华．从工业化体系向互联网体系的跨体系转型升级模式创新［J］.产业经济评论，2017（2）：55-66.

［221］肖静华．企业跨体系数字化转型与管理适应性变革［J］.改革，2020（4）：37-49.

［222］肖静华．企业信息化水平评价理论与方法［M］.北京：电子工业出

版社，2010.

[223] 谢康，肖静华，李礼．电子商务经济学［M］．北京：高等教育出版社，2010.

[224] 谢康，陈禹，乌家培．企业信息化的竞争优势［J］．经济研究，1999（9）：64-71.

[225] 谢康，李礼，谭艾婷．信息化与工业化融合、技术效率与趋同［J］．管理评论，2009，21（10）：3-12.

[226] 谢康，廖雪华，肖静华．效率与公平不完全相悖：信息化与工业化融合视角［J］．经济研究，2021，56（2）：190-205.

[227] 谢康，廖雪华，肖静华．突破"双向挤压"：信息化与工业化融合创新［J］．经济学动态，2018（5）：13.

[228] 谢康，卢鹏，盛君叶，等．人工智能、产品创新与制造业适应性转型［J］．北京交通大学学报（社会科学版），2024，23（1）：84-95.

[229] 谢康，卢鹏，夏正豪．大数据驱动的产品创新商务智能——基于SSP框架的分析［J］．财经问题研究，2024（4）：33-44.

[230] 谢康，吴瑶，肖静华．数据驱动的组织结构适应性创新——数字经济的创新逻辑（三）［J］．北京交通大学学报（社会科学版），2020，19（3）：6-17.

[231] 谢康，夏正豪，肖静华．大数据成为现实生产要素的企业实现机制：产品创新视角［J］．中国工业经济，2020（5）：42-60.

[232] 谢康，肖静华，周先波，乌家培．中国工业化与信息化融合质量：理论与实证［J］．经济研究，2012，47（1）：4-16.

[233] 谢康，肖静华，汪鸿昌．企业电子商务市场选择与博弈：要素禀赋分析［J］．经济经纬，2011（5）：101-107.

[234] 谢康，肖静华，乌家培，方程．协调成本与经济增长：工业化与信息化融合的视角［J］．经济学动态，2016（5）：14-25.

[235] 谢康，肖静华，乌家培．中国工业化与信息化融合的环境、基础和道路［J］．经济学动态，2009（2）：28-31.

[236] 谢康，肖静华，周先波．跨越中等收入的数字经济动能转换：理论与实证［J］．北京交通大学学报（社会科学版），2021，20（4）：1-11.

[237] 谢康，肖静华．工业化与信息化融合：一个理论模型［J］．中山大学学报（社会科学版），2011，51（4）：210-216.

[238] 谢康．系统不确定性、趋同与优化——论非系统中的管理科学问题［J］．中山大学学报（社会科学版），2005（2）：90-96+127.

［239］谢康．知识优势——企业信息化如何提高企业竞争力［M］．广州：广东人民出版社，1999．

［240］谢小云，左玉涵，胡琼晶．数字化时代的人力资源管理：基于人与技术交互的视角［J］．管理世界，2021，37（1）：200-216+13．

［241］徐朝阳．工业化与后工业化："倒U形"产业结构变迁［J］．世界经济，2010，33（12）：67-88．

［242］闫雪凌，朱博楷，马超．工业机器人使用与制造业就业：来自中国的证据［J］．统计研究，2020，37（1）：74-87．

［243］杨蕙馨，焦勇，陈庆江．两化融合与内生经济增长［J］．经济管理，2016，38（1）：1-9．

［244］杨京英，熊友达，何强，等．"十一五"时期中国信息化发展指数（IDI）研究报告——中国信息化发展水平的国际比较与分析［J］．中国信息界，2011（1）：67-74．

［245］杨伟国，吴邦正．平台经济对就业结构的影响［J］．中国人口科学，2022（4）：2-16+126．

［246］杨扬，刘圣，李宜威，等．大数据营销：综述与展望［J］．系统工程理论与实践，2020，40（8）：2150-2158．

［247］俞立平，潘云涛，武夷山．工业化与信息化互动关系的实证研究［J］．中国软科学，2009（1）：34-40．

［248］张彬，陈思祁，李潇．中国信息化发展的区域比较研究［M］//周宏仁．中国信息化形势分析与预测．北京：社会科学文献出版社，2010：319-245．

［249］张聪颖，畅倩，霍学喜．信息化对区域贫困治理的影响［J］．中国人口·资源与环境，2021，31（6）：124-134．

［250］张建华．农业与工业化［J］．经济研究，2022，57（3）：20-24．

［251］张辽，王俊杰．中国制造业两化融合水平测度及其收敛趋向分析——基于工业信息化与信息工业化视角［J］．中国科技论坛，2018（5）：32-40+70．

［252］张培刚．论工业化与现代化的涵义及其相互关系［J］．华中理工大学学报（社会科学版），1992（Z1）：7-14．

［253］张晴，于津平．制造业投入数字化与全球价值链中高端跃升——基于投入来源差异的再检验［J］．财经研究，2021，47（9）：93-107．

［254］张向宁，孙秋碧．信息化与工业化融合有界性的实证研究——基于我国31省市面板数据［J］．经济问题，2015（1）：84-88．

［255］张亚斌，金培振，艾洪山．中国工业化与信息化融合环境的综合评价及分析——基于东中西部三大区域的测度与比较［J］．财经研究，2012（8）：

96-108.

[256] 张延林，肖静华，谢康．IT与业务匹配中的信息化冲突探索［J］．财会通讯，2010（12）：111-113+161.

[257] 张颖，李凤梧．广东省制造业知识密集程度评价研究［J］．科技进步与对策，2009，26（19）：62-65.

[258] 张振刚，余传鹏，李云健．主动性人格、知识分享与员工创新行为关系研究［J］．管理评论，2016，28（4）：123-133.

[259] 赵培云．辽宁社会信息化水平测度指标体系创新研究报告［J］．科技管理研究，2009，29（6）：152-154.

[260] 郑永年．国际发展格局中的中国模式［J］．中国社会科学，2009（5）：20-28+204.

[261] 中国社会科学院工业经济研究所课题组，史丹，李晓华，等．新型工业化内涵特征、体系构建与实施路径［J］．中国工业经济，2023（3）：5-19.

[262] 周宏仁．信息化论［M］．北京：人民出版社，2008.

[263] 周先波，盛华梅．信息化产出弹性的非参数估计分析［J］．数量经济技术经济研究，2008，25（10）：130-141.

[264] 朱俏俏，孙慧，王士轩．中国资源型产业及制造业碳排放与工业经济发展的关系［J］．中国人口·资源与环境，2014，24（11）：112-119.

[265] 邹波，杨晓龙，刘昶．基于大数据合作资产的场景化创新价值创造机制研究［J］．科技进步与对策，2023，40（24）：1-9.

[266] 左晖，艾丹祥．ICT投资、偏向性技术变化与全要素生产率［J］．统计研究，2021，38（9）：19-33.